中国人文社会科学期刊AMI综合评价报告

2022

荆林波◎主　编
苏金燕　耿海英◎副主编

中国社会科学出版社

图书在版编目(CIP)数据

中国人文社会科学期刊 AMI 综合评价报告. 2022 / 荆林波主编. -- 北京：中国社会科学出版社，2024. 10.
ISBN 978-7-5227-3998-4

Ⅰ. G237.5

中国国家版本馆 CIP 数据核字第 2024FP8385 号

出 版 人	赵剑英
责任编辑	喻　苗
责任校对	胡新芳
责任印制	李寡寡

出　　版	中国社会科学出版社
社　　址	北京鼓楼西大街甲 158 号
邮　　编	100720
网　　址	http://www.csspw.cn
发 行 部	010-84083685
门 市 部	010-84029450
经　　销	新华书店及其他书店
印　　刷	北京君升印刷有限公司
装　　订	廊坊市广阳区广增装订厂
版　　次	2024 年 10 月第 1 版
印　　次	2024 年 10 月第 1 次印刷
开　　本	710×1000　1/16
印　　张	26.25
插　　页	2
字　　数	408 千字
定　　价	139.00 元

凡购买中国社会科学出版社图书，如有质量问题请与本社营销中心联系调换
电话：010-84083683
版权所有　侵权必究

关于我国期刊发展与期刊评价的思考

荆林波

关于期刊发展及其趋势，我曾经与逯万辉撰写了一篇论文，发表在《管理世界》上，这里我重新归纳如下：

1. 数字化：传统纸质出版走向数字出版；
2. 免费化：订阅模式过渡到免费、开放获取；
3. 平台化：编辑流程革命——先发后审、公开评议；
4. 规模化："小而美"到集团化运作；
5. 特色化：千刊一面到唯我独尊；
6. 国际化：全球化交流日益增强；
7. 内卷化：ABCD 评价体系下竞争无处不在；
8. 去影响因子化：评价导向的变化。

回顾近两三年的变化，需要加一个人工智能对期刊发展的影响，大模型应用导致机器写稿对期刊编审提出新的挑战。

在审视期刊发展状况与趋势的同时，我们也对期刊评价做了思考。这里回溯一下我们 AMI 综合评价的主要历程：

里程碑的第一步是 2014 年 11 月 22 日，中国社会科学院中国社会科学评价研究中心（中国社会科学评价研究院的前身）发布第一版《中国人文社会科学期刊评价报告（2014）》，我们旗帜鲜明地提出了：坚持正确的政治方向，对有意识形态的期刊采取"一票否决"；探索新的评价方法，告别单一的定量评价，倡导定量评价与定性评价相结合的综合评价方法。

里程碑的第二步是中国社会科学评价研究院主导的首个期刊国家评

价标准历经预研、立项、起草、专家研讨、征求意见、审查、批准等阶段，于 2021 年 5 月 21 日发布，并于 2021 年 12 月 1 日正式实施。《人文社会科学期刊评价（GB/T 40108—2021）》是中国社会科学评价研究院同仁历经 7 年之久，以吸引力（Attractive Power）、管理力（Management Power）和影响力（Impact Power）三个一级指标，通过定量与定性相结合的方式，构建更加透明的人文社科期刊 AMI 评价体系，简称"A 刊评价"。这是我国人文社会科学领域的首个创举，为此奠定了 A 刊的权威性。

里程碑的第三步是不断践行与大力推广。比如，我们打造了中国人文社会科学评价日暨期刊评价主任委员会年会的品牌活动，不断与学术界和期刊界交流互动，包括评价同行、数据库商、二次文献机构等，推动学术共同体的建设。我们举办的会议情况如下表所列：

时间	会议	举办地
2018 年	第一届中国人文社会科学评价日暨期刊评价主任委员年会	南京审计大学
2019 年	第二届中国人文社会科学评价日暨期刊评价主任委员年会	苏州大学
2020 年	第三届中国人文社会科学评价日暨期刊评价主任委员年会	集美大学
2021 年	第四届中国人文社会科学评价日暨期刊评价主任委员年会	北方民族大学（线上）
2022 年	第五届中国人文社会科学评价日暨期刊评价主任委员年会	中国社会科学院
2023 年	第六届中国人文社会科学评价日暨期刊评价主任委员年会	上海交通大学
2024 年	第七届中国人文社会科学评价日暨期刊评价主任委员年会	中山大学（深圳校区）

在这个品牌活动中，我们取得了一系列成果。比如，2020 年，中国社会科学评价院提出了关于"践行科学评价"的《厦门共识》，具体包括十条评价原则：

1. 坚持正确的政治方向和评价导向，贯彻"一票否决"的评价做法；

2. 坚持构建一个科学权威、公开透明的科学评价体系；

3. 坚持定性与定量相结合的综合评价方法；

4. 坚持分类评价，并且根据实际状况，不断调整评价范围；

5. 坚持在定性评价中充分发挥学术共同体的作用，构建多层次的同行评议专家队伍；

6. 坚持持续跟踪评价，尊重学术与期刊发展规律，强化期刊内部的管理与建设，彰显期刊的社会责任，定期进行评价；

7. 坚持百花齐放，注重学术贡献、决策咨询、社会效益和国际影响，鼓励期刊特色化发展；

8. 坚持研以致用的原则，加强评价理论研究，不断优化评价方法；

9. 坚持公平公正公开的评价原则，做到可控可查可溯；

10. 坚持互利互惠、合作共赢，共享信息和数据库，分享经验，共同发展，争取在国际上发出中国评价的声音。

里程碑的第四步是我们持续创新，引领期刊评价走向。比如，2019年，中国社会科学评价研究院对AMI指标体系里的部分指标进行了深入分析，对期刊编辑部的经验做法进行了调研，形成了《中国人文社会科学期刊特色化发展报告（2019）》，2023年到2024年又对近700家编辑部的特色期刊做法进行梳理总结。在期刊的特色化的评价导向也成为同行乃至上级管理部门评价期刊的一个重要的风向标。再比如，在2022版的AMI综合评价中，我们强化了对英文长摘要的评价，很好地落实了中宣部、教育部、科技部《关于推动学术期刊繁荣发展的意见》的精神。

近年来，中国社会科学评价研究院获得有关部委多项期刊评价交办任务，相关期刊评价成果获得上级部门的高度肯定。在取得这些成绩的同时，我们也清醒地认识到期刊评价仍然面临许多问题和诸多困惑，具体而言：

第一，期刊的学科分类如何更加科学。近年来，新的学科不断涌现。2022年国务院学位委员会办公室新增中共党史党建、纪检监察学、区域国别学等12个一级学科。这些新的一级学科的设立必将对我们未来期刊评价的学科分类带来影响。

第二，期刊的评价如何顾及不同学科之间、不同区域之间等差距。AMI综合评价一把尺子量出去，同时如何发挥咨询委员会委员、学科评价专家、推荐专家、评阅专家等四个层级专家的作用，综合统筹，相对全面地覆盖各学科、全国不同地区的期刊发展。

第三，期刊评价如何引导期刊在培育学术新人与依仗学术大咖之间做到平衡。很显然，学术期刊大都希望发表学术大咖的论文，以此提升学术期刊的影响力，甚至许多学术期刊明确表示不发表研究生的论文。这导致学术新人较难发表成果，有些博士生为发表核心期刊论文而寻求导师加持。

第四，核心期刊的发文量与学术界的供给量不成比例。有的核心期刊采用降低发文数量的做法，以追求更高的影响因子。尽管我们 AMI 综合评价指标体系已经不断下调了影响因子的占比，但是我国期刊界对影响因子的迷恋仍然存在，其他期刊评价体系中影响因子的作用仍然较大。我们注意到，有些学术期刊每期只发表 4 篇长论文，而我国学术界的供给却在不断增大。2022 年，全国高校哲学社会科学教师和研究人员达到 93.8 万人[①]，哲学社会科学"五路大军"包括高校、党校（行政学院）、部队院校、科研院所、党政部门研究机构在内的哲学社会科学工作者有一百多万人，如果加上哲学社会科学领域 130 多万在读博士、硕士研究生[②]，一共有 200 多万人，而核心期刊年发文量只有 10 万多篇，缺口巨大。因此，扩容核心期刊的呼声日益高涨，作为期刊评价机构，我们的压力可想而知。

第五，评价学科的建设与评价人才培育问题。我们在 2021 年在全国首次招收了评价学方向硕士研究生，却只能放在人力资源管理二级学科下面，面临着教学、教材、学生培育等诸多困难。在大家共同努力下，第一批评价学方向的 5 位硕士研究生于今年 6 月份顺利毕业，其中 1 位继续读博深造，4 位从事企业管理工作，与评价学没有多少关联。放眼全国乃至全球，评价学学科建设仍需努力。与此同时，我国评价人才的培育问题也迫在眉睫。中国社会科学评价研究院每年接受大量委托课题，需要各类人员参与，如何系统培育、科学指导这些年轻人告别过去的学科，跨入新的评价领域成为我们当下的难题。

---

① 数据来源：《中国教育统计年鉴（2022 年）》中"中国 2022 年普通高等学校人文．社会科学人力情况统计"。

② 数据来源：《中国教育统计年鉴（2022 年）》中"高等教育分学科门类研究生总数（总计）"。

总之，问题与答案并存。从 2013 年 12 月 26 日，中国社会科学院创立中国社会科学评价中心，我有幸在 2014 年 3 月到岗，踏入一片社科评价的蓝海。十年一回眸，创业、创新外带创伤。展望下一个十年，我们充满信心。我们坚信：评价院同仁与国内同行只要坚持不懈、持之以恒，这些难题都会逐步解决。我们希望："五路大军"的学者给予我们更多支持和包容，同题共答，破解中国社会科学评价难题。

目 录

上编　中国人文社会科学期刊 AMI 综合评价体系

第一篇　期刊 AMI 评价工作的缘起与发展 …………………… (3)
　一　中国期刊发展与期刊评价现状 ………………………… (3)
　二　中国社会科学评价研究院期刊评价工作的开展 ……… (6)
　三　2022 版期刊评价的改进与创新 ……………………… (13)

第二篇　期刊 AMI 综合评价体系的建构与完善 …………… (19)
　一　期刊 AMI 综合评价指标体系的研制与确立 ………… (19)
　二　评价客体的分类与筛选 ………………………………… (23)
　三　评价主体的组建与构成 ………………………………… (28)
　四　评价机制的实施与保障 ………………………………… (32)

第三篇　中国人文社会科学期刊评价体系比较 …………… (36)
　一　评价机构基本情况 ……………………………………… (36)
　二　评价对象范围比较 ……………………………………… (38)
　三　评价指标体系比较 ……………………………………… (40)
　四　定性评价方法比较 ……………………………………… (43)
　五　评价等级及核心情况比较 ……………………………… (45)
　六　特点与发展趋势比较 …………………………………… (47)

下编　中国人文社会科学期刊 AMI 综合评价结果

第四篇　老牌刊评价报告 …………………………………（51）
　第一部分　老牌刊评价说明 ………………………………（51）
　第二部分　老牌刊评价结果（1904 种期刊）……………（68）

第五篇　新刊评价报告 …………………………………（147）
　第一部分　新刊评价说明 ………………………………（147）
　第二部分　新刊评价结果（116 种期刊）………………（157）

第六篇　外文刊评价报告 ………………………………（165）
　第一部分　外文刊评价说明 ……………………………（165）
　第二部分　外文刊评价结果（148 种）…………………（177）

第七篇　2022 年期刊评价结果汇总 ……………………（189）

附　件 ……………………………………………………（269）
　一　中国人文社会科学期刊评价专家委员会章程 ……（269）
　二　中国人文社会科学期刊评价专家委员会换届
　　　增补办法 ………………………………………（272）
　三　中国人文社会科学期刊评价专家委员会学科专家
　　　委员会名单 ……………………………………（273）
　四　2022 年期刊评价工作推荐专家名单 ………………（308）

致　谢 ……………………………………………………（395）

后　记 ……………………………………………………（408）

上编

中国人文社会科学期刊AMI综合评价体系

第一篇

期刊 AMI 评价工作的缘起与发展

一 中国期刊发展与期刊评价现状

哲学社会科学期刊是重要的科研成果载体、学术交流平台和思想宣传阵地，在中国特色哲学社会科学学科体系、学术体系、话语体系建设中承担着重大而不可替代的历史使命。期刊评价则担负着期刊发展的指引、监督、纠偏的职能，起到"以评促建、促改、促管"的作用，从而促进期刊更好地服务于中国特色哲学社会科学"三大体系"建设，为哲学社会科学繁荣发展发挥应有作用。

（一）目前期刊发展中存在的主要问题

一是一些期刊政治意识、大局意识不强。有的期刊简单套用和照搬西方哲学社会科学的基本立场和话语体系，摒弃马克思主义的指导地位。比如有些经济学类期刊，认为马克思主义政治经济学论文质量差、引用低，甚至认为其不属于经济学范畴，因而很少或者干脆不刊发马克思主义政治经济学方向的论文。有的期刊大局意识不强，在引导学术研究，立足中国实际，回应现实关切，以及在国家大政方针的政策宣传、阐释、研究等方面做得不够，甚至有懈怠、抵触情绪，认为学术期刊只闭门做学术就够了，无视哲学社会科学期刊服务党和国家中心工作和战略任务的功能。

二是一些期刊论文缺乏思想性、引领性，学术视野狭窄，创新性不够。现在一些期刊无栏目设置，或者栏目设置宽泛随意、选题狭小碎片化，只是被动、消极地接受作者投稿，不能主动、积极地聚焦党和国家的重大现实问题，前瞻性、引导性不足。一些期刊论文缺乏思想、内容空泛，还有一些期刊论文则晦涩拗口、故作高深，滥用数学模型将简单问题复杂化。一些期刊论文缺乏国际视野和历史眼光，就事论事，研究视野狭小导致研究结论的可靠性难以保证。还有的期刊论文在研究背景和文献综述上长篇论述，但研究结论和建议则很简单，这种舍本逐末的现象违背了哲学社会科学研究的初衷。

三是一些期刊同质化严重，特色化不足。部分期刊"千刊一面"，撕掉期刊封面后无法从内容判断是哪个期刊，尤其是综合类期刊、大学学报发文范围大而全，也有一些专业期刊如经济类、法律类期刊在专业范围内发文小而全，缺乏特色。有些期刊本来坚守学科方向的办刊特色，比如区域国别类期刊，因受期刊评价等因素影响而逐渐放弃特色，刊发期刊研究范围之外的论文，期刊定位发生较大转移。

（二）现有期刊评价体系对期刊发展产生不良影响

目前国内哲学社会科学期刊评价体系主要有"ABCD四大评价"，分别是中国社会科学院中国社会科学评价研究院研制的《中国人文社会科学期刊AMI综合评价报告》（简称A刊评价）、北京大学图书馆研制的《中文核心期刊要目总览》（简称B刊评价）、南京大学中国社会科学研究评价中心研制的《中文社会科学引文索引（CSSCI）》（简称C刊评价）和武汉大学中国科学评价研究中心研制的《中国学术期刊评价研究报告（RCCSE）》（简称D刊评价）。这些期刊评价体系在促进期刊发展方面发挥了一定的积极作用，但也带来了一些不良影响。

一是有的期刊评价体系缺少对期刊政治方向的把握，导致存在政治方向问题的期刊仍被评为"核心期刊"。有的期刊评价体系，在开展期刊评价特别是哲学社会科学期刊评价时，曾秉持"只管学术，不谈政治"的导向，将个别存在重大政治方向、价值取向问题的期刊评为"核心期刊"，引起轩然大波，这样的期刊评价体系不仅不能通过评价及时发现问题，反而起到了不好的示范作用。有的期刊评价体系至今仍未设置期刊政治方向评价指标，或缺乏行之有效的判断和辨别期刊政治方向的工作机制。

二是有的期刊评价体系过度依赖"影响因子""基金论文比"等定量指标，导致期刊学术不端行为时有发生。

有的期刊评价体系以"影响因子"及其衍生指标为主，几乎完全依赖"影响因子"等定量指标建构期刊评价体系，一边刻意忽略且回避其被视作期刊评价体系的事实，一边又享用被当作期刊评价体系的红利。在这种以定量评价为主要方法的期刊评价体系中，同行评议等定性评价方法无法得到深入研究和科学践行，沦为无足轻重的配角。这导致很多期刊为追求高影响因子而采取极端行为。有的期刊断崖式降低发文量，每期只刊发四五篇文章，发文量过小直接影响了期刊作为学术交流平台的作用；有的期刊大幅度提高论文长度，一篇论文犹如专著长达 8 万字、10 万字，影响了期刊作为最新科研成果发表平台的功能定位；有的期刊则强制作者引用本期刊或是特定期刊，数个期刊形成互引"联盟"，未引用"联盟"期刊的论文不予录用。

部分期刊评价体系采用"基金论文比"指标，为提高此指标评分，有的期刊不刊发非基金资助论文或是"强烈建议"作者挂上基金课题，这导致一些"乱挂课题"等学术不端行为。部分作者为"满足"期刊要求，其论文所挂课题出现了无关课题、捏造课题、"早产课题"（投稿时间早于课题立项时间的课题）、"过期课题"（已结项课题）等。

三是有的期刊评价体系缺乏对期刊建设的引导，导致期刊轻内容重表现而忘却初心。现有的期刊评价体系，大多属于期刊出版后的事后评价，对期刊的选题策划、内容质量、编辑队伍、作者梯队、制度建设等情况鲜有关注，缺乏评价引导。这导致很多期刊过度关注下载、被引、转载等外在表现，而忽视了期刊建设及发展的内在过程。无论是国家社科基金学术期刊资助项目的考核，还是《关于推动学术期刊繁荣发展的意见》等系列相关文件的出台，均旨在纠偏期刊建设中对定量数据的过度关注，而引导期刊向专业化、特色化方向发展，但在现有期刊评价体系的影响下，期刊却不敢改、不能改、不想改，怕一改就从"核心期刊"中掉下来。这不仅是在"核心期刊"中处于边缘的期刊的担忧，甚至一些顶级期刊、权威期刊也有所顾虑。

因此，有必要构建科学权威的期刊评价体系，引导和促进哲学社会科学期刊健康发展，积极正确地发挥期刊评价的"指挥棒"作用。

二 中国社会科学评价研究院期刊评价工作的开展

（一）评价院的成立与职责定位

哲学社会科学评价体系建设是哲学社会科学创新体系中的重要环节，人文社会科学期刊评价是哲学社会科学评价体系的重要组成部分。为更好地制定和完善中国哲学社会科学评价标准、承担和协调中国哲学社会科学学术评价、构建和确立中国特色哲学社会科学评价体系，2013年12月26日，中国社会科学院党组决定成立中国社会科学评价中心（中国社会科学评价研究院前身）。

2016年5月17日，习近平总书记在哲学社会科学工作座谈会上指出，"要建立科学权威、公开透明的哲学社会科学成果评价体系，建立优秀成果推介制度，把优秀研究成果真正评出来、推广开"。在"5·17"讲话一周年之际，习近平总书记在致中国社会科学院建院40周年的贺信中再次提出"构建中国特色哲学社会科学学科体系、学术体系、话语体系"。

在此背景下，经财政部、中编办批准，在中国社会科学评价中心基础上，中国社会科学评价研究院（以下简称评价院）于2017年7月21日正式成立。评价院的成立是中国社会科学院为了全面贯彻落实习近平总书记"5·17"重要讲话和贺信精神，基于中国社会科学院的功能定位和发展战略，做出的一项重大战略性决策。

评价院共9个处室，期刊与成果评价研究室开展的期刊评价工作是评价院的主要工作内容之一。评价院始终坚持正确的政治方向和评价导向，以"制定标准、组织评价、检查监督、保证质量"为主要职责，致力于建立科学权威、公开透明的哲学社会科学评价体系，致力于组织开

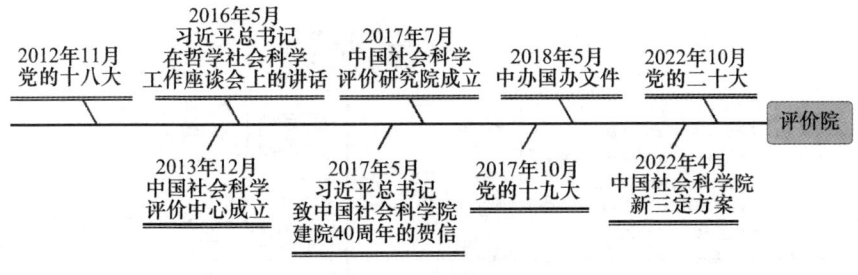

图 1　评价院的成立

展相关学术评价活动，致力于搭建国际化学术评价交流平台，推动中国学术评价标准走出去，为繁荣发展哲学社会科学服务，为中国特色社会主义建设服务。

根据2018年中共中央办公厅、国务院办公厅印发的《关于进一步加强科研诚信建设的若干意见》，评价院新增"科研诚信管理"职责。2022年4月，中国社会科学院职能配置、内设机构和人员编制规定颁布，文件规定中国社会科学院贯彻落实党中央关于哲学社会科学工作的方针政策和决策部署的主要职责一共有9条，其中第三条是"构建中国特色哲学社会科学学术评价体系，制定和完善中国哲学社会科学评价标准，参与制定国际学术评价标准，承担和协调全国哲学社会科学学术评价工作；加强哲学社会科学科研诚信体系建设，统筹指导全国哲学社会科学科研诚信管理工作"。该职责对评价院的工作提出了新要求。

（二）评价院已开展的期刊评价工作

评价院期刊评价工作的目的是促进期刊繁荣发展，进而促进中国哲学社会科学的繁荣发展。期刊评价的目标是建立科学权威、公开透明的哲学社会科学期刊评价体系，推动中国学术评价标准国际化，推动中国学术走向世界。

目前，评价院开展的期刊评价工作主要集中在期刊评价理论、期刊评价、集刊评价、职校期刊评价、党政刊评价和期刊评价国家标准研制等方面，以学术论文、专著、研究报告等形式发布相关研究成果，如图2所示。

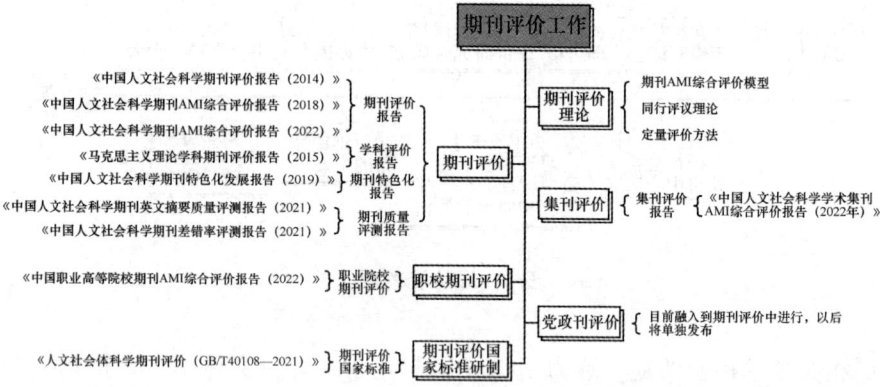

图 2 评价院已开展的期刊评价工作

1. 期刊评价基础理论研究

自评价院成立之日起，评价院就着力于期刊评价理论研究，公开发表了系列理论文章、出版多部学术专著并应用于实践，其中2014年构建的期刊AMI综合评价模型是后续期刊评价工作的理论基础。为解决当时存在的期刊意识形态属性不突出、期刊评价公开透明性弱、评价导向性差等问题，评价院首先提出期刊AMI综合评价模型，在此基础上构建了第一版期刊评价体系，并在2014年开展的期刊评价工作中加以应用、改进。期刊AMI综合评价模型主要从吸引力、管理力和影响力三个层次对期刊进行评价，中国人文社会科学期刊评价模型如图3所示。

一是吸引力（Attractive Power，简称A）：指评价客体的外部环境，良好的外部环境能够吸引更多的资源，提升评价客体的吸引力。

二是管理力（Management Power，简称M）：指评价客体管理者管理评价客体的能力，促进评价客体发展的能力。

三是影响力（Impact Power，简称I）：是评价客体实力的直接表现，是吸引力和管理力水平的最终体现。

2. 研制发布系列评价报告

目前发布的研究报告主要有期刊评价报告、学科评价报告、期刊特色化发展报告和期刊质量测评报告。

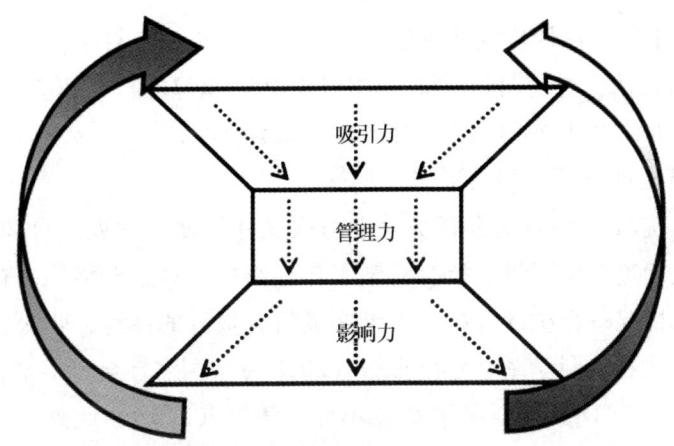

图 3　中国人文社会科学期刊 AMI 综合评价模型

（1）期刊评价报告。评价院自 2014 年开始，每四年发布一次期刊评价报告，现已发布了《中国人文社会科学期刊评价报告（2014）》《中国人文社会科学期刊 AMI 综合评价报告（2018）》两版，本报告为《中国人文社会科学期刊 AMI 综合评价报告（2022）》，即第三版报告。

（2）学科评价报告。不定期发布，如 2015 年发布的《马克思主义理论学科期刊评价报告（2015）》，秉持鲜明的问题意识，坚持强烈的问题导向，高度关注人文社会科学期刊的发展特点和存在的现实问题。

（3）期刊特色化发展报告。第一版《中国人文社会科学期刊特色化发展报告（2019）》和《中国人文社会科学期刊特色化发展案例选编（2019）》于 2019 年发布，两个报告总结了目前中国人文社会科学期刊的四大类 26 种特色化的做法，并将优秀案例选编成册，为解决期刊同质化问题、促进期刊特色化发展提供助力。第二版特色化发展报告将于 2024 年发布。

（4）期刊质量评测报告。已发布《中国人文社会科学期刊英文摘要质量评测报告（2021）》和《中国人文社会科学期刊差错率评测报告（2021）》。

3. 研制报批期刊评价国家标准

历时七年，由评价院起草的国内第一个人文社会科学期刊评价国家标准《人文社会科学期刊评价（GB/T 40108—2021）》于 2021 年 5 月 21 日正式发布，并于 2021 年 12 月 1 日正式实施。

4. 其他期刊评价相关工作

（1）完成多部委交办任务，助力人文社科期刊发展。自 2021 年开始，接受中宣部全国哲学社会科学工作办委托，对近五年国家社科基金科研成果情况进行统计分析，相继完成研究报告的撰写，收录至已出版报告《国家社会科学基金年度报告（2020）》《国家社会科学基金年度报告（2021）》《国家社会科学基金年度报告（2022）》。此外，还完成中宣部、教育部、原国家新闻出版广电总局等交办的"教育部经济学类 A 刊情况调查"等任务。

（2）加强评价同行合作，推动中国学术走向世界。每年 10 月的第二个周五，组织"ABCD 四大评价"机构，《新华文摘》《中国社会科学文摘》《社会科学文摘》《高校文科学报文摘》和人大复印报刊资料五大文摘，中国知网、万方数据两大数据库商，联合召开"期刊建设与期刊评价研讨会"，致力于携起手来共同推进中国学术评价标准的国际化，提高中国学术评价的力量，推动中国学术走向世界。

（3）推进成果互认与国标国际化，发出中国声音。为更好地促进中俄两国学术交流和学术发展，提高两国学术研究成果的国际影响力，打破西方以 SCI、SSCI 为主的评价标准，评价院会同中国社会科学院俄罗斯东欧中亚研究所，与俄罗斯国际事务委员会于北京时间 2021 年 12 月 24 日召开"中俄学术与期刊评价标准互认机制"工作会议。评价院还与比利时、荷兰、挪威、美国、英国等相关机构进行互访交流，就期刊评价等工作进行讨论。

（三）评价院期刊评价工作路径与发展方向

1. 期刊评价工作路径

评价院期刊评价工作路径主要体现在六个方向：①由定量评价向定性定量结合综合评价过渡；②由整齐划一评价向分类分权重评价过渡；

③由外在形式评价向内容质量评价过渡；④由注重规范性评价向注重特色化评价过渡；⑤由阶段性评价向过程性评价过渡；⑥由评比性评价向诊断性评价过渡。

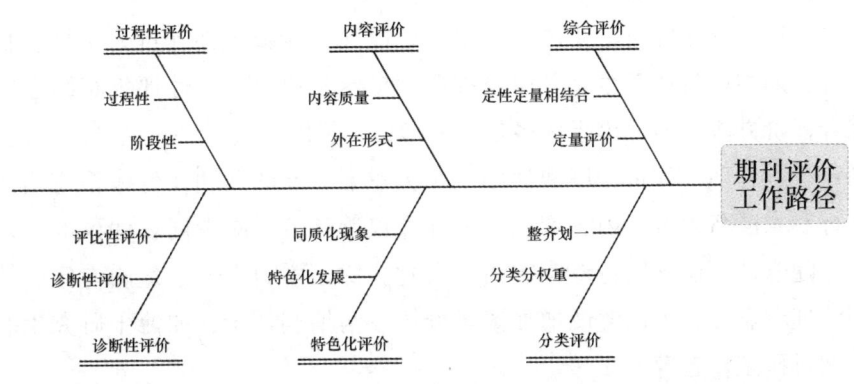

图 4　评价院期刊评价工作路径

2. 期刊评价发展方向

评价院后续期刊评价工作主要沿着定量与定性相结合、共性与个性相统一、结果与过程相统一、过去与未来相结合、评刊与评人相结合五个方向开展。

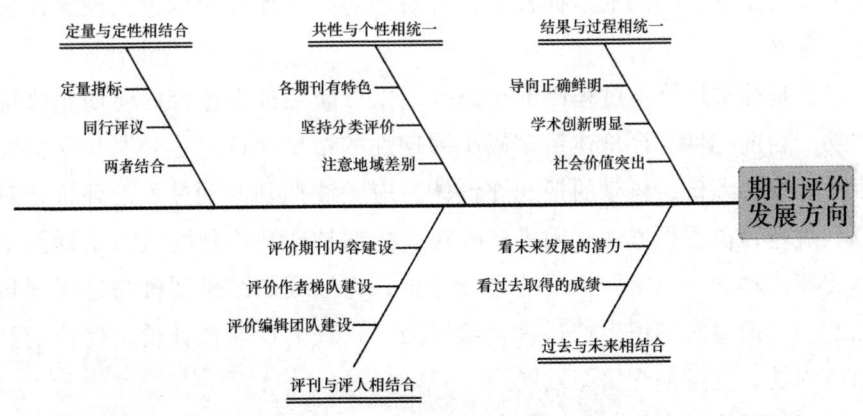

图 5　评价院期刊评价发展方向

为促进期刊繁荣发展，推动中国特色哲学社会科学"三大体系"建设，迫切需要从国家层面完善和构建科学权威、公开透明的期刊评价体系，让期刊评价回到服务学术、促进学术创新的宗旨上来，正确发挥期刊评价"指挥棒"作用。

一是定量评价与定性评价相结合，以同行专家定性评价为主导。目前各类期刊评价体系尽管普遍声称采用了定量评价与定性评价相结合的综合评价方法，但评价指标多是定量指标，仍以定量评价为主导。因此，制定科学合理的评价程序和规则就至关重要，新的期刊评价体系应增加同行专家匿名评审、内容审读、公开评议等环节，减少同行评议的主观性、随意性，倡导同行专家主体多元化，除了学科专家、编辑专家、期刊管理专家外，可以考虑增加读者群体参与期刊评价，如博士研究生和广大科研工作者等。

二是共性评价与个性评价相统一，在共性基础上推动期刊的特色化发展。科学的期刊评价体系应注重引导期刊特色化、差异化发展，并服务于党和国家的需要，让每个期刊有自己的定位，切实发挥学术期刊的作用，避免千刊一面，避免大而全、小而全，避免有些研究成果（如冷门绝学、基础理论研究）无发表阵地。因此，期刊评价体系应坚持分类评价，注重期刊的特色化发展，根据期刊的学科特点、宗旨定位设置不同的评价指标、不同的指标权重，将期刊的共性评价和特色化发展评价统一起来。

三是结果评价与过程评价相统一，以诊断性过程评价促使期刊修炼内功。目前的期刊评价体系多属于周期性的结果评价，是对期刊论文发表后表现的评价，科学的期刊评价体系应关注期刊办刊过程的评价，对办刊规范、流程、方法、困难、收获，特别是期刊选题的组织策划与学术交流活动的组织实施情况等进行评价，将期刊的结果评价与过程评价相统一。通过对知识生产过程、编辑加工过程的诊断性评价，促使期刊修炼内功，促进期刊繁荣发展。

四是评价过去与评价未来相统一，关注期刊特别是新刊的未来发展趋势。现有期刊评价体系主要是对期刊过去几年的评价，根据评价指标不同，评价过去甚至更长时间内取得的成绩和产生的影响。而且，有的期刊评价体系采用的评价数据严重滞后，不能反映期刊近几年取得的成绩，也无法反映期刊近期的变化与发展趋势，甚至都未将新创办期刊纳入评价范围。如《社会保障评论》是2019年创办的新刊，但选题策划卓有成效，学术影响力上升较快。因此，科学的期刊评价体系应更加注重对期刊未来发展潜力的评估和预测，给围绕党和国家工作重心、促进学科发展的期刊和认真踏实办刊的期刊以更加公平客观的评价和更多机会，同时给予新创办期刊与老刊同等的机会，关注扶持它们的发展，将期刊的过去评价与期刊的未来发展评价相统一。

五是评价期刊与评价人员相统一，以人为本促进期刊建设、促进学术繁荣。论文是人写的，期刊是人办的，期刊评价见物更要见人。科学的期刊评价体系应注重编辑团队的评价，特别是对期刊灵魂人物主编的学术水平、业务能力、履职情况的评价。科学的期刊评价体系还应注重期刊对作者梯队培养的评价，特别是对青年人才的培养，不是过于强调期刊发表青年学者文章的占比有多高，而是应不论年龄、学历、职称等，以文章质量和是否符合办刊宗旨来择文刊发。另外，期刊评价体系也应注意对期刊主办单位的评价，其所制定的政策、组建的编辑团队是否有利于促进期刊发展。因此，科学的期刊评价体系不仅要评价期刊本身，还要评价期刊涉及的人员，将评人与评期刊结合起来。

三　2022版期刊评价的改进与创新

2022年，第三轮期刊AMI评价如约而至，这是一条阳光与荆棘同在的挑战之路。近十年的期刊评价探索与前两轮评价工作中积累的方法和经验赋予了评价院面对挑战的信心和力量。自2021年伊始，评价院就启动了2022版期刊AMI评价工作的各项计划，在经历了前期筹备、社会调研、制定标准、组织评价、数据采集、统计整合、论证研判等各项评价工作的流程之后，评价院于2022年末完成了第三轮期刊AMI评价工作。

本轮期刊AMI评价进一步深入探索了中国特色哲学社会科学期刊评价体系，始终坚持以马克思主义为指导，始终坚持正确的政治方向和理论导向，在指标体系的研制、评价客体的分类、评价主体的组建、评价内容的设定、评价数据的处理等各项评价步骤中，始终坚持"科学权威、公开透明"的评价原则，旨在把能体现中国立场、中国精神、中国水平的学术期刊评出来、推广开。相较于2014版、2018版的期刊AMI评价，2022版期刊AMI评价呈现出以下四点改进和创新。

第一，始终坚持正确的政治方向和评价导向，严格按照国家标准制定《中国人文社会科学期刊AMI综合评价指标体系（2022版）》，进一步提升了期刊评价指标体系的权威性与科学性。

2021年5月21日，国家标准化管理委员会发布了国家推荐标准——《人文社会科学期刊评价（GB/T 40108—2021）》，此项标准由评价院起草，历经预研、立项、起草、专家研讨、征求意见、审查、批准等各个阶段，于2021年12月1日正式实施。本轮期刊评价所依据的《中国人文社会科学期刊AMI综合评价指标体系（2022版）》（简称《期刊AMI评价指标体系（2022版）》）即是参照该项国家标准，根据期刊发展现状、专家反馈意见、国家政策文件等进行修订而成。

《期刊AMI评价指标体系（2022版）》于2022年4月20日公示，该指标体系坚持正确的政治方向和学术导向，坚持定量评价与定性评价相结合，强调同行专家在期刊评价中的重要作用，强调期刊的特色化发展方向，强调期刊自身管理建设，强调期刊支持优秀学术人才成长所发挥的作用。该指标体系实行一票否决制，即某期刊若有违马克思主义基本原理，或有违中央现行基本方针政策，或存在情节严重的捏造、篡改、抄袭、买卖版面等学术不端行为，则一票否决，直接取消参评资格。该指标体系以吸引力、管理力、影响力这3个一级指标为基础结构，设定了13个二级指标和32个三级指标，由一票否决指标、计分指标、加分指标、扣分指标和观察指标五种不同类型的指标构成，指标数据来源和时间段根据指标情况而各有不同。

第二，始终坚持综合平衡、统筹兼顾的评价理念，持续创新分类评价，设计多维度分类机制，进一步扩大了评价期刊的范围、细化了评价期刊的类别。本轮评价共对中国大陆地区主办的中国人文社会科学33个学科类的2168种学术期刊（老牌刊、新创刊、外文刊）进行评价。

基于前两轮评价工作的探索和实践，本轮期刊评价继续发挥了分类评价的科学性与合理性，分类机制涉及三个维度：一是期刊的属性与类型，二是期刊的学科归属及学术方向，三是评价指标所占的比例及权重。这三个维度在具体的评价环节中相辅相成，共同遵循协调发展的评价思路。

其一，依据期刊的属性与类型，本轮评价期刊共分为三大类别：老牌刊 1904 种，即创刊 5 年以上（2017 年以前创办）的学术期刊，评价结果分为 5 个等级，分别是顶级、权威、核心、扩展和入库；新创刊（也称为"新刊"）116 种，即创刊 5 年以内（2017 年及以后创办）及部分更名的学术期刊，评价结果分为 2 个等级，分别是核心和入库；外文刊 148 种，即中国大陆地区机构或以大陆地区机构为主主办的外文学术期刊，评价结果分为 3 个等级，分别是权威、核心和入库。同时，本轮评价也考察了期刊的办刊机构的具体特征、期刊所属的地域文化及特色、期刊建设的定位及倾向等其他属性，意在给予不同类型的期刊以相对应的评价空间，充分呈现中国人文社会科学期刊创办及发展的整体情况。

其二，依据期刊的学科归属及学术方向，本轮评价中，期刊被划入四大类不同的学科方向。类 1 侧重于人文学科，包括考古文博、历史学、马克思主义理论等学科的期刊；类 2 侧重于综合性学术方向，包括高校学报和综合人文社科期刊；类 3 侧重于社会科学，包括法学、管理学、环境科学等学科的期刊；类 4 侧重于冷门绝学、交叉学科等，此类期刊不单独设类评价，仍放入对应学科中评价。四大类学术期刊共涉及 33 种不同的学科方向。评价院于 2021 年 11 月 30 日公示了本轮评价的期刊名单及分类，经过编辑部反馈、专家审议、评价院论证及修订等程序形成了最终的评价名单。学科分类的评价方法规避了"一刀切"的评价误区，在进行评价的过程中充分考虑不同的学科在学术性质特征、内在发展趋势、外在学术环境等层面的差异，同时关注新兴学科、优势学科、交叉学科、冷门绝学等在期刊建设中的发展趋势，进而形成了更具针对性的评价结果，引导学术期刊开展良性竞争。

其三，基于上述期刊分类的整体情况，评价指标所占的比例及权重也依照期刊的类属差异进行差异化设计，因此，吸引力、管理力、影响力这三种指标在四大类学术期刊的评价中分别占有不同的比例及权重。这一差异化设计将不同学科类别的期刊所呈现出的差异化的学术表现及成果特征纳入评价视野，充分实现了评价的科学性与客观性。

第三，始终坚持定量评价与定性评价相结合，着力建设具有吸引力和影响力的同行评议专家队伍，合理塑造专家队伍的四个层次——咨询委员会、学科专家委员会、推荐专家、评阅专家，进而深入创新同行评议的开展机制，充分发挥了定性评价的科学性、专业性与学术性。

在2018版的期刊评价工作中，评价院已经开始探索"四层次"专家队伍的建设：①"咨询委员会"由各领域具有重大影响力的专家和管理人员构成；②"学科专家委员会"由各学科领域的科研专家和期刊编辑构成；③"推荐专家"由专家委员会和各期刊编辑部推荐的同行评议专家构成；④"评阅专家"由科研人员、研究生、期刊作者等更广泛的期刊读者群体构成。

2022年，在建设专家队伍和组织同行评议的工作中，评价院力求更加严谨完善。自2021年末至2022年中，评价院相继完成了咨询委员会专家的推荐和邀请、38个学科专家委员会的换届、推荐专家的遴选、评阅专家的核实等重要工作，最终形成了由60余位咨询委员会专家、689位学科专家委员会专家、8813位推荐专家、30198位评阅专家所构成的专家队伍。经过专家队伍的各项审读与评议，评价院于2022年11月5日和11日在京分别召开了期刊评价主任委员年会、期刊评价咨询委会议，进一步审议、商讨期刊评价结果。

整体而言，专家队伍的合理建设是同行评议顺利开展的重要基础，同行评议的顺利开展是实现定性评价科学性的重要保障。在遴选专家标准的设定与实施、各层次专家队伍结构的安排与协调、同行评议的组织与反馈、评议结果的整理与论证等各项环节中，评价院始终坚持"科学权威、公开透明"的评价原则，始终坚守"每个期刊有其读者"的评价初衷，充分发挥了各层次同行评议专家的作用和价值。

总之，建设专家队伍与组织同行评议实现了本轮期刊评价的双重目标：一方面，在评价实践层面，结构合理的专家队伍与组织有序的同行评议将定性评价落在实处，充分考虑到人文社会科学类期刊学术成果的具体特性，避免了"唯数据论"的弊端，有效完成了定量评价所不能完全实现的期刊内容评价。另一方面，在评价研究层面，专家队伍的建设与同行评议的组织引导评价工作深入学术期刊建设的内在生态，通过与期刊编辑部、人文社科研究人员、期刊作者等方面的密切交流，评价院进一步探寻了人文社会科学类期刊整体发展的客观规律和未来方向，进一步思考了期刊评价工作的重点与难点，为日后的评价奠定了坚实的基础。

第四，始终坚持探索以文评刊，开创了"五位一体"的内容评价结构，综合考察了期刊论文、编辑校对人员、期刊作者队伍、期刊综合管理、期刊特色化建设五个要素的具体情况。本轮评价围绕这五个要素，以期刊论文的意识形态属性、学术性、规范性、创新性为核心，成功组织了编辑部自评、学科专家审读、同行评议打分等各项内容评价，进一步增强了评价结果的信效度与说服力。

期刊论文的学术规范与学术创新是期刊评价工作关注的重点，本轮评价以这一重点为核心，从期刊论文的创作者、编校者、传播平台三个角度出发，主要考察了期刊论文的学术表现、作者队伍的结构分布、编校人员的综合情况、期刊信息平台的管理能力、期刊特色化建设的整体成效等各项内容。具体来说，本轮评价创新实践了四项内容评价。

一是在期刊论文的学术表现方面，组织学科专家进行样刊审读，重点关注期刊论文的意识形态、学术水平、创新价值等。

二是在期刊论文的编校质量方面，通过评价院对全部期刊的抽检与学科专家审读样刊，主要考查了期刊论文英文摘要的撰写质量，形成了《中国人文社会科学期刊英文摘要质量评测报告（2021）》；同时考查了期刊论文参考文献信息的准确性和规范性，形成了《中国人文社会科学期刊差错率评测报告（2021）》。

三是在期刊信息化管理方面，通过期刊自评充分了解期刊的投稿审稿流程，同时调研与汇总期刊网站建设、微信公众号和开放获取的情况，以探究在数字化发展趋势中期刊的信息化建设情况。

四是在期刊办刊的特色化成效方面，以期刊自评为基础、以专家审读和评审为核心，重点考察了期刊在服务党和国家工作大局，讲好中国故事，助力优势、新兴、交叉、冷门学科建设等方面的特色化办刊成果，并首次将其作为加分指标纳入期刊评价体系。

对以上四项内容的评测、审读、论证与研判共同构成了本轮期刊评价的多元视角，其一方面形成了更综合、更饱满、更深入的评价结果，增强了评价结果的有效性与可信度；另一方面则引导期刊反观自身建设的各个层面，充分发挥了期刊评价"以评促建、促改、促管"的现实功能。

第 二 篇

期刊 AMI 综合评价体系的建构与完善

经过 2014 年、2018 年和 2022 年三轮期刊 AMI 评价工作的理论探索与具体实践,评价院尝试建构出一个具有中国特色的中国人文社会科学期刊 AMI 综合评价体系。该评价体系坚持马克思主义在期刊评价工作中的指导地位,始终践行"科学权威、公开透明"的评价原则,旨在通过创新的评价理论和科学的评价方法,评价和研究中国人文社会科学期刊中具有代表性的优秀成果,进而探寻中国人文社会科学期刊建设与发展的整体情况与内在规律。三轮评价工作的发掘与积累促使期刊 AMI 综合评价体系渐趋成熟和完善,具体表现在指标体系的研制与确立、评价客体的分类与筛选、评价主体的组建与构成、评价机制的实施与保障四个方面。

一 期刊 AMI 综合评价指标体系的研制与确立

(一)建构缘起与研制依据

自 2013 年底成立伊始,评价院即开始探索科学合理的人文社会科学期刊评价标准。评价标准的结构与内容决定着评价实施中的思想导向、遴选机制、指标体系、数据处理、评价方法等各个方面。因此,评价标准的制定是开展人文社会科学期刊评价的基础。基于人文社会科学的学科性质及特点与期刊建设的发展情况及态势,结合编辑部走访、专家座谈、期刊审读、同行评议等实际调研经验，评价院开创了以吸引力、管理力、影响力三个关键要素为基础的中国人文社会科学期刊 AMI 综合评价模型（见上一篇图 3）。其中，吸引力（Attractive Power）指评价客体吸引外部资源的能力，管理力（Management Power）指评价客体的内部运作能力，影响力（Impact Power）指评价客体综合实力的直接体现。中国人文社会科学期刊综合评价模型确定了评价实施的整体框架，基于期刊评价工作中所收集的具体问题和建议，评价院持续细化和优化了该模型所指向的各类定量指标与定性指标，逐渐探索出适合中国人文社会期刊建设的评价标准。

2021 年 5 月 21 日，国家标准化管理委员会发布了国家推荐标准——《人文社会科学期刊评价（GB/T 40108—2021）》，此项标准即是由评价院起草，历经预研、立项、起草、专家研讨、征求意见、审查、批准等各项阶段，于 2021 年 12 月 1 日正式实施。2022 年第三轮中国人文社会科学期刊评价所依据的《中国人文社会科学期刊 AMI 综合评价指标体系（2022 版）》（以下简称《期刊 AMI 评价指标体系（2022 版）》）即是参照该项国家标准，根据期刊发展现状、专家反馈意见、国家政策文件等进行修订而成。

（二）结构形式与逻辑思路

《期刊 AMI 评价指标体系（2022 版）》以《人文社会科学期刊评价（GB/T 40108—2021）》为重要参照，面对四大类包括 33 个学科类在内的 2168 种学术期刊，设定 3 个一级指标、13 个二级指标和 32 个三级指标。《期刊 AMI 评价指标体系（2022 版）》实行一票否决制，设置一票否决指标、计分指标、加分指标、扣分指标和观察指标（方向性指标）五种类型的指标，各指标按照四大学科类划分权重计分，各指标统计时间及数据来源有所不同。

从结构形式与逻辑思路来看，《期刊 AMI 评价指标体系（2022 版）》聚焦中国人文社会科学期刊的发展状况，以吸引力、管理力、影响力这三个一级指标为基本框架，将期刊建设中的论文质量、作者构成、编校水平、传播力度等各个方面纳入评价视野，进而设定不同层级、不同倾向、不同属性的评价指标，意在以发展的眼光对人文社会科学期刊进行科学性的综合评价。其中：①"吸引力"指标旨在于整体的学术生态中考察期刊的学术声誉，其二级指标包括荣誉状况、文章状况、同行评议；②"管理力"指标聚焦于期刊建设内部的组织构成及特色化发展，其二级指标包括学术不端、制度规范、信息化建设、队伍建设、编校质量、期刊特色化；③"影响力"指标关注期刊所发挥的学术价值与现实功能，其二级指标包括学术影响力、政策影响力、社会影响力、国际影响力。

在具体的评价实践中，如中国人文社会科学期刊综合评价模型所示，《期刊 AMI 评价指标体系（2022 版）》呈现出动态的方向性，其中，①吸引力指标意在由外向内考察期刊的学界认可度和社会关注度；②管理力指标意在专注于内部考察期刊建设团队的管理能力和专业素质；③影响力指标意在由内向外考察期刊所创造的实际价值和创新成果。

吸引力、管理力、影响力三个指标依据人文社会科学期刊的具体特性而设置：于期刊外部环境来看，吸引力与影响力从不同的评价视角呈现出期刊的学术水平和综合实力；于期刊内部建设来看，管理力的优劣决定着吸引力和影响力的强弱，吸引力和影响力的变化也会促进或削弱管理力的发展。三个指标相辅相成，意在吸纳期刊建设的不同向度，以充分实现人文社会科学期刊评价指标体系的综合性和科学性。

（三）评价导向与创新做法

在本轮期刊评价工作中，评价院严格按照指标体系采集数据、组织评价、整理结果、撰写报告，评价工作的每一个步骤和流程都将《期刊 AMI 评价指标体系（2022 版）》的理念、标准和方法落到实处，以期实现评价工作的科学性与权威性。在评价实践中，《期刊 AMI 评价指标体系（2022 版）》具体表现出以下评价导向与创新做法。

1. 以"一票否决指标"严格把关，坚持正确的政治方向和学术导向

《期刊 AMI 评价指标体系（2022 版）》具有鲜明的意识形态属性，始终坚持马克思主义在学术评价中的指导地位，设置"一票否决指标"，即若某期刊有违马克思主义基本原理，或有违中央现行基本方针政策，

或存在情节严重的捏造、篡改、抄袭、买卖版面等学术不端行为，则一票否决，直接取消其参评资格。

2. 以"多样性评价指标"探索以文评刊，坚持定量定性动态结合的评价方法

《期刊AMI评价指标体系（2022版）》以期刊论文的意识形态属性、学术性、规范性、创新性为核心，采用多样性的评价指标充分结合定量定性的评价思路，积极探索以文评刊。

于定量评价层面，基于较完备的学术资料数据库和调查分析平台，《期刊AMI评价指标体系（2022版）》考虑到评价客体的特征与定量数据的生成之间的密切联系，设置有针对性的定量指标，以最大限度实现数据采集的科学性。

于定性评价层面，《期刊AMI评价指标体系（2022版）》将期刊论文的学术表现、学术刊物的综合管理、编校人员的组织构成、作者队伍的结构分布、期刊特色化建设的整体情况、刊物传播平台的运行实效等指标纳入评价体系，进而有效组织编辑部自评、学科专家审读、同行评议打分等各项内容评价，以实现定性评价的专业性。

3. 以"差异化权重设计"实施分类评价，坚持引导期刊高质量发展的评价理念

就评价指标的权重分布而言，《期刊AMI评价指标体系（2022版）》依照人文科学、综合性学科、社会科学、冷门绝学及交叉学科四大类不同学科方向学术期刊的属性和特征设计权重，即吸引力、管理力、影响力这三大一级指标在四大类学术期刊的评价中分别占有不同的分值比例，这一差异化设计将不同学科类别期刊所呈现的差异化学术表现及成果特征纳入评价体系，进而更合理、更公平、更公正地开展评价。

就评价指标的具体属性而言，《期刊AMI评价指标体系（2022版）》依据评价指标在期刊实际建设中的具体表现设计指标的具体属性：①"一票否决指标"意在坚持人文社会科学评价中正确的政治方向；②"计分指标"如荣誉状况、同行评议、信息化建设、影响因子等意在客观考察期刊的学术表现及综合实力；③"加分指标"如期刊特色化，意在鼓励期刊特色办刊，以加分的形式倡导期刊多元发展；④"扣分指

标"如学术不端，意在对交叉引用、抄袭剽窃等学术不端行为起到警示作用；⑤"观察指标"如编辑队伍、作者队伍、英文摘要质量等在本轮评价中仅采集数据但并不计分，意在拓宽期刊评价的评价场域，引导期刊关注管理建设的各个方面。

总体而言，基于目前人文社会科学期刊发展的同质化倾向，结合评价院的调研经验，《期刊 AMI 评价指标体系（2022 版）》旨在以差异化的权重设计积极倡导分类评价，引导期刊特色化、多元化、高质量发展。

二 评价客体的分类与筛选

根据国家标准《人文社会科学期刊评价（GB/T 40108—2021）》："评价客体是指评价活动中的被评价对象，在期刊评价中主要指学术期刊。"评价院自 2014 年起，每四年组织一次期刊评价，相继发布《中国人文社会科学期刊评价报告（2014）》《中国人文社会科学期刊 AMI 综合评价报告（2018）》。2022 年期刊评价的评价客体呈现出期刊范围逐渐扩大、期刊类型不断拓展、学科分类逐渐优化、筛选过程更加规范等特点。

（一）期刊范围逐步扩大

评价客体的数量不断增加，基本覆盖中国人文社会科学学术期刊的主要样本量。2014 年评价院主要依据中国人文社会科学引文数据库（CHSSCD）筛选确定了中国大陆地区发行的 733 种中国人文社会科学学术性期刊作为评价客体。2018 年《中国人文社会科学期刊 AMI 综合评价报告（2018）》对 1291 种老牌刊、164 种新创刊和 68 种英文刊共计 1523 种期刊进行了评价。2022 年，评价院共对中国大陆地区主办的中国人文社会科学 33 个学科类的 1904 种老牌刊、116 种新创刊、148 种外文刊和 403 种学术集刊共计 2571 种期刊集刊进行了评价，评价客体的样本量不断增加，基本覆盖了中国人文社会科学学术期刊的范围，如图 6 所示。

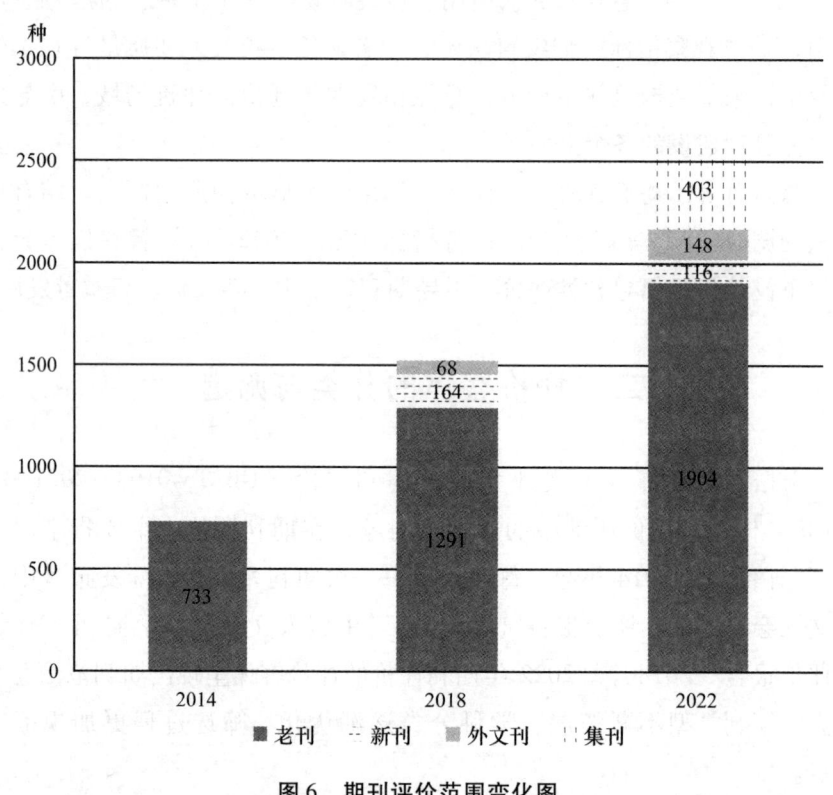

图 6　期刊评价范围变化图

（二）期刊类型不断拓展

评价院在期刊评价中不断探索新的评价客体领域，从老牌刊拓展到新创刊、外文刊、集刊、党政刊、高校刊等类型。2014 年评价了 733 种老牌刊，2018 年评价了 1291 种老牌刊、164 种新创刊、68 种英文刊。2022 年分别对老牌刊、新创刊、外文刊、集刊和职校刊进行了评价，其中：①老牌刊是创刊 5 年以上（2017 年以前创办）的学术期刊，有 1904 种；②新创刊是创刊 5 年以内（2017 年及以后创办）及部分更名的学术期刊，有 116 种；③外文刊是大陆地区主办的外文学术期刊，有 148 种；④集刊是具有"以书代刊"性质、以书号出版的连续性出版物，有 403 种；⑤职业高等院校学术应用类期刊为 164 种。评价客体的类型不断拓展，对不同种类期刊的评价完善了期刊 AMI 综合评价体系。

（三）学科分类逐渐优化

从 2014 年到 2022 年，期刊评价的学科分类更加细化和完善，体现了评价院分类评价的原则。2014 年评价院期刊评价的学科归为 23 个学科门类，学科划分主要依据 2009 版国家标准《学科分类与代码（GB/T 13745—2009）》，并根据学科特点进行了适当调整，考虑到评价客体中有部分期刊不好进行学科归类，期刊内容具有综合性，就设置了综合人文社会科学类。在学科归类方面，除了参考中国人文社会科学论文摘转数据库，还以问卷调查、电话咨询、编辑部座谈等方式确定期刊分类名单。并邀请相关学科专家对期刊的分类情况进行把关，调整出现偏差的期刊。同时，对于分类情况有争议的期刊，评价院会逐一联系，充分考虑期刊编辑部的意见，最终确定期刊的学科归类。

2018 年评价院在充分了解和分析期刊自身的发展特点和规律之后，参考了教育部、国家标准、中图法等现有学科和期刊分类规范，创新性地设置了期刊的 3 个学科大类，23 个学科类和 33 个学科子类。期刊的学科大类分别是人文学科期刊、社会科学期刊和综合性期刊。综合性期刊又分为高校综合性学报和综合人文社科期刊。随着期刊的发展，评价院对期刊评价的学科分类研究更加深入和完善，体现了评价院以期刊评价促进学科发展的原则和目标以及分类评价的原则。

2022 版《学位授予和人才培养学科目录》相较以前版本有一定变化，这些变化也充分体现在 2022 年的期刊评价工作中。在 2022 年的期刊评价中，老牌刊分为 3 个学科大类，23 个学科类和 33 个学科子类，其中"社会学"调整为"社会学与人口学"、"经济学·财政"调整为"经济学·财政与审计"、"政治学·国际政治"调整为"政治学·国际政治与区域国别"、"政治学·中国政治"调整为"政治学·中国政治（含党·政刊）"。新创刊分为 3 个学科大类和 20 个学科类，外文刊分为 3 个学科大类和 23 个学科类。评价院根据学科特点及发展规律不断修改、完善期刊的学科分类，以实现通过期刊评价促进学科建设发展的目标。本轮期刊评价中具体分类步骤详见图 7。

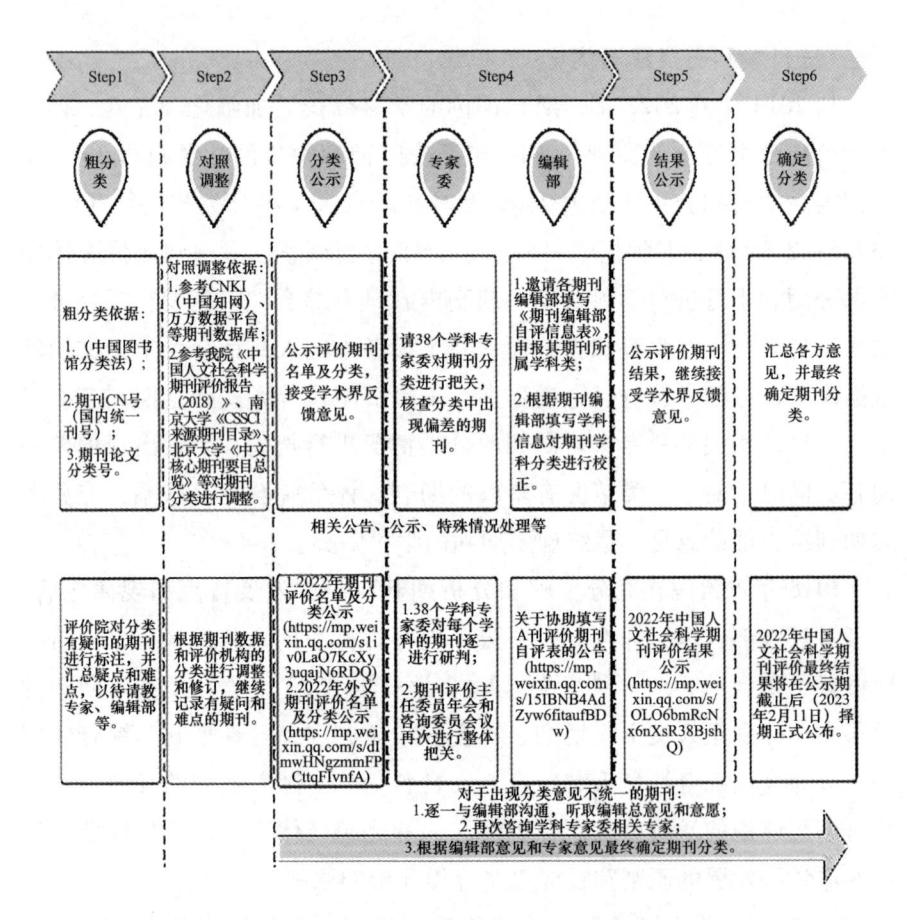

图 7 中国人文社会科学期刊 AMI 综合评价分类步骤

Step1 粗分类	Step2 对照调整	Step3 分类公示	Step4 专家委	Step5 编辑部	Step6 结果公示	确定分类
粗分类依据：1.《中国图书馆分类法》；2.期刊CN号（国内统一刊号）；3.期刊论文分类号。	对照调整依据：1.参考CNKI（中国知网）、万方数据平台等期刊数据库；2.参考我院《中国人文社会科学期刊评价报告（2018）》、南京大学《CSSCI来源期刊目录》、北京大学《中文核心期刊要目总览》等对期刊分类进行调整。	公示评价期刊名单及分类，接受学术界反馈意见。	请38个学科专家委对期刊分类进行把关，核查分类中出现偏差的期刊。	1.邀请各期刊编辑部填写《期刊编辑部自评信息表》，申报其期刊所属学科；2.根据期刊编辑部填写学科信息对期刊学科分类进行校正。	公示评价期刊结果，继续接受学术界反馈意见。	汇总各方意见，并最终确定期刊分类。
评价院对分类有疑问的期刊进行标注，并汇总疑点和难点，以待请教专家、编辑部等。	根据期刊数据和评价机构的分类进行调整和修订，继续记录有疑问和难点的期刊。	1.2022年期刊评价名单及分类公示（https://mp.weixin.qq.com/s1iv0LaO7KcXy3uqajN6RDQ）2.2022年外文期刊评价名单及分类公示（https://mp.weixin.qq.com/s/dImwHNgzmmFPCttqFIvnfA）	1.38个学科专家委对每个学科的期刊逐一进行研判；2.期刊评价主任委员年会和咨询委员会议再次进行整体把关。	关于协助填写AI评价期刊自评表的公告（https://mp.weixin.qq.com/s/15IBNB4AdZyw6fitaufBDw）	2022年中国人文社会科学期刊评价结果公示（https://mp.weixin.qq.com/s/OLO6bmRcNx6nXsR38BjshQ）	2022年中国人文社会科学期刊评价最终结果将在公示期截止后（2023年2月11日）择期正式公布。

相关公告、公示、特殊情况处理等

对于出现分类意见不统一的期刊：
1. 逐一与编辑部沟通，听取编辑部意见和意愿；
2. 再次咨询学科专家委相关专家；
3. 根据编辑部意见和专家意见最终确定期刊分类。

图 7 中国人文社会科学期刊 AMI 综合评价分类步骤

（四）筛选过程更加规范

评价院对评价客体的筛选不断提高规范性，根据不同类型期刊采取完备性和优质性相结合的原则。2014 年 CHSSCD 包含了 700 多种期刊，从 1999 年至 2014 年共 15 年的期刊数据中筛选学术期刊评价客体。评价院根据此数据库进行期刊的遴选，通过核查文章内容的学术性、参考文献著录的规范性、发文作者情况、转载情况等确定入选的学术期刊样本。2018 年评价院对评价客体的筛选更加细致规范，参照国家广电总局两批学术期刊名单，对 1304 种学术期刊进行初评，根据一票否决、学术不端、停刊等原因删除 13 种期刊，最终确定 1291 种学术期刊参与评价。2022 年在老牌刊、新创刊、外文刊和集刊的筛选工作中，经历了多轮严格把关，以中宣部公布的两批学术期刊名单为基础，从 CHSSCD、中国知网、万方数据等期刊名单中进行汇总，不断调整刊名和相关信息，经过评价院内部审议、学科专家审议、社会公示等环节不断调整期刊名单，最终确定了中国大陆地区主办的中国人文社会科学 2168 种学术期刊（老牌刊、新创刊、外文刊）和 403 种学术集刊。

本轮期刊评价期刊基本信息确认流程详见图 8。

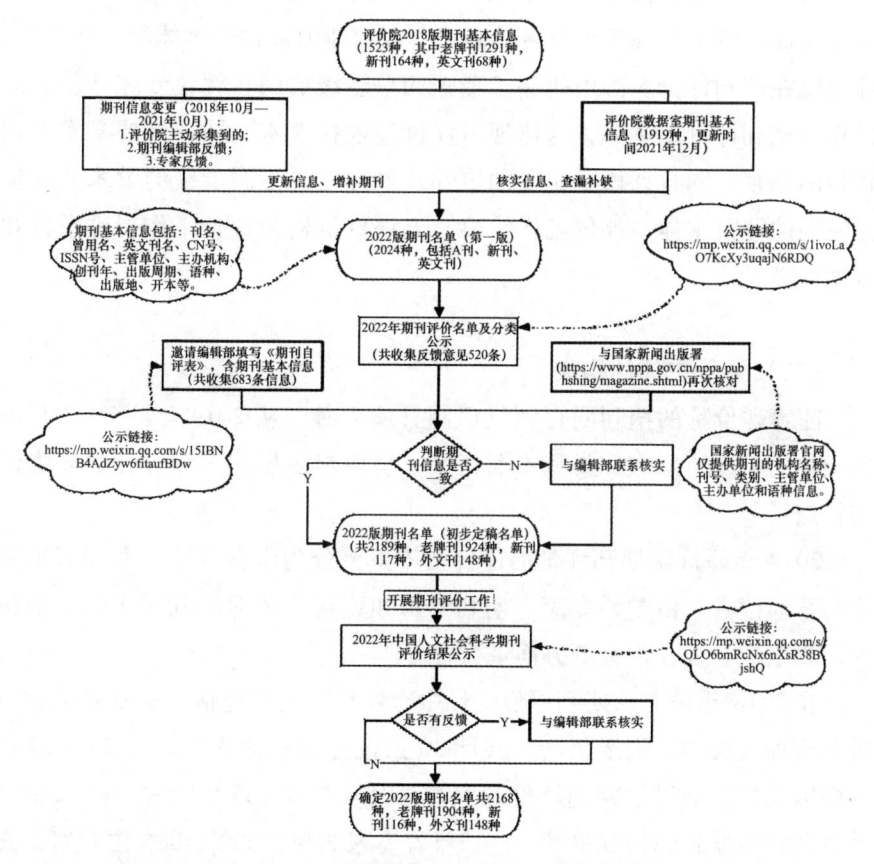

图 8　中国人文社会科学期刊 AMI 综合评价基本信息确认流程

三　评价主体的组建与构成

（一）评价主体的组建

期刊评价主体是指对评价客体进行组织、实施评价活动的机构或个人，包括科研管理部门、第三方评价机构和学术共同体等。评价院依据国家标准《人文社会科学期刊评价（GB/T 40108—2021）》建构同行评议体系，不断完善期刊评价主体的组建与构成。

同行评议是人文社会科学期刊AMI综合评价体系的重要组成部分，同行评议的情况体现了评价客体吸引资源的能力和评价客体的外部声誉。评价院在期刊评价实践中研制了覆盖四个层级的同行评议专家队伍，以此作为期刊评价的主体，这体现了评价院依托学术共同体开展学术期刊评价的原则。同行评议是主要的定性评价方法，不同层级的学术共同体是主要的评价主体。评价院作为第三方评价机构为评价工作提供平台和制度保障。

（二）评价主体的构成

随着评价院的期刊同行评议机制日臻完善，从2014年到2022年评价主体的范围、层次、类型不断拓展，呈现出多层次、综合性和多维性的特点。

2014年评价院期刊评价的评价主体主要分为学科专家、期刊编辑专家和普通读者。由学科专家、期刊编辑和普通读者对期刊学术性、创新性、规范性、社会声誉等方面进行打分。

在2018年第二轮期刊评价工作中，评价院建成包括权威专家学者和科研管理人员的咨询委员会，共计30余位专家；建成第一届29个学科的中国人文社会科学期刊评价专家委员会，共计465位专家；经由专家委员会、各期刊编辑部推荐，建成推荐专家名单，共计5066位专家；同时，共有1426位评阅专家通过网络参与本轮评价。

同行评议专家的第一个层级是咨询委员会，咨询委员会委员来自各领域具有重大影响力的学者、期刊评价领域专家和期刊主管部门的管理

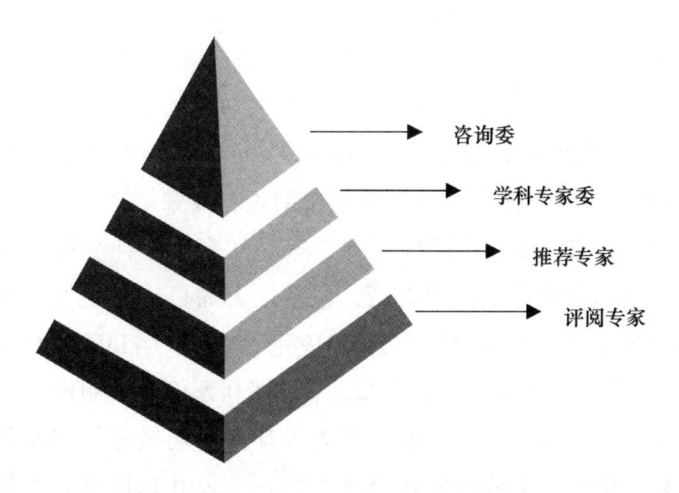

图9　四层金字塔式同行评议专家结构

人员，考虑了地域、学科、年龄和机构的差异。同行评议专家的第二个层级是学科专家委员会，该委员会包括学科专家和期刊专家，每一个学科分别设置两个主任委员，并从制度上保障每个学科同一单位的人员原则上不超过两个。同行评议专家的第三个层级是推荐专家，由专家委员和期刊编辑部推荐的专家组成。同行评议专家的第四个层级是评阅专家，主要包括科研人员、管理人员和在读博士、硕士研究生。

在2022年第三轮期刊评价工作中，按照《中国人文社会科学期刊评价专家委员会章程》和《中国人文社会科学期刊评价专家委员会换届增补办法》，评价院建成第二届38个学科中国人文社会科学期刊评价专家委员会，共计689位专家，并于2022年4月至7月完成专家委员名单公示。2022年学科专家委员在数量上比2018年有所提升，并根据专家覆盖的研究方向、地区、机构、性别等方面进行调整优化。比如评价院依据《学位授予和人才培养学科目录（2018版）》，结合国务院学位委员会2021年12月10日发布的《博士、硕士学位授予和人才培养学科专业目录（征求意见稿）》精神，在广泛听取艺术学专家意见基础上，成立了第一届艺术学期刊评价专家委员会。艺术学期刊评价专家委员会下设6个分委会，分别涉及艺术学理论、音乐舞蹈学、戏剧戏曲学、影视学、美术学和设计学六个学科方向。

2022年7月15日，评价院完成同行评议专家第三个层级推荐专家的建设及公示。经各学科专家委员会及各期刊编辑部推荐，共收到10561位推荐专家的有效信息，经资格审查核实及专家委员会审议等程序，确定8813位专家作为本轮期刊评价的推荐专家。

同行评议专家的第四个层级评阅专家是从事哲学社会科学研究或管理且愿意参与期刊评价工作的学者，包括广大的科研管理人员及在校研究生，2022年，通过网络评议共计30198人参与了期刊的大众评阅，体现出学术大众同行评议的作用。2022年，期刊评价通过制度和技术手段在大众评议的样本量、质量控制、权重设计和后期核查等方面都进行了改进和优化，保障评价的三公（公平、公正、公开）原则。本轮期刊评价中同行评议的组织与开展详见图10。

（三）转向内容评价，建立评价共识

期刊评价主体从关注对期刊的打分结果，到关注过程评价和内容评价，聚焦对期刊的政治方向监督和内容审读，通过评价汇聚评价主体力量，建立评价共识。在2022年期刊评价工作中，评价院完成了对期刊特色化报告及新刊、外文刊、集刊的样刊审读。

期刊审读体现了从形式评价到内容评价、诊断式评价的过渡。期刊审读的主要标准和内容为期刊的政治正确性、学术创新性、编辑出版规范性、信息化建设等方面。专家审读更关注刊物是否遵循正确的政治方向和学术导向，是否有意识形态的问题。专家对刊物的内容进行审核，是判断其学术创新性的重要方法。专家审读体现了多层次和多维度特点，通过专家给出的期刊质化评价报告，可更细致地分析期刊发展的规律和特点，确定期刊真实的学术性和影响力；对不同类型的期刊可以进行横向比较分析，评价其学术水平和综合实力。

通过专家审读，可以有效完善同行评议专家队伍，确保期刊评价工作的顺利开展，在评价审读和研讨过程中不断形成评价共识。2022年通过期刊审读工作，评价院进一步完善了平台建设和制度保障，不断凝聚学术共同体的力量，形成学科期刊发展和评价的共识。

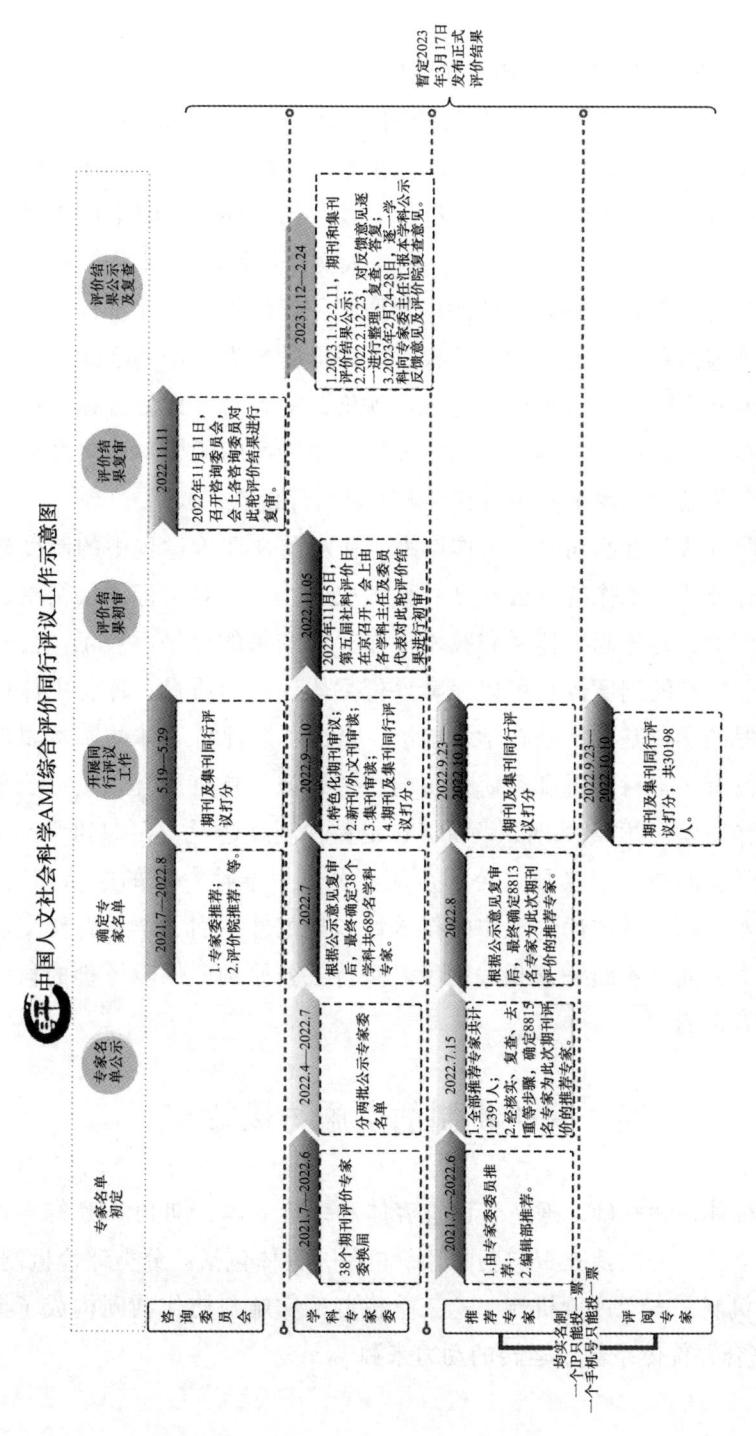

第二篇　期刊 AMI 综合评价体系的建构与完善　　31

图 10　中国人文社会科学 AMI 综合评价同行评议工作示意图

（四）完善评议制度，保障评价活动

评价院制定同行评议相关制度，规范评价主体活动，坚持三公原则，保障期刊评价的科学权威、公开透明。在专家委员会章程中，评价院通过制度设计对评价主体的评价活动进行了规范和引导，保障了评价过程的公平性、公正性和公开性。国家标准《人文社会科学期刊评价（GB/T 40108—2021）》指出了评价主体的评价原则，评价主体在评价过程中应当保障评价客体和社会公众的知情权，以评价标准为依据和准绳，基于评价客体的基本特征，实事求是地进行评价，平等对待评价客体。评价活动具有独立性，评价主体不受到相关行政主管部门的干预，认真负责地对评价客体的学术水平、声誉和影响力进行评价。

评价院自从开展期刊评价工作以来，非常重视评价过程中的制度建设工作，保障评价工作的三公原则和科学权威性。在对同行评议结果进行处理过程中，通过制度体系和技术操作保障结果的公平、公正、公开和科学性。完善的制度体系可以保障评价主体评价的质量，评价主体应该具备深厚的学科基础，站在学术前沿，全面了解评价客体的基本属性和水平；具有多学科视野和科研评价的相关知识，具有认真负责、公平公正的工作态度。2022年期刊评价工作更重视制度建设，在期刊评价学科专家委员会的成立、换届、公示、信息公开，推荐专家的资格审查、遴选、公示，以及具体评价工作的技术性和规范性指引、学术合作交流平台建设等方面都不断完善相关制度，坚持三公原则，保障评价的科学权威和公开透明。

四 评价机制的实施与保障

以指标体系为基础，围绕着评价客体和评价主体，期刊AMI综合评价体系建立了一种内蕴三重向度的评价机制，具体包括：分类评价机制、同行评议机制、多元评价机制。这三重机制的实施与协作共同构成了期刊AMI综合评价体系健康运转的动力来源。

(一) 分类评价机制

期刊 AMI 综合评价体系的分类评价机制涉及三个维度，包括期刊的属性与类型，期刊的学科归属及学术方向，以及评价指标所占的比例及权重。以这三个维度为结构所展开的分类评价意在规避一种抽象笼统的评价观念，给予不同类型、不同学科及方向的各种期刊相对独立的评价空间。

在定量评价层面上，分类评价机制的实施充分考虑到评价客体的结构分布与定量数据生成之间的密切联系。以国家的政策文件、相关的国家标准为导向，以期刊的类型归属和学科方向为依据，通过综合协调评价指标的差异化分布，分类评价机制力求最大程度地发挥出定量数据的有效性和说服力；在相对独立的评价空间中，以信效度强的定量数据较为准确地呈现出某一类期刊的整体建设情况和内部发展规律。在定性评价层面上，分类评价机制的实施是组织同行评议的关键前提和重要基础。分类机制的三重维度共同构成了"四层次"专家队伍的建设依据。依据三重维度所划分的评价场域，评价院充分考虑到专家学者们不同的研究领域和工作性质，力求在组建专家队伍的过程中，最大限度地发挥出各类专家的评价优势，意在实现"每个期刊有其读者"的评价初衷。

(二) 同行评议机制

期刊 AMI 综合评价体系的同行评议机制以实现以文评刊、落实定性评价为目标，以包括咨询委员会、学科专家委员会、推荐专家、评阅专家在内的"四层次"同行评议专家队伍为核心，具体展开内容审读、集体研讨、综合打分等定性评价步骤，旨在了解期刊的综合素质与学术水平。同行评议机制能够发掘出客观数据所无法触及的评价层面，是期刊 AMI 综合评价体系深入探究中国人文社会科学期刊发展情况的重要窗口。

其一，内容审读部分。内容审读以期刊论文的学术规范和学术创新为评价核心，以创作者、编校者、传播平台这三个方面为评价视角，通过组织专家评审和深入编辑部调研，展开评价期刊论文的学术表现、作者队伍的结构分布、编校人员的综合情况、期刊信息平台的管理能力、期刊特色化建设的整体成效等各项内容。

其二，综合打分部分。综合打分以发放调查问卷为展开评价的主要形式，以"四层次"同行评议专家为评价主体。问卷的设计遵循主观评价与客观评价相结合的思路，于学术生态的整体语境中，观照某一类或某一种期刊的学术口碑和素质特征。

其三，集体研讨部分。集体研讨贯穿于同行评议机制实施的整体过程，在期刊样刊审读、特色化报告评议、英文摘要测评等各项内容评价中，专家的各类集体研讨充分体现了同行评议机制的权威性与合理性。需要指出的是，在期刊 AMI 综合评价体系中，有两场"集体研讨"尤为重要——咨询委员会会议，学科专家委员会主任年会。这两场集体研讨聚焦期刊 AMI 评价的初审结果，各学科、各领域、各层面的专家学者的共同审阅和集体商议切实保障了期刊 AMI 评价结果的质量和效能。

（三）多元评价机制

期刊 AMI 综合评价体系的多元评价机制致力于"生长型评价"的建设，"生长型评价"意在推动 AMI 综合评价体系的动态发展。评价院研制期刊评价报告，但并不止步于期刊评价报告。期刊 AMI 综合评价体系注重人文社会科学期刊的发展与中国特色哲学社会科学"三大体系"建设之间的紧密联系，以与时俱进的眼光充分展开能够体现中国特色的、具有学术价值和现实意义的多元评价，让评价"持续生长"。故而，在定量评价与定性评价、主观评价与客观评价相结合的基础上，多元评价机制开掘出不同角度的评价切入点。

其一，以学科特质为评价切入点，研究和分析不同学科之间、同一学科之内的学术期刊的具体情况。例如，评价院于 2015 年发布了《马克思主义理论学科期刊评价报告（2015）》，即从期刊发文情况、论文主题分布、论文作者结构等方面探究了马克思主义理论学科之期刊建设的主要特征。

其二，以期刊特色为评价切入点，调研与总结各类期刊在服务党和国家发展大局、讲好中国故事、彰显中国水平等方面的特色化呈现。例如，评价院于 2019 年发布了《中国人文社会科学期刊特色化发展案例选编（2019）》，编选了期刊建设中栏目设计、主题构想、编辑管理等方面的特色化案例，这些案例对于各类期刊的建设与发展具有重要的引导意义和参考价值。

其三，以内容质量为评价切入点，在评价实践中探寻具有评价意义的、有益于实现评价目标的内容方向。比如评价院于2021年发布了《中国人文社会科学期刊英文摘要质量评测报告（2021）》，即从英文摘要撰写及编校的质量层面探讨了期刊论文之英文摘要的建设现状及未来发展的建议方向。

概言之，多元评价机制旨在从不同的层面与视角揭示出中国人文社会科学期刊的发展状况：在期刊建设内部，关注人文社会科学期刊的学科风格特征、学术综合水平、特色栏目设计、英文内容质量等；在期刊发展外部，关注人文社会科学期刊的类型差异、业界声誉、转型趋势、发展潜质等。多元评价机制促进期刊评价持续生长，以生机勃勃的活力继续完善期刊 AMI 综合评价体系。

如果说分类评价机制、同行评议机制、多元评价机制的共同实施构成了期刊 AMI 综合评价体系健康运转的动力来源，那么评价院日益完善的体制建设和结构化发展就是期刊 AMI 综合评价体系健康运转的动力保障。从 2013 年底挂牌"中国社会科学院中国社会科学评价中心"开始，历经十年的奋斗和努力，评价院深知任重道远，评价院会始终坚守忠诚、敬业、奉献的价值观，团结、创新、开放的文化理念，公平、公正、公开的行为准则，按照《中国社会科学评价研究院章程》，一步一个脚印，继续深化研究建设期刊 AMI 综合评价体系。

第 三 篇

中国人文社会科学期刊评价体系比较

中国人文社会科学领域有较大影响力的期刊评价机构有四家，分别是中国社会科学评价研究院、北京大学图书馆、南京大学中国社会科学研究评价中心、武汉大学中国科学评价研究中心，对应的期刊评价体系分别是《中国人文社会科学期刊 AMI 综合评价报告》（以下简称 A 刊）、《中文核心期刊要目总览》（以下简称 B 刊）、《中文社会科学引文索引》（以下简称 C 刊）和《中国学术期刊评价研究报告》（以下简称 D 刊）。中国科学技术信息研究所发布的《中国科技期刊引证报告（核心版 社会科学卷）》涉及社科期刊评价，但由于在社科领域影响力较小，此处不进行讨论。

一 评价机构基本情况

（一）评价机构情况

中国社会科学评价研究院，隶属于中国社会科学院，期刊评价工作主要由期刊与成果评价研究室负责，另有评价数据研究室做数据支撑。北京大学图书馆，期刊评价工作主要由其下属的文献计量学研究室负责。南京大学中国社会科学研究评价中心是南京大学成立的产研一体的科学研究和咨询服务机构，体制上独立设置，系级建制。武汉大学中国科学评价研究中心，是武汉大学成立的非实体中心，挂靠在武汉大学信息管理学院，详见表1。

表1　　　　　　四家期刊评价机构的基本情况比较

	A 刊	B 刊	C 刊	D 刊
研制单位	中国社会科学评价研究院	北京大学图书馆	南京大学中国社会科学研究评价中心	武汉大学中国科学评价研究中心①
所属系统	社科院	高校	高校	高校、企业
单位性质	正局级单位	高校图书馆	高校系级建制	高校非实体中心、图书馆、私营企业
评价目的	构建具有鲜明中国特色的人文社会科学期刊评价体系，以评价促进期刊繁荣发展	为图书馆采集与收藏中文期刊提供参考依据，为读者选择阅读中文期刊提供参考依据	为引文数据库遴选来源期刊	为读者阅读、作者投稿、期刊发展、图书馆选刊、期刊管理部门管理期刊提供参考
评价起始年	2004 年②	1992 年	1998 年	2009 年
评价周期	4 年	3 年	2 年	2 年

（二）期刊评价目的

四家机构评价目的各不相同。A 刊评价的目的之一是促进期刊的发展，进而推动哲学社会科学的繁荣发展。B 刊主要是为了图书馆选刊和读者选择阅读期刊而开展评价，其期刊分类也是依据《中国图书馆分类法》，便于将期刊评价结果与图书馆的收刊对接。C 刊的建设初衷是建设一个类似于 SCI（科学引文索引，Science Citation Index）、SSCI（社会科学引文索引，Social Sciences Citation Index）的中国人文社

---

①　D 刊主办单位在不断变化中，目前是杭州电子科技大学中国科教评价研究院、武汉大学中国科学评价研究中心、武汉大学图书馆和中国科教评价网（金平果评价网）联合研制。

②　中国社会科学院文献信息中心自 1996 年开始进行人文社会科学文献计量研究工作，先后建有"社会科学论文统计分析数据库""中国人文社会科学引文数据库（CHSSCD）""社科论文摘转量统计库"。并于 2000 年印制内部参考资料《中国人文社会科学核心期刊要览》。2004 年首次正式出版《中国人文社会科学核心期刊要览（2004 年版）》，随后又出版了 2008 年版和 2013 年版。2013 年 12 月，中国社会科学院以文献信息中心文献计量学研究室为基础，整合社科院内各方资源，成立"中国社会科学评价中心"，主要围绕人文社会科学评价展开工作，并于 2014 年发布《中国人文社会科学期刊评价报告》。2017 年 7 月，在"中国社会科学评价中心"基础上正式成立"中国社会科学评价研究院"。

会科学引文索引，英文缩写为CSSCI（中文社会科学引文索引，Chinese Social Sciences Citation Index），因此其遴选来源期刊的目的是为CSSCI数据库选择合适的文献数据来源。2021年C刊在评价结果中增加了报纸理论版。D刊评价目的则是试图为读者、作者、编辑及期刊管理部门提供参考。

（三）评价历史与周期

B刊最早，始于1992年，其次是C刊（1998年），第三是A刊（2004年），最后是D刊（2009年）。从评价周期来看，各机构的评价周期均有所变动，A刊是四年评价一次，但在2013年曾推迟了一年；B刊原来四年评价一次，自2008年以后每三年评价一次；C刊在1998年最初是一年一次，随后以两年评价周期为主，但也有三年更新一次及一年更新一次的时候；D刊基本稳定为两年评价一次。

二 评价对象范围比较

（一）评价对象学科与类型

四家机构评价的期刊类型、覆盖的学科、期刊文种、刊号要求等均有所不同。A刊、C刊仅评价人文社会科学期刊，B刊、D刊还对自然科学期刊进行评价。A刊主要对学术期刊进行评价，B刊还包括文学作品类期刊等，C刊还包含报纸理论版，D刊还包括高职期刊和OA期刊，详见表2。

表2　　　　　四家期刊评价机构的评价对象范围比较

	A刊	B刊	C刊	D刊
期刊类型	学术期刊	正式出版的中文期刊	学术期刊/报纸	学术期刊/高职期刊/OA期刊
覆盖学科	人文社会科学	所有学科	人文社会科学	所有学科

续表

	A 刊	B 刊	C 刊	D 刊
学科分类	以学科分类国家标准为基础，结合中图法、国务院学位办学科目录	以中图法分类为主	以学科分类国家标准为基础，结合中图法、国务院学位办学科目录，社科基金学科分类，另外还设置冷门绝学类	以学科分类国家标准为基础
期刊文种	中英文及其他语种	中文	中文	中文
期刊地区	中国大陆	中国大陆	中国大陆、港澳台及海外	中国大陆
刊号要求	CN 号	CN 号	中国大陆出版的期刊应有 CN 号，港澳台及海外出版的应有 ISSN 号	OA 期刊无 CN 号
参评期刊数	2168 种（1904 种老牌刊+116 种新刊+148 种外文刊）	9838 种①（含自然科学和人文社会科学）	834 种②（583 种来源期刊+30 种台湾期刊+2 种报纸理论版+219 种扩展期刊）	2258③ 种人文社会科学学术期刊（共 6390 种学术期刊，另有 255 种高职学报和 129 种中文 OA 期刊参评④）

（二）评价对象分类

四家机构均坚持分类评价，首先是学科分类。A、C、D 三家的分类比较相似，主要依据《学科分类与代码（GBT 13745—2009）》，并参照其他学科分类体系；B 刊则采用《中国图书馆分类法》。

除学科分类外，A 刊特别划分了"新刊"和"外文刊"两个类别，针对新刊（创刊 5 年以内）、外文刊分别设计了两个评价指标体系展开评价，以期促进新刊、外文刊的发展。C 刊还特别设计了冷门绝学类期刊的评价。D 刊则还设置了高职学报类和 OA 期刊类。

---

① 此数据使用的是《中文核心期刊要目总览》2020 年版。
② 此数据使用的是 CSSCI 2021—2022 年版。
③ 此数据使用的是 D 刊 2017 年的报告。
④ 此三个数据使用的是 D 刊 2021 年的报告。

（三）评价对象语种

A 刊评价的对象不仅有中文学术期刊，也有中国主办的英文学术期刊。2018 年，A 刊共遴选出 68 种有 ISSN 号的人文社会科学英文学术期刊，其中对 42 种有 CN 号的英文刊进行了评价。在此基础上，2022 年 A 刊又增加了英文之外的其他语种期刊，对中国主办的 148 种外文期刊进行了评价。其他三家仅评价中文期刊。

（四）评价期刊地区范围

A 刊规定中文刊必须是中国大陆主办的期刊，须有 CN 号。A 刊中的外文刊，虽然主办单位是中国大陆地区机构，但部分外文刊同时有 CN 号和 ISSN 号，部分仅有 ISSN 号，只在国外出版。B 刊将评价对象限定在中国大陆主办的中文期刊。C 刊将港澳台和海外出版的中文期刊也纳入评价范围。D 刊还对无 CN 号的 OA 期刊进行评价。

（五）评价期刊数量

A、C 刊仅评价人文社会科学期刊。A 刊 2022 版的评价期刊数量为 2168 种，参评期刊数量也在不断进行调整；C 刊对遴选对象数量没有明确说明，但遴选结果的期刊数量在 800 种左右。B、D 刊的期刊评价范围类似于全样本，所以期刊变化范围不大。

三 评价指标体系比较

（一）A 刊

A 刊评价体系根据老牌刊、新创刊和外文刊各自特点构建不同的评价指标体系。其中老牌刊评价指标体系由 3 个一级指标、13 个二级指标和 32 个三级指标构成，设置了一票否决指标、计分指标、加分指标、扣分指标和观察指标，各指标统计时间及数据来源有所不同，各指标按照三大学科类划分权重计分。鉴于各学科的差异，该指标体系划分出人文学科、社会科学与综合学科三大类，给予它们不同的权重，从一定程度上体现了学科分类评价的思想。

（二）B 刊

B 刊评价体系采取多指标综合评价方法，将多种不同性质的评价指标组织在一个评价体系中，使各评价指标能优势互补，以求取得更为科学客观的评价效果。B 刊选择评价指标的基本原则是：能够反映期刊学术水平、核心效应明显、有较好的统计源、具有可操作性等。B 刊各版指标也是在不断调整中。B 刊根据模糊数学理论建立的综合评价数学模式，得到各学科定量综合评价期刊排序表。具体指标详见表 3。

表 3　　　　　　　　　　B 刊各版评价指标构成

版本	评价指标
1992（第一版）	载文量、文摘量、被引量
1996（第二版）	被索量、被摘量、被引量、载文量、被摘率、影响因子
2000（第三版）	被索量、被摘量、被引量、载文量、被摘率、影响因子
2004（第四版）	被索量、被摘量、被引量、载文量、被摘率、影响因子、获奖或被重要检索工具收录
2008（第五版）	被索量、被摘量、被引量、载文量、被摘率、影响因子、获奖或被重要检索工具收录、基金论文比、Web 下载量
2011（第六版）	被索量、被摘量、被引量、载文量、被摘率、影响因子、被重要检索工具收录、基金论文比、Web 下载量
2014（第七版）	被索量、被摘量、被引量、载文量、被摘率、影响因子、他引影响因子、被重要检索工具收录、基金论文比、Web 下载量、论文被引指数、互引指数
2017（第八版）	被摘量（全文、摘要）、被摘率（全文、摘要）、被引量、他引量（期刊、博士论文、会议论文）、影响因子、他引影响因子、5 年影响因子、5 年他引影响因子、特征因子、论文影响分值、论文被引指数、互引指数、获奖或被重要检索系统收录、基金论文比（国家级、省部级）、Web 下载量、Web 下载率
2020（第九版）	同 2017 版

（三）C刊

C刊在早期遴选过程中主要使用期刊"他引影响因子"和"总被引频次"两项指标计算期刊的综合值，并在学科内进行排序。但其最新的遴选办法中没有说明使用的定量指标和具体的指标权重。

（四）D刊

D刊坚持定量评价和定性评价相结合，突出综合性评价导向。量化指标主要有引证指标、下载指标、基金论文比、二次文献转载/重要数据库收录等。具体指标详见表4。

表4　D刊（2020版）中文学术期刊综合评价指标体系及权重分配情况

期刊类别	5年影响因子	2年影响因子	即年指标	总被引频次	Web即年下载率	基金论文比	二次文献转载/重要数据库收录	专家评审	量效指标JMI	年发文量
自然科学	0.16	0.20	0.12	0.16	0.10	0.10	0.10	0.06	观察指标	观察指标
人文社科	0.16	0.15	0.06	0.16	0.10	0.10	0.20	0.07	观察指标	观察指标

（五）A、B、C、D刊比较

四家机构的评价思想一定程度上体现在评价指标设计中。A刊定性指标（主要指专家评议）权重较高，定量指标（含影响因子指标）权重较低。C刊定量指标权重较高，定性指标权重较低。A刊设计了一些期刊建设流程相关指标，如投稿、编校、管理等过程性指标，而B、C、D刊则均为事后评价，不涉及期刊建设指标。A刊设置了5种不同类型的指标，包括一票否决指标、计分指标、加分指标、扣分指标和观察指标，D刊设置了计分指标和观察指标两种类型的指标，B、C刊均为计分指标。A、B、C、D刊四家评价指标的具体特点见表5。

表 5 四家期刊评价机构的评价指标比较

	A 刊	B 刊	C 刊	D 刊
定性定量关系	定性定量相结合，权重基本相同	定量为主，定性为辅	定量主导，定性做修正	定量为主，定性方法不明
学科差异体现	分人文、社科、综合三类设置不同权重	不区分	不区分	分自科和社科设置不同权重
指标类型	设 5 种类型评价指标：一票否决指标、计分指标、扣分指标、加分指标、观察指标	仅计分指标	仅计分指标	设 2 种类型指标：计分指标和观察指标
指标时间跨度	全程事前、事中、事后评价，涉及期刊建设全程，投稿、编校、管理、产出后指标	仅事后评价	仅事后评价	仅事后评价
特色性指标	设学术不端扣分指标，文字差错率扣分指标，期刊特色化发展加分指标，编辑、作者队伍建设观察指标	设置 Web 下载量/率指标	无	设置了 Web 下载率指标，期刊年发文量作为观察指标
对相同指标的认识	删除"基金论文比"指标	"基金论文比"是个重要指标	无"基金论文比"指标	"基金论文比"占 10% 权重

四 定性评价方法比较

四家评价机构都采用定性评价和定量评价相结合的评价方法，但是定性评价具体到实际操作，各有不同。

（一）A 刊

A 刊加强了同行评议在期刊评价中的作用。为了更好地开展期刊评价工作，充分发挥同行专家作用，中国社会科学评价研究院在 2018 年开展同行专家的推荐、遴选工作，构建了"中国人文社会科学期刊评价专家委员会"。期刊 AMI 综合评价报告中的同行评议分了四个层次：第一个层次是咨询委员会，由各领域具有重大影响力的专家学者和管理人员构成，同时兼顾地域、学科、年龄、机构等因素。咨询委员会负责对评价院期刊评价工作全程监督，对初评出的期刊评价结果进行复议。第二个层次是学科专家委员会，由期刊专家和学科专家组成。各学科专家委员会的成员尽量覆盖所有二级学科，平衡机构和地域分布，同时兼顾各年龄层次。评价院目前已组建 38 个学科专家委员会。学科专家委全程参与期刊评价，对期刊评价指标体系提出修改意见，对期刊评价初评结果进行审议等。第三个层次是推荐专家，由咨询委委员、学科专家委委员、各期刊编辑部及评价院特邀专家推荐的同行评议专家。第四个层次是评阅专家，包括普通科研人员以及在读博士等。评价院启动期刊定性评价后，以上四个层次的专家都可以通过网络从期刊的学术性、创新性、规范性和社会声誉等方面综合考虑给期刊进行打分，不同身份的专家打分具有不同的权重。

（二）B 刊

B 刊定性评价方法具体流程如下：①选聘核心期刊评审专家。广泛收集学科专家（具有正高职称）信息，建立专家数据库。征聘学科评审专家，邀请参加核心期刊的网上评审。②通过网络进行专家评审。给专家送评审材料，材料里包括学科期刊的综合定量排序表，专家对定量排序表进行评审，可以调整学科核心期刊排序、调整学科核心期刊表、增补优秀期刊进学科核心期刊表、修改学科核心期刊数量。③汇总审定专家评审结果，项目组审定专家评审意见，得到最终核心期刊。

（三）C 刊

C 刊来源期刊遴选过程中涉及的定性评价主要有两部分：一是问卷调查。根据具体需要邀请学科专家或编辑专家就期刊的学术水准和学术影响力等进行网络评议。二是专家审议。由南京大学召集专家会议，综合评议并通过实施细则。

（四）D 刊

D 刊坚持定性评价和定量评价相结合，将专家评审嵌入指标体系，权重占到 0.06 或 0.07，但是并没有对专家的遴选做公开说明。

（五）A、B、C、D 刊比较

对四家评价机构的定性评价方法进行比较可发现，四家在参与过程、评价形式、专家构成和专家遴选方式上都有差异，见表6。

表6　　　　　　　　四家期刊评价机构定性评价方法比较

	A刊	B刊	C刊	D刊
参与过程	全过程评价，前期对期刊评价指标体系、指标权重、期刊名单、期刊分类提出增补、删除、调整等意见，中期对期刊进行综合打分，后期对整个评审结果进行评议。还对开展期刊评价工作提出意见建议	后期评价，定量结果供专家参考，专家可调整学科核心期刊排序、增补核心期刊、修改核心期刊数量	后期评价，评议期刊学术水准和学术影响力，后期对期刊进行综合评议	未公布
评价形式	网上评议、会议评议。全过程评价外，在评审结果出来后，各学科（38个）召开评价结果的专家评审会议，学科会议召开完成后，提交咨询委审议	网上评议，各专家对期刊打分	其公布的流程是网上评议和会议评议，具体不详	网上评议、会议评议，具体不详
专家构成	期刊主管部门专家、学科专家、期刊专家、重点读者	学科专家	学科专家、期刊专家	学科专家、行业专家和期刊出版专家
专家遴选方式	根据《中国人文社会科学期刊评价专家委员会章程》遴选咨询委员会委员和学科专家委员会委员，部分专家通过推荐产生	广泛收集专家信息，建立专家库	未公布	未公布
专家公开性	评价开始前网上公示专家信息	评价时不公开，评价结果出版时公开	不公开	不公开
专家数量	3万多人	1万多人	未公布	未公布

五　评价等级及核心情况比较

（一）A刊

A刊按照期刊学术水平、综合评价得分及实际工作情况依次划分为顶级、权威、核心、扩展和入库五个等级。2022年A刊评价中对创办了5年以上的1904种中文刊进行了评价，评出了22种顶级期刊，55种权威期刊，605种核心期刊和775种扩展期刊。同时还对116种新刊评出了 19 种核心期刊，对 148 种外文期刊评出 2 种权威期刊和 24 种核心期刊。

（二）B 刊

B 刊各版都会根据一定的方法确定期刊的核心区，即核心期刊。各版核心期刊数量约占中国正式出版期刊总数的 20%。B 刊（2020 年版）共评出 1990 种核心期刊，其中人文社会科学期刊 739 种。

（三）C 刊

C 刊基本每两年更新一次，遴选出来源期刊和来源期刊扩展版，来源期刊一般在 500 多种，来源期刊扩展版一般在 200 多种。CSSCI 来源期刊（2021—2022）615 种，来源期刊扩展版 229 种。

（四）D 刊

D 刊（2020 年版）在中文学术期刊的评价结果中，学术期刊按得分排序结果在同一学科下被划分为 A+（权威期刊）、A（核心期刊 A）、A-（核心期刊 A-）、B+（准核心期刊）、B（一般期刊）、C（较差期刊）6 个等级，其中 A+ 取前 5%，A 取 5%—20% 之间的，A- 取 20%—30% 之间的，B+ 取 30%—60% 之间的，B 取 60%—90% 之间的，C 取 90%—100% 之间的。高职高专成高院校学报和中文 OA 学术期刊的期刊等级均分为 A、A-、B+、B、C5 个等级。2020 年版评价得到权威学术期刊（A+ 等级）366 种，核心期刊（A 等级和 A- 等级）1693 种，准核心期刊（B+ 等级）1914 种，一般期刊（B 等级）1847 种，较差期刊（C 等级）570 种。

（五）A、B、C、D 刊比较

四家机构的参评期刊与核心期刊数量情况见表 7。四家机构中参评期刊范围有所不同，评出的人文社会科学核心期刊数量分别是 727 种、739 种、615 种和 677 种。

表7　　　　　　　　四家期刊评价机构的评价对象范围比较

	A 刊	B 刊	C 刊	D 刊
参评期刊	2168 种（1904 种老牌刊 + 116 种新刊 + 148 种外文刊）	9838 种（含自科和人文社科）	844 种（583 种来源期刊 + 30 种台湾期刊 + 2 种报纸理论版 + 229 种扩展期刊）	2258 种人社科学术期刊（共 6390 种学术期刊，另有 255 种高职学报和 129 种中文 OA 期刊参评）
人文社科核心期刊数	727 种（682 种老牌刊 + 19 种新刊 + 26 种外文刊）	739 种	615 种	677 种
核心期刊比	33.53%	20.23%	72.87%	30%
评价等级数	分 5 个等级，依次是顶级、权威、核心、扩展和入库，核心以上算核心	仅公布核心名单	分 2 个等级，依次是核心（来源期刊）和扩展（扩展期刊）	分 6 个等级，依次是 A+、A、A-、B+、B、B-，其中 A- 以上为核心

注：此数据使用的是 D 刊 2017 年的报告。

此三个数据使用的是 D 刊 2021 年的报告。

此处包括顶级、权威、核心三个等级的数量。

按照 D 刊核心期刊比例 30% 进行计算。

此比例为自科和人文社会核心期刊占总期刊数的比例，因为它的参评期刊未标明自科、社科的期刊数量。

六　特点与发展趋势比较

（一）A 刊

A 刊评价的公开透明性较好。A 刊以促进期刊发展为目的，以评促建，评价指标体系中有编辑及作者队伍建设、文字差错率、新媒体传播情况等促进期刊发展的指标，设计了一票否决指标、计分指标、加分指标、扣分指标和观察指标，从期刊的意识形态、期刊管理、期刊影响力等方面对期刊进行全面评价。专家全程参与期刊评价，专家同行评议权重较高。

A 刊自 2019 年开始开展期刊特色化建设评价，2021 年开始开展英文摘要质量评价，A 刊评价呈现出由整齐划一评价向分类分权重评价过渡，由外在形式评价向内容质量评价过渡，由注重规范性评价向注重特色化评价过渡，由阶段性评价向过程性评价过渡，由评比性评价向诊断性评价过渡的新趋势。

（二）B 刊

B 刊的事后公开性比较好。B 刊的评价目的是为图书馆和读者选刊。B 刊各版指标体系也在不断调整，定量指标数逐渐增多。同行评议专家数量也在不断增加，但专家参与形式基本未变，即基于定量数据对期刊排序结果进行调整。

（三）C 刊

C 刊没有对外公布其评价指标体系。C 刊强调其目的是建设引文数据库，但从 C 刊近几年的来源期刊遴选结果看，其遴选范围也在不断调整。例如 2021 年增加了"冷门绝学"学科，同时将报纸《人民日报（理论版）》和《光明日报（理论版）》纳入来源期刊目录。

（四）D 刊

D 刊公开了评价指标及权重，但未公开专家评议等情况。D 刊指标变化不大，有微调，增加了观察指标，希望对期刊建设有所引导。

下编

中国人文社会科学期刊AMI综合评价结果

第 四 篇

老牌刊评价报告

第一部分 老牌刊评价说明

老牌刊，是指中国大陆地区主办的创刊5年以上（2017年以前创办）的中文人文社会科学学术期刊。本轮评价，老牌刊分为3个学科大类、23个学科类和33个学科子类，共有1904种期刊。

一 老牌刊期刊评价指标体系

中国人文社会科学期刊评价是2014年中国社会科学评价中心（评价院前身）成立后开展的第一个大型评价项目，并于2014年11月22日在人民大会堂发布《中国人文社会科学期刊评价报告（2014）》。评价院每四年组织一次期刊评价，于2018年发布第二版《中国人文社会科学期刊AMI综合评价报告（2018）》，2022年发布第三版《中国人文社会科学期刊AMI综合评价报告（2022）》。

评价院在《人文社会科学期刊评价（GB/T 40108—2021）》与《中国人文社会科学期刊AMI综合评价指标体系（2018版）》基础上，根据国家近期相关政策文件精神，结合哲学社会科学特点，充分听取专家意见，经过讨论、修订、公示等多个环节步骤，制定完成《中国人文社会科学期刊AMI综合评价指标体系（2022版）》（以下简称《期刊AMI评价指标体系（2022版）》）。

表8 中国人文社会科学期刊AMI综合评价指标体系（2022版）

一票否决指标						是口（一票否决）	否口（继续打分）
如认为该期刊有违马克思主义基本原理，或有违在情节严重的捏造、篡改、抄袭、买卖版面等学术不端行为，或一票否决，直接取消参评资格						指标采集时间、来源及备注	
各学科类指标权重				一级指标	二级指标	三级指标	指标说明
类1	类2	类3	类4				
45%	40%	35%	评价指标供参考，以专家同行评议为主，此类大类期刊不单独列类，各学科人各学科中评价	吸引力（100%）（3个一级指标先按照100%计算分数，然后按学科大类计算权重；各一级指标的二级指标按照对应一级指标划分对一级指标100%的二级指标的100%计算）	荣誉状况（10%）	期刊获奖	中国出版政府奖	时间：2018年至2022年6月；来源：官网，评价院自采数据
						国家社科基金资助出版；学术外译项目资助期刊	时间：2012年至2022年6月；来源：官网；备注：已经取消资格的期刊不加分
						中国科技期刊卓越行动计划	时间：2018年至2022年6月；来源：官网，评价院自采数据

第四篇 老牌刊评价报告

续表

一票否决指标	如认为该期刊有违马克思主义基本原理，或存在情节严重的方针政策，或有违中央现行基本方针政策，篡改、抄袭、买卖版面等学术不端行为，直接否决，取消参评资格				是□（一票否决） 否□（继续打分）

各学科类指标权重				一级指标	二级指标	三级指标	指标说明	指标采集时间、来源及备注
类1	类2	类3	类4					
45%	40%	35%	评价指标供参考，此类以专家同行评议为主，期刊不单独列类，各学科人各自对应的一级指标划分对应的100%计算	吸引力（100%）（3个一级指标先按照100%计算分数，随后按学科大类计算权重；各自的二级指标按照一级指标划分对应的100%计算）	荣誉状况（10%）	论文获奖	中宣部出版局"期刊主题宣传好文章"推荐；论文获奖得的行业奖项	时间：2018年至2022年6月；来源：官网，评价院自采数据；备注：每个学科不多于2项
						人员获奖	中国出版政府奖；中宣部"四个一批"人才	时间：2018年至2022年6月；来源：官网，评价院自采数据
					文章状况（10%）	基金论文比	该指标本轮评价为删除指标	时间：2018年至2022年6月；来源：CHSS-CD；备注：该指标为删除指标，基金论文一定程度上是比较好的论文，但是基金论文比指标存在滥用倾向。为引导期刊良好发展方向，此指标在本轮评价中不使用
						开放度	开放获取、开放数据、开放同行评议等开放科学实践的程度	时间：2022年5月；来源：网络，评价院自采数据
						下载量	篇均下载次数	时间：2022年5月；来源：中国知网Web即年下载率

续表

一票否决指标									
如认为该期刊有违马克思主义基本原理，或有违中央现行基本方针政策，或存在情节严重的捏造、篡改、抄袭、买卖版面等学术不端行为，则一票否决，直接取消参评资格									

各学科类指标权重				一级指标	二级指标	三级指标	指标说明	是□（一票否决）	否□（继续打分）
类1	类2	类3	类4						
45%	40%	35%	评议指标参考，以专家同行评议为主，此类期刊不单独列类，在各学科人文评价中评议	吸引力（100%）（3个一级指标先按照100%计算分数，随后按各一级指标的二级指标按照对应一级指标的100%计算）	同行评议（80%）	咨询委员	期刊评价原则、标准的制定，打分时与专家委员一起打分，权重相同	时间：2018年至2022年11月；来源：座谈会、通信评审等；备注：对期刊评价打分监督；期刊评价打分时与专家委员、指导委员、通信评审一起计分；对评价结果进行审定	指标采集时间、来源及备注
						专家委员	根据同行评议指标进行打分	时间：2018年至2022年11月；来源：座谈会、通信评审等	
						推荐专家	根据同行评议指标进行打分	时间：2022年7月至11月；备注：由咨询委员（10人）、编辑部（每个编辑部可推荐30人）及特邀专家推荐成员构成（每个学者推荐10人）	
						评阅专家	根据同行评议指标进行打分	时间：2022年9月至10月；集网站；备注：类似于"大众点评"，期刊作者等参与打分，由科研人员、博士研究生、参加评议的人员要遵守学术规范，抽查学者的真实性，以保证评议人员的真实有效性	来源：数据采

第四篇 老牌刊评价报告

续表

一票否决指标						是口（一票否决）	否口（继续打分）
如认为该期刊有违马克思主义基本原理，或存在情节严重的捏造、篡改、抄袭、买卖版面等学术不端行为、基本方针政策，则一票否决，直接取消参评资格						指标采集时间、来源及备注	

各学科类指标权重				一级指标	二级指标	三级指标	指标说明	
类1	类2	类3	类4					
45%	40%	35%	评价指标供参考，以专家同行评议为主，此类期刊不单独列类，人各学科中评价	管理力（100%）	学术不端（-20%）	学术不端	交叉引用/交叉署名、抄袭剽窃、通过"论文中介"组稿等造成的学术不端行为	时间：2018年至2022年11月；来源：国家新闻出版署等；备注：该指标为扣分指标，无学术不端行为得"0"分，存在问题进行扣分
					制度规范（10%）	制度建设	采稿（约稿）制度、发稿（审稿）制度、编辑培训制度、校对制度、业务考核制度等	时间：2018年至2022年6月；来源：期刊自评表、评价院自采数据
						编校规范建设	对编辑规范建设等	时间：2018年至2022年6月；来源：期刊自评表、评价院自采数据
					信息化建设（40%）	网站建设	网站建设、网站内容完备性及更新情况	时间：2022年6月；来源：期刊自评数据、评价院自采数据
						在线稿件处理系统	在线投稿、审稿系统建设情况	时间：2022年6月；来源：期刊自评表、期刊部编辑部弥补传统投审稿方式的不足，提高投审稿效率，缩短出版周期，以满足网络环境下用户需求
						微信公众号	微信公众号建设情况	时间：2022年6月；来源：评价院自采数据；备注：新信息环境下期刊传播需求

续表

一票否决指标					一级指标	二级指标	三级指标	指标说明	是口（一票否决）	否口（继续打分）来源及备注
如认为该期刊有违马克思主义基本原理、基本方针和政策，或存在情节严重的捏造、篡改、抄袭、买卖版面等学术不端行为，则一票否决，直接取消参评资格									指标采集时间、来源及备注	
各学科类指标权重					管理力（100%）	队伍建设（10%）	编辑队伍	编辑队伍，含主编尽职情况和专职校对人员情况，含编委队伍，含国际编委情况；编委队伍发挥情况	时间：2018年至2022年6月；来源：期刊的版权页，期刊自评表；备注：该指标不计分，2022年评价时不计分，但会关注各期刊编辑队伍建设情况	
类1	类2	类3	类4				作者队伍	作者梯队及机构地区分布等情况；作者国际化情况	时间：2018年至2022年6月；来源：CHSSCD；备注：该指标为观察指标，2022年评价时不计分，但会关注各期刊作者队伍建设情况	
45%	40%	35%		评价指标供专家参考，以专家评议为主，此类期刊不单独列类，入各学科中评价		编校质量（40%）	中文编校质量	出版规范，论文内容及相关主题录信息，参考文献信息的规范性、准确性等情况	时间：2018年至2022年6月；来源：国家新闻出版署，评价院抽检2021年第一期和2021年最后一期学术论文	
							英文摘要质量	英文摘要的准确性、完整性	时间：2018年至2022年6月；来源：评价院关注各期刊英文摘要质量观察报告（2021）》	
						期刊特色化（+5%）	期刊的特色化情况	紧密服务中央和国家发展中心工作情况；促进学科发展情况；交叉学科门类学，传统文化，冷门绝学，传统文化，交叉学科；采用特色化的技术、做法情况等；培养青年作者情况等	时间：2018年至2022年6月；来源：《中国人文社科期刊特色化发展案例选编（2019）》，期刊自评表；备注：该指标为加分指标，此为分外的附加项，类似于考试的附加题的得分指标，作为专家判断的参考性指标	

续表

一票否决指标	各学科类指标权重				一级指标	二级指标	三级指标	指标说明	是□（一票否决）指标采集时间，来源	否□（继续打分）来源及备注
	类1	类2	类3	类4						
如认为该期刊有违马克思主义基本原理，或有违中央现行基本方针政策，或存在情节严重的捏造、篡改、抄袭，买卖版面等学术不端行为，直接取消参评资格，则一票否决	45%	40%	35%	评价指标供参考，以专家评议为主，期刊不单独列类，人各学科中评价	影响力（100%）	学术影响力（70%）	期刊发文量	期均发文量及变化趋势	时间：2018年至2022年6月；来源：CHSS-CD；备注：该指标为观察指标，此指标旨在引导期刊制定合理的发文量，不能过大，但也不能太小	
							即年影响因子	期刊在统计年发表的论文在当年被引的次数与该刊当年发文数之比	时间：2017—2021年；来源：CHSSCD，评价院自采数据及相关文摘指标（复合）、中国知网即年相关指标（复合）和5年影响因子（复合）指标	
							影响因子	期刊在统计年前两年发表的论文在统计年被引的次数与该刊前两年发文数之比		
							五年影响因子	期刊在统计年前五年发表的论文在统计年被引的次数与该刊前五年发文数之比		
							论文转载量	《新华文摘》、《中国社会科学文摘》、《社会科学文摘》、《高等学校文科学术文摘》和人大复印报刊资料		

续表

一票否决指标						是口（一票否决）	否口（继续打分）
如认为该期刊有违马克思主义基本原理、方针政策，或存在情节严重的捏造、篡改、抄袭、买卖版面等学术不端行为，或有违中央现行基本方针政策，则一票否决，直接取消参评资格						指标采集时间、来源及备注	

各学科类指标权重				一级指标	二级指标	三级指标	指标说明		
类1	类2	类3	类4						
45%	40%	35%	评价指标供参考，以专家同行评议为主，此类期刊不单独列类，入各学科中评价	影响力（100%）	政策影响（10%）	政策影响	政策化情况，政策转化情况	时间：2018年至2022年6月；来源：期刊编辑部提供	
					社会影响力（10%）	发行量	纸质期刊发行数量	时间：2018年至2022年6月；来源：国家新闻出版署；备注：2022年评价时不计分	
						网络显示度	网络传播力	时间：2018年至2022年6月；来源：国家指标为观察指标，但会关注期刊网络传播情况	
					国际影响力（10%）	海外发行	版权输出、海外出版情况	时间：2018年至2022年6月；来源：国家新闻出版署；备注：该指标为观察指标，2022年评价时不计分	
						国外数据库收录	被国外重要数据库收录情况	时间：2018年至2022年6月；来源：自采数据	
						国际引用	被国外期刊引用次数	时间：2018年至2022年6月；来源：中国知网的《中国学术期刊国际引证年报》	

2022 年的期刊评价指标体系由 3 个一级指标、13 个二级指标和 32 个三级指标构成，实行一票否决制，设置一票否决指标、计分指标、加分指标、扣分指标和观察指标（方向性指标）五种类型的指标，各指标统计时间及数据来源有所不同，各指标按照四大类划分权重计分，具体如下：

（1）类 1：侧重人文学科，包括考古文博、历史学、马克思主义理论、民族学与文化学、文学、艺术学、语言学、哲学和宗教学的期刊；

（2）类 2：侧重综合期刊，包括高校学报等综合期刊；

（3）类 3：侧重社会科学，包括法学、管理学、环境科学、教育学、经济学、人文地理学、社会学、体育学、统计学、图书馆、情报与档案学、心理学、新闻学与传播学和政治学的期刊；

（4）类 4：侧重冷门绝学、新兴学科、交叉学科、跨学科等期刊，此类期刊评价时不单独设类，仍进入对应学科中评价，评价时以专家同行评议为主，各指标得分仅供参考。

《期刊 AMI 评价指标体系（2022 版）》由 3 个一级指标、13 个二级指标和 32 个三级指标构成，实行一票否决制，设置一票否决指标、计分指标、加分指标、扣分指标和观察指标，各指标按照四大学科类划分权重计分，各指标统计时间及数据来源有所不同，详见表 8。《期刊 AMI 评价指标体系（2022 版）》研制步骤如下。

第一步：初步制定。评价院根据国家的最新政策精神及自 2018 年上一版发布后听取的各方意见，结合《人文社会科学期刊评价（GB/T 40108—2021）》《中国人文社会科学期刊 AMI 综合评价指标体系（2018 版）》，形成《期刊 AMI 评价指标体系（2022 版）》初稿。

第二步：专家委讨论。在召开的多个学科的专家委会议中，对《期刊 AMI 评价指标体系（2022 版）》广泛征求意见，在汇总后修订。

第三步：指标公示。在评价院微信公众号和网站对《期刊 AMI 评价指标体系（2022 版）》进行公示，公示期为一个月。

第四步：确定《期刊 AMI 评价指标体系（2022 版）》。

2022版老牌刊的评价根据《期刊AMI评价指标体系（2022版）》实施。

二 老牌刊的名单确立与学科划分

（一）学科分类的划分依据

以《中国人文社会科学期刊AMI综合评价报告（2018）》中期刊分类为基础，结合教育部《研究生教育学科专业目录（2022年）》、国家标准《学科分类与代码（GB/T 13745—2009）》以及《中国图书馆分类法（第五版）》等学科、图书分类方法，此轮评价涉及的1904种老牌刊在评价时共被分成3个学科大类、23个学科类和33个学科子类进行评价，期刊分类情况如表9所示。

其中，《研究生教育学科专业目录（2022年）》中新增的交叉学科区域国别学、国家安全学入"国际政治与区域国别"，设计学入"艺术学"，文物入"考古文博"。部分新增的党建刊物、政策研究类刊物根据具体内容入"中国政治（含党·政刊）"或"马克思主义理论"。其他一些新增学科类期刊根据情况个案处理。

表9 老牌刊学科分类体系（2022版）

序号	大类	学科类	学科子类
1	人文	考古文博	考古文博
2		历史学	历史学
3		马克思主义理论	马克思主义理论
4		民族学与文化学	民族学与文化学
5		文学	外国文学
6			中国文学
7		艺术学	艺术学
8		语言学	语言学
9		哲学	哲学
10		宗教学	宗教学

续表

序号	大类	学科类	学科子类
11	社科	法学	法学
12		管理学	管理学
13		环境科学	环境科学
14		教育学	教育学
15		经济学	财政与审计
16			工业经济
17			货币金融保险
18			经济管理
19			经济综合
20			贸易经济
21			农业经济
22			世界经济
23		人文地理学	人文地理学
24		社会学与人口学	社会学与人口学
25		体育学	体育学
26		统计学	统计学
27		图书馆、情报与档案学	图书馆、情报与档案学
28		心理学	心理学
29		新闻学与传播学	新闻学与传播学
30		政治学	国际政治与区域国别
31			中国政治（含党·政刊）
32	综合	综合类	高校综合性学报
33			综合性人文社科期刊

（二）期刊的学科归类方法

1904 种老牌刊中有 1291 种期刊是 2018 年的评价对象，这些期刊的分类基本沿用《中国人文社会科学期刊 AMI 综合评价报告（2018）》中的分类，少量期刊的分类进行了调整。另外 613 种新增期刊的分类方法如下：

第一，参考《中国图书馆分类法》、期刊 CN 号（国内统一刊号）、期刊论文分类号等对期刊进行粗分类。

第二，参考中国知网（CNKI）、万方数据知识服务平台等期刊数据库对期刊的分类进行修订。

第三，参考南京大学人文社会科学评价中心《CSSCI来源期刊目录》、北京大学《中文核心期刊要目总览》等对期刊分类进行调整。

第四，请相关专家把关，核查分类中出现偏差的期刊。

第五，在评价院微信公众号和网站公示评价期刊名单及分类，接受学术界反馈意见。

第六，请各期刊编辑部填写相关信息，申报、纠正其期刊所属学科类。

第七，汇总分类意见，开展期刊评价工作。

第八，根据《中国人文社会科学期刊AMI综合评价报告（2022）》公示版的反馈意见，再次修订汇总期刊分类信息。

第九，确定全部期刊分类。

（三）期刊名单的确立与分布

以评价院自建中国人文社会科学A刊引文数据库（CHSSCD）期刊源为基础，结合专家推荐、编辑部申请等情况，筛选确定出中国大陆地区发行的1904种2017年以前创刊的中文人文社会科学学术期刊作为本次期刊评价的评价对象。将1904种期刊按照3个学科大类、23个学科类和33个学科子类进行划分，各学科类期刊数量分布如表10所示。

表10　中国人文社会科学期刊评价学科分类表（按音序排列）

序号	大类	学科类	学科子类	期刊数量
1	人文	考古文博	考古文博	28
2		历史学	历史学	54
3		马克思主义理论	马克思主义理论	29
4		民族学与文化学	民族学与文化学	41
5		文学	外国文学	10
6			中国文学	35
7		艺术学	艺术学	94
8		语言学	语言学	54
9		哲学	哲学	25
10		宗教学	宗教学	9

续表

序号	大类	学科类	学科子类	期刊数量
11	社科	法学	法学	76
12		管理学	管理学	71
13		环境科学	环境科学	21
14		教育学	教育学	163
15		经济学	财政与审计	18
16			工业经济	19
17			货币金融保险	53
18			经济管理	45
19			经济综合	82
20			贸易经济	31
21			农业经济	24
22			世界经济	12
23		人文地理学	人文地理学	34
24		社会学与人口学	社会学与人口学	33
25		体育学	体育学	29
26		统计学	统计学	11
27		图书馆、情报与档案学	图书馆、情报与档案学	51
28		心理学	心理学	11
29		新闻学与传播学	新闻学与传播学	38
30		政治学	国际政治与区域国别	41
31			中国政治（含党·政刊）	185
32	综合	综合类	高校综合性学报	368
33			综合性人文社科期刊	109
合计				1904

三 老牌刊期刊分级排序方法

本次评价按照期刊学术水平、综合评价得分及期刊建设的实际情况将老牌刊从高到低依次划分为顶级、权威、核心、扩展及入库五个等级。这次评价结果的排序方法是"划等不排序"，每个等级期刊的排列顺序按照期刊名称音序进行排列。有些多音字，按照电脑默认读音排序，如"重庆"按照"Z"排序，"行政"按照"H"排序。

（一）顶级期刊

期刊等级划分中的最高级别，代表其所在学科的最高研究水平。划分方法是以综合评价打分排序为依据，根据期刊的学术水平、所在学科分类的期刊数量及专家意见，坚持宁缺毋滥原则，确定每个学科的顶级期刊数量。

（二）权威期刊

期刊等级划分中的第二级别，是其所在学科的高水平期刊。划分方法是以综合评价打分排序为依据，根据期刊所在学科分类的期刊数量及专家意见，确定每个学科的权威期刊数量。

（三）核心期刊

期刊等级划分中的第三级别，是其所在学科的较高水平期刊。划分方法是以综合评价打分排序为依据，根据期刊所在学科分类的期刊数量及专家意见，基于一定比例确定每个学科的核心期刊数量。

（四）扩展期刊

期刊等级划分中的第四个级别，是其所在学科具有一定学术水平的期刊。划分方法以综合评价打分排序为依据，根据期刊所在学科分类的期刊数量及专家意见，基于一定比例确定每个学科的扩展期刊数量。

（五）入库期刊

期刊等级划分中的第五个级别，是经过遴选确定进入本次评价范围的期刊。以综合评价打分排序为依据，根据期刊所在学科分类的期刊数量及专家意见，将学术水平、办刊规范性等某个或某些方面相对较弱的期刊列为入库。

四　老牌刊数据来源与采集时间

（一）数据来源

本次评价的数据来源主要由三部分构成，一是评价院自建、自采数据，二是第三方数据，三是期刊编辑部自评数据。

1. 评价院自建、自采数据

（1）自主研发的数据库

中国人文社会科学 A 刊引文数据库（CHSSCD）。由评价院自主研制建设，包含 1919 种期刊自 1999 年至 2021 年的期刊引文数据。

（2）评价院采集数据

● 电子版期刊数据。通过下载期刊论文电子版的形式抽查期刊论文参考文献信息准确性等内容。

● 网络信息数据。通过访问期刊网站、机构网站等采集期刊"网站建设""微信公众号""开放度"等信息。

（3）调研数据

以问卷调查、电话咨询、实地走访、专家座谈等形式采集"荣誉状况""文章状况""学术不端""制度规范""信息化建设""队伍建设""政策影响力""社会影响力"等指标的数据。

2. 第三方数据

● 中国知网（CNKI）。

● 中国社会科学院国家哲学社会科学文献中心学术期刊数据库。

3. 期刊编辑部自评数据

各期刊编辑部填写期刊自评表，采集编辑队伍、管理制度等指标信息。

（二）采集时间

由于指标的计算方法不同，每个指标的采集时间亦有所不同，详见表 8。

五 老牌刊评价变化情况

（一）评价范围变化

2022 版老牌刊的数量达到了 1904 种，比 2018 版增加了 613 种，增幅达到 47.48%。与国家新闻出版署在 2014 年和 2017 年公布的两批学术期刊名单相比，老牌刊的期刊评价范围占名单中人文社会科学学术期刊的 90% 左右。

（二）期刊分类变化

老牌刊 2022 版分类与 2018 版基本相同，都是分为 3 个学科大类、23 个学科类和 33 个学科子类。结合 2022 年新发布的《研究生教育学科专业目录（2022 年）》修订了个别学科的名称、调整了对应期刊的分类。2022 版将 2018 版的"社会学"调整为"社会学与人口学"、"经济学·财政"调整为"经济学·财政与审计"、"经济学·金融"调整为"经济学·货币金融保险"、"政治学·国际政治"调整为"政治学·国际政治与区域国别"、"政治学·中国政治"调整为"政治学·中国政治（含党·政刊）"。其他学科保持不变。

（三）评价指标变化

2022 版期刊评价指标与 2018 版相比，主要有以下变化。

1. 指标类型

2018 版期刊评价实行一票否决制，设置一票否决指标、计分指标、扣分指标和观察指标四种类型的评价指标。2022 版期刊评价同样实行一票否决制，在原有四种类型指标基础上，新增加分指标。

2. 指标数量

2018 版期刊评价指标由 3 个一级指标、10 个二级指标和 24 个三级指标构成，而 2022 版期刊评价指标则由 3 个一级指标、13 个二级指标和 32 个三级指标构成。2022 版与 2018 版相比，吸引力、管理力和影响力三个一级指标保持不变，二级指标和三级指标都有所调整，既有删除指标，又有新增指标。

3. 删除指标

（1）2022版将2018版的"基金论文比"指标予以删除，此指标在本轮评价中不使用。虽然基金论文在一定程度上是比较好的论文，但是基金论文比指标存在滥用倾向，为引导期刊良好发展的方向，2022年评价时"基金论文比"指标不予采用；（2）2022版将2018版中的"期刊与学科关系"指标予以删除。该指标是测度期刊的学科扩展指标，由于该指标数值的高低与期刊质量无明确相关关系，故在2022版中予以删除。

4. 调整指标

（1）2022版将2018版"开放获取"指标调整为"开放度"指标，包括开放获取、开放数据和开放同行评议三个内容，旨在推动期刊的开放发展；（2）2022版"论文转载量"在2018版采用的《新华文摘》《中国社会科学文摘》《高等学校文科学术文摘》和人大复印报刊资料四大文摘基础上，增加了上海社会科学院的《社会科学文摘》。

5. 新增指标

（1）2022版新增"期刊特色化"加分指标。该指标旨在推动期刊向着"特色化"方向发展，经专家对期刊的特色化情况进行评审后，可根据评审情况适当加分；（2）新增"英文摘要质量"计分指标。根据2022年三部委联合发布的《关于推动学术期刊繁荣发展的意见》精神新增该指标，对中文论文英文摘要的准确性、完整性等进行评价；（3）新增"期刊发文量"观察指标。该指标旨在引导期刊制定合理的发文量，不能过大，也不能太小。

（四）评价结果变化

2022版评价结果仍然从高到低分为顶级、权威、核心、扩展和入库五个等级，但结构更加合理。

1. 顶级期刊

2022 版扩展了"顶级"期刊的内涵,不局限于代表中国整个哲学社会科学的研究水平,也代表着各学科的最高水平期刊。2022 版共评出 22 种顶级期刊,覆盖 22 个学科子类,而 2018 版老牌刊评出的顶级期刊只有 5 种,仅覆盖 5 个学科类。22 个顶级期刊占 1904 种老牌期刊的 1.16%。

2. 权威期刊

2022 版共评出 55 种权威期刊,与 2018 版评出 56 种权威期刊差别不大,因有 11 个学科类没有评出顶级期刊,所以该学科评出最高级别的期刊是"权威"。55 种权威期刊占 1904 种老牌期刊的 2.89%。

3. 核心期刊

2022 版仍然严把质量关,共评出 605 种核心期刊,比 2018 版评出的 519 种核心期刊多了 86 种,因为受到 2022 版老牌刊的数量比 2018 版增加的影响,605 种核心期刊占 1904 种老牌期刊的 31.78%。核心及以上级别期刊共 682 种,占期刊总数的 35.82%。

4. 扩展期刊

2022 版评出 775 种扩展期刊,虽然比 2018 版的 711 种扩展期刊数量多,但"含金量"较高。2018 版时,只要是参与评价的期刊,达不到核心及以上等级的,全部归为"扩展"等级中。2022 版则不然,在全部参与评价的期刊中,只有进入前 75% 左右的期刊才能被评为"扩展"。

5. 入库期刊

2022 版参与评价的期刊中,综合评价为后 25% 左右的期刊被评为"入库",而 2018 版的入库期刊仅对其学术性和规范性等进行了鉴别,未按照评价指标对 2018 版入库期刊进行评价。

第二部分　老牌刊评价结果(1904 种期刊)

一　老牌刊评价总体情况

对 1904 种中国人文社会科学学术期刊根据《期刊 AMI 评价指标体

系（2022版）》评出22种顶级期刊、55种权威期刊、605种核心期刊、775种扩展期刊和447种入库期刊，其中顶级、权威期刊共计77种，占期刊总数的4.04%，核心及以上级别期刊共计682种，占期刊总数的35.82%。各等级期刊数量分布情况如图11和表11所示。

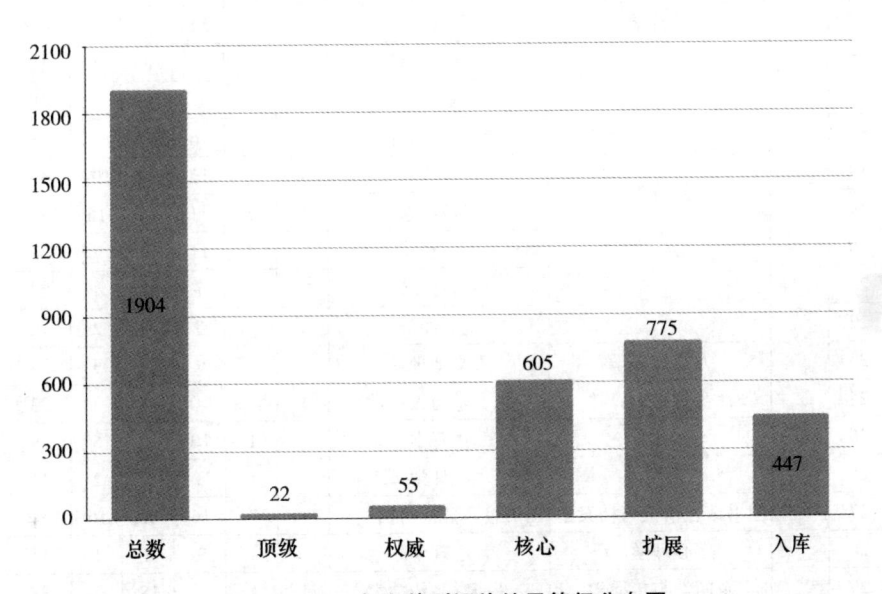

图11　2022年老牌刊评价结果等级分布图

表11　　　　　　2022年老牌刊评价结果等级分布表

序号	大类	学科类	学科子类	顶级	权威	核心	扩展	入库	数量
1	人文	考古文博	考古文博	1	2	8	12	5	28
2		历史学	历史学	1	3	18	22	10	54
3		马克思主义理论	马克思主义理论	1	2	13	9	4	29
4		民族学与文化学	民族学与文化学	1	2	13	18	7	41
5		文学	外国文学		1	5	2	2	10
6			中国文学	1	1	11	14	8	35
7		艺术学	艺术学	1	3	25	49	16	94
8		语言学	语言学	1	2	19	22	10	54
9		哲学	哲学	1		10	10	4	25
10		宗教学	宗教学		1	2	3	3	9

续表

序号	大类	学科类	学科子类	顶级	权威	核心	扩展	入库	数量
11	社科	法学	法学	1	2	23	35	15	76
12		管理学	管理学	1	3	19	34	14	71
13		环境科学	环境科学		1	7	9	4	21
14		教育学	教育学	1	3	51	79	29	163
15		经济学	财政与审计		1	6	8	3	18
16			工业经济	1		6	9	3	19
17			货币金融保险		1	16	27	9	53
18			经济管理		1	13	22	9	45
19			经济综合	1	2	31	32	16	82
20			贸易经济		2	11	11	7	31
21			农业经济		1	7	12	4	24
22			世界经济	1		5	4	2	12
23		人文地理学	人文地理学	1	1	9	17	6	34
24		社会学与人口学	社会学与人口学	1	2	10	15	5	33
25		体育学	体育学		1	10	12	6	29
26		统计学	统计学		1	3	5	2	11
27		图书馆、情报与档案学	图书馆、情报与档案学	1	2	16	22	10	51
28		心理学	心理学		1	3	6	1	11
29		新闻学与传播学	新闻学与传播学	1	1	11	18	7	38
30		政治学	国际政治与区域国别	1	1	17	15	7	41
31			中国政治（含党·政刊）	1	2	57	84	41	185
32	综合	综合类	高校综合性学报	1	5	104	103	155	368
33			综合性人文社科期刊	1	4	46	35	23	109
			合计	22	55	605	775	447	1904

二 老牌刊评价结果

（一）第一大类：侧重人文学科

1. 考古文博

该学科共收录28种期刊，其中：顶级期刊1种，权威期刊2种，核心期刊8种，扩展期刊12种，入库期刊5种。同等级内期刊按照期刊名称的音序排列。

序号	刊名	主办单位	等级
1	考古学报	中国社会科学院考古研究所	顶级
2	考古	中国社会科学院考古研究所	权威
3	文物	文物出版社	权威
4	东南文化	南京博物院	核心
5	敦煌研究	敦煌研究院	核心
6	故宫博物院院刊	故宫博物院	核心
7	华夏考古	河南省文物考古研究院；河南省文物考古学会	核心
8	江汉考古	湖北省文物考古研究所	核心
9	考古与文物	陕西省考古研究院	核心
10	人类学学报	中国科学院古脊椎动物与古人类研究所	核心
11	文物保护与考古科学	上海博物馆	核心
12	北方文物	黑龙江省文物考古研究所	扩展
13	敦煌学辑刊	兰大敦煌学研究所	扩展
14	南方文物	江西省文物考古研究院	扩展
15	农业考古	江西省社会科学院	扩展
16	四川文物	四川省文物考古研究院	扩展
17	文博	陕西省文物局	扩展
18	文物春秋	河北博物院	扩展
19	中国博物馆	中国博物馆协会	扩展
20	中国国家博物馆馆刊	中国国家博物馆	扩展
21	中国文化遗产	中国文化遗产研究院	扩展
22	中原文物	河南博物院	扩展
23	自然与文化遗产研究	北京卓众出版有限公司	扩展
24	草原文物	内蒙古自治区文物考古研究院	入库
25	吐鲁番学研究	新疆吐鲁番学研究院	入库
26	文物季刊	山西省博物院	入库
27	中国文物科学研究	中国文物学会；故宫博物院	入库
28	自然科学博物馆研究	中国自然科学博物馆学会；中国科学技术出版社有限公司；中国科学技术馆	入库

2. 历史学

该学科共收录 54 种期刊，其中：顶级期刊 1 种，权威期刊 3 种，核心期刊 18 种，扩展期刊 22 种，入库期刊 10 种。同等级内期刊按照期刊名称的音序排列。

序号	刊名	主办单位	等级
1	历史研究	中国社会科学院	顶级
2	近代史研究	中国社会科学院近代史研究所	权威
3	世界历史	中国社会科学院世界历史研究所	权威
4	中国史研究	中国社会科学院古代史研究所	权威
5	安徽史学	安徽省社会科学院	核心
6	经济社会史评论	天津师范大学	核心
7	军事历史研究	国防大学国家安全学院	核心
8	抗日战争研究	中国社会科学院近代史研究所；中国抗日战争史学会	核心
9	历史档案	中国第一历史档案馆	核心
10	清史研究	中国人民大学	核心
11	史林	上海社会科学院历史研究所	核心
12	史学集刊	吉林大学	核心
13	史学理论研究	中国社会科学院历史理论研究所	核心
14	史学史研究	北京师范大学	核心
15	史学月刊	河南大学；河南省历史学会	核心
16	文史	中华书局有限公司	核心
17	中国边疆史地研究	中国社会科学院中国边疆研究所	核心
18	中国经济史研究	中国社会科学院经济研究所	核心
19	中国历史地理论丛	陕西师范大学	核心
20	中国农史	中国农业历史学会；中国农科院南京农业大学中国农业遗产研究室；全国农业展览馆（中国农业博物馆）	核心
21	中国史研究动态	中国社会科学院古代史研究所	核心
22	中华文史论丛	上海古籍出版社有限公司	核心

续表

序号	刊名	主办单位	等级
23	党史研究与教学	中共福建省委党校	扩展
24	古代文明（中英文）	东北师范大学世界古典文明史研究所；东北师范大学亚洲文明研究院；东北师范大学世界文明研究中心；东北师范大学出版社	扩展
25	古籍整理研究学刊	东北师范大学古籍整理研究所	扩展
26	贵州文史丛刊	贵州省文史研究馆	扩展
27	国际汉学	北京外国语大学	扩展
28	国学学刊	中国人民大学	扩展
29	海交史研究	中国海外交通史研究会；福建省泉州海外交通史博物馆	扩展
30	华侨华人历史研究	中国华侨华人研究所	扩展
31	历史教学（上半月刊）	历史教学社（天津）有限公司	扩展
32	历史教学问题	华东师范大学	扩展
33	民国档案	中国第二历史档案馆	扩展
34	外国问题研究	东北师范大学	扩展
35	文史杂志	四川省文史研究馆；四川省人民政府参事室	扩展
36	文献	国家图书馆	扩展
37	西夏研究	宁夏社会科学院	扩展
38	西域研究	新疆社会科学院	扩展
39	盐业史研究	自贡市盐业历史博物馆；中国盐业协会	扩展
40	中国地方志	中国地方志指导小组办公室	扩展
41	中国典籍与文化	全国高等院校古籍整理研究工作委员会	扩展
42	中国科技史杂志	中国科学技术史学会；中国科学院自然科学史研究所	扩展
43	中国社会经济史研究	厦门大学历史研究所	扩展
44	自然科学史研究	中国科学院自然科学史研究所；中国科学技术史学会	扩展
45	百年潮	中国中共党史学会	入库
46	北京党史	中共北京市委党史研究室	入库

续表

序号	刊名	主办单位	等级
47	传承	中共广西壮族自治区委员会党史研究室；百色干部学院	入库
48	福建史志	中共福建省委党史研究和地方志编纂办公室；福建省地方志学会	入库
49	古今农业	全国农业展览馆	入库
50	广西地方志	广西壮族自治区地方志编纂委员会办公室；广西地方志协会	入库
51	军事历史	军事科学院军事历史研究部	入库
52	科学文化评论	中国科学院自然科学史研究所；中国科学院规划战略局	入库
53	上海地方志	上海市地方志办公室	入库
54	史志学刊	中共山西省委党史研究院（山西省地方志研究院）	入库

3. 马克思主义理论

该学科共收录 29 种期刊，其中：顶级期刊 1 种，权威期刊 2 种，核心期刊 13 种，扩展期刊 9 种，入库期刊 4 种。同等级内期刊按照期刊名称的音序排列。

序号	刊名	主办单位	等级
1	求是	中国共产党中央委员会	顶级
2	马克思主义研究	中国社会科学院马克思主义研究院	权威
3	中国特色社会主义研究	北京市社会科学界联合会；北京市中国特色社会主义理论体系研究中心；北京市科学社会主义学会	权威
4	当代世界社会主义问题	山东大学当代社会主义研究所	核心
5	当代世界与社会主义	中央党史和文献研究院；中国国际共运史学会	核心
6	当代中国史研究	当代中国研究所	核心
7	党的文献	中共中央文献研究室；中央档案馆	核心

续表

序号	刊名	主办单位	等级
8	党建	《党建》杂志社	核心
9	红旗文稿	求是杂志社	核心
10	教学与研究	中国人民大学	核心
11	理论视野	中国马克思主义研究基金会	核心
12	马克思主义与现实	中央党史和文献研究院	核心
13	社会主义研究	华中师范大学	核心
14	世界社会主义研究	中国社会科学院马克思主义研究院；社会科学文献出版社	核心
15	思想理论教育导刊	高等教育出版社	核心
16	中共党史研究	中共中央党史和文献研究院	核心
17	国外理论动态	中共中央党史和文献研究院	扩展
18	科学社会主义	中国科学社会主义学会	扩展
19	科学与无神论	中国社会科学院马克思主义研究院	扩展
20	马克思主义理论学科研究	高等教育出版社有限公司	扩展
21	毛泽东邓小平理论研究	上海社会科学院	扩展
22	毛泽东研究	湖南省社会科学院	扩展
23	思想教育研究	中国高等教育学会；思想政治教育分会；北京科技大学	扩展
24	思想理论教育	上海市高等学校思想理论教育研究会；上海市教育科学研究会	扩展
25	思想政治教育研究	哈尔滨理工大学	扩展
26	邓小平研究	四川省社会科学院	入库
27	高校马克思主义理论研究	清华大学	入库
28	毛泽东思想研究	四川省社会科学院；四川省社会科学界联合会	入库
29	文化软实力	湖南大学	入库

4. 民族学与文化学

该学科共收录 41 种期刊，其中：顶级期刊 1 种，权威期刊 2 种，核心期刊 13 种，扩展期刊 18 种，入库期刊 7 种。同等级内期刊按照期刊名称的音序排列。

序号	刊名	主办单位	等级
1	民族研究	中国社会科学院民族学与人类学研究所	顶级
2	民俗研究	山东大学	权威
3	中央民族大学学报（哲学社会科学版）	中央民族大学	权威
4	北方民族大学学报	北方民族大学	核心
5	广西民族大学学报（哲学社会科学版）	广西民族大学	核心
6	湖北民族大学学报（哲学社会科学版）	湖北民族大学	核心
7	民族学刊	西南民族大学	核心
8	青海民族研究	青海民族大学民族学与社会学学院；青海民族大学民族研究所	核心
9	世界民族	中国社会科学院民族学与人类学研究所	核心
10	文化遗产	中山大学	核心
11	文化纵横	中国西部研究与发展促进会	核心
12	西北民族研究	西北民族大学	核心
13	西南民族大学学报（人文社会科学版）	西南民族大学	核心
14	云南民族大学学报（哲学社会科学版）	云南民族大学	核心
15	中国藏学	中国藏学研究中心	核心
16	中南民族大学学报（人文社会科学版）	中南民族大学	核心
17	大连民族大学学报	大连民族大学	扩展
18	地方文化研究	江西科技师范大学	扩展
19	广西民族研究	广西民族研究中心	扩展
20	贵州民族大学学报（哲学社会科学版）	贵州民族大学	扩展

续表

序号	刊名	主办单位	等级
21	贵州民族研究	贵州省民族研究院	扩展
22	黑龙江民族丛刊	黑龙江省民族研究所	扩展
23	民族论坛	湖南省民族宗教研究所	扩展
24	民族学论丛	宁夏社会科学院	扩展
25	内蒙古民族大学学报（社会科学版）	内蒙古民族大学	扩展
26	青海民族大学学报（社会科学版）	青海民族大学	扩展
27	上海文化	上海市作家协会；上海社会科学院文学所	扩展
28	世界文化	天津外国语大学	扩展
29	文化学刊	辽宁社会科学院	扩展
30	西北民族大学学报（哲学社会科学版）	西北民族大学	扩展
31	西藏民族大学学报（哲学社会科学版）	西藏民族大学	扩展
32	原生态民族文化学刊	凯里学院	扩展
33	中华文化论坛	四川省社会科学院	扩展
34	中原文化研究	河南省社会科学院	扩展
35	岭南文史	广东省人民政府文史研究馆	入库
36	满族研究	辽宁省民族宗教联络与舆情中心	入库
37	丝绸之路	西北师范大学	入库
38	文化软实力研究	武汉大学	入库
39	文化与传播	广西大学	入库
40	西部蒙古论坛	新疆维吾尔自治区社会科学界联合会	入库
41	中国文化	中国艺术研究院	入库

5. 文学·外国文学

该学科共收录 10 种期刊，其中：顶级期刊 0 种，权威期刊 1 种，核心期刊 5 种，扩展期刊 2 种，入库期刊 2 种。同等级内期刊按照期刊名称的音序排列。

序号	刊名	主办单位	等级
1	外国文学评论	中国社会科学院外国文学研究所	权威
2	当代外国文学	南京大学外国文学研究所	核心
3	国外文学	北京大学	核心
4	外国文学	北京外国语大学	核心
5	外国文学动态研究	中国社会科学院外国文学研究所；译林出版社	核心
6	外国文学研究	华中师范大学	核心
7	广东外语外贸大学学报	广东外语外贸大学	扩展
8	世界文学	中国社会科学院外国文学研究所	扩展
9	俄罗斯文艺	北京师范大学	入库
10	外国语文研究	华中师范大学	入库

6. 文学·中国文学

该学科共收录35种期刊，其中：顶级期刊1种，权威期刊1种，核心期刊11种，扩展期刊14种，入库期刊8种。同等级内期刊按照期刊名称的音序排列。

序号	刊名	主办单位	等级
1	文学评论	中国社会科学院文学研究所	顶级
2	文学遗产	中国社会科学院文学研究所	权威
3	当代文坛	四川省作家协会	核心
4	当代作家评论	辽宁文学院	核心
5	红楼梦学刊	中国艺术研究院	核心
6	民族文学研究	中国社会科学院民族文学研究所	核心
7	文艺理论研究	中国文艺理论学会；华东师范大学	核心
8	文艺理论与批评	中国艺术研究院	核心
9	文艺争鸣	吉林省文学艺术界联合会；黑龙江大学	核心
10	中国比较文学	上海外国语大学；中国比较文学学会	核心
11	中国文化研究	北京语言大学	核心
12	中国文学批评	中国社会科学杂志社	核心
13	中国现代文学研究丛刊	中国现代文学馆	核心

续表

序号	刊名	主办单位	等级
14	杜甫研究学刊	成都杜甫草堂博物馆；四川省杜甫学会	扩展
15	汉语言文学研究	河南大学	扩展
16	鲁迅研究月刊	北京鲁迅博物馆	扩展
17	民间文化论坛	中国民间文艺家协会	扩展
18	明清小说研究	江苏省社会科学院文学研究所；明清小说研究中心	扩展
19	南方文坛	广西壮族自治区文学艺术界联合会	扩展
20	文艺论坛	湖南省文联文艺创作与研究中心	扩展
21	文艺评论	黑龙江省文学艺术界联合会；黑龙江大学	扩展
22	现代中文学刊	全国高等教育自学考试指导委员会文史专业委员会；华东师范大学	扩展
23	小说评论	陕西省作家协会	扩展
24	新文学史料	人民文学出版社有限公司	扩展
25	扬子江文学评论	江苏省作家协会	扩展
26	长江学术	武汉大学	扩展
27	中国文学研究	湖南师范大学	扩展
28	郭沫若学刊	四川省郭沫若研究会	入库
29	华文文学	汕头大学	入库
30	南京师范大学文学院学报	南京师范大学文学院	入库
31	蒲松龄研究	蒲松龄纪念馆	入库
32	世界华文文学论坛	江苏省社会科学院	入库
33	文学与文化	南开大学出版社有限公司	入库
34	文学自由谈	天津市文学艺术界联合会	入库
35	中国韵文学刊	中国韵文学会；湘潭大学	入库

7. 艺术学

该学科共收录94种期刊，其中：顶级期刊1种，权威期刊3种，核心期刊25种，扩展期刊49种，入库期刊16种。同等级内期刊按照期刊名称的音序排列。

序号	刊名	主办单位	等级
1	文艺研究	中国艺术研究院	顶级
2	当代电影	中国电影艺术研究中心；中国传媒大学	权威
3	中央音乐学院学报	中央音乐学院	权威
4	装饰	清华大学	权威
5	北京电影学院学报	北京电影学院	核心
6	北京舞蹈学院学报	北京舞蹈学院	核心
7	电影艺术	中国电影家协会	核心
8	美术	中国美术家协会	核心
9	美术大观	辽宁美术出版社有限责任公司	核心
10	美术观察	中国艺术研究院	核心
11	美术研究	中央美术学院	核心
12	民族艺术	广西民族文化艺术研究院	核心
13	民族艺术研究	云南省民族艺术研究院	核心
14	南方建筑	广东省土木建筑学会	核心
15	设计艺术研究	武汉理工大学	核心
16	世界电影	中国电影家协会	核心
17	戏剧（中央戏剧学院学报）	中央戏剧学院	核心
18	戏剧艺术（上海戏剧学院学报）	上海戏剧学院	核心
19	戏曲艺术	中国戏曲学院	核心
20	新美术	中国美术学院	核心
21	艺术评论	中国艺术研究院	核心
22	艺术设计研究	北京服装学院	核心
23	音乐研究	人民音乐出版社有限公司	核心
24	音乐艺术（上海音乐学院学报）	上海音乐学院	核心
25	中国电视	中国电视艺术委员会	核心
26	中国书法	中国书法家协会	核心
27	中国文艺评论	中国文联文艺评论中心；中国文艺评论家协会	核心
28	中国音乐	中国音乐学院	核心
29	中国音乐学	中国艺术研究院	核心

续表

序号	刊名	主办单位	等级
30	包装工程	中国兵器工业第五九研究所	扩展
31	创意设计源	上海工艺美术职业学院	扩展
32	创意与设计	江南大学；中国轻工业信息中心	扩展
33	当代动画	中国电影艺术研究中心；北京电影学院	扩展
34	当代美术家	四川美术学院	扩展
35	当代舞蹈艺术研究（中英文）(Contemporary Dance Research)	上海戏剧学院；上海大学	扩展
36	电视研究	中央广播电视总台	扩展
37	电影评介	当代贵州期刊传媒集团有限责任公司	扩展
38	电影文学	长影集团有限责任公司	扩展
39	电影新作	上海电影艺术研究所；上海电影家协会	扩展
40	湖北美术学院学报	湖北美术学院	扩展
41	黄钟（武汉音乐学院学报）	武汉音乐学院	扩展
42	建筑师	中国建筑出版传媒有限公司	扩展
43	交响（西安音乐学院学报）	西安音乐学院	扩展
44	乐府新声（沈阳音乐学院学报）	沈阳音乐学院	扩展
45	美术学报	广州美术学院	扩展
46	美育学刊	杭州师范大学	扩展
47	南京艺术学院学报（美术与设计版）	南京艺术学院	扩展
48	南京艺术学院学报（音乐与表演）	南京艺术学院	扩展
49	内蒙古艺术学院学报	内蒙古艺术学院	扩展
50	人民音乐	中国音乐家协会	扩展
51	山东工艺美术学院学报	山东工艺美术学院	扩展
52	设计	中国工业设计协会	扩展
53	世界美术	中央美术学院	扩展
54	书法研究	上海中西书局有限公司；上海书画出版社有限公司	扩展
55	四川戏剧	四川省艺术研究院	扩展
56	天津音乐学院学报	天津音乐学院	扩展

续表

序号	刊名	主办单位	等级
57	文化艺术研究	浙江省文化艺术研究院	扩展
58	舞蹈	中国舞蹈家协会	扩展
59	西北美术	西安美术学院	扩展
60	西藏艺术研究	西藏民族艺术研究所	扩展
61	西泠艺丛	西泠印社社务委员会	扩展
62	戏剧文学	吉林省艺术研究院	扩展
63	现代电影技术	中央宣传部电影技术质量检测所	扩展
64	星海音乐学院学报	星海音乐学院	扩展
65	艺术百家	江苏省文化艺术研究院	扩展
66	艺术传播研究	中国传媒大学	扩展
67	艺术广角	辽宁文学院	扩展
68	艺术探索	广西艺术学院	扩展
69	艺术与设计（理论）	证券日报社	扩展
70	音乐探索	四川音乐学院	扩展
71	云南艺术学院学报	云南艺术学院	扩展
72	浙江艺术职业学院学报	浙江艺术职业学院	扩展
73	中国美术	中国美术出版总社有限公司	扩展
74	中国美术教育	南京师范大学	扩展
75	中国民族美术	中央民族大学	扩展
76	中国书画	经济日报社	扩展
77	中国戏剧	中国戏剧家协会	扩展
78	中国音乐教育	人民音乐出版社有限公司	扩展
79	当代戏剧	陕西省戏剧家协会	入库
80	当代音乐	吉林省音乐家协会；吉林音像出版社有限责任公司	入库
81	公共艺术	上海书画出版社有限公司	入库
82	流行色	中国流行色协会	入库
83	齐鲁艺苑（山东艺术学院学报）	山东艺术学院	入库
84	荣宝斋	荣宝斋有限公司	入库

续表

序号	刊名	主办单位	等级
85	山东艺术	山东省文学艺术界联合会	入库
86	新疆艺术学院学报	新疆艺术学院	入库
87	艺术工作	鲁迅美术学院	入库
88	艺术教育	中国文化传媒集团有限公司	入库
89	艺术市场	中国文化传媒集团有限公司	入库
90	艺术研究	哈尔滨师范大学	入库
91	音乐创作	中国音乐家协会	入库
92	影剧新作	江西省文化和旅行研究院	入库
93	长江文艺评论	湖北今古传奇传媒集团有限公司	入库
94	中国民族博览	中国民族文化艺术基金会	入库

8. 语言学

该学科共收录54种期刊，其中：顶级期刊1种，权威期刊2种，核心期刊19种，扩展期刊22种，入库期刊10种。同等级内期刊按照期刊名称的音序排列。

序号	刊名	主办单位	等级
1	中国语文	中国社会科学院语言研究所	顶级
2	世界汉语教学	北京语言大学	权威
3	外语教学与研究	北京外国语大学	权威
4	北京第二外国语学院学报	北京第二外国语学院	核心
5	辞书研究	上海辞书出版社有限公司	核心
6	当代修辞学	复旦大学	核心
7	当代语言学	中国社会科学院语言研究所	核心
8	方言	中国社会科学院语言研究所	核心
9	古汉语研究	湖南师范大学	核心
10	汉语学报	华中师范大学	核心
11	民族语文	中国社会科学院民族学与人类学研究所	核心
12	外国语（上海外国语大学学报）	上海外国语大学	核心

续表

序号	刊名	主办单位	等级
13	外语教学	西安外国语大学	核心
14	外语界	上海外国语大学	核心
15	外语学刊	黑龙江大学	核心
16	外语与外语教学	大连外国语大学	核心
17	现代外语	广东外语外贸大学	核心
18	语言教学与研究	北京语言大学	核心
19	语言科学	江苏师范大学语言所	核心
20	语言文字应用	教育部语言文字应用研究所	核心
21	中国翻译	当代中国与世界研究院；中国翻译协会	核心
22	中国外语	高等教育出版社	核心
23	当代外语研究	上海交通大学	扩展
24	德语人文研究	北京外国语大学	扩展
25	东北亚外语研究	大连外国语大学	扩展
26	国际汉语教学研究	北京语言大学	扩展
27	国际中文教育（中英文）	北京外国语大学	扩展
28	汉语学习	延边大学	扩展
29	解放军外国语学院学报	解放军外国语学院	扩展
30	民族翻译	中国民族语文翻译中心（局）	扩展
31	日语学习与研究	对外经济贸易大学	扩展
32	山东外语教学	山东师范大学	扩展
33	上海翻译	上海市科技翻译学会	扩展
34	天津外国语大学学报	天津外国语大学	扩展
35	外国语文	四川外国语大学	扩展
36	外国语言文学	福建师范大学	扩展
37	外语电化教学	上海外国语大学	扩展
38	外语教学理论与实践	华东师范大学外语学院	扩展
39	外语研究	中国人民解放军国际关系学院	扩展
40	西安外国语大学学报	西安外国语大学	扩展
41	语文研究	山西省社会科学院	扩展

续表

序号	刊名	主办单位	等级
42	语言研究	华中科技大学	扩展
43	语言战略研究	商务印书馆有限公司	扩展
44	浙江外国语学院学报	浙江外国语学院	扩展
45	汉字文化	北京国际汉字研究会	入库
46	满语研究	黑龙江省满语研究所	入库
47	外文研究	河南大学	入库
48	外语测试与教学	上海外国语大学	入库
49	外语与翻译	中南大学	入库
50	现代语文	曲阜师范大学	入库
51	语文学刊	内蒙古师范大学	入库
52	语言教育	大连外国语大学	入库
53	语言与翻译	语言文字工作委员会	入库
54	中国科技翻译	中国科学院国际学术交流中心	入库

9. 哲学

该学科共收录 25 种期刊，其中：顶级期刊 1 种，权威期刊 0 种，核心期刊 10 种，扩展期刊 10 种，入库期刊 4 种。同等级内期刊按照期刊名称的音序排列。

序号	刊名	主办单位	等级
1	哲学研究	中国社会科学院哲学研究所	顶级
2	道德与文明	天津社会科学院；中国伦理学会	核心
3	科学技术哲学研究	山西大学；山西省自然辩证法研究会	核心
4	伦理学研究	湖南师范大学	核心
5	逻辑学研究	中山大学；中国逻辑学会	核心
6	世界哲学	中国社会科学院哲学研究所	核心
7	哲学动态	中国社会科学院哲学研究所	核心
8	中国哲学年鉴	中国社会科学院哲学研究所	核心
9	中国哲学史	中国哲学史学会	核心

续表

序号	刊名	主办单位	等级
10	自然辩证法通讯	中国科学院大学	核心
11	自然辩证法研究	中国自然辩证法研究会	核心
12	船山学刊	湖南省社会科学界联合会	扩展
13	当代中国价值观研究	北京师范大学	扩展
14	孔学堂	贵州日报当代融媒体集团	扩展
15	孔子研究	中国孔子基金会	扩展
16	社会主义核心价值观研究	清华大学	扩展
17	系统科学学报	太原理工大学	扩展
18	现代哲学	广东哲学学会	扩展
19	医学与哲学	中国自然辩证法研究会	扩展
20	哲学分析	上海人民出版社有限责任公司；上海社会科学院哲学研究所	扩展
21	周易研究	山东大学；中国周易学会	扩展
22	第欧根尼	中国社会科学院信息情报研究院	入库
23	管子学刊	山东理工大学齐文化研究院	入库
24	孙子研究	山东出版传媒股份有限公司；山东孙子研究会	入库
25	中国医学伦理学	西安交通大学	入库

10. 宗教学

该学科共收录 9 种期刊，其中：顶级期刊 0 种，权威期刊 1 种，核心期刊 2 种，扩展期刊 3 种，入库期刊 3 种。同等级内期刊按照期刊名称的音序排列。

序号	刊名	主办单位	等级
1	世界宗教研究	中国社会科学院世界宗教研究所	权威
2	世界宗教文化	中国社会科学院世界宗教研究所	核心
3	宗教学研究	四川大学道教与宗教文化研究所	核心
4	佛学研究	中国佛教文化研究所	扩展
5	五台山研究	五台山研究会	扩展

续表

序号	刊名	主办单位	等级
6	中国宗教	国家宗教事务局	扩展
7	法音	中国佛教协会	入库
8	中国道教	中国道教协会	入库
9	中国穆斯林	中国伊斯兰教协会	入库

（二）第二大类：侧重社会科学

1. 法学

该学科共收录76种期刊，其中：顶级期刊1种，权威期刊2种，核心期刊23种，扩展期刊35种，入库期刊15种。同等级内期刊按照期刊名称的音序排列。

序号	刊名	主办单位	等级
1	法学研究	中国社会科学院法学研究所	顶级
2	中国法学	中国法学会	权威
3	中外法学	北京大学	权威
4	比较法研究	中国政法大学	核心
5	财经法学	中央财经大学	核心
6	当代法学	吉林大学	核心
7	东方法学	上海人民出版社有限责任公司；上海法学会	核心
8	法律科学（西北政法大学学报）	西北政法大学	核心
9	法商研究	中南财经政法大学	核心
10	法学	华东政法大学	核心
11	法学家	中国人民大学	核心
12	法学论坛	山东省法学会	核心
13	法学评论	武汉大学	核心
14	法制与社会发展	吉林大学	核心
15	国际法研究	中国社会科学院国际法研究所；社会科学文献出版社	核心
16	国家检察官学院学报	国家检察官学院	核心

续表

序号	刊名	主办单位	等级
17	华东政法大学学报	华东政法大学	核心
18	环球法律评论	中国社会科学院法学研究所	核心
19	清华法学	清华大学	核心
20	现代法学	西南政法大学	核心
21	行政法学研究	中国政法大学	核心
22	政法论坛	中国政法大学	核心
23	政治与法律	上海社会科学院法学研究所	核心
24	知识产权	中国知识产权研究会	核心
25	中国法律评论	法律出版社有限公司	核心
26	中国刑事法杂志	最高人民检察院检察理论研究所	核心
27	北方法学	黑龙江大学	扩展
28	北京警察学院学报	北京警察学院	扩展
29	地方立法研究	中山大学；广东省立法研究所	扩展
30	电子知识产权	国家工业信息安全发展研究中心	扩展
31	法律适用	国家法官学院	扩展
32	法学杂志	北京市法学会	扩展
33	法医学杂志	司法鉴定科学研究院	扩展
34	法治社会	广东时代传媒有限公司；广东省法学会	扩展
35	法治研究	浙江省法学会	扩展
36	犯罪研究	上海市犯罪学学会	扩展
37	犯罪与改造研究	司法部预防犯罪研究所	扩展
38	甘肃政法大学学报	甘肃政法大学	扩展
39	河北法学	河北政法职业学院；河北省法学会	扩展
40	河南财经政法大学学报	河南财经政法大学	扩展
41	黑龙江省政法管理干部学院学报	黑龙江省政法管理干部学院	扩展
42	交大法学	上海交通大学	扩展
43	科技与法律（中英文）	中国科学技术法学会	扩展
44	人民检察	检察日报社	扩展
45	人民司法	最高人民法院	扩展

续表

序号	刊名	主办单位	等级
46	山东警察学院学报	山东警察学院	扩展
47	上海政法学院学报（法治论丛）	上海政法学院	扩展
48	时代法学	湖南师范大学	扩展
49	苏州大学学报（法学版）	苏州大学	扩展
50	天津法学	天津公安警官职业学院；天津市法学会	扩展
51	西部法学评论	甘肃政法大学	扩展
52	西南政法大学学报	西南政法大学	扩展
53	预防青少年犯罪研究	中国预防青少年犯罪研究会；中国青少年研究中心等	扩展
54	证据科学	中国政法大学	扩展
55	政法论丛	山东政法学院	扩展
56	政法学刊	广东警官学院；广东省公安司法管理干部学院	扩展
57	中国版权	中国版权保护中心	扩展
58	中国海商法研究	中国海商法协会；大连海事大学	扩展
59	中国检察官	国家检察官学院	扩展
60	中国人民公安大学学报（社会科学版）	中国人民公安大学	扩展
61	中国政法大学学报	中国政法大学	扩展
62	法制与经济	广西大学	入库
63	广西政法管理干部学院学报	广西警察学院	入库
64	贵州警察学院学报	贵州警察学院	入库
65	海峡法学	福建省台湾法律研究所	入库
66	江苏警官学院学报	江苏警官学院	入库
67	竞争政策研究	国家工业信息安全发展研究中心	入库
68	辽宁公安司法管理干部学院学报	辽宁公安司法管理干部学院	入库
69	山东法官培训学院学报	山东法官培训学院（国家法官学院山东分院）	入库
70	山西省政法管理干部学院学报	山西省政法管理干部学院	入库
71	中国监狱学刊	中央司法警官学院	入库
72	中国司法	司法部司法研究所	入库

续表

序号	刊名	主办单位	等级
73	中国司法鉴定	司法鉴定科学研究院	入库
74	中国卫生法制	中国卫生监督协会	入库
75	中国刑警学院学报	中国刑事警察学院	入库
76	专利代理	中华全国专利代理师协会；中国知识产权报社	入库

2. 管理学

该学科共收录71种期刊，其中：顶级期刊1种，权威期刊3种，核心期刊19种，扩展期刊34种，入库期刊14种。同等级内期刊按照期刊名称的音序排列。

序号	刊名	主办单位	等级
1	管理世界	国务院发展研究中心	顶级
2	经济管理	中国社会科学院工业经济研究所	权威
3	南开管理评论	南开大学	权威
4	中国软科学	中国软科学研究会；中国科学技术信息研究所	权威
5	公共管理学报	哈尔滨工业大学管理学院	核心
6	公共管理与政策评论	中国人民大学	核心
7	管理工程学报	浙江大学	核心
8	管理科学	哈尔滨工业大学管理学院	核心
9	管理科学学报	天津大学；国家自然科学基金委员会管理科学部	核心
10	管理评论	中国科学院大学	核心
11	管理学报	华中科技大学	核心
12	管理学刊	新乡学院；中国社会主义经济规律系统研究会	核心
13	会计研究	中国会计学会	核心
14	会计与经济研究	上海立信会计金融学院	核心
15	科学学研究	中国科学学与科技政策研究会；中国科学院科技政策与管理科学研究所；清华大学科学技术与社会研究中心	核心
16	科学学与科学技术管理	天津市科学技术发展战略研究院	核心

续表

序号	刊名	主办单位	等级
17	科研管理	中国科学院科技战略咨询研究院；中国科学学与科技政策研究会	核心
18	领导科学	河南省社会科学界联合会	核心
19	外国经济与管理	上海财经大学	核心
20	系统工程理论与实践	中国系统工程学会	核心
21	系统管理学报	上海交通大学	核心
22	研究与发展管理	复旦大学	核心
23	中国管理科学	中国优选法统筹法与经济数学研究会；中国科学院科技战略咨询研究院	核心
24	财会通讯	湖北省会计学会	扩展
25	财会月刊	武汉出版社；武汉市会计学会	扩展
26	财务研究	中国财政杂志社	扩展
27	财务与会计	中国财政杂志社	扩展
28	工程管理科技前沿	合肥工业大学	扩展
29	工程管理学报	哈尔滨工业大学；中国建筑业协会	扩展
30	管理案例研究与评论	大连理工大学	扩展
31	管理现代化	中国管理现代化研究会	扩展
32	华东经济管理	中共安徽省委党校	扩展
33	会计师	江西省报刊传媒有限责任公司	扩展
34	会计之友	山西社会科学报刊社	扩展
35	技术与创新管理	西安科技大学；陕西高校科研管理研究会	扩展
36	决策	安徽省政府发展研究中心	扩展
37	科技导报	中国科学技术协会	扩展
38	科技管理研究	广东省科学学与科技管理研究会	扩展
39	科技进步与对策	湖北省科技信息研究院	扩展
40	科技与管理	哈尔滨理工大学	扩展
41	科技与经济	南京市科技信息研究所	扩展
42	科学管理研究	内蒙古自治区软科学研究会	扩展
43	科学决策	中国航天系统科学与工程研究院；中国社会经济系统分析研究会；欧亚系统科学研究会	扩展

续表

序号	刊名	主办单位	等级
44	科学与社会	中国科学院科技政策与管理科学研究所	扩展
45	软科学	四川省科学技术发展战略研究院	扩展
46	商业会计	中国商业联合会；中国商业会计学会	扩展
47	上海管理科学	上海市管理科学学会	扩展
48	武汉理工大学学报（信息与管理工程版）	武汉理工大学	扩展
49	西部经济管理论坛	西华大学	扩展
50	系统工程	湖南省系统工程与管理学会	扩展
51	信息通信技术与政策	中国信息通信研究院	扩展
52	信息网络安全	公安部第三研究所；中国计算机学会（计算机安全专业委员会）	扩展
53	智库理论与实践	中国科学院文献情报中心；南京大学	扩展
54	中国科技论坛	中国科学技术发展战略研究院	扩展
55	中国科学基金	国家自然科学基金委员会	扩展
56	中国人力资源开发	中国人力资源开发研究会	扩展
57	中国卫生政策研究	中国医学科学院	扩展
58	当代会计	江西省报刊传媒有限责任公司	入库
59	管理工程师	郑州航空工业管理学院	入库
60	广西职业师范学院学报	广西职业师范学院	入库
61	军事运筹与评估	军事科学院战略评估咨询中心	入库
62	科学与管理	山东省科学院	入库
63	领导科学论坛	湖北长江报刊传媒（集团）有限公司	入库
64	秘书	上海大学	入库
65	秘书之友	兰州大学	入库
66	企业改革与管理	首钢集团有限公司	入库
67	未来与发展	中国未来研究会	入库
68	现代管理科学	江苏省经济和信息化研究院	入库
69	战略决策研究	广东外语外贸大学	入库
70	中国医疗管理科学	国家卫生健康委医院管理研究所	入库
71	中国注册会计师	中国注册会计师协会	入库

3. 环境科学

该学科共收录 21 种期刊，其中：顶级期刊 0 种，权威期刊 1 种，核心期刊 7 种，扩展期刊 9 种，入库期刊 4 种。同等级内期刊按照期刊名称的音序排列。

序号	刊名	主办单位	等级
1	中国人口·资源与环境	中国可持续发展研究会；山东省可持续发展研究中心；中国 21 世纪议程管理中心；山东师范大学	权威
2	城市与环境研究	中国社会科学院生态文明研究所；社会科学文献出版社	核心
3	环境经济研究	湖北经济学院	核心
4	生态学报	中国生态学学会；中国科学院生态环境研究中心	核心
5	长江流域资源与环境	中国科学院资源环境科学与技术局；中国科学院武汉文献情报中心	核心
6	中国环境科学	中国环境科学学会	核心
7	资源科学	中国科学院地理科学与资源研究所；中国自然资源学会	核心
8	自然资源学报	中国自然资源学会；中国科学院地理科学与资源研究所	核心
9	海洋开发与管理	中国海洋工程咨询协会；海洋出版社有限公司	扩展
10	环境保护	中国环境出版集团有限公司	扩展
11	环境科学研究	中国环境科学研究院	扩展
12	气候变化研究进展	国家气候中心	扩展
13	生态科学	广东省生态学会；暨南大学	扩展
14	生态与农村环境学报	生态环境部南京环境科学研究所	扩展
15	世界林业研究	中国林业科学研究院林业科技信息研究所	扩展
16	中国环境管理	生态环境部环境发展中心	扩展
17	中国园林	中国风景园林学会	扩展
18	环境科学与管理	黑龙江省环境科学研究院	入库
19	鄱阳湖学刊	江西省社会科学院	入库
20	世界环境	生态环境部宣传教育中心	入库
21	中国资源综合利用	江苏北矿金属循环利用科技有限公司；中国物资再生协会	入库

4. 教育学

该学科共收录163种期刊，其中：顶级期刊1种，权威期刊3种，核心期刊51种，扩展期刊79种，入库期刊29种。同等级内期刊按照期刊名称的音序排列。

序号	刊名	主办单位	等级
1	北京大学教育评论	北京大学	顶级
2	高等教育研究	华中科技大学；中国高等教育学会高等教育学专业委员会	权威
3	华东师范大学学报（教育科学版）	华东师范大学	权威
4	教育研究	中国教育科学研究院	权威
5	比较教育研究	北京师范大学	核心
6	大学教育科学	湖南大学；中国机械工业教育协会	核心
7	电化教育研究	西北师范大学；中国电化教育研究会	核心
8	复旦教育论坛	复旦大学	核心
9	高等工程教育研究	华中科技大学；中国工程院教育委员会；中国高等教育学会高等工程教育研究会；全国重点理工大学教学改革协作组	核心
10	高教发展与评估	武汉理工大学；中国交通教育研究会高教研究分会	核心
11	高校教育管理	江苏大学	核心
12	国家教育行政学院学报	国家教育行政学院	核心
13	河北师范大学学报（教育科学版）	河北师范大学	核心
14	黑龙江高教研究	哈尔滨师范大学；黑龙江省高教学会	核心
15	湖南师范大学教育科学学报	湖南师范大学	核心
16	江苏高教	江苏教育报刊总社	核心
17	教师教育学报	西南大学	核心
18	教师教育研究	北京师范大学；华东师范大学；教育部高校师资培训交流北京中心	核心
19	教育发展研究	上海市教育科学研究院；上海市高等教育学会	核心
20	教育经济评论	北京师范大学	核心

续表

序号	刊名	主办单位	等级
21	教育科学	辽宁师范大学	核心
22	教育科学研究	北京教育产品媒体中心	核心
23	教育学报	北京师范大学	核心
24	教育学术月刊	江西省教育评估监测研究院；江西省教育学会	核心
25	教育研究与实验	华中师范大学	核心
26	教育与经济	华中师范大学；中国教育经济学研究会	核心
27	教育与职业	中华职业教育社	核心
28	开放教育研究	上海开放大学	核心
29	课程·教材·教法	人民教育出版社有限公司	核心
30	民族教育研究	中央民族大学	核心
31	清华大学教育研究	清华大学	核心
32	全球教育展望	华东师范大学	核心
33	数学教育学报	天津师范大学	核心
34	苏州大学学报（教育科学版）	苏州大学	核心
35	天津师范大学学报（基础教育版）	天津师范大学	核心
36	外国教育研究	东北师范大学	核心
37	现代大学教育	中南大学	核心
38	现代教育管理	辽宁教育研究院	核心
39	现代教育技术	清华大学	核心
40	现代远程教育研究	四川开放大学	核心
41	现代远距离教育	黑龙江开放大学	核心
42	学前教育研究	中国学前教育研究会；长沙师范学院	核心
43	学位与研究生教育	国务院学位委员会	核心
44	研究生教育研究	中国科学技术大学；中国学位与研究生教育学会	核心
45	远程教育杂志	浙江开放大学	核心
46	职教论坛	江西科技师范大学	核心
47	中国电化教育	中央电化教育馆	核心
48	中国高等教育	中国教育报刊社	核心

续表

序号	刊名	主办单位	等级
49	中国高教研究	中国高等教育学会	核心
50	中国教育学刊	中国教育学会	核心
51	中国考试	教育部教育考试院	核心
52	中国特殊教育	中国教育科学研究院	核心
53	中国远程教育	国家开放大学	核心
54	中国职业技术教育	教育部职业教育发展中心	核心
55	重庆高教研究	重庆文理学院；重庆市高等教育学会	核心
56	成人教育	黑龙江教师发展学院	扩展
57	创新创业理论研究与实践	黑龙江格言杂志社有限公司	扩展
58	创新人才教育	中国人民大学	扩展
59	创新与创业教育	中南大学	扩展
60	大学教育	广西教育学院	扩展
61	当代教师教育	陕西师范大学	扩展
62	当代教育科学	山东省教育科学研究院	扩展
63	当代教育理论与实践	湖南科技大学	扩展
64	当代教育论坛	湖南省教育科学研究院	扩展
65	当代教育与文化	西北师范大学	扩展
66	当代职业教育	四川开放大学	扩展
67	高等继续教育学报	华中师范大学	扩展
68	高等建筑教育	重庆大学	扩展
69	高等教育研究学报	国防科技大学	扩展
70	高等理科教育	兰州大学；全国高等理科教育研究会	扩展
71	高教论坛	广西高等教育学会；南宁师范大学	扩展
72	高教探索	广东省高等教育学会	扩展
73	高教学刊	黑龙江省创联文化传媒有限公司；黑龙江省教育评估院	扩展
74	高校辅导员	山东大学	扩展

续表

序号	刊名	主办单位	等级
75	高校辅导员学刊	安徽师范大学	扩展
76	工业和信息化教育	电子工业出版社有限公司	扩展
77	广东第二师范学院学报	广东第二师范学院	扩展
78	航海教育研究	大连海事大学	扩展
79	湖北成人教育学院学报	湖北成人教育学院	扩展
80	华文教学与研究	暨南大学华文学院；暨南大学华文教育研究所	扩展
81	基础教育	华东师范大学	扩展
82	基础教育研究	广西教育学会	扩展
83	集美大学学报（教育科学版）	集美大学	扩展
84	继续教育研究	哈尔滨师范大学	扩展
85	江苏第二师范学院学报	江苏第二师范学院	扩展
86	教师教育论坛	华中师范大学	扩展
87	教学研究	燕山大学	扩展
88	教学与管理	太原师范学院	扩展
89	教育参考	上海教育出版社有限公司	扩展
90	教育导刊	广州市教育研究院	扩展
91	教育科学探索	湖北大学	扩展
92	教育理论与实践	山西省教育科学研究院	扩展
93	教育评论	福建省教育科学研究所；省教育学会	扩展
94	教育探索	黑龙江教师发展学院	扩展
95	教育研究与评论	江苏凤凰报刊出版传媒有限公司	扩展
96	教育与教学研究	成都大学	扩展
97	教育与考试	福建省教育考试院	扩展
98	教育与装备研究	教育部教育装备研究与发展中心	扩展
99	开放学习研究	北京开放大学	扩展
100	考试研究	天津市教育招生考试院；天津人民出版社	扩展
101	科普研究	中国科普研究所	扩展
102	煤炭高等教育	中国煤炭教育协会	扩展
103	民族高等教育研究	内蒙古民族大学	扩展

续表

序号	刊名	主办单位	等级
104	内蒙古师范大学学报（教育科学版）	内蒙古师范大学	扩展
105	宁波大学学报（教育科学版）	宁波大学	扩展
106	青少年研究与实践	中国共产主义青年团浙江省团校	扩展
107	人民教育	中国教育报刊社	扩展
108	山东高等教育	青岛大学	扩展
109	陕西学前师范学院学报	陕西学前师范学院	扩展
110	上海教育科研	上海市教育科学研究院普通教育研究所	扩展
111	上海教育评估研究	上海市教育评估院	扩展
112	世界教育信息	教育部教育管理信息中心	扩展
113	思想政治课教学	北京师范大学	扩展
114	思想政治课研究	华东师范大学	扩展
115	渭南师范学院学报	渭南师范学院	扩展
116	物理教师	苏州大学	扩展
117	现代教育科学	吉林省教育科学院	扩展
118	现代教育论丛	广东省教育科学研究所	扩展
119	现代中小学教育	东北师范大学	扩展
120	学校党建与思想教育	湖北长江报刊传媒（集团）有限公司	扩展
121	扬州大学学报（高教研究版）	扬州大学	扩展
122	药学教育	中国药科大学	扩展
123	医学教育管理	首都医科大学	扩展
124	医学教育研究与实践	西安交通大学；陕西省医学会	扩展
125	语文建设	语文出版社有限公司	扩展
126	职教通讯	江苏理工学院	扩展
127	职业技术教育	吉林工程技术师范学院	扩展
128	职业教育研究	天津职业技术师范大学	扩展
129	中国成人教育	教育部职业教育与成人教育司；中国成人教育协会；山东省教育厅；山东成人教育协会	扩展
130	中国大学教学	高等教育出版社有限公司	扩展

续表

序号	刊名	主办单位	等级
131	中国高校科技	教育部科技发展中心	扩展
132	中国教育信息化	教育部教育管理信息中心	扩展
133	中国农业教育	南京农业大学	扩展
134	中小学管理	北京教育融媒体中心	扩展
135	当代教研论丛	哈尔滨市教育研究院	入库
136	广西教育学院学报	广西教育学院	入库
137	河北职业教育	廊坊师范学院	入库
138	黑龙江教师发展学院学报	黑龙江教师发展学院	入库
139	黑龙江教育（高教研究与评估）	黑龙江大学	入库
140	华夏教师	中国青年出版社	入库
141	基础外语教育	山东师范大学；外语教学与研究出版社有限责任公司	入库
142	江苏教育研究	江苏省教育科学研究院	入库
143	教育科学论坛	四川省教育科学研究院	入库
144	教育实践与研究（A）	河北省教育科学研究所	入库
145	教育视界	江苏凤凰报刊出版传媒有限公司	入库
146	教育文化论坛	贵州大学	入库
147	辽宁教育	辽宁教育宣传中心	入库
148	名师在线	《英语周报》社有限公司	入库
149	南昌师范学院学报	南昌师范学院	入库
150	南京开放大学学报	南京开放大学	入库
151	青少年学刊	山东省团校；山东省青少年研究所	入库
152	数字教育	海燕出版社有限公司；大象出版社有限公司	入库
153	天津电大学报	天津广播电视大学	入库
154	西北成人教育学院学报	西北师大继续教育学院	入库
155	西藏教育	西藏自治区教育科学研究所	入库
156	学语文	安徽师范大学文学院	入库
157	应用型高等教育研究	合肥学院	入库

序号	刊名	主办单位	等级
158	幼儿教育研究	福建人民出版社有限责任公司	入库
159	云南开放大学学报	云南开放大学	入库
160	中国电力教育	中国电力教育协会	入库
161	中国俄语教学	北京外国语大学	入库
162	中国教育网络	教育部科技发展中心	入库
163	中小学课堂教学研究	广西教育出版社有限公司	入库

5. 经济学·财政与审计

该学科共收录18种期刊，其中：顶级期刊0种，权威期刊1种，核心期刊6种，扩展期刊8种，入库期刊3种。同等级内期刊按照期刊名称的音序排列。

序号	刊名	主办单位	等级
1	财政研究	中国财政学会；中国财政科学研究院	权威
2	财经科学	西南财经大学	核心
3	财经论丛（浙江财经大学学报）	浙江财经大学	核心
4	财经问题研究	东北财经大学	核心
5	审计研究	中国审计学会	核心
6	审计与经济研究	南京审计大学	核心
7	税务研究	中国税务杂志社	核心
8	财政监督	湖北知音传媒股份有限公司；湖北省中央企业会计学会	扩展
9	财政科学	中国财政科学研究院	扩展
10	地方财政研究	辽宁省财政科学研究所；东北财经大学财税学院	扩展
11	公共财政研究	山东大众报业（集团）有限公司；山东省财政研究和教育中心	扩展
12	国际税收	中国国际税收研究会；中国税务杂志社	扩展
13	税收经济研究	国家税务总局税务干部学院（中共国家税务总局党校）	扩展
14	税务与经济	吉林财经大学	扩展

续表

序号	刊名	主办单位	等级
15	中国财政	中国财政杂志社	扩展
16	湖南财政经济学院学报	湖南财政经济学院	入库
17	税收征纳	武汉出版社；武汉市税务学会	入库
18	新疆财经	新疆财经大学	入库

6. 经济学·工业经济

该学科共收录 19 种期刊，其中：顶级期刊 1 种，权威期刊 0 种，核心期刊 6 种，扩展期刊 9 种，入库期刊 3 种。同等级内期刊按照期刊名称的音序排列。

序号	刊名	主办单位	等级
1	中国工业经济	中国社会科学院工业经济研究所	顶级
2	产经评论	暨南大学	核心
3	产业经济研究	南京财经大学	核心
4	工业技术经济	吉林省科学技术信息研究所	核心
5	企业经济	江西省社会科学院	核心
6	中国国土资源经济	中国地质矿产经济学会；中国自然资源经济研究院	核心
7	中国能源	国家发展和改革委员会能源研究所	核心
8	服装学报	江南大学	扩展
9	工业工程与管理	上海交通大学	扩展
10	海洋经济	国家海洋信息中心	扩展
11	技术经济	中国技术经济学会	扩展
12	建筑经济	亚太建设科技信息研究院有限公司；中国建筑学会	扩展
13	煤炭经济研究	煤炭科学研究总院；中国煤炭经济研究会	扩展
14	中国电力企业管理	中国电力企业联合会	扩展
15	资源开发与市场	四川省自然资源科学研究院	扩展
16	资源与产业	中国地质大学（北京）；中国地质调查局；国土资源部人力资源开发	扩展
17	城市设计	清华大学	入库
18	工程经济	中国建设工程造价管理协会建行委员会	入库
19	湖南包装	湖南省包装总公司；湖南省包装联合会	入库

7. 经济学·货币金融保险

该学科共收录53种期刊，其中：顶级期刊0种，权威期刊1种，核心期刊16种，扩展期刊27种，入库期刊9种。同等级内期刊按照期刊名称的音序排列。

序号	刊名	主办单位	等级
1	金融研究	中国金融学会	权威
2	保险研究	中国保险学会	核心
3	财经理论与实践	湖南大学	核心
4	国际金融	中国国际金融学会	核心
5	国际金融研究	中国银行股份有限公司；中国国际金融学会	核心
6	金融发展研究	山东省金融学会	核心
7	金融监管研究	《中国农村金融》杂志社有限责任公司	核心
8	金融经济学研究	广东金融学院	核心
9	金融论坛	中国工商银行股份有限公司；中国现代金融学会	核心
10	金融评论	中国社会科学院金融研究所	核心
11	开发性金融研究	国家开发银行；中国金融出版社有限公司	核心
12	南方金融	中国人民银行广州分行	核心
13	农村金融研究	中国农村金融学会	核心
14	清华金融评论	清华大学	核心
15	证券市场导报	深圳证券交易所	核心
16	中国金融	中国金融出版社	核心
17	中国外汇	国家外汇管理局外汇研究中心	核心
18	财务与金融	中南大学	扩展
19	海南金融	海南省金融学会	扩展
20	河北金融	河北省金融学会	扩展
21	华北金融	中国人民银行天津分行	扩展
22	金融会计	中国金融会计学会	扩展
23	金融教育研究	江西师范大学	扩展
24	金融经济	湖南省金融学会；长沙金融电子结算中心	扩展
25	金融理论探索	河北金融学院	扩展

续表

序号	刊名	主办单位	等级
26	金融理论与实践	中国人民银行郑州中心支行；河南省金融学会	扩展
27	金融与经济	江西省金融学会	扩展
28	区域金融研究	广西金融学会	扩展
29	上海金融	上海市金融学会	扩展
30	上海立信会计金融学院学报	上海立信会计金融学院	扩展
31	投资研究	中国建设银行股份有限公司	扩展
32	武汉金融	中国金融学会；《武汉金融》杂志社	扩展
33	西南金融	四川省金融学会	扩展
34	新金融	交通银行股份有限公司	扩展
35	债券	时代出版传媒股份有限公司；中央国债登记结算有限责任公司	扩展
36	浙江金融	浙江省金融学会	扩展
37	征信	中国人民银行郑州培训学院	扩展
38	中国货币市场	中国外汇交易中心（全国银行间同业拆借中心）	扩展
39	中国金融家	金融时报社	扩展
40	中国农村金融	中国银行保险信息技术管理有限公司	扩展
41	中国钱币	中国钱币博物馆；中国钱币学会	扩展
42	中国医疗保险	中国医疗保险研究会	扩展
43	中国证券期货	中国财富出版社有限公司	扩展
44	中国资产评估	中国资产评估协会	扩展
45	北方金融	内蒙古金融学会；人民银行呼和浩特中心支行	入库
46	福建金融	福建省金融学会	入库
47	吉林金融研究	中国人民银行长春中心支行	入库
48	金融理论与教学	哈尔滨金融学院	入库
49	金融纵横	江苏省金融学会	入库
50	农银学刊	中国农业银行股份有限公司武汉培训学院；农银报业有限公司	入库
51	青海金融	青海省金融学会	入库
52	现代金融导刊	中国工商银行股份有限公司	入库
53	银行家	山西省社会科学院；中国社会科学院财经战略研究院	入库

8. 经济学·经济管理

该学科共收录 45 种期刊，其中：顶级期刊 0 种，权威期刊 1 种，核心期刊 13 种，扩展期刊 22 种，入库期刊 9 种。同等级内期刊按照期刊名称的音序排列。

序号	刊名	主办单位	等级
1	数量经济技术经济研究	中国社会科学院数量经济与技术经济研究所	权威
2	当代经济管理	河北地质大学	核心
3	国土资源科技管理	成都理工大学	核心
4	宏观经济管理	国家发展和改革委员会宏观经济管理编辑部	核心
5	宏观质量研究	武汉大学	核心
6	经济与管理	河北经贸大学	核心
7	经济与管理评论	山东财经大学	核心
8	经济与管理研究	首都经济贸易大学	核心
9	劳动经济研究	中国社会科学院人口与劳动经济研究所	核心
10	企业管理	中国企业联合会	核心
11	山东财经大学学报	山东财经大学	核心
12	运筹与管理	中国运筹学会	核心
13	中国税务	中国税务杂志社	核心
14	中国物价	国家发展和改革委员会市场与价格研究所	核心
15	标准科学	中国标准化研究院；中国标准化协会	扩展
16	财会研究	甘肃省财政科学研究所	扩展
17	财经理论研究	内蒙古财经大学	扩展
18	产业创新研究	天津市滨海新区融媒体中心	扩展
19	改革与开放	南京工程咨询中心	扩展
20	经营管理者	四川省企业联合会	扩展
21	科技成果管理与研究	中国科技成果管理研究会；中国科学技术信息研究所	扩展
22	品牌研究	山西省人民政府发展研究中心	扩展
23	企业研究	中国第一汽车集团有限公司	扩展

续表

序号	刊名	主办单位	等级
24	全球科技经济瞭望	中国科技信息研究所；科学技术文献出版社有限公司	扩展
25	人力资源	辽宁社会科学院	扩展
26	山东工商学院学报	山东工商学院	扩展
27	山西经济管理干部学院学报	山西经济管理干部学院	扩展
28	新经济导刊	国务院发展研究中心信息中心	扩展
29	郑州航空工业管理学院学报	郑州航空工业管理学院	扩展
30	中国标准化	中国标准化研究院；中国标准化协会	扩展
31	中国房地产金融	中国房地产业协会	扩展
32	中国集体经济	中华全国手工业合作总社；中国工业合作经济学会	扩展
33	中国经济报告	中国经济年鉴社	扩展
34	中国劳动	中国劳动和社会保障科学研究院；中国劳动学会	扩展
35	中国内部审计	中国内部审计协会	扩展
36	中国市场监管研究	中国市场监督管理学会	扩展
37	柴达木开发研究	海西州柴达木日报社	入库
38	创新科技	河南省科学技术信息研究院	入库
39	宁波经济（三江论坛）	宁波日报报业集团	入库
40	上海市经济管理干部学院学报	上海市经济管理干部学院	入库
41	审计月刊	湖北省审计科研所	入库
42	四川劳动保障	四川期刊传媒（集团）股份有限公司	入库
43	天津经济	天津市经济发展研究院；天津市宏观经济学会	入库
44	政策瞭望	今日浙江杂志社	入库
45	中国管理信息化	吉林科学技术出版社有限责任公司	入库

9. 经济学·经济综合

该学科共收录 82 种期刊，其中：顶级期刊 1 种，权威期刊 2 种，核心期刊 31 种，扩展期刊 32 种，入库期刊 16 种。同等级内期刊按照期刊名称的音序排列。

序号	刊名	主办单位	等级
1	经济研究	中国社会科学院经济研究所	顶级
2	经济学（季刊）	北京大学	权威
3	经济学动态	中国社会科学院经济研究所	权威
4	财经研究	上海财经大学	核心
5	财经智库	中国社会科学院财经战略研究院；社会科学文献出版社	核心
6	产业经济评论	电子工业出版社有限公司	核心
7	当代财经	江西财经大学	核心
8	当代经济科学	西安交通大学	核心
9	当代经济研究	吉林财经大学	核心
10	东北财经大学学报	东北财经大学	核心
11	发展研究	福建省人民政府发展研究中心	核心
12	改革	重庆社会科学院	核心
13	广东财经大学学报	广东财经大学	核心
14	贵州财经大学学报	贵州财经大学	核心
15	河北经贸大学学报	河北经贸大学	核心
16	宏观经济研究	国家发展和改革委员会宏观经济研究院	核心
17	经济经纬	河南财经政法大学	核心
18	经济科学	北京大学	核心
19	经济理论与经济管理	中国人民大学	核心
20	经济评论	武汉大学	核心
21	经济社会体制比较	中央编译出版社	核心
22	经济问题探索	云南省宏观经济研究院（云南省产业研究院）	核心
23	经济学报	清华大学	核心
24	经济学家	西南财经大学；四川社会科学学术基金（新知研究院）	核心
25	经济纵横	吉林省社会科学院	核心
26	南京审计大学学报	南京审计大学	核心
27	南开经济研究	南开大学经济学院	核心

续表

序号	刊名	主办单位	等级
28	上海财经大学学报（哲学社会科学版）	上海财经大学	核心
29	上海经济研究	上海社会科学院经济研究所	核心
30	现代财经（天津财经大学学报）	天津财经大学	核心
31	政治经济学评论	中国人民大学	核心
32	中国经济问题	厦门大学经济研究所	核心
33	中南财经政法大学学报	中南财经政法大学	核心
34	中央财经大学学报	中央财经大学	核心
35	北方经济	内蒙古自治区宏观经济研究中心	扩展
36	当代经济	湖北省国有资产监督管理委员会；湖北第二师范学院	扩展
37	发展	甘肃省人民政府研究室	扩展
38	改革与战略	广西壮族自治区社会科学界联合会	扩展
39	广西财经学院学报	广西财经学院	扩展
40	湖北经济学院学报	湖北经济学院	扩展
41	技术经济与管理研究	山西社会科学报刊社	扩展
42	江西财经大学学报	江西财经大学	扩展
43	经济导刊	中信出版集团股份有限公司	扩展
44	经济论坛	河北省社会科学院	扩展
45	经济体制改革	四川省社会科学院	扩展
46	经济问题	山西省社会科学院	扩展
47	经济研究导刊	黑龙江报刊传媒集团有限公司	扩展
48	开发研究	甘肃省社会科学院	扩展
49	开放导报	综合开发研究院（中国·深圳）	扩展
50	兰州财经大学学报	兰州财经大学	扩展
51	南方经济	广东省社会科学院；广东经济学会	扩展
52	内蒙古财经大学学报	内蒙古财经大学	扩展
53	上海经济	上海社会科学院应用经济研究所	扩展
54	生态经济	云南教育出版社有限责任公司	扩展

续表

序号	刊名	主办单位	等级
55	特区经济	深圳市深投教育有限公司	扩展
56	卫生经济研究	浙江省人民医院	扩展
57	西安财经大学学报	西安财经大学	扩展
58	西部论坛	重庆工商大学	扩展
59	现代经济探讨	江苏省社会科学院	扩展
60	消费经济	湘潭大学；湖南商学院；湖南师范大学	扩展
61	新疆财经大学学报	新疆财经大学	扩展
62	云南财经大学学报	云南财经大学	扩展
63	中国发展	中国致公党中央委员会	扩展
64	中国发展观察	中国发展出版社	扩展
65	中国卫生经济	中国卫生经济学会；国家卫生健康委卫生发展研究中心	扩展
66	中南林业科技大学学报（社会科学版）	中南林业科技大学	扩展
67	当代农村财经	中国农村财经研究会	入库
68	广义虚拟经济研究	航空工业信息中心	入库
69	海外投资与出口信贷	中国进出口银行；中国金融出版社有限公司	入库
70	河北地质大学学报	河北地质大学	入库
71	环渤海经济瞭望	天津市信息中心	入库
72	吉林工商学院学报	吉林工商学院	入库
73	经济界	中国民主建国会中央委员会	入库
74	经济师	山西社会科学报刊社	入库
75	企业科技与发展	广西科技情报研究所	入库
76	山东经济战略研究	山东省兖州市大统矿业有限公司	入库
77	商业经济	黑龙江省商业经济研究所	入库
78	生产力研究	山西社会科学报刊社	入库
79	市场论坛	广西壮族自治区宏观经济研究院	入库
80	天津商业大学学报	天津商业大学	入库
81	现代经济信息	黑龙江省企业管理协会	入库
82	新西部	陕西省社会科学院	入库

10. 经济学·贸易经济

该学科共收录 31 种期刊，其中：顶级期刊 0 种，权威期刊 2 种，核心期刊 11 种，扩展期刊 11 种，入库期刊 7 种。同等级内期刊按照期刊名称的音序排列。

序号	刊名	主办单位	等级
1	财贸经济	中国社会科学院财经战略研究院	权威
2	国际贸易问题	对外经济贸易大学	权威
3	北京工商大学学报（社会科学版）	北京工商大学	核心
4	财贸研究	安徽财经大学	核心
5	国际经贸探索	广东外语外贸大学	核心
6	国际贸易	商务部国际贸易经济合作研究院	核心
7	价格理论与实践	中国价格协会	核心
8	南京财经大学学报	南京财经大学	核心
9	山西财经大学学报	山西财经大学	核心
10	商业经济研究	中国商业经济学会	核心
11	商业经济与管理	浙江工商大学	核心
12	首都经济贸易大学学报	首都经济贸易大学	核心
13	中国流通经济	北京物资学院	核心
14	对外经贸	黑龙江省国际经济贸易学会	扩展
15	对外经贸实务	武汉纺织大学	扩展
16	国际商务（对外经济贸易大学学报）	对外经济贸易大学	扩展
17	国际商务研究	上海对外经贸大学	扩展
18	海关与经贸研究	上海海关学院	扩展
19	价格月刊	价格月刊杂志社	扩展
20	江苏商论	江苏省商业经济学会	扩展
21	商业研究	哈尔滨商业大学；中国商业经济学会	扩展
22	上海对外经贸大学学报	上海对外经贸大学	扩展
23	上海商学院学报	上海商学院	扩展
24	中国经贸导刊	中国经贸导刊杂志社	扩展
25	美食研究	扬州大学	入库

续表

序号	刊名	主办单位	等级
26	商学研究	湖南工商大学	入库
27	上海商业	上海市商业经济学会	入库
28	时代经贸	中国商业经济学会；《商业经济研究》杂志社	入库
29	现代商业	中华全国商业信息中心	入库
30	中国商论	中国商业联合会	入库
31	中国市场	中国物流与采购联合会	入库

11. 经济学·农业经济

该学科共收录 24 种期刊，其中：顶级期刊 0 种，权威期刊 1 种，核心期刊 7 种，扩展期刊 12 种，入库期刊 4 种。同等级内期刊按照期刊名称的音序排列。

序号	刊名	主办单位	等级
1	中国农村经济	中国社会科学院农村发展研究所	权威
2	农村经济	四川省社会科学院	核心
3	农业技术经济	中国农业技术经济学会；中国农业科学院农业经济与发展研究所	核心
4	农业经济问题	中国农业经济学会；中国农业科学院农业经济与发展研究所	核心
5	农业经济与管理	东北农业大学	核心
6	世界农业	中国农业出版社有限公司	核心
7	中国农村观察	中国社会科学院农村发展研究所	核心
8	中国土地科学	中国土地学会；中国国土勘测规划院	核心
9	粮食问题研究	四川粮油批发中心	扩展
10	林业经济	中国林业经济学会	扩展
11	林业经济问题	福建农林大学；中国林业经济学会	扩展
12	农产品质量与安全	中国农业科学院农业质量标准与检测技术研究所	扩展
13	农林经济管理学报	江西农业大学	扩展
14	农业现代化研究	中国科学院亚热带农业生态研究所	扩展

续表

序号	刊名	主办单位	等级
15	水利经济	河海大学；中国水利经济研究会	扩展
16	台湾农业探索	福建省农业科学院农业经济与科技信息研究所	扩展
17	新疆农垦经济	新疆农垦经济研究会	扩展
18	中国粮食经济	中国粮食经济杂志社	扩展
19	中国农业资源与区划	中国农业科学院农业资源与农业区划研究所；中国农业绿色发展研究会	扩展
20	中国土地	中国自然资源报社	扩展
21	南方农村	广东省农村经济学会；广东科贸职业学院	入库
22	农村·农业·农民	河南省人民政府发展研究中心；河南省农村发展研究中心	入库
23	农业经济	辽宁省农业经济学会	入库
24	中国林业经济	东北林业大学；中国林业经济学会	入库

12. 经济学·世界经济

该学科共收录12种期刊，其中：顶级期刊1种，权威期刊0种，核心期刊5种，扩展期刊4种，入库期刊2种。同等级内期刊按照期刊名称的音序排列。

序号	刊名	主办单位	等级
1	世界经济	中国世界经济学会；中国社会科学院世界经济与政治研究所	顶级
2	国际经济合作	商务部国际贸易经济合作研究院	核心
3	国际经济评论	中国社会科学院世界经济与政治研究所	核心
4	全球化	中国国际经济交流中心	核心
5	世界经济研究	上海社会科学院世界经济研究所	核心
6	亚太经济	福建社会科学院	核心
7	欧亚经济	中国社会科学院俄罗斯东欧中亚研究所	扩展
8	世界经济文汇	复旦大学	扩展
9	世界经济与政治论坛	江苏省社会科学院世界经济研究所	扩展
10	现代日本经济	吉林大学	扩展
11	国际石油经济	中国石油集团经济技术研究院；中国石油学会经济专业委员会；中国石油规划总院	入库
12	印度洋经济体研究	云南财经大学	入库

13. 人文地理学

该学科共收录 34 种期刊，其中：顶级期刊 1 种，权威期刊 1 种，核心期刊 9 种，扩展期刊 17 种，入库期刊 6 种。同等级内期刊按照期刊名称的音序排列。

序号	刊名	主办单位	等级
1	地理学报	中国科学院地理科学与资源研究所；中国地理学会	顶级
2	旅游学刊	北京联合大学旅游学院	权威
3	城市规划	中国城市规划学会	核心
4	地理科学	中国科学院东北地理与农业生态研究所；中国地理学会	核心
5	地理科学进展	中国科学院地理科学与资源研究所；中国地理学会	核心
6	地理研究	中国科学院地理科学与资源研究所；中国地理学会	核心
7	国际城市规划	中国城市规划设计研究院	核心
8	经济地理	中国地理学会；湖南省经济地理研究所	核心
9	旅游论坛	桂林旅游学院	核心
10	区域经济评论	河南省社会科学院	核心
11	人文地理	西安外国语大学	核心
12	城市发展研究	中国城市科学研究会	扩展
13	城市规划学刊	同济大学	扩展
14	城市问题	北京市社会科学院	扩展
15	地理与地理信息科学	河北省科学院地理科学研究所	扩展
16	地域研究与开发	河南省科学院地理研究所	扩展
17	风景园林	北京林业大学	扩展
18	干旱区资源与环境	内蒙古农业大学沙漠治理研究所	扩展
19	规划师	广西师范大学出版社集团有限公司	扩展
20	旅游科学	上海旅游高等专科学校	扩展
21	旅游研究	昆明学院	扩展
22	热带地理	广东省科学院广州地理研究所	扩展
23	上海城市规划	上海市城市规划设计研究院	扩展
24	上海国土资源	上海市地质调查研究院；上海市地质学会	扩展

续表

序号	刊名	主办单位	等级
25	世界地理研究	中国地理学会	扩展
26	西部人居环境学刊	重庆大学	扩展
27	现代城市研究	南京市社会科学院	扩展
28	中国西部	四川省社会科学院	扩展
29	城市	天津市住房和城乡建设发展服务中心；天津市城市科学研究会	入库
30	城市观察	广州市社会科学界联合会	入库
31	国土与自然资源研究	黑龙江省科学院自然与生态研究所	入库
32	四川旅游学院学报	四川旅游学院	入库
33	西部大开发	陕西省决策咨询委员会	入库
34	小城镇建设	城镇规划设计研究院有限责任公司	入库

14. 社会学与人口学

该学科共收录 33 种期刊，其中：顶级期刊 1 种，权威期刊 2 种，核心期刊 10 种，扩展期刊 15 种，入库期刊 5 种。同等级内期刊按照期刊名称的音序排列。

序号	刊名	主办单位	等级
1	社会学研究	中国社会科学院社会学研究所	顶级
2	人口研究	中国人民大学	权威
3	中国人口科学	中国社会科学院人口与劳动经济研究所	权威
4	妇女研究论丛	全国妇联妇女研究所；中国妇女研究会	核心
5	青年研究	中国社会科学院社会学研究所	核心
6	人口学刊	吉林大学	核心
7	人口与经济	首都经济贸易大学	核心
8	社会	上海大学	核心
9	社会保障研究	武汉大学	核心
10	社会发展研究	中国社会科学院社会发展战略研究院；社会科学文献出版社	核心

续表

序号	刊名	主办单位	等级
11	社会学评论	中国人民大学	核心
12	社会政策研究	中国社会治理研究会；《中国民政》杂志社有限责任公司	核心
13	中国青年研究	中国青少年研究中心；中国青少年研究会	核心
14	残疾人研究	残疾人事业发展研究会	扩展
15	当代青年研究	上海社会科学院社会学研究所	扩展
16	广东青年研究	广东省团校（广东青年政治学院）	扩展
17	南方人口	中山大学人口研究所	扩展
18	青年探索	广州市穗港澳青少年研究所	扩展
19	青少年犯罪问题	华东政法大学	扩展
20	人口与发展	北京大学	扩展
21	人口与社会	南京邮电大学	扩展
22	社会工作	江西省民政厅	扩展
23	社会工作与管理	广东工业大学	扩展
24	社会建设	吉林省出版产品质量监测中心；中国人民大学	扩展
25	社会治理	北京师范大学	扩展
26	西北人口	兰州大学西北人口研究所	扩展
27	医学与社会	华中科技大学同济医学院	扩展
28	中华女子学院学报	中华女子学院	扩展
29	北京青年研究	北京青年政治学院	入库
30	就业与保障	福建就业与保障杂志社有限责任公司	入库
31	青年学报	上海青年管理干部学院	入库
32	社会福利	北京社会管理职业学院（民政部培训中心）	入库
33	中国人才	中国人事报刊社	入库

15. 体育学

该学科共收录 29 种期刊，其中：顶级期刊 0 种，权威期刊 1 种，核心期刊 10 种，扩展期刊 12 种，入库期刊 6 种。同等级内期刊按照期刊名称的音序排列。

序号	刊名	主办单位	等级
1	体育科学	中国体育科学学会	权威
2	北京体育大学学报	北京体育大学	核心
3	成都体育学院学报	成都体育学院	核心
4	上海体育学院学报	上海体育学院	核心
5	沈阳体育学院学报	沈阳体育学院	核心
6	体育学刊	华南理工大学；华南师范大学	核心
7	体育学研究	南京体育学院	核心
8	体育与科学	江苏省体育科学研究所	核心
9	天津体育学院学报	天津体育学院	核心
10	武汉体育学院学报	武汉体育学院	核心
11	中国体育科技	国家体育总局体育科学研究所	核心
12	广州体育学院学报	广州体育学院	扩展
13	河北体育学院学报	河北体育学院	扩展
14	南京体育学院学报	南京体育学院	扩展
15	山东体育科技	山东体育科学学会；山东省体育科研中心	扩展
16	山东体育学院学报	山东体育学院	扩展
17	首都体育学院学报	首都体育学院	扩展
18	体育教育学刊	武汉体育学院	扩展
19	体育科学研究	集美大学	扩展
20	体育科研	上海体育科学研究所（上海市反兴奋剂中心）	扩展
21	体育文化导刊	国家体育总局体育文化发展中心	扩展
22	体育研究与教育	山西师范大学	扩展
23	西安体育学院学报	西安体育学院	扩展
24	福建体育科技	福建省体育科学学会；福建省体育科学研究所	入库
25	湖北体育科技	湖北省体育科学研究所	入库
26	青少年体育	北京体育大学	入库
27	四川体育科学	四川省体育科学研究所	入库
28	武术研究	山西体育文化传媒有限公司	入库
29	浙江体育科学	浙江省体育科学学会	入库

16. 统计学

该学科共收录 11 种期刊，其中：顶级期刊 0 种，权威期刊 1 种，核心期刊 3 种，扩展期刊 5 种，入库期刊 2 种。同等级内期刊按照期刊名称的音序排列。

序号	刊名	主办单位	等级
1	统计研究	中国统计学会；国家统计局统计科学研究所	权威
2	调研世界	中国统计学会	核心
3	数理统计与管理	中国现场统计研究会	核心
4	统计与信息论坛	西安财经大学；中国统计教育学会高教分会	核心
5	统计科学与实践	浙江省统计研究与信息发布中心	扩展
6	统计与管理	河北省统计科学研究所	扩展
7	统计与决策	湖北长江报刊传媒（集团）有限公司	扩展
8	中国计量大学学报	中国计量大学	扩展
9	中国统计	中国统计出版社有限公司	扩展
10	内蒙古统计	内蒙古自治区统计科学研究所；内蒙古自治区统计学会	入库
11	统计与咨询	黑龙江省统计局；黑龙江省统计学会	入库

17. 图书馆、情报与档案学

该学科共收录 51 种期刊，其中：顶级期刊 1 种，权威期刊 2 种，核心期刊 16 种，扩展期刊 22 种，入库期刊 10 种。同等级内期刊按照期刊名称的音序排列。

序号	刊名	主办单位	等级
1	中国图书馆学报	国家图书馆；中国图书馆学会	顶级
2	图书情报工作	中国科学院文献情报中心	权威
3	图书情报知识	武汉大学	权威
4	大学图书馆学报	北京大学	核心
5	档案学通讯	中国人民大学	核心
6	档案学研究	中国档案学会	核心
7	国家图书馆学刊	国家图书馆	核心
8	农业图书情报学报	中国农业科学院农业信息研究所	核心

续表

序号	刊名	主办单位	等级
9	情报科学	吉林大学	核心
10	情报理论与实践	中国兵器工业集团第二一〇研究所；中国国防科学技术信息学会	核心
11	情报学报	中国科学技术情报学会；中国科学技术信息研究所	核心
12	情报杂志	陕西省科学技术情报研究院	核心
13	情报资料工作	中国人民大学	核心
14	数据分析与知识发现	中国科学院文献情报中心	核心
15	图书馆论坛	广东省立中山图书馆	核心
16	图书馆杂志	上海图书馆（上海科技情报研究所）；上海市图书馆学会	核心
17	图书与情报	甘肃省图书馆；甘肃省科技情报所	核心
18	现代情报	吉林省科学技术信息研究所；中国科学技术学会	核心
19	信息资源管理学报（中英文）	武汉大学	核心
20	北京档案	北京市档案事业发展中心	扩展
21	大数据	人民邮电出版社有限公司	扩展
22	大学图书情报学刊	安徽省高等学校图书情报工作委员会	扩展
23	档案管理	河南省档案馆	扩展
24	档案与建设	江苏省档案馆；江苏省档案学会	扩展
25	高校图书馆工作	湖南省高等学校图书情报工作委员会	扩展
26	晋图学刊	山西大学；山西省高等学校图书情报工作委员会；山西省图书馆	扩展
27	情报工程	中国科学技术情报学会；中国科学技术信息研究所	扩展
28	情报探索	福建省科学技术情报学会；福建省科学技术信息研究所	扩展
29	山西档案	山西省档案馆；山西省档案学会	扩展
30	数字图书馆论坛	中国科学技术信息研究所；南京大学；北京万方数据股份有限公司	扩展
31	图书馆	湖南图书馆；湖南省图书馆学会	扩展
32	图书馆工作与研究	天津图书馆（天津市少年儿童图书馆）；天津市图书馆学会	扩展
33	图书馆建设	黑龙江省图书馆；黑龙江省图书馆学会	扩展

续表

序号	刊名	主办单位	等级
34	图书馆理论与实践	宁夏图书馆学会；宁夏图书馆	扩展
35	图书馆学研究	吉林省图书馆	扩展
36	新世纪图书馆	南京图书馆；江苏省图书馆学会	扩展
37	浙江档案	浙江省档案馆；浙江省档案学会	扩展
38	中国档案	中国档案杂志社	扩展
39	中国科技资源导刊	中国科学技术信息研究所；南京大学	扩展
40	中国图书评论	中国图书评论杂志社	扩展
41	中国中医药图书情报杂志	中国中医科学院中医药信息研究所	扩展
42	档案	甘肃省档案馆；甘肃省档案学会	入库
43	河南图书馆学刊	河南省图书馆学会；河南省图书馆	入库
44	兰台世界	辽宁报刊传媒集团（辽宁日报社）	入库
45	山东图书馆学刊	山东省图书馆；山东省图书馆学会	入库
46	四川图书馆学报	四川省图书馆；四川省图书馆学会	入库
47	图书馆界	广西图书馆学会；广西图书馆	入库
48	图书馆学刊	辽宁省图书馆（辽宁省古籍保护中心）；辽宁省图书馆学会	入库
49	图书馆研究	江西省图书馆；江西省图书馆学会	入库
50	图书馆研究与工作	浙江图书馆	入库
51	图书情报导刊	山西省科技情报与战略研究中心	入库

18. 心理学

该学科共收录 11 种期刊，其中：顶级期刊 0 种，权威期刊 1 种，核心期刊 3 种，扩展期刊 6 种，入库期刊 1 种。同等级内期刊按照期刊名称的音序排列。

序号	刊名	主办单位	等级
1	心理学报	中国心理学会；中国科学院心理研究所	权威
2	心理发展与教育	北京师范大学	核心
3	心理科学	中国心理学会	核心

续表

序号	刊名	主办单位	等级
4	心理科学进展	中国科学院心理研究所	核心
5	心理技术与应用	开明出版社有限公司；中央财经大学	扩展
6	心理学探新	江西师范大学	扩展
7	心理与行为研究	天津师范大学	扩展
8	应用心理学	浙江省心理学会；浙江大学	扩展
9	中国临床心理学杂志	中国心理卫生协会；中南大学	扩展
10	中国心理卫生杂志	中国心理卫生协会	扩展
11	心理研究	河南大学	入库

19. 新闻学与传播学

该学科共收录 38 种期刊，其中：顶级期刊 1 种，权威期刊 1 种，核心期刊 11 种，扩展期刊 18 种，入库期刊 7 种。同等级内期刊按照期刊名称的音序排列。

序号	刊名	主办单位	等级
1	新闻与传播研究	中国社会科学院新闻与传播研究所	顶级
2	国际新闻界	中国人民大学	权威
3	编辑学报	中国科学技术期刊编辑学会	核心
4	编辑之友	山西出版传媒集团有限责任公司	核心
5	出版科学	湖北省编辑学会；武汉大学	核心
6	当代传播	新疆日报社；新疆新闻工作者协会	核心
7	现代传播（中国传媒大学学报）	中国传媒大学	核心
8	新闻大学	复旦大学	核心
9	新闻记者	上海报业集团；上海社会科学院新闻研究所	核心
10	新闻界	四川日报报业集团	核心
11	新闻与写作	北京日报报业集团	核心
12	中国出版	中国新闻出版传媒集团	核心
13	中国科技期刊研究	中国科学院自然科学期刊编辑研究会；中国科学院文献情报中心	核心

续表

序号	刊名	主办单位	等级
14	编辑学刊	上海编辑学会；上海世纪出版集团	扩展
15	出版发行研究	中国新闻出版研究院	扩展
16	出版广角	广西师范大学出版社集团有限公司	扩展
17	出版与印刷	上海出版印刷高等专科学校	扩展
18	传媒	中国新闻出版研究院	扩展
19	当代电视	中国电视艺术家协会	扩展
20	对外传播	当代中国与世界研究院	扩展
21	教育传媒研究	中国教育电视台	扩展
22	科技与出版	清华大学出版社有限公司	扩展
23	青年记者	大众报业集团（大众日报社）；山东省新闻工作者协会；山东省新闻学会	扩展
24	全球传媒学刊	清华大学	扩展
25	未来传播	浙江传媒学院	扩展
26	现代出版	中国大学出版社协会；中国传媒大学出版社有限责任公司	扩展
27	新闻爱好者	河南日报报业集团	扩展
28	新闻战线	人民日报社	扩展
29	中国编辑	中国编辑学会；高等教育出版社有限公司	扩展
30	中国出版史研究	中华书局有限公司	扩展
31	中国记者	新华通讯社	扩展
32	北方传媒研究	吉林广播电视台	入库
33	传播与版权	广西师范大学出版社集团有限公司	入库
34	东南传播	福建省广播影视集团	入库
35	国际传播	中央广播电视总台	入库
36	今传媒	陕西今传媒杂志社有限责任公司	入库
37	新媒体研究	中国科技新闻学会	入库
38	中国广播电视学刊	中国广播电视学会	入库

20. 政治学·国际政治与区域国别

该学科共收录 41 种期刊，其中：顶级期刊 1 种，权威期刊 1 种，核心期刊 17 种，扩展期刊 15 种，入库期刊 7 种。同等级内期刊按照期刊名称的音序排列。

序号	刊名	主办单位	等级
1	世界经济与政治	中国社会科学院世界经济与政治研究所	顶级
2	当代亚太	中国社会科学院亚太与全球战略研究院；中国亚洲太平洋学会	权威
3	当代世界	当代世界研究中心	核心
4	东北亚论坛	吉林大学	核心
5	俄罗斯东欧中亚研究	中国社会科学院俄罗斯东欧中亚研究所	核心
6	国际安全研究	国际关系学院	核心
7	国际论坛	北京外国语大学	核心
8	国际问题研究	中国国际问题研究院	核心
9	国际政治研究	北京大学	核心
10	国家安全研究	中国现代国际关系研究院	核心
11	拉丁美洲研究	中国社会科学院拉丁美洲研究所	核心
12	美国研究	中国社会科学院美国研究所；中华美国学会	核心
13	南亚研究	中国社会科学院亚太与全球战略研究院；中国南亚学会	核心
14	欧洲研究	中国社会科学院欧洲研究所	核心
15	日本学刊	中国社会科学院日本研究所；中华日本学会	核心
16	外交评论（外交学院学报）	外交学院	核心
17	西亚非洲	中国社会科学院西亚非洲研究所	核心
18	现代国际关系	中国现代国际关系研究院	核心
19	亚太安全与海洋研究	国务院发展研究中心亚非发展研究所；南京大学中国南海研究协同创新中心	核心
20	阿拉伯世界研究	上海外国语大学	扩展
21	德国研究	同济大学	扩展
22	东北亚学刊	天津社会科学院东北亚研究所；天津社会科学院出版社有限公司	扩展

续表

序号	刊名	主办单位	等级
23	东南亚研究	暨南大学东南亚研究所	扩展
24	东南亚纵横	广西社会科学院东南亚研究所	扩展
25	俄罗斯学刊	黑龙江大学	扩展
26	俄罗斯研究	华东师范大学	扩展
27	国际关系研究	上海社会科学院国际关系研究所	扩展
28	国际观察	上海外国语大学	扩展
29	国际展望	上海国际问题研究院	扩展
30	国际政治科学	清华大学	扩展
31	南亚研究季刊	四川大学南亚研究所	扩展
32	南洋问题研究	厦门大学南洋研究院	扩展
33	日本问题研究	河北大学	扩展
34	太平洋学报	中国太平洋学会	扩展
35	边界与海洋研究	武汉大学	入库
36	当代韩国	社会科学文献出版社；中国社会科学院韩国研究中心	入库
37	法国研究	武汉大学	入库
38	和平与发展	和平与发展研究中心	入库
39	南亚东南亚研究	云南省社会科学院；中国（昆明）南亚东南亚研究院	入库
40	日本研究	辽宁大学日本研究所	入库
41	西伯利亚研究	黑龙江省社会科学院	入库

21. 政治学·中国政治（含党·政刊）

该学科共收录 185 种期刊，其中：顶级期刊 1 种，权威期刊 2 种，核心期刊 57 种，扩展期刊 84 种，入库期刊 41 种。该学科类中包括时政党建和政策研究类期刊。同等级内期刊按照期刊名称的音序排列。

序号	刊名	主办单位	等级
1	政治学研究	中国社会科学院政治学研究所	顶级
2	中共中央党校（国家行政学院）学报	中共中央党校（国家行政学院）	权威
3	中国行政管理	中国行政管理学会	权威
4	北京行政学院学报	北京行政学院	核心
5	党建研究	中共中央组织部党建研究所	核心
6	党政研究	中共四川省委省直机关党校	核心
7	地方治理研究	江西行政学院	核心
8	电子政务	中国科学院文献情报中心	核心
9	甘肃行政学院学报	中共甘肃省委党校（甘肃行政学院）	核心
10	港澳研究	全国港澳研究会	核心
11	公共行政评论	广东人民出版社有限公司	核心
12	公共治理研究	广东行政学院	核心
13	观察与思考	浙江省社会科学院	核心
14	湖北行政学院学报	中共湖北省委党校；湖北省行政学院	核心
15	湖湘论坛	中共湖南省委党校	核心
16	机关党建研究	机关党建研究杂志社	核心
17	江苏行政学院学报	江苏省行政学院	核心
18	理论导刊	中共陕西省委党校	核心
19	理论探索	中共山西省委党校（山西行政学院）	核心
20	理论探讨	中共黑龙江省委党校	核心
21	理论学刊	中共山东省委党校（山东行政学院）	核心
22	理论与改革	中共四川省委党校	核心
23	理论与现代化	天津市社会科学界联合会	核心
24	岭南学刊	中共广东省委党校	核心
25	秘书工作	中共中央办公厅秘书局	核心
26	闽台关系研究	中共福建省委党校；福建行政学院	核心
27	宁夏党校学报	中共宁夏回族自治区委员会党校；宁夏行政学院	核心
28	旗帜	中央和国家机关工作委员会旗帜杂志社	核心
29	前线	中共北京市委员会	核心

续表

序号	刊名	主办单位	等级
30	求实	中共江西省委党校	核心
31	人大研究	甘肃省人大常委会	核心
32	人民论坛	人民日报社	核心
33	人民论坛·学术前沿	人民论坛杂志社	核心
34	人权	中国人权研究会	核心
35	山东行政学院学报	中共山东省委党校（山东行政学院）	核心
36	上海行政学院学报	上海行政学院	核心
37	台湾研究	中国社会科学院台湾研究所	核心
38	探索	中共重庆市委党校	核心
39	特区实践与理论	中共深圳市委党校（深圳行政学院；深圳经济管理学院）	核心
40	天津行政学院学报	中共天津市委党校	核心
41	新视野	中共北京市委党校；北京行政学院	核心
42	行政管理改革	中共中央党校（国家行政学院）	核心
43	行政论坛	黑龙江省行政学院	核心
44	行政与法	吉林省行政学院	核心
45	学习论坛	中共河南省委党校；河南行政学院	核心
46	长白学刊	中共吉林省委党校	核心
47	政工学刊	海军大连舰艇学院教研保障中心	核心
48	治理现代化研究	中共河北省委党校	核心
49	治理研究	中共浙江省委党校；浙江行政学院	核心
50	中共福建省委党校（福建行政学院）学报	中共福建省委党校；福建行政学院	核心
51	中共杭州市委党校学报	中共杭州市委党校；杭州行政学院	核心
52	中共宁波市委党校学报	中共宁波市委党校（宁波行政学院、宁波市社会主义学院、宁波中华文化学院、宁波两新红领学院）	核心
53	中共天津市委党校学报	中共天津市委党校	核心
54	中国党政干部论坛	中共中央党校（国家行政学院）	核心
55	中国纪检监察	中国纪检监察杂志社	核心
56	中国劳动关系学院学报	中国劳动关系学院	核心

续表

序号	刊名	主办单位	等级
57	中国领导科学	中国领导科学研究会；中共中央党校出版社	核心
58	中国青年社会科学	中国青年政治学院	核心
59	中国延安干部学院学报	中国延安干部学院	核心
60	中央社会主义学院学报	中央社会主义学院	核心
61	安徽行政学院学报	安徽行政学院	扩展
62	北京人大	北京市人民代表大会常务委员会	扩展
63	兵团党校学报	中共新疆生产建设兵团委员会党校	扩展
64	成都行政学院学报	成都行政学院	扩展
65	大连干部学刊	中共大连市委党校；大连行政学院；大连社会主义学院	扩展
66	党的生活（黑龙江）	中共黑龙江省委奋斗杂志社	扩展
67	党的生活（青海）	中共青海省委宣传部	扩展
68	党史博采（下）	党史博采杂志社	扩展
69	党史博览	中共河南省委党史研究室	扩展
70	党史文苑	中共江西省委党史研究室；江西省中共党史学会	扩展
71	党政干部论坛	中共湖北省委党校；湖北省行政学院	扩展
72	党政干部学刊	中共辽宁省委党校	扩展
73	党政论坛	上海市委党校	扩展
74	福建省社会主义学院学报	福建省社会主义学院	扩展
75	甘肃理论学刊	中共甘肃省委党校（甘肃行政学院）	扩展
76	共产党员	中共辽宁省委员会	扩展
77	广东省社会主义学院学报	广东省社会主义学院	扩展
78	广西青年干部学院学报	广西青年干部学院	扩展
79	广西社会主义学院学报	广西社会主义学院	扩展
80	广州社会主义学院学报	广州市社会主义学院	扩展
81	贵阳市委党校学报	中共贵阳市委党校；贵阳市行政学院	扩展
82	贵州社会主义学院学报	贵州省社会主义学院	扩展
83	贵州省党校学报	中共贵州省委党校；贵州行政学院	扩展
84	哈尔滨市委党校学报	中共哈尔滨市委党校	扩展

续表

序号	刊名	主办单位	等级
85	河北青年管理干部学院学报	河北青年管理干部学院	扩展
86	湖南行政学院学报	湖南行政学院	扩展
87	江南论坛	中共无锡市委党校	扩展
88	江南社会学院学报	江南社会学院	扩展
89	江苏省社会主义学院学报	江苏省社会主义学院	扩展
90	江西警察学院学报	江西警察学院	扩展
91	科学发展	上海市人民政府发展研究中心	扩展
92	老区建设	江西省扶贫办公室（江西省革命老根据地建设委员会办公室）；江西省社会科学界联合会	扩展
93	理论建设	中共安徽省委党校	扩展
94	理论研究	内蒙古自治区党校；内蒙古自治区行政学院	扩展
95	理论与当代	中共贵州省委讲师团	扩展
96	廉政瞭望	四川日报报业集团	扩展
97	廉政文化研究	南通大学	扩展
98	两岸关系	海峡两岸关系协会；九州文化传播中心（事业单位）	扩展
99	辽宁省社会主义学院学报	辽宁省社会主义学院	扩展
100	辽宁行政学院学报	中共辽宁省委党校（辽宁行政学院；辽宁省社会主义学院）	扩展
101	民主	中国民主促进会中央委员会	扩展
102	农业农村部管理干部学院学报	农业农村部管理干部学院	扩展
103	攀登	中共青海省委党校	扩展
104	前进论坛	中国农工民主党中央宣传部	扩展
105	求知	中共天津市委党校	扩展
106	山东工会论坛	山东管理学院	扩展
107	山东青年政治学院学报	山东青年政治学院	扩展
108	陕西行政学院学报	陕西省行政学院	扩展
109	上海党史与党建	上海党史报刊社	扩展
110	上海市社会主义学院学报	上海市社会主义学院	扩展

续表

序号	刊名	主办单位	等级
111	实事求是	中共新疆维吾尔自治区委员会党校；新疆维吾尔自治区行政学院	扩展
112	思想政治工作研究	中国思想政治工作研究会；中宣部思想政治工作研究所	扩展
113	四川行政学院学报	四川行政学院	扩展
114	苏区研究	江西省社会科学界联合会学术中心	扩展
115	台海研究	上海台湾研究所；上海社会科学院出版社有限公司	扩展
116	台湾研究集刊	厦门大学台湾研究院	扩展
117	探求	中共广州市委党校；广州市行政学院	扩展
118	团结	中国国民党革命委员会中央委员会宣传部	扩展
119	唯实	中共江苏省委党校	扩展
120	西藏发展论坛	中共西藏自治区委党校；西藏自治区行政学院	扩展
121	协商论坛	政协河南省委员会	扩展
122	新湘评论	中共湖南省委	扩展
123	行政科学论坛	新乡学院	扩展
124	学理论	哈尔滨市社会科学院	扩展
125	学习月刊	中共湖北省委党校；湖北省行政学院	扩展
126	云南行政学院学报	云南行政学院	扩展
127	长春市委党校学报	中共长春市委党校（长春市行政学院）	扩展
128	长江论坛	中共武汉市委党校；武汉行政学院	扩展
129	政治思想史	天津师范大学	扩展
130	中共成都市委党校学报	中共成都市委党校	扩展
131	中共济南市委党校学报	中共济南市委党校；济南市行政学院；济南市社会主义学院	扩展
132	中共南京市委党校学报	中共南京市委党校；南京市行政学院	扩展
133	中共山西省委党校学报	中共山西省委党校；山西行政学院	扩展
134	长征学刊（原四川省委党校学报）	中共四川省委党校	扩展
135	中共云南省委党校学报	中共云南省委党校	扩展
136	中共郑州市委党校学报	中共郑州市委党校	扩展
137	中国工人	中国工人出版社	扩展

续表

序号	刊名	主办单位	等级
138	中国机构改革与管理	中国机构编制管理研究会	扩展
139	中国井冈山干部学院学报	中国井冈山干部学院	扩展
140	中国民政	民政部政策研究中心	扩展
141	中国浦东干部学院学报	中国浦东干部学院	扩展
142	中国人大	全国人大常委会办公厅	扩展
143	中国政协理论研究	中国人民政治协商会议全国委员会办公厅	扩展
144	重庆行政	重庆行政学院	扩展
145	创造	中共云南省委党校	入库
146	福州党校学报	中共福州市委党校	入库
147	桂海论丛	中共广西壮族自治区委党校；广西行政学院	入库
148	河北省社会主义学院学报	河北省社会主义学院	入库
149	黑龙江省社会主义学院学报	黑龙江省社会主义学院	入库
150	湖北省社会主义学院学报	湖北省社会主义学院	入库
151	湖南省社会主义学院学报	湖南省社会主义学院	入库
152	吉林省社会主义学院学报	吉林省社会主义学院	入库
153	决策与信息	武汉决策信息研究开发中心；武汉大学	入库
154	克拉玛依学刊	中共克拉玛依市委党校（克拉玛依行政学院）	入库
155	理论导报	江西省新时代文明实践促进中心	入库
156	理论学习与探索	铁道党校	入库
157	内蒙古统战理论研究	内蒙古社会主义学院	入库
158	企业文明	中央企业党建思想政治工作研究会；中国兵器工业思想政治工作研究会；中国机械工业职工思想政治工作研究会；西南兵工局	入库
159	三晋基层治理	中共山西省委党校（山西行政学院）	入库
160	厦门特区党校学报	中共厦门市委党校	入库
161	山东省社会主义学院学报	山东省社会主义学院	入库
162	山西青年职业学院学报	山西青年职业学院	入库
163	山西社会主义学院学报	山西社会主义学院	入库

续表

序号	刊名	主办单位	等级
164	陕西社会主义学院学报	陕西社会主义学院	入库
165	沈阳干部学刊	中共沈阳市委党校；沈阳行政学院；沈阳市社会主义学院	入库
166	胜利油田党校学报	胜利石油管理局党校	入库
167	四川省社会主义学院学报	四川省社会主义学院	入库
168	天津市工会管理干部学院学报	天津市工会管理干部学院	入库
169	天津市社会主义学院学报	天津市社会主义学院	入库
170	天水行政学院学报	天水行政学院	入库
171	现代台湾研究	福建省社会科学院现代台湾研究所	入库
172	新东方	中共海南省委党校；海南省行政学院；海南省社会主义学院	入库
173	新长征	中共吉林省委宣传部	入库
174	延边党校学报	中共延边州委党校；延边州行政学院	入库
175	云南社会主义学院学报	云南省社会主义学院	入库
176	中共桂林市委党校学报	中共桂林市委党校	入库
177	中共合肥市委党校学报	中共合肥市委党校	入库
178	中共乐山市委党校学报	中共乐山市委党校	入库
179	中共南昌市委党校学报	中共南昌市委党校	入库
180	中共南宁市委党校学报	中共南宁市委党校	入库
181	中共青岛市委党校青岛行政学院学报	中共青岛市委党校；青岛行政学院	入库
182	中共石家庄市委党校学报	中共石家庄市委党校；石家庄行政学院；石家庄市社会主义学院	入库
183	中共太原市委党校学报	中共太原市委党校	入库
184	中共乌鲁木齐市委党校学报	中共乌鲁木齐市委员会党校	入库
185	中共伊犁州委党校学报	中共伊犁哈萨克自治州委员会党校；伊犁哈萨克自治州行政学院	入库

（三）第三大类：侧重综合

1. 综合·高校综合性学报

该学科共收录 368 种期刊，其中：顶级期刊 1 种，权威期刊 5 种，核心期刊 104 种，扩展期刊 103 种，入库期刊 155 种。同等级内期刊按照期刊名称的音序排列。

序号	刊名	主办单位	等级
1	北京大学学报（哲学社会科学版）	北京大学	顶级
2	北京师范大学学报（社会科学版）	北京师范大学	权威
3	复旦学报（社会科学版）	复旦大学	权威
4	清华大学学报（哲学社会科学版）	清华大学	权威
5	武汉大学学报（哲学社会科学版）	武汉大学	权威
6	中国人民大学学报	中国人民大学	权威
7	安徽大学学报（哲学社会科学版）	安徽大学	核心
8	安徽师范大学学报（人文社会科学版）	安徽师范大学	核心
9	北京工业大学学报（社会科学版）	北京工业大学	核心
10	北京航空航天大学学报（社会科学版）	北京航空航天大学	核心
11	北京交通大学学报（社会科学版）	北京交通大学	核心
12	北京科技大学学报（社会科学版）	北京科技大学	核心
13	北京理工大学学报（社会科学版）	北京理工大学	核心
14	北京联合大学学报（人文社会科学版）	北京联合大学	核心
15	北京林业大学学报（社会科学版）	北京林业大学	核心
16	北京邮电大学学报（社会科学版）	北京邮电大学	核心
17	常州大学学报（社会科学版）	常州大学	核心
18	大连理工大学学报（社会科学版）	大连理工大学	核心
19	电子科技大学学报（社会科学版）	电子科技大学	核心
20	东北大学学报（社会科学版）	东北大学	核心
21	东北农业大学学报（社会科学版）	东北农业大学	核心
22	东北师大学报（哲学社会科学版）	东北师范大学	核心
23	东南大学学报（哲学社会科学版）	东南大学	核心
24	福建师范大学学报（哲学社会科学版）	福建师范大学	核心
25	广西大学学报（哲学社会科学版）	广西大学	核心

续表

序号	刊名	主办单位	等级
26	广州大学学报（社会科学版）	广州大学	核心
27	贵州师范大学学报（社会科学版）	贵州师范大学	核心
28	国防科技大学学报	国防科技大学	核心
29	海南大学学报（人文社会科学版）	海南大学	核心
30	杭州电子科技大学学报（社会科学版）	杭州电子科技大学	核心
31	河北大学学报（哲学社会科学版）	河北大学	核心
32	河北工业大学学报（社会科学版）	河北工业大学	核心
33	河北师范大学学报（哲学社会科学版）	河北师范大学	核心
34	河海大学学报（哲学社会科学版）	河海大学	核心
35	河南大学学报（社会科学版）	河南大学	核心
36	河南师范大学学报（哲学社会科学版）	河南师范大学	核心
37	湖北大学学报（哲学社会科学版）	湖北大学	核心
38	湖南农业大学学报（社会科学版）	湖南农业大学	核心
39	华东理工大学学报（社会科学版）	华东理工大学	核心
40	华东师范大学学报（哲学社会科学版）	华东师范大学	核心
41	华南理工大学学报（社会科学版）	华南理工大学	核心
42	华南农业大学学报（社会科学版）	华南农业大学	核心
43	华南师范大学学报（社会科学版）	华南师范大学	核心
44	华中科技大学学报（社会科学版）	华中科技大学	核心
45	华中农业大学学报（社会科学版）	华中农业大学	核心
46	华中师范大学学报（人文社会科学版）	华中师范大学	核心
47	吉林大学社会科学学报	吉林大学	核心
48	吉林师范大学学报（人文社会科学版）	吉林师范大学	核心
49	吉首大学学报（社会科学版）	吉首大学	核心
50	济南大学学报（社会科学版）	济南大学	核心
51	暨南学报（哲学社会科学版）	暨南大学	核心
52	江汉大学学报（社会科学版）	江汉大学	核心
53	江苏大学学报（社会科学版）	江苏大学	核心
54	江西师范大学学报（哲学社会科学版）	江西师范大学	核心
55	兰州大学学报（社会科学版）	兰州大学	核心
56	南京大学学报（哲学·人文科学·社会科学）	南京大学	核心

续表

序号	刊名	主办单位	等级
57	南京工业大学学报（社会科学版）	南京工业大学	核心
58	南京理工大学学报（社会科学版）	南京理工大学	核心
59	南京农业大学学报（社会科学版）	南京农业大学	核心
60	南京师大学报（社会科学版）	南京师范大学	核心
61	南京邮电大学学报（社会科学版）	南京邮电大学	核心
62	南开学报（哲学社会科学版）	南开大学	核心
63	南通大学学报（社会科学版）	南通大学	核心
64	厦门大学学报（哲学社会科学版）	厦门大学	核心
65	山东大学学报（哲学社会科学版）	山东大学	核心
66	山东师范大学学报（社会科学版）	山东师范大学	核心
67	山西大学学报（哲学社会科学版）	山西大学	核心
68	山西师大学报（社会科学版）	山西师范大学	核心
69	陕西师范大学学报（哲学社会科学版）	陕西师范大学	核心
70	上海大学学报（社会科学版）	上海大学	核心
71	上海交通大学学报（哲学社会科学版）	上海交通大学	核心
72	上海理工大学学报（社会科学版）	上海理工大学	核心
73	上海师范大学学报（哲学社会科学版）	上海师范大学	核心
74	深圳大学学报（人文社会科学版）	深圳大学	核心
75	沈阳工业大学学报（社会科学版）	沈阳工业大学	核心
76	首都师范大学学报（社会科学版）	首都师范大学	核心
77	四川大学学报（哲学社会科学版）	四川大学	核心
78	四川师范大学学报（社会科学版）	四川师范大学	核心
79	苏州大学学报（哲学社会科学版）	苏州大学	核心
80	天津大学学报（社会科学版）	天津大学	核心
81	天津师范大学学报（社会科学版）	天津师范大学	核心
82	同济大学学报（社会科学版）	同济大学	核心
83	武汉科技大学学报（社会科学版）	武汉科技大学	核心
84	西安交通大学学报（社会科学版）	西安交通大学	核心
85	西北大学学报（哲学社会科学版）	西北大学	核心

续表

序号	刊名	主办单位	等级
86	西北工业大学学报（社会科学版）	西北工业大学	核心
87	西北农林科技大学学报（社会科学版）	西北农林科技大学	核心
88	西北师大学报（社会科学版）	西北师范大学	核心
89	西华大学学报（哲学社会科学版）	西华大学	核心
90	西南大学学报（社会科学版）	西南大学	核心
91	湘潭大学学报（哲学社会科学版）	湘潭大学	核心
92	新疆师范大学学报（哲学社会科学版）	新疆师范大学	核心
93	延边大学学报（社会科学版）	延边大学	核心
94	扬州大学学报（人文社会科学版）	扬州大学	核心
95	云南农业大学学报（社会科学）	云南农业大学	核心
96	云南师范大学学报（哲学社会科学版）	云南师范大学	核心
97	浙江大学学报（人文社会科学版）	浙江大学	核心
98	浙江工商大学学报	浙江工商大学	核心
99	郑州大学学报（哲学社会科学版）	郑州大学	核心
100	中国地质大学学报（社会科学版）	中国地质大学（武汉）	核心
101	中国海洋大学学报（社会科学版）	中国海洋大学	核心
102	中国矿业大学学报（社会科学版）	中国矿业大学	核心
103	中国农业大学学报（社会科学版）	中国农业大学	核心
104	中国石油大学学报（社会科学版）	中国石油大学（华东）	核心
105	中南大学学报（社会科学版）	中南大学	核心
106	中山大学学报（社会科学版）	中山大学	核心
107	重庆大学学报（社会科学版）	重庆大学	核心
108	重庆工商大学学报（社会科学版）	重庆工商大学	核心
109	重庆理工大学学报（社会科学）	重庆理工大学	核心
110	重庆邮电大学学报（社会科学版）	重庆邮电大学	核心
111	安徽工业大学学报（社会科学版）	安徽工业大学	扩展
112	安徽农业大学学报（社会科学版）	安徽农业大学	扩展
113	安庆师范大学学报（社会科学版）	安庆师范大学	扩展
114	北京化工大学学报（社会科学版）	北京化工大学	扩展

续表

序号	刊名	主办单位	等级
115	北京教育学院学报	北京教育学院	扩展
116	渤海大学学报（哲学社会科学版）	渤海大学	扩展
117	成都大学学报（社会科学版）	成都大学	扩展
118	成都师范学院学报	成都师范学院	扩展
119	大连大学学报	大连大学	扩展
120	大连海事大学学报（社会科学版）	大连海事大学	扩展
121	东华大学学报（社会科学版）	东华大学	扩展
122	东华理工大学学报（社会科学版）	东华理工大学	扩展
123	福建农林大学学报（哲学社会科学版）	福建农林大学	扩展
124	福州大学学报（哲学社会科学版）	福州大学	扩展
125	赣南师范大学学报	赣南师范大学	扩展
126	贵州大学学报（社会科学版）	贵州大学	扩展
127	贵州师范学院学报	贵州师范学院	扩展
128	哈尔滨工业大学学报（社会科学版）	哈尔滨工业大学	扩展
129	哈尔滨商业大学学报（社会科学版）	哈尔滨商业大学	扩展
130	哈尔滨师范大学社会科学学报	哈尔滨师范大学	扩展
131	海南师范大学学报（社会科学版）	海南师范大学	扩展
132	杭州师范大学学报（社会科学版）	杭州师范大学	扩展
133	合肥工业大学学报（社会科学版）	合肥工业大学	扩展
134	合肥师范学院学报	合肥师范学院	扩展
135	河北工程大学学报（社会科学版）	河北工程大学	扩展
136	河北农业大学学报（社会科学版）	河北农业大学	扩展
137	河南工业大学学报（社会科学版）	河南工业大学	扩展
138	河南理工大学学报（社会科学版）	河南理工大学	扩展
139	衡阳师范学院学报	衡阳师范学院	扩展
140	湖北师范大学学报（哲学社会科学版）	湖北师范大学	扩展
141	湖南大学学报（社会科学版）	湖南大学	扩展
142	湖南工业大学学报（社会科学版）	湖南工业大学	扩展
143	湖南科技大学学报（社会科学版）	湖南科技大学	扩展

续表

序号	刊名	主办单位	等级
144	湖南师范大学社会科学学报	湖南师范大学	扩展
145	华北电力大学学报（社会科学版）	华北电力大学	扩展
146	华北水利水电大学学报（社会科学版）	华北水利水电大学	扩展
147	华侨大学学报（哲学社会科学版）	华侨大学	扩展
148	淮阴师范学院学报（哲学社会科学版）	淮阴师范学院	扩展
149	集美大学学报（哲学社会科学版）	集美大学	扩展
150	江南大学学报（人文社会科学版）	江南大学	扩展
151	江苏师范大学学报（哲学社会科学版）	江苏师范大学	扩展
152	昆明理工大学学报（社会科学版）	昆明理工大学	扩展
153	辽宁大学学报（哲学社会科学版）	辽宁大学	扩展
154	辽宁师范大学学报（社会科学版）	辽宁师范大学	扩展
155	聊城大学学报（社会科学版）	聊城大学	扩展
156	鲁东大学学报（哲学社会科学版）	鲁东大学	扩展
157	闽南师范大学学报（哲学社会科学版）	闽南师范大学	扩展
158	南昌大学学报（人文社会科学版）	南昌大学	扩展
159	南昌航空大学学报（社会科学版）	南昌航空大学	扩展
160	南华大学学报（社会科学版）	南华大学	扩展
161	南京航空航天大学学报（社会科学版）	南京航空航天大学	扩展
162	南京林业大学学报（人文社会科学版）	南京林业大学	扩展
163	南京医科大学学报（社会科学版）	南京医科大学	扩展
164	南京中医药大学学报（社会科学版）	南京中医药大学	扩展
165	南宁师范大学学报（哲学社会科学版）	南宁师范大学	扩展
166	内蒙古大学学报（哲学社会科学版）	内蒙古大学	扩展
167	内蒙古农业大学学报（社会科学版）	内蒙古农业大学	扩展
168	内蒙古师范大学学报（哲学社会科学版）	内蒙古师范大学	扩展
169	宁波大学学报（人文科学版）	宁波大学	扩展
170	宁夏大学学报（人文社会科学版）	宁夏大学	扩展
171	青海师范大学学报（哲学社会科学版）	青海师范大学	扩展
172	三峡大学学报（人文社会科学版）	三峡大学	扩展

续表

序号	刊名	主办单位	等级
173	山东科技大学学报（社会科学版）	山东科技大学	扩展
174	山东理工大学学报（社会科学版）	山东理工大学	扩展
175	山东农业大学学报（社会科学版）	山东农业大学	扩展
176	山西农业大学学报（社会科学版）	山西农业大学	扩展
177	汕头大学学报（人文社会科学版）	汕头大学	扩展
178	绍兴文理学院学报（人文社会科学）	绍兴文理学院	扩展
179	沈阳大学学报（社会科学版）	沈阳大学	扩展
180	沈阳建筑大学学报（社会科学版）	沈阳建筑大学	扩展
181	沈阳师范大学学报（社会科学版）	沈阳师范大学	扩展
182	石河子大学学报（哲学社会科学版）	石河子大学	扩展
183	四川轻化工大学学报（社会科学版）	四川轻化工大学	扩展
184	四川文理学院学报	四川文理学院	扩展
185	太原理工大学学报（社会科学版）	太原理工大学	扩展
186	温州大学学报（社会科学版）	温州大学	扩展
187	武汉理工大学学报（社会科学版）	武汉理工大学	扩展
188	西安电子科技大学学报（社会科学版）	西安电子科技大学	扩展
189	西藏大学学报（社会科学版）	西藏大学	扩展
190	西华师范大学学报（哲学社会科学版）	西华师范大学	扩展
191	西南交通大学学报（社会科学版）	西南交通大学	扩展
192	西南科技大学学报（哲学社会科学版）	西南科技大学	扩展
193	西南石油大学学报（社会科学版）	西南石油大学	扩展
194	新疆大学学报（哲学·人文社会科学版）	新疆大学	扩展
195	信阳师范学院学报（哲学社会科学版）	信阳师范学院	扩展
196	徐州工程学院学报（社会科学版）	徐州工程学院	扩展
197	烟台大学学报（哲学社会科学版）	烟台大学	扩展
198	延安大学学报（社会科学版）	延安大学	扩展
199	燕山大学学报（哲学社会科学版）	燕山大学	扩展
200	云南大学学报（社会科学版）	云南大学	扩展
201	云南师范大学学报（对外汉语教学与研究版）	云南师范大学	扩展

续表

序号	刊名	主办单位	等级
202	长安大学学报（社会科学版）	长安大学	扩展
203	长春大学学报	长春大学	扩展
204	长春理工大学学报（社会科学版）	长春理工大学	扩展
205	长江大学学报（社会科学版）	长江大学	扩展
206	长江师范学院学报	长江师范学院	扩展
207	长沙理工大学学报（社会科学版）	长沙理工大学	扩展
208	浙江理工大学学报（社会科学版）	浙江理工大学	扩展
209	浙江师范大学学报（社会科学版）	浙江师范大学	扩展
210	中北大学学报（社会科学版）	中北大学	扩展
211	中州大学学报	中州大学	扩展
212	重庆交通大学学报（社会科学版）	重庆交通大学	扩展
213	重庆师范大学学报（社会科学版）	重庆师范大学	扩展
214	阿坝师范学院学报	阿坝师范学院	入库
215	安徽开放大学学报	安徽开放大学	入库
216	安徽理工大学学报（社会科学版）	安徽理工大学	入库
217	宝鸡文理学院学报（社会科学版）	宝鸡文理学院	入库
218	北部湾大学学报	北部湾大学	入库
219	北方工业大学学报	北方工业大学	入库
220	北华大学学报（社会科学版）	北华大学	入库
221	北京经济管理职业学院学报	北京经济管理职业学院	入库
222	北京政法职业学院学报	北京政法职业学院	入库
223	常熟理工学院学报	常熟理工学院	入库
224	成都理工大学学报（社会科学版）	成都理工大学	入库
225	赤峰学院学报（汉文哲学社会科学版）	赤峰学院	入库
226	大理大学学报	大理大学	入库
227	大庆师范学院学报	大庆师范学院	入库
228	德州学院学报	德州学院	入库
229	佛山科学技术学院学报（社会科学版）	佛山科学技术学院	入库
230	福建江夏学院学报	福建江夏学院	入库

续表

序号	刊名	主办单位	等级
231	福建开放大学学报	福建开放大学	入库
232	福建医科大学学报（社会科学版）	福建医科大学	入库
233	阜阳师范大学学报（社会科学版）	阜阳师范大学	入库
234	甘肃高师学报	兰州城市学院；甘肃民族师范学院；定西师范高等专科学校；陇南师范高等专科学校	入库
235	甘肃广播电视大学学报	甘肃广播电视大学	入库
236	广播电视大学学报（哲学社会科学版）	内蒙古广播电视大学	入库
237	广东技术师范大学学报	广东技术师范大学	入库
238	广东开放大学学报	广东开放大学（广东理工职业学院）	入库
239	广西广播电视大学学报	广西广播电视大学	入库
240	广西科技师范学院学报	广西科技师范学院	入库
241	广西民族师范学院学报	广西民族师范学院	入库
242	广西师范大学学报（哲学社会科学版）	广西师范大学	入库
243	广州广播电视大学学报	广州开放大学	入库
244	贵阳学院学报（社会科学版）	贵阳学院	入库
245	哈尔滨学院学报	哈尔滨学院	入库
246	海军工程大学学报（综合版）	海军工程大学	入库
247	海南开放大学学报	海南开放大学	入库
248	海南热带海洋学院学报	海南热带海洋学院	入库
249	河北北方学院学报（社会科学版）	河北北方学院	入库
250	河北大学成人教育学院学报	河北大学成人教育学院	入库
251	河北经贸大学学报（综合版）	河北经贸大学	入库
252	河北开放大学学报	河北开放大学	入库
253	河北科技大学学报（社会科学版）	河北科技大学	入库
254	河北民族师范学院学报	河北民族师范学院	入库
255	河南广播电视大学学报	河南广播电视大学	入库
256	河南教育学院学报（哲学社会科学版）	河南教育学院	入库
257	河南科技大学学报（社会科学版）	河南科技大学	入库

续表

序号	刊名	主办单位	等级
258	河南科技学院学报	河南科技学院	入库
259	河南牧业经济学院学报	河南牧业经济学院	入库
260	湖北第二师范学院学报	湖北第二师范学院	入库
261	湖北工程学院学报	湖北工程学院	入库
262	湖北经济学院学报（人文社会科学版）	湖北经济学院	入库
263	湖北理工学院学报（人文社会科学版）	湖北理工学院	入库
264	湖北文理学院学报	湖北文理学院	入库
265	湖南第一师范学院学报	湖南第一师范学院	入库
266	湖南广播电视大学学报	湖南广播电视大学	入库
267	湖南人文科技学院学报	湖南人文科技学院	入库
268	华北理工大学学报（社会科学版）	华北理工大学	入库
269	淮北师范大学学报（哲学社会科学版）	淮北师范大学	入库
270	淮南职业技术学院学报	淮南职业技术学院	入库
271	黄冈师范学院学报	黄冈师范学院	入库
272	黄山学院学报	黄山学院	入库
273	惠州学院学报	惠州学院	入库
274	佳木斯大学社会科学学报	佳木斯大学	入库
275	嘉应学院学报	嘉应学院	入库
276	江苏科技大学学报（社会科学版）	江苏科技大学	入库
277	江西广播电视大学学报	江西广播电视大学	入库
278	江西科技师范大学学报	江西科技师范大学	入库
279	荆楚理工学院学报	荆楚理工学院	入库
280	荆楚学刊	荆楚理工学院	入库
281	井冈山大学学报（社会科学版）	井冈山大学	入库
282	九江学院学报（社会科学版）	九江学院	入库
283	喀什大学学报	喀什大学	入库
284	开封大学学报	开封大学	入库
285	凯里学院学报	凯里学院	入库
286	昆明学院学报	昆明学院	入库

续表

序号	刊名	主办单位	等级
287	兰州文理学院学报（社会科学版）	兰州文理学院	入库
288	丽水学院学报	丽水学院	入库
289	辽东学院学报（社会科学版）	辽东学院	入库
290	辽宁工程技术大学学报（社会科学版）	辽宁工程技术大学	入库
291	辽宁工业大学学报（社会科学版）	辽宁工业大学	入库
292	辽宁广播电视大学学报	辽宁广播电视大学	入库
293	临沂大学学报	临沂大学	入库
294	岭南师范学院学报	岭南师范学院	入库
295	洛阳理工学院学报（社会科学版）	洛阳理工学院	入库
296	洛阳师范学院学报	洛阳师范学院	入库
297	吕梁教育学院学报	吕梁教育学院	入库
298	闽江学院学报	闽江学院	入库
299	牡丹江大学学报	牡丹江大学	入库
300	牡丹江师范学院学报（社会科学版）	牡丹江师范学院	入库
301	南京工程学院学报（社会科学版）	南京工程学院	入库
302	南京晓庄学院学报	南京晓庄学院	入库
303	南阳理工学院学报	南阳理工学院	入库
304	南阳师范学院学报	南阳师范学院	入库
305	攀枝花学院学报	攀枝花学院	入库
306	普洱学院学报	普洱学院	入库
307	齐鲁师范学院学报	齐鲁师范学院	入库
308	齐齐哈尔大学学报（哲学社会科学版）	齐齐哈尔大学	入库
309	青藏高原论坛	青海民族大学	入库
310	青岛科技大学学报（社会科学版）	青岛科技大学	入库
311	青岛农业大学学报（社会科学版）	青岛农业大学	入库
312	青海师范大学民族师范学院学报	青海师范大学民族师范学院	入库
313	曲靖师范学院学报	曲靖师范学院	入库
314	泉州师范学院学报	泉州师范学院	入库
315	三峡论坛（三峡文学·理论版）	湖北省宜昌市文学艺术界联合会	入库

续表

序号	刊名	主办单位	等级
316	山东女子学院学报	山东女子学院	入库
317	山西高等学校社会科学学报	太原理工大学；太原科技大学；中北大学；太原医科大学等	入库
318	山西广播电视大学学报	山西广播电视大学	入库
319	山西能源学院学报	山西能源学院	入库
320	陕西广播电视大学学报	陕西省广播电视大学	入库
321	陕西理工大学学报（社会科学版）	陕西理工大学	入库
322	商丘师范学院学报	商丘师范学院	入库
323	上饶师范学院学报	上饶师范学院	入库
324	韶关学院学报	韶关学院	入库
325	邵阳学院学报（社会科学版）	邵阳学院	入库
326	沈阳工程学院学报（社会科学版）	沈阳工程学院	入库
327	沈阳农业大学学报（社会科学版）	沈阳农业大学	入库
328	沈阳师范大学学报（教育科学版）	沈阳师范大学	入库
329	石家庄铁道大学学报（社会科学版）	石家庄铁道大学	入库
330	四川民族学院学报	四川民族学院	入库
331	塔里木大学学报	塔里木大学	入库
332	台州学院学报	台州学院	入库
333	太原师范学院学报（社会科学版）	太原师范学院	入库
334	太原学院学报（社会科学版）	太原学院	入库
335	泰山学院学报	泰山学院	入库
336	天水师范学院学报	天水师范学院	入库
337	通化师范学院学报	通化师范学院	入库
338	铜仁学院学报	铜仁学院	入库
339	文山学院学报	文山学院	入库
340	五邑大学学报（社会科学版）	五邑大学	入库
341	西安建筑科技大学学报（社会科学版）	西安建筑科技大学	入库
342	西安石油大学学报（社会科学版）	西安石油大学	入库
343	西安文理学院学报（社会科学版）	西安文理学院	入库

续表

序号	刊名	主办单位	等级
344	西昌学院学报（社会科学版）	西昌学院	入库
345	咸阳师范学院学报	咸阳师范学院	入库
346	新疆广播电视大学学报	新疆广播电视大学	入库
347	新乡学院学报	新乡学院	入库
348	许昌学院学报	许昌学院	入库
349	盐城工学院学报（社会科学版）	盐城工学院	入库
350	盐城师范学院学报（人文社会科学版）	盐城师范学院	入库
351	伊犁师范大学学报	伊犁师范大学	入库
352	宜宾学院学报	宜宾学院	入库
353	豫章师范学院学报	豫章师范学院	入库
354	运城学院学报	运城学院	入库
355	枣庄学院学报	枣庄学院	入库
356	长春师范大学学报	长春师范大学	入库
357	长沙大学学报	长沙大学	入库
358	肇庆学院学报	肇庆学院	入库
359	浙江海洋大学学报（人文科学版）	浙江海洋大学	入库
360	浙江树人大学学报	浙江树人大学	入库
361	郑州航空工业管理学院学报（社会科学版）	郑州航空工业管理学院	入库
362	郑州轻工业大学学报（社会科学版）	郑州轻工业大学	入库
363	郑州师范教育	郑州师范学院	入库
364	中国石油大学胜利学院学报	中国石油大学胜利学院	入库
365	重庆第二师范学院学报	重庆第二师范学院	入库
366	重庆开放大学学报	重庆广播电视大学	入库
367	重庆三峡学院学报	重庆三峡学院	入库
368	重庆文理学院学报（社会科学版）	重庆文理学院	入库

2. 综合·综合性人文社科期刊

该学科共收录109种期刊，其中：顶级期刊1种，权威期刊4种，核心期刊46种，扩展期刊35种，入库期刊23种。同等级内期刊按照期刊名称的音序排列。

序号	刊名	主办单位	等级
1	中国社会科学	中国社会科学院	顶级
2	开放时代	广州市社会科学院	权威
3	探索与争鸣	上海市社会科学界联合会	权威
4	文史哲	山东大学	权威
5	学术月刊	上海市社会科学界联合会	权威
6	北京社会科学	北京市社会科学院	核心
7	东南学术	福建省社会科学界联合会	核心
8	东岳论丛	山东社会科学院	核心
9	读书	生活·读书·新知三联书店有限公司	核心
10	福建论坛（人文社会科学版）	福建社会科学院	核心
11	甘肃社会科学	甘肃省社会科学院	核心
12	广东社会科学	广东省社会科学院	核心
13	贵州社会科学	贵州省社会科学院	核心
14	河北学刊	河北省社会科学院	核心
15	河南社会科学	河南省社会科学界联合会	核心
16	江海学刊	江苏省社会科学院	核心
17	江汉论坛	湖北省社会科学院	核心
18	江淮论坛	安徽省社会科学院	核心
19	江苏社会科学	江苏省哲学社会科学界联合会	核心
20	理论月刊	湖北省社会科学界联合会	核心
21	南海学刊	海南省社会科学界联合会；海南省社会科学院	核心
22	南京社会科学	南京市社会科学界联合会；南京市社会科学院；中共南京市委党校	核心
23	内蒙古社会科学	内蒙古自治区社会科学院	核心
24	宁夏社会科学	宁夏社会科学院	核心
25	齐鲁学刊	曲阜师范大学	核心
26	青海社会科学	青海省社会科学院	核心
27	求是学刊	黑龙江大学	核心
28	人文杂志	陕西省社会科学院	核心

续表

序号	刊名	主办单位	等级
29	山东社会科学	山东省社会科学界联合会	核心
30	社会科学	上海社会科学院	核心
31	社会科学辑刊	辽宁社会科学院	核心
32	社会科学研究	四川省社会科学院	核心
33	社会科学战线	吉林省社会科学院	核心
34	世界社会科学（原国外社会科学）	中国社会科学院信息情报研究院	核心
35	思想战线	云南大学	核心
36	天津社会科学	天津社会科学院	核心
37	西藏研究	西藏自治区社会科学院	核心
38	学海	江苏省社会科学院	核心
39	学术界	安徽省社会科学界联合会	核心
40	学术研究	广东省社会科学界联合会	核心
41	学习与探索	黑龙江省社会科学院	核心
42	阅江学刊	南京信息工程大学	核心
43	云南社会科学	云南省社会科学院	核心
44	浙江社会科学	浙江省社会科学界联合会	核心
45	浙江学刊	浙江省社会科学院	核心
46	中国高校社会科学	教育部高等学校社会科学发展研究中心	核心
47	中国科学院院刊	中国科学院	核心
48	中国社会科学评价	中国社会科学杂志社	核心
49	中国社会科学院大学学报	中国社会科学院大学	核心
50	中州学刊	河南省社会科学院	核心
51	重庆社会科学	重庆社会科学院	核心
52	北方论丛	哈尔滨师范大学	扩展
53	城市学刊	湖南城市学院	扩展
54	创新	南宁市社会科学院	扩展
55	东方论坛—青岛大学学报（社会科学版）	青岛大学	扩展
56	东疆学刊	延边大学	扩展

续表

序号	刊名	主办单位	等级
57	东吴学术	常熟理工学院	扩展
58	关东学刊	长春工业大学	扩展
59	广西社会科学	广西壮族自治区社会科学界联合会	扩展
60	国际社会科学杂志	中国社会科学杂志社	扩展
61	黑龙江社会科学	黑龙江省社会科学院	扩展
62	湖北社会科学	湖北省社会科学界联合会；湖北省社会科学院	扩展
63	湖南社会科学	湖南省社会科学界联合会	扩展
64	江汉学术	江汉大学	扩展
65	江西社会科学	江西省社会科学院	扩展
66	晋阳学刊	山西省社会科学院	扩展
67	经济与社会发展	广西社会科学院	扩展
68	科学	上海科学技术出版社有限公司	扩展
69	科学·经济·社会	兰州大学	扩展
70	兰州学刊	兰州市社会科学界联合会；兰州市社会科学院	扩展
71	理论观察	齐齐哈尔市社会科学界联合会	扩展
72	理论界	辽宁报刊传媒集团（辽宁日报社）	扩展
73	南方论刊	茂名市社会科学界联合会	扩展
74	前沿	内蒙古自治区社会科学界联合会	扩展
75	求索	湖南省社会科学院	扩展
76	群众	中共江苏省委	扩展
77	社会科学家	桂林市社会科学界联合会	扩展
78	社科纵横	甘肃省社会科学界联合会	扩展
79	天府新论	四川省社会科学界联合会	扩展
80	西部学刊	陕西新华出版传媒集团有限责任公司	扩展
81	新疆社会科学	新疆社会科学院	扩展
82	学术交流	黑龙江省社会科学信息中心	扩展
83	学术论坛	广西社会科学院	扩展
84	学术探索	云南省社会科学界联合会	扩展
85	学习与实践	武汉市社会科学院	扩展

续表

序号	刊名	主办单位	等级
86	殷都学刊	安阳师范学院	扩展
87	八桂侨刊	广西华侨历史学会	入库
88	边疆经济与文化	黑龙江省边疆经济学会；省高师师资培训中心	入库
89	产业与科技论坛	河北省科学技术协会	入库
90	大庆社会科学	大庆市社会科学界联合会	入库
91	黑河学刊	黑河市社会科学界联合会	入库
92	科技创新导报	中国宇航出版有限责任公司；北京合作创新国际科技服务中心	入库
93	科技智囊	北京市科学技术研究院	入库
94	科技中国	中国科学技术发展战略研究院	入库
95	南都学坛	南阳师范学院	入库
96	群言	中国民主同盟中央委员会	入库
97	社会科学论坛	河北省社会科学界联合会	入库
98	世纪桥	中共黑龙江省委史志研究室	入库
99	视野	兰州大学	入库
100	唐都学刊	西安文理学院	入库
101	天中学刊	黄淮学院	入库
102	网信军民融合	中国航天系统科学与工程研究院	入库
103	武陵学刊	湖南文理学院	入库
104	新疆社科论坛	新疆维吾尔自治区社会科学界联合会	入库
105	学术评论	福建社会科学院	入库
106	医学争鸣	第四军医大学	入库
107	阴山学刊（社会科学版）	包头师范学院	入库
108	云梦学刊	湖南理工学院	入库
109	知与行	黑龙江省社会科学信息中心	入库

第 五 篇

新刊评价报告

第一部分　新刊评价说明

一　新刊的概念界定与遴选

（一）新刊的概念界定

新创学术期刊（简称新刊）是一个相对概念，是相对于老刊而言，一般是指近期创办的学术期刊。考虑到期刊评价中定量数据一般都含有影响因子或5年影响因子，在时间范围上本报告延续2018年报告中的界定方法，将5年内创办的期刊认定为新刊。基于此，本报告将新刊时间界定为2017年及以后创办的学术期刊。

新刊除了国家新闻出版署新批准创办的、具有国内统一刊号的学术期刊，还包括部分更名的学术期刊。期刊更名情况主要有三种：①非学术期刊转为学术期刊；②刊文方向有变；③高校改名或升级，其学报随之更名。最后一种情况中，期刊的刊文方向一般不会有大的改变，不能算作新创办的学术期刊。对于第二种情况，主要通过人工判断在原有期刊基础上其刊载内容及方向是否进行了重大调整。因此，本报告最终将新刊界定为：2017年及以后，国家新闻出版署批准创办的、具有国内统一刊号的学术期刊，以及国家新闻出版署批准的因刊载内容及方向进行重大调整而更名的学术期刊。

（二）新刊学术性判断原则

本报告对于新刊学术性的判断主要基于以下两个方面：

（1）原则上主要依据其刊载的学术论文是否超过了该刊论文总数的50%，若未超过50%则为非学术期刊；

（2）经专家审读研判的学术性期刊。

（三）新刊遴选过程及结果

（1）从国家新闻出版署网站上下载关于同意创办期刊或期刊更名的行政许可文件；

（2）对行政许可文件进行数据筛选和整理，剔除具有明显自然科学属性的期刊和语种为外文的期刊，初筛出新刊名单。

初筛新刊名单自2022年1月15日至2月15日在中国社会科学评价研究院官网①和公众号②进行了公示，随后经过同行评议专家（含咨询委员会、各学科专家委员会、推荐专家、评阅专家）的推荐，以及编辑部自荐，同时听取了部分专家的意见和建议，经过删除、调整和增补，最终得到中国人文社会科学新刊116种。

二 学科划分与期刊归类

（一）学科分类的划分依据

2018年7月，中共中央办公厅、国务院办公厅印发了《关于深化项目评审、人才评价、机构评估改革的意见》（简称《三评意见》）。《三评意见》中提出，"三评"的指导思想是"统筹自然科学和哲学社会科学等不同学科门类，推进分类评价制度建设，发挥好评价指挥棒和风向标作用，营造潜心研究、追求卓越、风清气正的科研环境，形成中国特色科技评价体系"。

根据《三评意见》的指导思想，2018年度进行新刊评价时按照学科大类和学科类进行。在结合教育部《学位授予和人才培养学科目录（2018年）》、国家标准《学科分类与代码（GB/T 13745—2009）》以及《中国图书馆分类法（第五版）》等学科、图书分类的基础上，2018年

---

① http://casses.cssn.cn/yntg/202201/t20220118_5389089.shtml.

② https://mp.weixin.qq.com/s/dImwHNgzmmFPCttqFlvnfA.

度新刊评价时共分成3个学科大类。本年度延续2018年度的做法。

第一大类侧重人文学科类期刊，包括考古文博、历史学、马克思主义理论、民族学与文化学、文学、艺术学、语言学和哲学共计8个学科类。

第二大类侧重综合类期刊，共计1个学科类。

第三大类侧重社会科学类期刊，包括法学，管理学，环境科学，教育学，经济学，人文地理学，社会学与人口学，统计学，图书馆，情报与档案学，新闻学与传播学和政治学共计11个学科类。

（二）期刊的学科归类方法

第一，参考《中国图书馆分类法》、期刊CN号（国内统一刊号）、期刊论文分类号等对期刊进行粗分类；

第二，参考CNKI（知网）、万方数据知识服务平台等期刊数据库对期刊的分类进行修订；

第三，请相关专家把关，核查分类中出现偏差的期刊；

第四，请各期刊编辑部填写《期刊编辑部自评信息表》，申报其期刊所属学科类；

第五，公示评价期刊名单及分类，接受学术界反馈意见，公示信息见中国社会科学评价研究院官网[①]和公众号[②]；

第六，汇总分类意见，确定期刊分类。

三 新刊AMI评价指标体系

根据国家相关政策文件精神，结合人文社会科学学科特点，在充分听取专家意见基础上制定《中国人文社会科学期刊AMI综合评价指标体系（新刊AMI，2022）》（以下简称《新刊AMI评价指标体系》），该指标体系以《中国人文社会科学期刊AMI综合评价指标体系（2022版）》为基础，实行一票否决制，设置一票否决指标、计分指标、扣分指标和加分指标，各指标统计时间及数据来源有所不同。指标体系详见表12。

[①] http://casses.cssn.cn/yntg/202201/t20220118_5389089.shtml.

[②] https://mp.weixin.qq.com/s/dImwHNgzmmFPCttqFlvnfA.

150 下编 中国人文社会科学期刊 AMI 综合评价结果

表 12 中国人文社会科学期刊 AMI 综合评价指标体系（新刊 AMI，2022）

一票否决指标	如认为该期刊有违马克思主义基本原理，或有违反中央现行基本方针政策，或存在情节严重的捏造、篡改、抄袭、买卖版面等学术不端行为，则一票否决，直接取消参评资格					
各学科类指标权重	一级指标	二级指标	三级指标	指标说明	是口（一票否决）	否口（继续打分）
类1 类2 类3 类4					指标采集时间、来源及备注	
45% 40% 35% 评价指标仅供参考，以专家同行评议为主，此类期刊不单独列类，入各学科中评价	吸引力	荣誉状况	期刊获奖	中国出版政府奖	时间：2018 年至 2022 年 6 月；来源：官网、评价院自采数据	
				国家社科基金资助出版；学术外译项目资助期刊	时间：2012 年至 2022 年 6 月；来源：官网、评价院自采数据；备注：已经取消资格的期刊不加分	
				中国科技期刊卓越行动计划	时间：2018 年至 2022 年 6 月；来源：官网、评价院自采数据	
			论文获奖	中宣部出版局"期刊主题宣传好文章"推荐；论文获得的行业奖项	时间：2018 年至 2022 年 6 月；来源：官网、评价院自采数据；备注：每个学科不多于 2 项	
			人员获奖	中国出版政府奖；中宣部"四个一批"人才	时间：2018 年至 2022 年 6 月；来源：官网、评价院自采数据	
		文章状况	开放度	开放获取、开放数据、开放同行评议等开放科学实践的程度	时间：2022 年 5 月；来源：网络、评价院自采数据	

续表

一票否决指标					是口（一票否决）	否口（继续打分）
如认为该期刊有违马克思主义基本原理，或有违中央现行基本方针政策，或存在情节严重的捏造、篡改、抄袭、买卖版面等学术不端行为，则一票否决，直接取消参评资格					指标采集时间、来源及备注	

各学科类指标权重				一级指标	二级指标	三级指标	指标说明	是口（一票否决）	否口（继续打分）
类1	类2	类3	类4						
45%	40%	35%	评价指标供参考，以专家同行评议为主，此类期刊不单独列类，入各学科中评价	吸引力	同行评议	咨询委员	期刊评价原则、标准的制定、修订与指导，打分时与专家委权重相同	时间：2018年至2022年11月；来源：座谈会、通信评审等；备注：对期刊评价工作的指导及日常监督；期刊评价打分时权重同专家委员，一起计分；对评价结果进行审定	
						专家委员	根据同行评议指标进行打分	时间：2018年至2022年11月；来源：座谈会、通信评审等	
						推荐专家	根据同行评议指标进行打分	时间：2022年7月至11月；来源：数据采集网站；备注：由咨询委、专家委员（每个编辑部委员可推荐10人）及特邀专家推荐学者构成（每个学者推荐30人）	
						评阅专家	根据同行评议指标进行打分	时间：2022年9月至10月；来源：数据采集网站；备注：类似于"大众点评"，由科研人员、博士研究生、期刊作者等参与打分，抽查学者参加评议的人员要遵守学术规范，以保证评议人员的真实性、真实有效性	

续表

一票否决指标				如认为该期刊有违马克思主义基本原理，或有违中央现行基本方针政策，或存在情节严重的捏造、篡改、抄袭、买卖版面等学术不端行为，则一票否决，直接取消申参评资格			
各学科类指标权重				一级指标	二级指标	三级指标	指标说明	是口 （一票否决）	否口 （继续打分）
类 1	类 2	类 3	类 4					指标采集时间、来源及备注	
20%	20%	20%	评价指标供参考，以专家同行评议为主，此类期刊不单独列类，人各学科中评价	管理力	学术不端	学术不端	交叉引用/交叉署名、抄袭剽窃、通过"论文中介"组稿等造成的学术不端行为	时间：2018年至2022年11月；来源：国家新闻出版署等；备注：该指标为扣分指标，无学术不端行为得"0"分，存在同类问题进行扣分	
					信息化建设	网站建设	网站建设，网站内容完备性及更新情况	时间：2022年6月；来源：评价院自采数据	
						在线稿件处理系统	在线投稿、审稿系统建设情况	时间：2022年6月；来源：期刊自评表、期刊自采数据；备注：旨在引导编辑部弥补传统投审稿方式的不足，提高投审稿效率，缩短出版周期，以满足网络环境下用户需求	
						微信公众号	微信公众号建设情况	时间：2022年6月；来源：评价院自采数据；备注：新环境下期刊的建设情况	
					队伍建设	编辑队伍	编辑队伍，含主编尽职情况和专职校对人员情况；编委队伍，含国际编委情况，编委作用发挥情况	时间：2018年至2022年6月；来源：期刊自评表；备注：2022年评价时不计分，但会关注各期刊编辑队伍建设情况	
						作者队伍	作者梯队及机构地区分布情况；作者国际化情况	时间：2018年至2022年6月；来源：CHSSCD；备注：该指标为观察指标，2022年评价时不计分，但会关注各期刊作者队伍建设情况	

第五篇 新刊评价报告 153

续表

一票否决指标						是口（一票否决）	否口（继续打分）
如认为该期刊有违马克思主义基本方针政策，或存在情节严重的捏造、篡改、抄袭、买卖版面等学术不端行为，则一票否决，直接取消参评资格						指标采集时间、来源及备注	
各学科类指标权重				一级指标	二级指标	三级指标	指标说明
类1	类2	类3	类4				
	20%	20%	评价指标供参考，以专家同行评议为主，期刊不单独列类，人各学科中评价	管理力	编校质量	中文编校质量	出版规范，论文内容及相关主题信息，参考文献信息的规范性、准确性等情况	时间：2018年至2022年6月；来源：国家新闻出版署，评价院抽检2021年第一期的第一篇学术论文和2021年最后一期的最后一篇学术论文
						英文摘要质量	英文摘要的准确性、完整性	时间：2018年至2022年6月；来源：评价院《中国人文社科期刊英文摘要质量评测报告（2021年）》
				期刊特色化情况	期刊的特色化情况	紧密服务和国家发展需求，促进学科发展情况，冷门绝学、传统文化、交叉学科情况，采用新的附加项，做法情况等，培养青年作者情况等	时间：2018年至2022年6月；来源：《中国人文社科期刊特色化案例选编（2019年）》；备注：该指标为加分指标，此项分总分分的附加项，类似于考试附加题的得分指标，作为专家判断的参考性指标
					期刊发文量	期刊发文量及变化趋势	时间：2018年至2022年6月；来源：CHSSCD；备注：该指标为观察指标，此指标引导期刊制定合理的发文量，不能过大，但也不能太小
35%	40%	45%		影响力	学术影响力	影响因子	期刊在统计年前两年发表的论文在统计年被引的次数与该刊前两年发文数之比	时间：2017—2021年；来源：CHSSCD，评价自采数据及相关文摘支持的原始数据
						论文转载量	《新华文摘》、《中国社会科学文摘》、《社会科学文摘》和人大复印报刊资料等学校被文摘转载量	

四 新刊分级排序方法

新刊分级排序参照老刊评价的分级排序方法。鉴于新刊数量较少，本次只评出"核心期刊"，其他为入库期刊。同等级期刊划等不排序。因新刊数量较少，学科分布不均，此次新刊评价评定出的"核心期刊"依学术水平而定，不按学科划分、不按比例划定，坚持宁缺毋滥。

五 中国人文社会科学新刊概况及特点

新刊评价目的不仅仅是为了最后遴选出核心期刊，也是为了让业内同行对人文社会科学领域学术期刊的最新发展有基本了解。因此，此处先从期刊的创刊时间或更名时间、出版地等几个方面进行统计，以便学界对这些期刊有整体印象。

（一）新刊基本情况

2018年和2019年的新刊数量相对较少，其他几年（2022年除外）新刊数量都是26种左右，如表13所示。

表13　　　　　　　　　　新刊创刊时间分布

年度	2017	2018	2019	2020	2021	2022
期刊数	26	16	17	25	26	6

新刊出版地区分布见表14。2017年及以后，共计有18个省市创办了新刊，但是地区分布严重不均衡。最多的仍然是北京，新创了55种期刊，比例高达47.4%，其次是上海，但也仅有14种期刊。从新刊的地区分布可以看出中国人文社会科学学术期刊地区发展仍然存在不均衡现象。

表 14　　　　　　　　　　新刊出版地分布

序号	出版地	期刊数	序号	出版地	期刊数
1	北京	55	10	山东	3
2	上海	14	11	山西	3
3	广东	7	12	吉林	2
4	湖北	5	13	天津	2
5	江苏	5	14	浙江	2
6	福建	4	15	甘肃	1
7	重庆	4	16	海南	1
8	河南	3	17	黑龙江	1
9	湖南	3	18	江西	1

新刊的学科分布也有很大的不均衡性，期刊数量本身比较多的经济学、法学和教育学三个学科新创办的期刊比较多，如表 15 所示。

表 15　　　　　　　　　　新刊学科分布

序号	学科大类	一级学科	期刊数
1	侧重人文学科	考古文博	5
2		历史学	5
3		马克思主义理论	6
4		民族学与文化学	1
5		文学	7
6		艺术学	8
7		语言学	3
8		哲学	2

续表

序号	学科大类	一级学科	期刊数
9	侧重社会科学	法学	15
10		管理学	7
11		环境科学	1
12		教育学	11
13		经济学	16
14		人文地理学	1
15		社会学与人口学	2
16		统计学	2
17		图书馆、情报与档案学	3
18		新闻学与传播学	5
19		政治学	9
20	侧重综合	综合性人文社会科学	7
合计			116

（二）新刊的特点

不管是新创办的期刊还是出于发展需要而转型升级的期刊，一般都是经过了主管和主办单位的层层论证，国家出版管理部门的严格审批，大体可以反映出新的时代特点下中国人文社会科学学术期刊的几种发展趋势。

（1）关注社会经济发展需求，推动相关研究。新创办期刊往往更关注国家社会经济发展需求。新时代背景下要加快构建具有中国特色、中国风格、中国气派的哲学社会科学体系，就需要不断推进学科体系、学术体系、话语体系建设和创新，"新文科"建设由此提上日程。2018年，中央明确提出了发展"新文科"的重大决策。2020年11月，全国新文科建设工作会议在山东大学召开，并发布《新文科建设宣言》。为了给新文科建设中的理论研究与实践探索提供交流平台，山东大学主办了专题刊物《新文科理论与实践》。而中南财经政法大学主办的《新文科教育研究》则定位于新文科教育研究，旨在打造中国特色文科新理论、新思想交流的高端平台和新文科教育研究成果展示的重要载体。类似的还有为服务于国家"双一流"建设的战略部署，教育部学位与研究生教育发展中心、北京大学联合主办了《大学与学科》。

（2）推动跨学科、学科交叉研究。跨学科、学科交叉研究是当代人文社会科学和自然科学领域的主要研究趋势。新创学术期刊也反映了这一特点。人文学术与数字科技碰撞融合，形成多学科深层交汇的数字人文方兴未艾。基于以学科交叉促进学术创新发展的理念，清华大学、中华书局联合主办《数字人文》（Journal of Digital Humanities）期刊，旨在为方兴未艾的数字人文研究提供理论探讨和专题研究的平台。中国人民大学主办的《数字人文研究》也助力数字人文研究向纵深发展。其他类似跨学科期刊还有《历史地理学》，主要刊载历史地理研究领域的学术成果，促进该领域的学术交流。

（3）集刊转为正式期刊。很多新刊都是在原有创办了多年的集刊基础上获批正式刊号而来。比如法学领域的《南大法学》《武大国际法评论》，考古文博领域的《出土文献》，语言学领域的《语言学论丛》，经济学领域的《营销科学学报》，管理学领域的《公共管理评论》，新闻传播领域的《新闻与传播评论》，地理历史交叉学科研究的《历史地理研究》，这些期刊都是作为集刊出版了很多年，其中很多作为集刊出版的时候在学术界就已经有了一定的影响力。

第二部分　新刊评价结果（116种期刊）

本次评价采用《新刊AMI评价指标体系》，对116种中国人文社会科学学术期刊进行了评价，考虑到三个学科大类之间的差异，对三个学科大类分别进行了评价，最后评出19种核心期刊，其他97种为入库期刊。期刊排序方式：同一等级内按照学科大类、一级学科排序，同一学科内再按照期刊音序排列。

序号	期刊名称	学科	学科大类	主办单位	等级
1	出土文献	考古文博	人文	上海中西书局有限公司；清华大学	核心
2	云冈研究	考古文博	人文	山西大同大学	核心
3	日本侵华南京大屠杀研究	历史学	人文	侵华日军南京大屠杀遇难同胞纪念馆；南京出版社	核心
4	台湾历史研究	历史学	人文	中国社会科学院近代史研究所；社会科学文献出版社	核心
5	中国非物质文化遗产	民族学与文化学	人文	中国艺术研究院	核心
6	艺术学研究	艺术学	人文	中国艺术研究院	核心
7	外语教育研究前沿	语言学	人文	北京外国语大学	核心
8	语言学论丛	语言学	人文	北京大学	核心
9	马克思主义哲学	哲学	人文	中国社会科学院哲学研究所；社会科学文献出版社	核心
10	武大国际法评论	法学	社科	武汉大学	核心
11	中国应用法学	法学	社科	中国应用法学研究所；人民法院出版社有限公司	核心
12	公共管理评论	管理学	社科	清华大学	核心
13	供应链管理	管理学	社科	中国物流学会；中国市场杂志社	核心
14	比较教育学报	教育学	社科	上海师范大学	核心
15	社会保障评论	社会学与人口学	社科	中国社会保障学会；《中国民政》杂志社有限责任公司	核心
16	统计学报	统计学	社科	山西财经大学	核心
17	文献与数据学报	图书馆、情报与档案学	社科	中国社会科学院图书馆；社会科学文献出版社	核心
18	新闻与传播评论	新闻学与传播学	社科	武汉大学	核心
19	当代美国评论	政治学	社科	中国社会科学院美国研究所；社会科学文献出版社	核心

续表

序号	期刊名称	学科	学科大类	主办单位	等级
20	博物馆管理	考古文博	人文	中国国家博物馆	入库
21	博物院	考古文博	人文	中国科技出版传媒股份有限公司	入库
22	文博学刊	考古文博	人文	广东省博物馆；广东省文化馆（广东省非物质文化遗产保护中心）	入库
23	地域文化研究	历史学	人文	吉林省社会科学院	入库
24	历史评论	历史学	人文	中国历史研究院	入库
25	中国年鉴研究	历史学	人文	中国地方志指导小组办公室；社会科学文献出版社	入库
26	高校马克思主义理论教育研究	马克思主义理论	人文	中央财经大学	入库
27	广东党史与文献研究	马克思主义理论	人文	中共广东省委党史研究室	入库
28	红色文化学刊	马克思主义理论	人文	赣南师范大学；江西高校出版社有限责任公司	入库
29	理论与评论	马克思主义理论	人文	中共福建省委讲师团；福建师范大学	入库
30	马克思主义理论教学与研究	马克思主义理论	人文	南开大学	入库
31	思想理论战线	马克思主义理论	人文	国防大学政治学院	入库
32	国际比较文学（中英文）	文学	人文	上海师范大学；复旦大学出版社	入库
33	海峡人文学刊	文学	人文	福建人民出版社有限责任公司；福建师大学	入库
34	海峡文艺评论	文学	人文	福建省文学艺术界联合会	入库
35	科普创作评论	文学	人文	中国科普作家协会；中国科普研究所；中国科学技术出版社有限公司	入库

续表

序号	期刊名称	学科	学科大类	主办单位	等级
36	外国语言与文化	文学	人文	湖南师范大学	入库
37	粤港澳大湾区文学评论	文学	人文	广东省作家协会	入库
38	中国当代文学研究	文学	人文	中国作家出版集团	入库
39	大学书法	艺术学	人文	郑州大学	入库
40	电影理论研究（中英文）	艺术学	人文	上海大学	入库
41	工业工程设计	艺术学	人文	中国兵器装备集团西南技术工程研究所	入库
42	建筑史学刊	艺术学	人文	机械工业信息研究院；清华大学	入库
43	美术馆	艺术学	人文	黑龙江省美术馆	入库
44	艺术管理（中英文）	艺术学	人文	上海人民美术出版社有限公司	入库
45	音乐文化研究	艺术学	人文	浙江音乐学院	入库
46	汉字汉语研究	语言学	人文	郑州大学	入库
47	国际儒学（中英文）	哲学	人文	国际儒学联合会；清华大学	入库
48	版权理论与实务	法学	社科	中国版权协会	入库
49	法治现代化研究	法学	社科	南京师范大学；江苏省法学会	入库
50	公安学研究	法学	社科	中国人民公安大学	入库
51	国际法学刊	法学	社科	外交学院；中国国际法学会；世界知识出版社有限公司	入库
52	国际经济法学刊	法学	社科	北京大学	入库
53	湖湘法学评论	法学	社科	湖南大学	入库

续表

序号	期刊名称	学科	学科大类	主办单位	等级
54	经贸法律评论	法学	社科	对外经济贸易大学	入库
55	荆楚法学	法学	社科	湖北长江报刊传媒（集团）有限公司；湖北省法学会	入库
56	南大法学	法学	社科	南京大学	入库
57	南海法学	法学	社科	海南省法学会；海南出版社有限公司	入库
58	人权研究	法学	社科	西南政法大学	入库
59	人权研究	法学	社科	中国政法大学	入库
60	商事仲裁与调解	法学	社科	中国仲裁法学研究会；中国贸易报社	入库
61	科技创新发展战略研究	管理学	社科	广东省科学技术情报研究所	入库
62	林草政策研究	管理学	社科	中国林业科学研究院林业科技信息研究所	入库
63	物流研究	管理学	社科	中国财富出版社有限公司；经济科学出版社	入库
64	中国管理会计	管理学	社科	中国总会计师协会	入库
65	中国人事科学	管理学	社科	中国人事科学研究院；中国人事出版社有限公司	入库
66	环境生态学	环境科学	社科	中国环境科学学会	入库
67	大学与学科	教育学	社科	教育部学位与研究生教育发展中心；北京大学	入库
68	甘肃教育研究	教育学	社科	读者出版传媒股份有限公司	入库
69	教师发展研究	教育学	社科	北京教育学院	入库
70	教育传播与技术	教育学	社科	上海教育出版社有限公司；上海市电化教育馆	入库
71	科教发展研究	教育学	社科	浙江大学	入库

续表

序号	期刊名称	学科	学科大类	主办单位	等级
72	司法警官职业教育研究	教育学	社科	广东司法警官职业学院	入库
73	新文科教育研究	教育学	社科	中南财经政法大学	入库
74	早期儿童发展	教育学	社科	中国儿童中心	入库
75	职教发展研究	教育学	社科	江苏凤凰报刊出版传媒有限公司	入库
76	终身教育研究	教育学	社科	江苏开放大学	入库
77	财务管理研究	经济学	社科	机械工业信息研究院	入库
78	当代金融研究	经济学	社科	中国人民银行重庆营业管理部；西南大学；重庆日报报业集团	入库
79	东北亚经济研究	经济学	社科	吉林省经济管理干部学院；商务部国际贸易经济合作研究院	入库
80	工信财经科技	经济学	社科	电子工业出版社有限公司	入库
81	计量经济学报	经济学	社科	中国科学院数学与系统科学研究院；中国科技出版传媒股份有限公司	入库
82	金融发展	经济学	社科	上海社会科学院出版社有限公司	入库
83	经济思想史学刊	经济学	社科	中国社会科学院经济研究所；社会科学文献出版社	入库
84	旅游导刊	经济学	社科	上海世纪出版股份有限公司	入库
85	全球城市研究（中英文）	经济学	社科	上海人民出版社有限责任公司	入库
86	全球能源互联网	经济学	社科	全球能源互联网集团有限公司	入库

第五篇　新刊评价报告

续表

序号	期刊名称	学科	学科大类	主办单位	等级
87	数字经济	经济学	社科	中国电子信息产业发展研究院；赛迪工业和信息化研究院(集团)有限公司	入库
88	乡村论丛	经济学	社科	山东省农业技术推广中心	入库
89	应用经济学评论	经济学	社科	中国人民大学	入库
90	营销科学学报	经济学	社科	人民邮电出版社有限公司	入库
91	政治经济学研究	经济学	社科	上海财经大学	入库
92	中国经济评论	经济学	社科	经济日报社	入库
93	历史地理研究	人文地理学	社科	复旦大学，中国地理学会	入库
94	中国志愿服务研究	社会学与人口学	社科	中国社会科学院社会发展战略研究院；社会科学文献出版社	入库
95	统计理论与实践	统计学	社科	河南省统计信息咨询中心	入库
96	科技情报研究	图书馆、情报与档案学	社科	湖南省科学技术信息研究所	入库
97	数字人文研究	图书馆、情报与档案学	社科	中国人民大学	入库
98	海河传媒	新闻学与传播学	社科	天津海河传媒中心	入库
99	南方传媒研究	新闻学与传播学	社科	广东南方报业传媒集团有限公司	入库
100	视听理论与实践	新闻学与传播学	社科	山西传媒学院	入库
101	印刷文化（中英文）	新闻学与传播学	社科	中国印刷博物馆	入库
102	当代中国与世界	政治学	社科	当代中国与世界研究院	入库

续表

序号	期刊名称	学科	学科大类	主办单位	等级
103	东方学刊	政治学	社科	上海市社会科学界联合会；复旦大学	入库
104	古田干部学院学报	政治学	社科	中共龙岩市委党校；古田干部学院	入库
105	国家安全论坛	政治学	社科	国防大学国家安全学院	入库
106	区域与全球发展	政治学	社科	北京外国语大学	入库
107	统一战线学研究	政治学	社科	重庆社会主义学院	入库
108	沂蒙干部学院学报	政治学	社科	沂蒙干部学院	入库
109	中国非洲学刊	政治学	社科	中国非洲研究院；社会科学文献出版社	入库
110	法语国家与地区研究（中法文）	综合性人文社会科学	综合	北京外国语大学	入库
111	国外社会科学前沿	综合性人文社会科学	综合	上海社会科学院信息研究所	入库
112	欧亚人文研究（中俄文）	综合性人文社会科学	综合	北京外国语大学	入库
113	社会科学动态	综合性人文社会科学	综合	湖北省社会科学院	入库
114	深圳社会科学	综合性人文社会科学	综合	深圳市社会科学院	入库
115	新文科理论与实践	综合性人文社会科学	综合	山东大学	入库
116	中华民族共同体研究	综合性人文社会科学	综合	中央民族大学	入库

第 六 篇

外文刊评价报告

第一部分 外文刊评价说明

一 外文刊的遴选与评价范围

（一）外文刊的界定

外文刊，是指中国大陆地区机构为主主办或独立主办的人文社会科学外文学术期刊。

（二）外文刊的遴选

为更全面地收集国内出版的人文社会科学外文期刊，外文期刊名单主要从以下几个方面采集：

• 原国家新闻出版广电总局于2014年和2017年公布的两批学术期刊名单里的人文社会科学类的外文期刊；

• 原国家新闻出版广电总局批准新创建的外文期刊（2017年后颁布许可证的）；

• ISSN中国国家中心查询到的人文社会科学外文期刊；

• 咨询委员会专家、各学科专家委员会专家、推荐专家、评阅专家的推荐；

• 科睿唯安JCR和爱思唯尔Scopus中收录的出版地为中国的期刊；

• 编辑部自荐。

通过上述几种渠道收集整理后，再剔除自然科学期刊、已获刊号但未正式出刊、非学术期刊、已停刊等，共收集了 101 种期刊，这 101 种期刊名单自 2022 年 1 月 15 日至 2 月 15 日在中国社会科学评价研究院官网①和公众号②进行了公示，随后根据公示反馈意见进行整理，再次经过同行评议专家（含咨询委员会专家、各学科专家委员会专家、推荐专家、评阅专家）的推荐，以及编辑部自荐，并广泛听取 38 个学科专家委的意见和建议，经过删除、调整和增补，最终确定了 148 种人文社会科学外文期刊名单。

（三）外文刊范围

此次外文刊的评价范围即是通过上述方法遴选出来的 148 种人文社会科学外文期刊，其中，有 51 种期刊取得了国家新闻出版署颁发的行政许可，也就是持有国内统一连续出版物号（以下简称 CN 号），另外 97 种期刊仅有标准国际连续出版物号（以下简称 ISSN 号）。

党的二十大报告明确指出"增强中华文明传播力影响力，坚守中华文化立场，讲好中国故事、传播好中国声音，展现可信、可爱、可敬的中国形象，推动中华文化更好地走向世界"，外文期刊作为中华文明和中华文化的重要载体和阵地，肩负"传播中国声音、中国理论、中国体系"的重任，随着外文期刊在对外传播、彰显国家软实力等方面的重要性的不断提升，为促进外文期刊发展，助力外文期刊积极发挥传播作用，此次评价，除 51 种有 CN 号的外文期刊之外，也首次尝试对 97 种仅有 ISSN 号的外文期刊进行评价。

与 2018 年首次开展的英文刊评价工作一样，我们一如既往地强调外文期刊必须坚持正确政治方向、学术导向和价值取向。仅有 ISSN 号外文期刊情况较为复杂，此次评价工作专门增加了外文期刊审读工作，即组织专家对外文期刊的样刊进行了审读（抽取外文刊部分刊期），但受人力、精力、时间限制，无法对外文期刊所有刊期逐一进行审读，对于发现有问题

---

① http：//casses.cssn.cn/yntg/202201/t20220118_5389089.shtml.

② https：//mp.weixin.qq.com/s/dImwHNgzmmFPCttqFlvnfA.

的期刊，根据问题的不同类型，分别采取了一票否决、扣分等措施。

二　外文刊 AMI 评价指标体系

《中国人文社会科学期刊 AMI 综合评价指标体系（外文刊 AMI，2022）》（以下简称《外文刊 AMI 评价指标体系》）由 3 个一级指标、11 个二级指标和 26 个三级指标构成，实行一票否决制，设置一票否决指标、计分指标、扣分指标和观察指标，各指标统计时间及数据来源有所不同。《外文刊 AMI 评价指标体系》详见表 16。该指标体系以国家标准《人文社会科学期刊评价（GB/T 40108—2021）》为基础，根据国家近期相关政策文件精神，结合外文期刊的特点，在充分听取专家意见基础上制定《外文刊 AMI 评价指标体系》。

三　外文刊分级排序方法

本次评价，外文期刊分级排序参照中文期刊评价的分级排序方法，设立"权威期刊""核心期刊""入库期刊"三个等级。

外文期刊评价结果划等不排序，各等级评价结果按照外文刊名的首字母排列。外文期刊中的"权威期刊""核心期刊"代表中国人文社会科学外文期刊的最高水平，期刊等级等同于中文期刊的"权威期刊""核心期刊"。目前，中国人文社会科学外文期刊数量较少，学科分布不均，此次外文期刊评价评定出的"权威期刊""核心期刊"坚持依外文期刊学术水平而定，兼顾冷门绝学、基础学科等因素，不按比例划定，坚持宁缺毋滥。

四　外文刊数据来源和采集时间

（一）数据来源

本次外文期刊评价的数据来源主要由三部分构成，一是评价院自采数据，二是第三方数据，三是编辑部协助提供的数据。

表16 中国人文社会科学期刊AMI综合评价指标体系（外文刊AMI, 2022）

一票否决指标	如认为该期刊有违马克思主义基本原理，或有违中央现行基本方针政策，或存在情节严重的捏造、篡改、抄袭、买卖版面等学术不端行为，则一票否决，直接取消参评资格						
各学科类指标权重	一级指标	二级指标	三级指标	指标说明	是□（一票否决）	否□（继续打分）	
类1	类2	类3	类4				指标采集时间、来源及备注
45%	40%	35%	评价指标供参考，以专家同行评议为主，此类期刊不单独列类，各学科人员在各学科中评价	吸引力（100%）（3个一级指标先按照指标100%计算分数，随后按学科大类计算权重，各二级指标按照一级指标划分对应的100%计算）	荣誉状况（10%）	期刊获奖	中国出版政府奖	时间：2018年至2022年6月；评价院自采数据	时间：2018年至2022年6月；来源：官网，评价院自采数据
						论文获奖	国家社科基金、学术外译项目资助期刊	时间：2018年至2022年6月；备注：已经取消资格的期刊不加分	时间：2018年至2022年6月；来源：官网，备注：已经取消资格的期刊不多于2项
							中国科技期刊卓越行动计划	时间：2018年至2022年6月；评价院自采数据	时间：2018年至2022年6月；来源：官网，每个学科不多于2项
						人员获奖	中宣部出版局"期刊主题宣传好文章"；论文获得的行业奖项	时间：2018年至2022年6月；评价院自采数据	时间：2018年至2022年6月；来源：官网
					文章状况（10%）	基金论文比	中国出版政府奖；中宣部"四个一批"人才	时间：2018年至2022年6月；评价院自采数据	时间：2018年至2022年6月；来源：CHSSCD；备注：该指标为删除指标，一定程度上是比较好的论文，基金论文比指标存在滥用倾向，为引导期刊良好发展方向，此指标本轮评价中不使用

第六篇 外文刊评价报告

续表

一票否决指标	如认为该期刊有进马克思主义基本原理、基本方针政策，或存在情节严重的捏造、篡改、抄袭、买卖版面等学术不端行为，或有违中央现行基本方针政策，一票否决，直接取消参评资格					
各学科类指标权重	一级指标	二级指标	三级指标	指标说明	是口（一票否决）	否口（继续打分）
类1 类2 类3 类4					指标采集时间、来源及备注	
45% 40% 35%	吸引力（100%）（3个一级指标先按照100%计算分数，随后按学科大类计算权重；评价指标供参考，此类期刊不单独列类，各学科同行评议为主，专家评议为辅，此类期刊不单列类，各学科人员评议中评价标的二级指标按照对应一级指标的100%计算）	文章状况（10%）	开放度	开放获取、开放数据、开放同行评议等开放科学实践的程度	时间：2022年5月；来源：网络、评价院自采数据	
			下载量	篇均下载次数	时间：2022年5月；来源：中国知网Web即年下载数据	
			咨询委员	期刊评价原则、标准的制定、修订与指导，打分时与专家委员权重相同	时间：2022年11月；来源：座谈会、通信评审等；备注：对期刊评价工作的指导及日常监督；对评价打分时的权重同专家委员一起计分；对评价结果进行审定，对评价报告进行审定	
		同行评议（80%）	专家委员	根据同行评议指标进行打分	时间：2021年6月至2022年11月；来源：座谈会、通信评审等	
			推荐专家	根据同行评议指标进行打分	时间：2022年7月至11月；来源：数据采集网站、专家委员（每个编辑部可推荐30人）及特邀专家推荐的学者构成	
			评阅专家	根据同行评议指标进行打分	时间：2022年9月至10月；来源：数据采集网站；备注：类似于"大众点评"，由科研人员、博士研究生、期刊作者等参与打分，参加评议的人员要遵守学术规范，抽查作者的真实性，以保证评议人员的真实有效性	

续表

一票否决指标							是否 (一票否决)	否口 (继续打分)
如认为该期刊有违马克思主义基本原理，或有违中央现行基本方针政策，或存在情节严重的捏造、篡改、抄袭、买卖版面等学术不端行为，则一票否决，直接取消参评资格							指标采集时间、来源及备注	

各学科类指标权重				一级指标	二级指标	三级指标	指标说明	是否 (一票否决)	否口 (继续打分)
类1	类2	类3	类4						
20%	20%	20%	评价指标供参考，以专家评议为主，此类期刊不单独列类，人各学科中评价	管理力 (100%)	学术不端 (−20%)	学术不端	交叉引用/交叉署名、抄袭剽窃、通过"论文中介"组稿等造成的学术不端行为	时间：2018年至2022年11月；来源：举报及国家新闻出版署等；备注：该指标为扣分指标，无学术不端行为不扣分，存在问题进行扣分	
					制度规范 (10%)	制度建设	采稿（约稿）制度、发稿（审稿）制度、编辑培训制度等	时间：2022年6—8月；来源：期刊自评表	时间：2022年6—8月；来源：评价院自采数据
						编校规范建设	对编辑制度、校对制度的建设等	时间：2018至2022年6—8月；来源：期刊自评表，评价院自采数据	
					信息化建设 (40%)	网站建设	网站建设，网站内容完备性及更新情况	时间：2022年6月；来源：期刊自评表	时间：2022年6月；来源：评价院自采数据
						在线稿件处理系统	在线投稿，审稿系统建设情况	时间：2022年6月；来源：期刊自采数据；备注：旨在引导编辑部弥补传统投稿方式的不足，提高投审稿效率，缩短出版周期，以满足网络环境下用户需求	
						微信公众号	微信公众号建设情况	时间：2022年6月；来源：期刊自采数据；备注：新环境下期刊的建设情况	

第六篇　外文刊评价报告　171

续表

一票否决指标						是口（一票否决）	否口（继续打分）
如认为该期刊有违马克思主义基本原理、基本方针政策，或存在情节严重的捏造、篡改、抄袭，卖买版面等学术不端行为，则一票否决，直接取消参评资格						指标采集时间、来源及备注	

各学科类指标权重				一级指标	二级指标	三级指标	指标说明	
类1	类2	类3	类4					
20%	20%	20%	评价指标供参考，以专家同行评议为主，此类类期刊不单独列类，人文各学科中评价	管理力（100%）	队伍建设（10%）	编辑队伍	编辑队伍，含主编尽职情况和专职校对人员情况，含编委队伍、国际化情况	时间：2022年6—8月；来源：期刊自评表、期刊的版权页；备注：该指标为观察指标，2022年评价时不计分，但会关注各期刊编辑队伍建设情况
						作者队伍	作者梯队及机构地区分布等情况；作者国际化情况	时间：2022年6—8月；来源：CHSSCD；备注：该指标为观察指标，2022年评价时不计分，但会关注各期刊作者队伍建设情况
					编校质量（40%）	中文编校质量	出版规范，论文内容及相关著录信息，参考文献信息的规范性、准确性等情况	时间：2022年6—8月；来源：国家新闻出版署抽检2021年第一期和2021年最后一期的第一篇学术论文
						英文摘要质量	英文摘要的准确性、完整性	时间：2022年6—8月；来源：中国人文社会科学期刊英文摘要质量评测报告（2021年）》；备注：该指标为观察指标
					期刊特色化（+20%）	期刊的特色化情况	紧密服务党和国家中心工作情况、促进学科发展情况；冷门绝学、传统文化、交叉学科等；采用特色化的技术、做法情况等；培养青年作者情况等	时间：2022年6—8月；来源：期刊自评表；备注：该指标为加分指标，此会科学期刊特色化案例选编（2019年）》；此为总分外的附加项，类似专家判断的参考性得分指标，作为专家附加题的得分

续表

一票否决指标	如认为该期刊有违马克思主义基本原理、方针政策，或存在情节严重的捏造、篡改、抄袭，买卖版面等学术不端行为，则一票否决，直接取消参评资格							是口（一票否决）	否口（继续打分）
各学科类指标权重	一级指标	二级指标	三级指标	指标说明					来源及备注
类1	类2	类3	类4						
35%	40%	45%	评价指标参考，以专家同行评议为主，此类为期刊不单独列类，人各学科中评价	影响力（100%）	学术影响力（60%）	期刊发文量	期均发文量及变化趋势	指标采集时间、来源及备注	时间：2022年6—8月；来源：CHSSCD；备注：该指标为观察指标，此指标旨在引导期刊制定合理的发文量，不能过大，不能也不能大小
						影响因子	期刊在统计年前两年发表的论文在统计年被引的次数与该刊前两年发表的论文数之比		时间：2022年；来源：科睿唯安JCR、爱思唯尔Scopus
					国际影响力（40%）	海外发行	版权输出、海外出版情况		时间：2018年至2022年6月；来源：国家新闻出版署、评价院自采数据
						国外数据库收录	被国外重要数据库收录情况		时间：2022年；来源：科睿唯安JCR、爱思唯尔Scopus
						国际引用	被国外期刊引用次数		时间：2022年；来源：CNKI的《中国学术期刊国际引证年报》

1. 评价院自采数据

（1）评价院采集数据

• 网络信息数据。通过访问外文刊网站、机构网站等采集外文刊"网站建设""在线投审稿"等信息。

• 微信公众号数据。通过访问外文刊微信公众号采集外文刊微信公众号等信息。

（2）审读数据

组织专家对外文期刊的电子样刊进行审读。审读专家来自各学科专家委[①]和外文期刊专家委。部分外文刊由于未提供电子样刊，评价院经多方查找未能获取，因此，此部分外文期刊无审读结果。

（3）调研数据

以问卷调查、电话咨询、实地走访、专家座谈等形式采集"同行评议""匿名审稿"等指标的数据。

2. 管理部门等第三方数据

• 国家社科基金中华学术外译项目资助外文学术期刊，2017—2021年数据。

• 中国知网、万方的发文量、被引情况及影响因子。

• SSCI、Scopus 的收录情况、影响因子、分区情况等。

3. 期刊编辑部协助提供数据

编辑部填写期刊自评表，此部分数据只有部分期刊编辑部协助提供了该数据。

（二）采集时间

由于指标的计算方法不同，每个指标的采集时间亦有所不同。如：①"外文期刊评价名单及分类公示"时间为 2022 年 1 月 14 日至 2 月 15 日；②"期刊自评表"数据采集于 2022 年 5 月 31 日至 6 月 30 日；③"同行评议"指标问卷采集于 2022 年 9 月 23 日至 10 月 10 日；④"信息化建设""学术影响""收录情况"等指标采集于 2022 年 6—10 月，等等。

[①] 由各学科专家委中外语水平较高的主任和委员组成，一般每个学科 2—4 人。

五 中国人文社会科学外文期刊的变化和发展

（一）外文期刊数量明显持续增加，新增小语种外文期刊

2018年，评价院进行第一次外文期刊评价时，仅收集68种英文期刊，其中42种英文期刊有CN号。此次开展外文期刊评价时共收集了中国创办的148种人文社会科学外文期刊，特别是2017年之后，中国共创办了55种外文期刊，其中，13种外文期刊有CN号，42种外文期刊仅有ISSN号。外文期刊数量增长明显。

目前，外文期刊除了刊发原创学术论文之外，还有不少外文期刊选择将优秀的中文学术论文翻译再发表，这既是向世界推荐中国优秀学术成果的一种有效方式，也是外文期刊编辑部在高质量英文稿件有限的情况下的无奈之举。

北京外国语大学自2020年开始，新创办了5种小语种外文期刊，包括《中国学刊》（*La revue Cahiers de la Chine*，法语）、《中德跨文化论坛》（*Interkulturelles Forum der deutsch-chinesischen Kommunikation*，德语）、《中国与阿拉伯研究》（*Chinese and Arab Studies*，阿拉伯语）、《中国斯拉夫研究》（*Китайское славяноведение*，俄语）和《中拉互鉴》（*Sino-Iberoamerican Interaction*，西班牙语和葡萄牙语），这几本外文期刊的创办，是中国小语种外文学术期刊的零的突破，为在非英语国家和地区讲好中国故事、传播中国声音创新了传播方式，为中国人文社会科学优秀学术成果搭建了新的学术交流平台。

（二）创刊时间相对较短，以季刊半年刊为主

相比中文期刊平均刊龄超过30年而言，外文期刊整体创刊时间较短，在全部148种外文期刊中，有141种（95.3%）外文期刊在2000年之后创刊。51种有CN号的外文期刊中，44种（86.3%）创刊于2000年后，97种仅有ISSN号的外文期刊全部创刊于2000年后。

目前，外文期刊的出版周期以季刊为主。在全部148种外文期刊中，

有76种（51.4%）为季刊、45种（30.4%）为半年刊。51种有CN号的外文期刊中，34种（66.7%）创刊于2000年后，97种仅有ISSN号的外文期刊中，有42种（43.3%）为季刊、38种（39.2%）为半年刊。如表17所示。

表17　　　　　　　　　　外文期刊出版周期情况

出版周期	期刊数量（有CN号）	期刊数量（仅有ISSN号）	期刊总数
双月刊	10	2	12
季刊	34	42	76
每年三期	0	5	5
半年刊	7	38	45
年刊	0	6	6
不定期	0	4	4

（三）对创办外文期刊扶持力度加大，国际影响力显著提升

时隔四年，再次对国内主办外文期刊进行调研时发现，从国家和主办单位两个层面对创办外文期刊的重视程度和扶持力度持续增大。一是国家设立了相应的专项资金以鼓励和支持外文期刊发展。国家社会科学基金自2012年开始，设立专项基金以资助优秀哲学社会科学期刊，至今累计资助了200余种优秀的哲学社会科学期刊，此外，自2019年开始，在"中华学术外译项目"下专门设立了"期刊类学术外译项目"，以资助国内主办的优秀的外文期刊。二是很多高校和科研机构主办的外文期刊，也得到了主办单位在资金、人力等多个方面的支持。

在全部148种外文期刊中，有10种期刊进入了SSCI（其中，2种外文期刊有CN号，8种外文期刊仅有ISSN号），1种外文期刊进入SCIE（为有CN号外文期刊），49种外文期刊进入了ESCI（其中，17种外文期刊有CN号，32种外文期刊仅有ISSN号）。[①] 特别是10种进入SSCI的

---

① 科睿唯安Journal Citation Reports 2022。

10 种外文期刊,有 7 种外文期刊位于各自所在学科的 Q1 和 Q2 区,这些期刊在各自学科有较大的国际影响力。

(四)外文刊的学科分布依旧不均,质量也存在一定差异

与 2018 年英文刊评价类似,外文期刊的学科分布依旧不均,如表 18 所示,在全部 148 种外文期刊中,经济学、政治学、语言学、管理学四个学科共有 68 种(45.9%)外文期刊。在 51 种有 CN 号的外文期刊中,经济学、政治学和管理学有 22 种(43.1%)外文期刊,马克思主义理论、新闻学与传播学、心理学、民族学与文化学和艺术学依旧没有有 CN 号的外文期刊。但是,与上次英文期刊评价相比,所有学科均有外文期刊。

表 18　　　　　　　　外文期刊分科分布

学科	期刊总数 2018	期刊总数 2022	期刊数量(有 CN 号)2018	期刊数量(有 CN 号)2022	期刊数量(仅有 ISSN 号)2018	期刊数量(仅有 ISSN 号)2022
法学	5	9	2	3	3	6
管理学	6	13	4	5	2	8
环境科学	1	3	1	3	/	/
教育学	3	6	2	2	1	4
经济学	14	22	7	9	7	13
考古文博	1	3	/	1	1	2
历史学	4	5	3	3	1	2
马克思主义理论	2	1	/	/	2	1
民族学与文化学	1	2	/	/	1	2
人文地理学	1	1	/	1	1	0
社会学与人口学	3	3	1	1	2	2
体育学	1	4	1	2	/	2
统计学	/	7	/	2	/	5
图书馆、情报与档案学	1	4	1	2	/	2

续表

学科	期刊总数 2018	期刊总数 2022	期刊数量（有CN号）2018	期刊数量（有CN号）2022	期刊数量（仅有ISSN号）2018	期刊数量（仅有ISSN号）2022
文学	2	4	1	2	1	2
心理学	/	4	/	/	/	4
新闻学与传播学	/	6	/	/	/	6
艺术学	1	4	1	/	/	4
语言学	3	16	2	2	1	14
哲学	2	3	1	1	1	2
政治学	11	17	11	8	/	9
宗教学	1	2	/	1	1	1
综合性人文社会科学	5	9	4	3	1	6
共计	68	148	42	51	26	97

第二部分 外文刊评价结果（148种）

一 有CN号外文期刊（51种）

本次评价采用《外文刊AMI评价指标体系》，对51种中国人文社会科学外文学术期刊进行评价。综合评价后，共评出2种权威期刊，14种核心期刊，35种入库期刊。如表19所示。

二 仅有ISSN号外文期刊（97种）

除了51种有CN号的外文期刊之外，首次尝试对97种仅有ISSN号的外文期刊（如表20所示）进行了评价。综合评价后，共评出10种核心期刊，87种入库期刊。

表19 2022年中国人文社会科学外文期刊评价结果（有CN号）

序号	一级学科	英文刊名	中文刊名	主办单位	期刊级别
1	考古文博	Built Heritage	建成遗产（英文）	同济大学	入库
2	历史学	Frontiers of History in China-Selected Publications from Chinese Universities	中国高等学校学术文摘·历史学	高等教育出版社有限公司	核心
3	历史学	World History Studies	世界史研究（英文）	中国社会科学院世界历史研究所；社会科学文献出版社	入库
4	文学	Journal of Foreign Languages and Cultures	外国语言与文化（英文）	湖南师范大学	入库
5	文学	Frontiers of Literary Studies in China-Selected Publications from Chinese Universities	中国高等学校学术文摘·文学研究	高等教育出版社有限公司	入库
6	语言学	Chinese Journal of Applied Linguistics	中国应用语言学（英文）	北京外国语大学	核心
7	语言学	Language and Semiotic Studies	语言与符号学研究（英文版）	苏州大学	入库
8	哲学	Frontiers of Philosophy in China-Selected Publications from Chinese Universities	中国高等学校学术文摘·哲学	高等教育出版社有限公司	核心
9	哲学	Chinese Annals of History of Science and Technology	中国科学技术史（英文）	中国科学院自然科学史研究所；科学出版社	入库
10	宗教学	The Voice of Dharma	法音（英文）	中国佛教协会	入库
11	法学	China Legal Science	中国法学（英文版）	中国法学会	核心
12	法学	Forensic Sciences Research	法庭科学研究	司法鉴定科学研究院；上海交通大学出版社有限公司	入库
13	法学	Frontiers of Law in China-Selected Publications from Chinese Universities	中国高等学校学术文摘·法学	高等教育出版社有限公司；中国人民大学法学院	入库

续表

序号	一级学科	英文刊名	中文刊名	主办单位	期刊级别
14	管理学	Frontiers of Business Research in China-Selected Publications from Chinese Universities	中国高等学校学术文摘·工商管理研究	中国工程院；高等教育出版社有限公司；清华大学；华中科技大学	核心
15	管理学	Journal of Management Science and Engineering	管理科学学报（英文版）	中国科技出版传媒股份有限公司；国家自然科学基金委员会；天津大学	入库
16	管理学	International Journal of Innovation Studies	国际创新研究学报（英文版）	中国科技出版传媒股份有限公司	入库
17	管理学	China Standardization	中国标准化（英文版）	中国标准化研究院；中国标准化协会	入库
18	管理学	Frontiers of Business Research in China	中国高等学校学术文摘·工商管理研究	高等教育出版社有限公司；中国人民大学商学院	入库
19	环境科学	Advances in Climate Change Research	气候变化研究进展（英文版）	国家气候中心	核心
20	环境科学	Chinese Journal of Urban and Environmental Studies	城市与环境研究（英文版）	社会科学文献出版社	入库
21	环境科学	Chinese Journal of Population, Resources and Environment	中国人口·资源与环境（英文版）	中国可持续发展研究会；山东省可持续发展研究中心；中国21世纪议程管理中心；山东师范大学	入库
22	教育学	ECNU Review of Education	华东师大教育评论（英文版）	华东师范大学	核心
23	教育学	Frontiers of Education in China-Selected Publications from Chinese Universities	中国高等学校学术文摘·教育学	高等教育出版社有限公司	核心

第六篇　外文刊评价报告　179

续表

序号	一级学科	英文刊名	中文刊名	主办单位	期刊级别
24	经济学	China and World Economy	中国与世界经济	中国社会科学院世界经济与政治研究所	权威
25	经济学	Economic and Political Studies	经济与政治研究（英文版）	中国人民大学	核心
26	经济学	China Finance and Economic Review	中国财政与经济研究（英文）	中国社会科学院财经战略研究院	核心
27	经济学	China Economist	中国经济学人（中英文）	中国社会科学院工业经济研究所	核心
28	经济学	Belt and Road Initiative Tax Journal	"一带一路"税收（英文）	中国税务杂志社	入库
29	经济学	Journal of WTO and China	WTO与中国（英文版）	对外经济贸易大学	入库
30	经济学	China Economic Transition	当代中国经济转型研究（英文）	高等教育出版社有限责任公司	入库
31	经济学	Ecological Economy	生态经济（英文版）	云南教育出版社有限责任公司	入库
32	经济学	Frontiers of Economics in China-Selected Publications from Chinese Universities	中国高等校学术文摘·经济学	高等教育出版社；上海财经大学	入库
33	人文地理学	Regional Sustainability	区域可持续发展（英文）	中国科学院新疆生态与地理研究所	入库
34	社会学	China Population and Development Studies	当代中国人口发展（英文）	中国人口与发展研究中心	入库
35	体育学	Journal of Sport and Health Science	运动与健康科学（英文）	上海体育学院	权威
36	体育学	Journal of Science in Sport and Exercise	体育运动科学（英文）	北京体育大学	入库
37	统计学	Big Data Mining and Analytics	大数据挖掘与分析（英文）	清华大学	入库
38	统计学	Statistical Theory and Related Fields	统计理论及其应用（英文）	华东师范大学	入库

第六篇　外文刊评价报告

续表

序号	一级学科	英文刊名	中文刊名	主办单位	期刊级别
39	图书馆、情报与档案学	Journal of Data and Information Science	数据与情报科学学报（英文版）	中国科学院文献情报中心	核心
40	图书馆、情报与档案学	Data Intelligence	数据智能（英文）	中国科学院文献情报中心；中国图书进出口（集团）总公司	入库
41	政治学	Qiu Shi	求是（英文版）	求是杂志社	核心
42	政治学	Contemporary World	当代世界（英文）	《当代世界》杂志社	入库
43	政治学	International Understanding	国际交流（英文版）	中国国际交流协会	入库
44	政治学	The Journal of Human Rights	人权（英文版）	中国人权研究会	入库
45	政治学	Foreign Affairs Journal	外交（英文版）	中国人民外交学会	入库
46	政治学	Contemporary International Relations	现代国际关系（英文版）	中国现代国际关系研究院	入库
47	政治学	China Tibetology	中国藏学（英文版）	中国藏学研究中心	入库
48	政治学	China International Studies	中国国际问题研究（英文版）	中国国际问题研究院	入库
49	综合性人文社会科学	Fudan Journal of the Humanities and Social Sciences	复旦人文社会科学论丛（英文）	复旦大学	核心
50	综合性人文社会科学	Contemporary Social Sciences	当代社会科学（英文）	四川省社会科学院研究生院	入库
51	综合性人文社会科学	Social Sciences in China	中国社会科学（英文版）	中国社会科学杂志社	入库

表20　2022年中国人文社会科学外文期刊评价结果（仅有ISSN号）

序号	一级学科	英文刊名	中文刊名	主办单位	期刊等级
1	考古文博	Bamboo and Silk	简帛	武汉大学简帛研究中心	入库
2	考古文博	Chinese Archaeology	中国考古学（英文版）	考古杂志社；格鲁伊特国际出版集团	入库
3	历史学	Journal of Cultural Interaction in East Asia	东亚文化交涉学刊	北京外国语大学	入库
4	历史学	Journal of Modern Chinese History	中国近代史	中国社会科学院近代史所	入库
5	马克思主义理论	International Critical Thought	国际思想评论	中国社会科学院马克思主义研究学部和马克思主义研究院	核心
6	民族学与文化学	International Journal of Anthropology and Ethnology	人类学民族学国际学刊	中国社会科学院民族学与人类学研究所	核心
7	民族学与文化学	Interkulturelles Forum der deutsch-chinesischen Kommunikation	中德跨文化论坛	北京外国语大学	入库
8	文学	Comparative Literature-East & West	比较文学：东方与西方	四川大学	入库
9	艺术学	She Ji-The Journal of Design Economics and Innovation	设计、经济与创新学报	同济大学	入库
10	艺术学	Asian Musicology	亚洲音乐学	亚洲音乐学会；云南大学民族音乐研究中心	入库
11	艺术学	Journal of Chinese Film Studies	中国电影研究	北京电影学院＆中国传媒大学	入库
12	语言学	Journal of Second Language Studies	第二语言研究杂志	上海交通大学	入库
13	语言学	East Asian Pragmatics	东亚语用学	南京大学外国语学院	入库

第六篇 外文刊评价报告

续表

序号	一级学科	英文刊名	中文刊名	主办单位	期刊等级
14	语言学	Signs and Media	符号与传媒	四川大学文学与新闻学院、符号学—传媒学研究所	入库
15	语言学	International Journal of Translation, Interpretation, and Applied Linguistics	国际翻译与应用语言学期刊	山东大学（威海）翻译学院	入库
16	语言学	Macrolinguistics	宏观语言学	南京大学文学院	入库
17	语言学	Interpreting and Society: An Interdisciplinary Journal	口译与社会	北京外国语大学	入库
18	语言学	Cognitive Linguistic Studies	认知语言学研究	西南大学外国语学院	入库
19	语言学	Journal of World Languages	世界语言学刊	北京外国语大学	入库
20	语言学	Frontiers of Narrative Studies	叙事前沿研究	上海交通大学	入库
21	语言学	Asian Languages and Linguistics	亚洲语言与语言学	北京师范大学人文和社会科学高等研究院	入库
22	语言学	Language Context and Text-The Social Semiotics Forum	语言、语境与语篇——社会符号学论坛	深圳大学	入库
23	语言学	Forum for Linguistic Studies	语言研究论坛	四川大学外国语学院	入库
24	语言学	Journal of China Computer-Assisted Language Learning	语言智能教学	北京外国语学院	入库
25	语言学	Journal of Chinese Writing Systems	中国文字	华东师范大学	入库
26	哲学	Yearbook for Eastern and Western Philosophy	东西哲学年鉴	中国社会科学院哲学所	入库
27	哲学	Journal of Social and Political Philosophy	社会和政治哲学	武汉大学哲学学院	入库

续表

序号	一级学科	英文刊名	中文刊名	主办单位	期刊等级
28	宗教学	Studies in Chinese Religions	中国宗教研究	中国社会科学院世界宗教研究所与Tailor & Francis Group	入库
29	法学	Chinese Journal of Comparative Law	中国比较法学刊	西安交通大学丝绸之路国际法比较法研究所	核心
30	法学	Tsinghua China Law Review	清华中国法律评论	清华大学	入库
31	法学	Asian Journal of Law and Society	亚洲法与社会杂志	上海交通大学	入库
32	法学	Chinese Journal of International Law	中国国际法论刊	外交学院	入库
33	法学	China Oceans Law Review	中华海洋法学评论	厦门大学海洋政策与法律中心；上海交通大学海洋法律与政策研究中心；香港理工大学董浩云国际海事研究中心；台湾中山大学海洋事务研究所；澳门大学高级法律研究所；大连海事大学海法研究院	入库
34	法学	Chinese Journal of Environmental Law	中国环境法学刊	武汉大学	入库
35	管理学	Journal of Management Analytics	管理分析学报	上海交通大学	核心
36	管理学	Journal of Chinese Governance	中国治理	浙江大学公共管理学院	核心
37	管理学	Journal of Urban Management	城市规划学刊	浙江大学公共管理学院	入库
38	管理学	Urban Governance	城市治理	上海交通大学	入库
39	管理学	Nankai Business Review International	南开管理评论国际期刊	南开大学商学院	入库
40	管理学	Global Public Policy and Governance	全球公共政策与治理	复旦大学	入库
41	管理学	China Nonprofit Review	中国非营利组织评论	清华大学公共管理学院	入库

续表

序号	一级学科	英文刊名	中文刊名	主办单位	期刊等级
42	管理学	China Journal of Accounting Research	中国会计学刊（英文版）	香港城市大学；中山大学	入库
43	教育学	International Journal of Chinese Education	国际中文教育学报	清华大学教育研究院	入库
44	教育学	Journal of Computers in Education	计算机教育	北京师范大学	入库
45	教育学	The Journal of Educational Technology Development and Exchange	教育技术研究与发展	国际汉语教育技术学会	入库
46	教育学	Global Lifelong Learning	全球终身学习	上海开放大学	入库
47	经济学	Annals of Economics and Finance	经济学与金融学年刊	中央财经大学中国经济与管理研究院；北京大学；武汉大学高级经济学研究中心	核心
48	经济学	China Agricultural Economic Review	中国农业经济评论	中国农业大学；中国农业经济学会	核心
49	经济学	Journal of Contemporary Finance and Economics	当代财经（英文版）	江西财经大学	入库
50	经济学	Financial Innovation	金融创新	西南财经大学	入库
51	经济学	China Economic Quarterly International	经济学（季刊）国际版	北京大学国家发展研究院	入库
52	经济学	Transnational Corporations Review	跨国公司评论	浙江大学经济学院和渥太华联合学院	入库
53	经济学	International Journal of Tourism Anthropology	旅游人类学国际学报	四川大学旅游学院	入库
54	经济学	World Review of Political Economy	世界政治经济评论	中国社会科学院马克思主义研究院和世界政治经济学学会	入库

续表

序号	一级学科	英文刊名	中文刊名	主办单位	期刊等级
55	经济学	Journal of Digital Economy	数字经济	清华大学社会科学学院经济学研究所；科爱出版社	入库
56	经济学	Global Journal of Emerging Market Economies	新兴市场经济国际学刊	北京师范大学新兴市场研究院	入库
57	经济学	Journal of Government and Economics	政府与市场经济学	清华大学	入库
58	经济学	China Finance Review International	中国金融评论	上海交通大学安泰经济与管理学院	入库
59	经济学	China Economic Journal	中国经济杂志	北京大学国家发展研究院	入库
60	社会学	Chinese Journal of Sociology	社会（英文版）	上海大学	入库
61	社会学	Journal of Chinese Sociology	中国社会学刊	中国社会科学院社会学研究所	入库
62	体育学	Physical Activity and Health	体力活动与健康	宁波大学	入库
63	体育学	Asian Journal of Sport History & Culture	亚洲体育历史与文化	暨南大学	入库
64	统计学	Data Science in Finance and Economics	财经数据科学	广州大学	入库
65	统计学	National Accounting Review	国民核算评论	广州大学主管；AIMS Press 出版	入库
66	统计学	Data Science and Management	数据科学与管理（英文）	西安交通大学	入库
67	统计学	Journal of Data Science	数据科学杂志	中国人民大学统计学院和教育部人文社科重点研究基地应用统计科学研究中心主办	入库
68	统计学	Quantitative Finance and Economics	数量金融与经济	广州大学主管；AIMS Press 出版	入库

续表

序号	一级学科	英文刊名	中文刊名	主办单位	期刊等级
69	图书馆、情报与档案学	Data Science and Informetrics	数据科学和信息计量学	中国科学与科学政策科学学会；杭州电子科技大学和清华大学互联网产业研究院	入库
70	图书馆、情报与档案学	Data and Information Management	数据与信息管理	武汉大学	入库
71	文学	Critical Theory	批评理论	上海大学	入库
72	心理学	PsyCh Journal	心理学杂志	中国科学院心理研究所	核心
73	心理学	Journal of Pacific Rim Psychology	环太平洋心理学杂志	北京师范大学	入库
74	心理学	Culture and Brain	文化与大脑	北京大学	入库
75	心理学	Asian Journal Sport and Exercise Psychology	亚洲运动与锻炼心理学	天津体育学院、亚洲及南太平洋地区运动心理学会	入库
76	新闻学与传播学	Communication and the Public	传播与公共	浙江大学	入库
77	新闻学与传播学	Journal of Transcultural Communication	国际跨文化传播学刊	北京外国语大学	入库
78	新闻学与传播学	Global Media and China	全媒体与中国（英文）	中国传媒大学	入库
79	新闻学与传播学	Online Media and Global Communication	网络媒体与全球传播	上海外国语大学	入库
80	新闻学与传播学	Emerging Media: Technology, Industry and Society	新兴媒体：科技、产业和社会	上海交通大学	入库
81	新闻学与传播学	International communication of Chinese Culture	中国文化国际传播（英文）	北京师范大学中国文化国际传播研究院	入库
82	艺术学	Asian-European Music Research Journal	亚欧音乐研究	上海音乐学院"亚欧音乐研究中心"	入库

续表

序号	一级学科	英文刊名	中文刊名	主办单位	期刊等级
83	政治学	Chinese Journal of International Politics	中国国际政治季刊	清华大学国际关系研究院	核心
84	政治学	Journal of Tibetan and Himalayan Studies	藏学与喜马拉雅研究	陕西师范大学国外藏学研究中心	入库
85	政治学	Area Development and Policy	地区发展与政策	中国科学院地理科学与资源研究所、国际区域研究协会	入库
86	政治学	Asian Journal of Middle Eastern and Islamic Studies	亚洲中东与伊斯兰研究	上海外国语大学中东研究所	入库
87	政治学	Chinese Public Administration Review	中国公共行政评论	中山大学中国公共管理研究中心、政治与公共事务管理学院	入库
88	政治学	Chinese Journal of International Review	中国国际评论	上海外国语大学国际关系与公共事务学院	入库
89	政治学	Chinese Journal of Slavic Studies	中国斯拉夫研究	北京外国语大学	入库
90	政治学	Chinese and Arab Studies	中国与阿拉伯研究	北京外国语大学	入库
91	政治学	Chinese Political Science Review	中国政治学评论	复旦大学	入库
92	综合性人文社会科学	The International Journal of Diasporic Chinese Studies	华人研究国际学报	南洋理工大学中华语言文化中心；清华大学华裔研究中心；世界科技出版公司八方文化创作室	入库
93	综合性人文社会科学	Chinese Semiotic Studies	中国符号学研究	南京师范大学	核心
94	综合性人文社会科学	New Techno-Humanities	新科技人文	上海交通大学	入库
95	综合性人文社会科学	Journal of Chinese Humanities	中国人文研究	山东大学	入库
96	综合性人文社会科学	La revue Cahiers de la Chine	中国学刊	北京外国语大学	入库
97	综合性人文社会科学	Sino-Iberoamerican Interaction	中拉互鉴	北京外国语大学	入库

第七篇

2022 年期刊评价结果汇总
（老刊、新刊、外文刊共 2168 种期刊按音序排列）

为方便查询，特将老刊、新刊、外文刊共计 2168 种期刊的评价结果按照期刊简称音序排列，多音字按照排版系统默认音序排列，如"重庆"以"Z"排序。评价结果中属性老刊、新刊、外文刊分别简称为"老""新""外"。老刊、新刊、外刊各学科的全称及简称如表 21 所示。

表 21　　　　　　期刊学科分类名称全称简称对照表

属性	序号	学科全称	学科简称
老刊	1	法学	法学
	2	管理学	管理学
	3	环境科学	环境科学
	4	教育学	教育学
	5	经济学·财政与审计	财政审计
	6	经济学·工业经济	工业经济
	7	经济学·货币金融保险	金融
	8	经济学·经济管理	经济管理
	9	经济学·经济综合	经济综合
	10	经济学·贸易经济	贸易经济

续表

属性	序号	学科全称	学科简称
老刊	11	经济学·农业经济	农业经济
	12	经济学·世界经济	世界经济
	13	考古文博	考古文博
	14	历史学	历史学
	15	马克思主义理论	马列
	16	民族学与文化学	民族文化
	17	人文地理学	人文地理
	18	社会学与人口学	社会人口
	19	体育学	体育学
	20	统计学	统计学
	21	图书馆、情报与档案学	图情档
	22	文学·外国文学	外国文学
	23	文学·中国文学	中国文学
	24	心理学	心理学
	25	新闻学与传播学	新闻传播
	26	艺术学	艺术学
	27	语言学	语言学
	28	哲学	哲学
	29	政治学·国际政治与区域国别	国政国别
	30	政治学·中国政治（含党·政刊）	中国政治
	31	宗教学	宗教学
	32	综合类·高校综合性学报	综合学报
	33	综合类·综合性人文社科期刊	综合人社
新刊	1	法学	法学
	2	工业经济	工业经济
	3	管理学	管理学
	4	国际政治与区域国别	国政国别
	5	环境科学	环境科学
	6	教育学	教育学

续表

属性	序号	学科全称	学科简称
新刊	7	金融	金融
	8	经济管理	经济管理
	9	经济综合	经济综合
	10	考古文博	考古文博
	11	历史学	历史学
	12	马克思主义理论	马列
	13	贸易经济	贸易经济
	14	民族学与文化学	民族文化
	15	农业经济	农业经济
	16	人文地理学	人文地理
	17	社会学与人口学	社会人口
	18	世界经济	世界经济
	19	统计学	统计学
	20	图书馆、情报与档案学	图情档
	21	外国文学	外国文学
	22	新闻学与传播学	新闻传播
	23	艺术学	艺术学
	24	语言学	语言学
	25	哲学	哲学
	26	中国文学	中国文学
	27	中国政治	中国政治
	28	综合人文社科期刊	综合
外刊	1	财政	财政
	2	法学	法学
	3	高校综合性学报	学报
	4	管理学	管理学
	5	国际政治与区域国别	国政国别
	6	环境科学	环境科学
	7	教育学	教育学

续表

属性	序号	学科全称	学科简称
外刊	8	金融	金融
	9	经济管理	经济管理
	10	经济综合	经济综合
	11	考古文博	考古文博
	12	历史学	历史学
	13	马克思主义理论	马列
	14	民族学与文化学	民族文化
	15	农业经济	农业经济
	16	人文地理学	人文地理
	17	社会学与人口学	社会人口
	18	体育学	体育学
	19	统计学	统计学
	20	图书馆、情报与档案学	图情档
	21	外国文学	外国文学
	22	心理学	心理学
	23	新闻学与传播学	新闻传播
	24	艺术学	艺术学
	25	语言学	语言学
	26	哲学	哲学
	27	中国文学	中国文学
	28	中国政治	中国政治
	29	宗教学	宗教学
	30	综合人文社科期刊	综合

（一）刊名音序 A—D

刊名首字母 A—D 的期刊具体如下。

序号	期刊名称（A—D）	学科简称	属性	等级
1	"一带一路"税收（英文）	财政	外	入库
2	WTO与中国（英文版）	经济综合	外	入库
3	阿坝师范学院学报	综合学报	老	入库
4	阿拉伯世界研究	国政国别	老	扩展
5	安徽大学学报（哲学社会科学版）	综合学报	老	核心
6	安徽工业大学学报（社会科学版）	综合学报	老	扩展
7	安徽行政学院学报	中国政治	老	扩展
8	安徽开放大学学报	综合学报	老	入库
9	安徽理工大学学报（社会科学版）	综合学报	老	入库
10	安徽农业大学学报（社会科学版）	综合学报	老	扩展
11	安徽师范大学学报（人文社会科学版）	综合学报	老	核心
12	安徽史学	历史学	老	核心
13	安庆师范大学学报（社会科学版）	综合学报	老	扩展
14	八桂侨刊	综合人社	老	入库
15	百年潮	历史学	老	入库
16	版权理论与实务	法学	新	入库
17	包装工程	艺术学	老	扩展
18	宝鸡文理学院学报（社会科学版）	综合学报	老	入库
19	保险研究	金融	老	核心
20	北部湾大学学报	综合学报	老	入库
21	北方传媒研究	新闻传播	老	入库
22	北方法学	法学	老	扩展
23	北方工业大学学报	综合学报	老	入库
24	北方金融	金融	老	入库
25	北方经济	经济综合	老	扩展
26	北方论丛	综合人社	老	扩展
27	北方民族大学学报	民族文化	老	核心
28	北方文物	考古文博	老	扩展
29	北华大学学报（社会科学版）	综合学报	老	入库

续表

序号	期刊名称（A—D）	学科简称	属性	等级
30	北京大学教育评论	教育学	老	顶级
31	北京大学学报（哲学社会科学版）	综合学报	老	顶级
32	北京档案	图情档	老	扩展
33	北京党史	历史学	老	入库
34	北京第二外国语学院学报	语言学	老	核心
35	北京电影学院学报	艺术学	老	核心
36	北京工商大学学报（社会科学版）	贸易经济	老	核心
37	北京工业大学学报（社会科学版）	综合学报	老	核心
38	北京行政学院学报	中国政治	老	核心
39	北京航空航天大学学报（社会科学版）	综合学报	老	核心
40	北京化工大学学报（社会科学版）	综合学报	老	扩展
41	北京交通大学学报（社会科学版）	综合学报	老	核心
42	北京教育学院学报	综合学报	老	扩展
43	北京经济管理职业学院学报	综合学报	老	入库
44	北京警察学院学报	法学	老	扩展
45	北京科技大学学报（社会科学版）	综合学报	老	核心
46	北京理工大学学报（社会科学版）	综合学报	老	核心
47	北京联合大学学报（人文社会科学版）	综合学报	老	核心
48	北京林业大学学报（社会科学版）	综合学报	老	核心
49	北京青年研究	社会人口	老	入库
50	北京人大	中国政治	老	扩展
51	北京社会科学	综合人社	老	核心
52	北京师范大学学报（社会科学版）	综合学报	老	权威
53	北京体育大学学报	体育学	老	核心
54	北京舞蹈学院学报	艺术学	老	核心
55	北京邮电大学学报（社会科学版）	综合学报	老	核心
56	北京政法职业学院学报	综合学报	老	入库
57	比较法研究	法学	老	核心
58	比较教育学报	教育学	新	核心

续表

序号	期刊名称（A—D）	学科简称	属性	等级
59	比较教育研究	教育学	老	核心
60	比较文学：东方与西方	外国文学	外	入库
61	边疆经济与文化	综合人社	老	入库
62	边界与海洋研究	国政国别	老	入库
63	编辑学报	新闻传播	老	核心
64	编辑学刊	新闻传播	老	扩展
65	编辑之友	新闻传播	老	核心
66	标准科学	经济管理	老	扩展
67	兵团党校学报	中国政治	老	扩展
68	博物馆管理	考古文博	新	入库
69	博物院	考古文博	新	入库
70	渤海大学学报（哲学社会科学版）	综合学报	老	扩展
71	财会通讯	管理学	老	扩展
72	财会研究	经济管理	老	扩展
73	财会月刊	管理学	老	扩展
74	财经法学	法学	老	核心
75	财经科学	财政审计	老	核心
76	财经理论研究	经济管理	老	扩展
77	财经理论与实践	金融	老	核心
78	财经论丛（浙江财经大学学报）	财政审计	老	核心
79	财经数据科学	统计学	外	入库
80	财经问题研究	财政审计	老	核心
81	财经研究	经济综合	老	核心
82	财经智库	经济综合	老	核心
83	财贸经济	贸易经济	老	权威
84	财贸研究	贸易经济	老	核心
85	财务管理研究	贸易经济	新	入库
86	财务研究	管理学	老	扩展
87	财务与会计	管理学	老	扩展

续表

序号	期刊名称（A—D）	学科简称	属性	等级
88	财务与金融	金融	老	扩展
89	财政监督	财政审计	老	扩展
90	财政科学	财政审计	老	扩展
91	财政研究	财政审计	老	权威
92	残疾人研究	社会人口	老	扩展
93	藏学与喜马拉雅研究	国政国别	外	入库
94	草原文物	考古文博	老	入库
95	柴达木开发研究	经济管理	老	入库
96	产经评论	工业经济	老	核心
97	产业创新研究	经济管理	老	扩展
98	产业经济评论	经济综合	老	核心
99	产业经济研究	工业经济	老	核心
100	产业与科技论坛	综合人社	老	入库
101	常熟理工学院学报	综合学报	老	入库
102	常州大学学报（社会科学版）	综合学报	老	核心
103	重庆大学学报（社会科学版）	综合学报	老	核心
104	重庆第二师范学院学报	综合学报	老	入库
105	重庆高教研究	教育学	老	核心
106	重庆工商大学学报（社会科学版）	综合学报	老	核心
107	重庆广播电视大学学报	综合学报	老	入库
108	重庆行政	中国政治	老	扩展
109	重庆交通大学学报（社会科学版）	综合学报	老	扩展
110	重庆理工大学学报（社会科学）	综合学报	老	核心
111	重庆三峡学院学报	综合学报	老	入库
112	重庆社会科学	综合人社	老	核心
113	重庆师范大学学报（社会科学版）	综合学报	老	扩展
114	重庆文理学院学报（社会科学版）	综合学报	老	入库
115	重庆邮电大学学报（社会科学版）	综合学报	老	核心
116	成都大学学报（社会科学版）	综合学报	老	扩展

续表

序号	期刊名称（A—D）	学科简称	属性	等级
117	成都行政学院学报	中国政治	老	扩展
118	成都理工大学学报（社会科学版）	综合学报	老	入库
119	成都师范学院学报	综合学报	老	扩展
120	成都体育学院学报	体育学	老	核心
121	成人教育	教育学	老	扩展
122	城市	人文地理	老	入库
123	城市发展研究	人文地理	老	扩展
124	城市观察	人文地理	老	入库
125	城市规划	人文地理	老	核心
126	城市规划学刊	人文地理	老	扩展
127	城市规划学刊	管理学	外	入库
128	城市设计	工业经济	老	入库
129	城市问题	人文地理	老	扩展
130	城市学刊	综合人社	老	扩展
131	城市与环境研究	环境科学	老	核心
132	城市与环境研究（英文）	环境科学	外	入库
133	城市治理	管理学	外	入库
134	赤峰学院学报（汉文哲学社会科学版）	综合学报	老	入库
135	出版发行研究	新闻传播	老	扩展
136	出版广角	新闻传播	老	扩展
137	出版科学	新闻传播	老	核心
138	出版与印刷	新闻传播	老	扩展
139	出土文献	考古文博	新	核心
140	传播与版权	新闻传播	老	入库
141	传播与公共	新闻传播	外	入库
142	传承	历史学	老	入库
143	传媒	新闻传播	老	扩展
144	船山学刊	哲学	老	扩展
145	创新	综合人社	老	扩展

续表

序号	期刊名称（A—D）	学科简称	属性	等级
146	创新创业理论研究与实践	教育学	老	扩展
147	创新科技	经济管理	老	入库
148	创新人才教育	教育学	老	扩展
149	创新与创业教育	教育学	老	扩展
150	创意设计源	艺术学	老	扩展
151	创意与设计	艺术学	老	扩展
152	创造	中国政治	老	入库
153	辞书研究	语言学	老	核心
154	大理大学学报	综合学报	老	入库
155	大连大学学报	综合学报	老	扩展
156	大连干部学刊	中国政治	老	扩展
157	大连海事大学学报（社会科学版）	综合学报	老	扩展
158	大连理工大学学报（社会科学版）	综合学报	老	核心
159	大连民族大学学报	民族文化	老	扩展
160	大庆社会科学	综合人社	老	入库
161	大庆师范学院学报	综合学报	老	入库
162	大数据	图情档	老	扩展
163	大数据挖掘与分析（英文）	统计学	外	入库
164	大学教育	教育学	老	扩展
165	大学教育科学	教育学	老	核心
166	大学书法	艺术学	新	入库
167	大学图书馆学报	图情档	老	核心
168	大学图书情报学刊	图情档	老	扩展
169	大学与学科	教育学	新	入库
170	当代财经	经济综合	老	核心
171	当代财经（英文版）	财政	外	入库
172	当代传播	新闻传播	老	核心
173	当代电视	新闻传播	老	扩展
174	当代电影	艺术学	老	权威

续表

序号	期刊名称（A—D）	学科简称	属性	等级
175	当代动画	艺术学	老	扩展
176	当代法学	法学	老	核心
177	当代韩国	国政国别	老	入库
178	当代会计	管理学	老	入库
179	当代教师教育	教育学	老	扩展
180	当代教研论丛	教育学	老	入库
181	当代教育科学	教育学	老	扩展
182	当代教育理论与实践	教育学	老	扩展
183	当代教育论坛	教育学	老	扩展
184	当代教育与文化	教育学	老	扩展
185	当代金融研究	金融	新	入库
186	当代经济	经济综合	老	扩展
187	当代经济管理	经济管理	老	核心
188	当代经济科学	经济综合	老	核心
189	当代经济研究	经济综合	老	核心
190	当代美国评论	国政国别	新	核心
191	当代美术家	艺术学	老	扩展
192	当代农村财经	经济综合	老	入库
193	当代青年研究	社会人口	老	扩展
194	当代社会科学（英文）	综合	外	入库
195	当代世界	国政国别	老	核心
196	当代世界（英文）	国政国别	外	入库
197	当代世界社会主义问题	马列	老	核心
198	当代世界与社会主义	马列	老	核心
199	当代外国文学	外国文学	老	核心
200	当代外语研究	语言学	老	扩展
201	当代文坛	中国文学	老	核心
202	当代舞蹈艺术研究（中英文）（Contemporary Dance Research）	艺术学	老	扩展

续表

序号	期刊名称（A—D）	学科简称	属性	等级
203	当代戏剧	艺术学	老	入库
204	当代修辞学	语言学	老	核心
205	当代亚太	国政国别	老	权威
206	当代音乐	艺术学	老	入库
207	当代语言学	语言学	老	核心
208	当代职业教育	教育学	老	扩展
209	当代中国价值观研究	哲学	老	扩展
210	当代中国经济转型研究（英文）	经济综合	外	入库
211	当代中国人口与发展（英文）	社会人口	外	入库
212	当代中国史研究	马列	老	核心
213	当代中国与世界	国政国别	新	入库
214	当代作家评论	中国文学	老	核心
215	档案	图情档	老	入库
216	档案管理	图情档	老	扩展
217	档案学通讯	图情档	老	核心
218	档案学研究	图情档	老	核心
219	档案与建设	图情档	老	扩展
220	党的生活（黑龙江）	中国政治	老	扩展
221	党的生活（青海）	中国政治	老	扩展
222	党的文献	马列	老	核心
223	党建	马列	老	核心
224	党建研究	中国政治	老	核心
225	党史博采	中国政治	老	扩展
226	党史博览	中国政治	老	扩展
227	党史文苑	中国政治	老	扩展
228	党史研究与教学	历史学	老	扩展
229	党政干部论坛	中国政治	老	扩展
230	党政干部学刊	中国政治	老	扩展
231	党政论坛	中国政治	老	扩展

续表

序号	期刊名称（A—D）	学科简称	属性	等级
232	党政研究	中国政治	老	核心
233	道德与文明	哲学	老	核心
234	德国研究	国政国别	老	扩展
235	德语人文研究	语言学	老	扩展
236	德州学院学报	综合学报	老	入库
237	邓小平研究	马列	老	入库
238	地方财政研究	财政审计	老	扩展
239	地方立法研究	法学	老	扩展
240	地方文化研究	民族文化	老	扩展
241	地方治理研究	中国政治	老	核心
242	地理科学	人文地理	老	核心
243	地理科学进展	人文地理	老	核心
244	地理学报	人文地理	老	顶级
245	地理研究	人文地理	老	核心
246	地理与地理信息科学	人文地理	老	扩展
247	地区发展与政策	国政国别	外	入库
248	地域文化研究	历史学	新	入库
249	地域研究与开发	人文地理	老	扩展
250	第二语言研究杂志	语言学	外	入库
251	第欧根尼	哲学	老	入库
252	电化教育研究	教育学	老	核心
253	电视研究	艺术学	老	扩展
254	电影理论研究（中英文）	艺术学	新	入库
255	电影评介	艺术学	老	扩展
256	电影文学	艺术学	老	扩展
257	电影新作	艺术学	老	扩展
258	电影艺术	艺术学	老	核心
259	电子科技大学学报（社会科学版）	综合学报	老	核心
260	电子政务	中国政治	老	核心

续表

序号	期刊名称（A—D）	学科简称	属性	等级
261	电子知识产权	法学	老	扩展
262	东北财经大学学报	经济综合	老	核心
263	东北大学学报（社会科学版）	综合学报	老	核心
264	东北农业大学学报（社会科学版）	综合学报	老	核心
265	东北师大学报（哲学社会科学版）	综合学报	老	核心
266	东北亚经济研究	世界经济	新	入库
267	东北亚论坛	国政国别	老	核心
268	东北亚外语研究	语言学	老	扩展
269	东北亚学刊	国政国别	老	扩展
270	东方法学	法学	老	核心
271	东方论坛—青岛大学学报（社会科学版）	综合人社	老	扩展
272	东方学刊	中国政治	新	入库
273	东华大学学报（社会科学版）	综合学报	老	扩展
274	东华理工大学学报（社会科学版）	综合学报	老	扩展
275	东疆学刊	综合人社	老	扩展
276	东南传播	新闻传播	老	入库
277	东南大学学报（哲学社会科学版）	综合学报	老	核心
278	东南文化	考古文博	老	核心
279	东南学术	综合人社	老	核心
280	东南亚研究	国政国别	老	扩展
281	东南亚纵横	国政国别	老	扩展
282	东吴学术	综合人社	老	扩展
283	东西哲学年鉴	哲学	外	入库
284	东亚文化交涉学刊	历史学	外	入库
285	东亚语用学	语言学	外	入库
286	东岳论丛	综合人社	老	核心
287	读书	综合人社	老	核心
288	杜甫研究学刊	中国文学	老	扩展
289	对外传播	新闻传播	老	扩展

续表

序号	期刊名称（A—D）	学科简称	属性	等级
290	对外经贸	贸易经济	老	扩展
291	对外经贸实务	贸易经济	老	扩展
292	敦煌学辑刊	考古文博	老	扩展
293	敦煌研究	考古文博	老	核心

（二）刊名音序 E—G

刊名首字母 E—G 的期刊具体如下。

序号	期刊名称（E—G）	学科简称	属性	等级
294	俄罗斯东欧中亚研究	国政国别	老	核心
295	俄罗斯文艺	外国文学	老	入库
296	俄罗斯学刊	国政国别	老	扩展
297	俄罗斯研究	国政国别	老	扩展
298	发展	经济综合	老	扩展
299	发展研究	经济综合	老	核心
300	法国研究	国政国别	老	入库
301	法律科学（西北政法大学学报）	法学	老	核心
302	法律适用	法学	老	扩展
303	法商研究	法学	老	核心
304	法庭科学研究（英文）	法学	外	入库
305	法学	法学	老	核心
306	法学家	法学	老	核心
307	法学论坛	法学	老	核心
308	法学评论	法学	老	核心
309	法学研究	法学	老	顶级
310	法学杂志	法学	老	扩展
311	法医学杂志	法学	老	扩展
312	法音	宗教学	老	入库
313	法音（英文）	宗教学	外	入库

续表

序号	期刊名称（E—G）	学科简称	属性	等级
314	法语国家与地区研究（中法文）	综合	新	入库
315	法制与经济	法学	老	入库
316	法制与社会发展	法学	老	核心
317	法治社会	法学	老	扩展
318	法治现代化研究	法学	新	入库
319	法治研究	法学	老	扩展
320	犯罪研究	法学	老	扩展
321	犯罪与改造研究	法学	老	扩展
322	方言	语言学	老	核心
323	风景园林	人文地理	老	扩展
324	佛山科学技术学院学报（社会科学版）	综合学报	老	入库
325	佛学研究	宗教学	老	扩展
326	服装学报	工业经济	老	扩展
327	符号与传媒	语言学	外	入库
328	福建江夏学院学报	综合学报	老	入库
329	福建金融	金融	老	入库
330	福建开放大学学报	综合学报	老	入库
331	福建论坛（人文社会科学版）	综合人社	老	核心
332	福建农林大学学报（哲学社会科学版）	综合学报	老	扩展
333	福建省社会主义学院学报	中国政治	老	扩展
334	福建师范大学学报（哲学社会科学版）	综合学报	老	核心
335	福建史志	历史学	老	入库
336	福建体育科技	体育学	老	入库
337	福建医科大学学报（社会科学版）	综合学报	老	入库
338	福州大学学报（哲学社会科学版）	综合学报	老	扩展
339	福州党校学报	中国政治	老	入库
340	妇女研究论丛	社会人口	老	核心
341	阜阳师范大学学报（社会科学版）	综合学报	老	入库
342	复旦教育论坛	教育学	老	核心

续表

序号	期刊名称（E—G）	学科简称	属性	等级
343	复旦人文社会科学论丛（英文）	学报	外	核心
344	复旦学报（社会科学版）	综合学报	老	权威
345	改革	经济综合	老	核心
346	改革与开放	经济管理	老	扩展
347	改革与战略	经济综合	老	扩展
348	甘肃高师学报	综合学报	老	入库
349	甘肃广播电视大学学报	综合学报	老	入库
350	甘肃行政学院学报	中国政治	老	核心
351	甘肃教育研究	教育学	新	入库
352	甘肃理论学刊	中国政治	老	扩展
353	甘肃社会科学	综合人社	老	核心
354	甘肃政法大学学报	法学	老	扩展
355	干旱区资源与环境	人文地理	老	扩展
356	赣南师范大学学报	综合学报	老	扩展
357	港澳研究	中国政治	老	核心
358	高等工程教育研究	教育学	老	核心
359	高等继续教育学报	教育学	老	扩展
360	高等建筑教育	教育学	老	扩展
361	高等教育研究	教育学	老	权威
362	高等教育研究学报	教育学	老	扩展
363	高等理科教育	教育学	老	扩展
364	高教发展与评估	教育学	老	核心
365	高教论坛	教育学	老	扩展
366	高教探索	教育学	老	扩展
367	高教学刊	教育学	老	扩展
368	高校辅导员	教育学	老	扩展
369	高校辅导员学刊	教育学	老	扩展
370	高校教育管理	教育学	老	核心
371	高校马克思主义理论教育研究	马列	新	入库

续表

序号	期刊名称（E—G）	学科简称	属性	等级
372	高校马克思主义理论研究	马列	老	入库
373	高校图书馆工作	图情档	老	扩展
374	工程管理科技前沿	管理学	老	扩展
375	工程管理前沿（英文版）	管理学	外	核心
376	工程管理学报	管理学	老	扩展
377	工程经济	工业经济	老	入库
378	工信财经科技	工业经济	新	入库
379	工业工程设计	艺术学	新	入库
380	工业工程与管理	工业经济	老	扩展
381	工业和信息化教育	教育学	老	扩展
382	工业技术经济	工业经济	老	核心
383	公安学研究	法学	新	入库
384	公共财政研究	财政审计	老	扩展
385	公共管理评论	管理学	新	核心
386	公共管理学报	管理学	老	核心
387	公共管理与政策评论	管理学	老	核心
388	公共行政评论	中国政治	老	核心
389	公共艺术	艺术学	老	入库
390	公共治理研究	中国政治	老	核心
391	共产党员	中国政治	老	扩展
392	供应链管理	管理学	新	核心
393	古代文明（中英文）	历史学	老	扩展
394	古汉语研究	语言学	老	核心
395	古籍整理研究学刊	历史学	老	扩展
396	古今农业	历史学	老	入库
397	古田干部学院学报	中国政治	新	入库
398	故宫博物院院刊	考古文博	老	核心
399	关东学刊	综合人社	老	扩展
400	观察与思考	中国政治	老	核心

续表

序号	期刊名称（E—G）	学科简称	属性	等级
401	管理案例研究与评论	管理学	老	扩展
402	管理分析学报	管理学	外	核心
403	管理工程师	管理学	老	入库
404	管理工程学报	管理学	老	核心
405	管理科学	管理学	老	核心
406	管理科学学报	管理学	老	核心
407	管理科学学报（英文版）	管理学	外	入库
408	管理评论	管理学	老	核心
409	管理世界	管理学	老	顶级
410	管理现代化	管理学	老	扩展
411	管理学报	管理学	老	核心
412	管理学刊	管理学	老	核心
413	管子学刊	哲学	老	入库
414	广播电视大学学报（哲学社会科学版）	综合学报	老	入库
415	广东财经大学学报	经济综合	老	核心
416	广东党史与文献研究	马列	新	入库
417	广东第二师范学院学报	教育学	老	扩展
418	广东技术师范大学学报	综合学报	老	入库
419	广东开放大学学报	综合学报	老	入库
420	广东青年研究	社会人口	老	扩展
421	广东社会科学	综合人社	老	核心
422	广东省社会主义学院学报	中国政治	老	扩展
423	广东外语外贸大学学报	外国文学	老	扩展
424	广西财经学院学报	经济综合	老	扩展
425	广西大学学报（哲学社会科学版）	综合学报	老	核心
426	广西地方志	历史学	老	入库
427	广西广播电视大学学报	综合学报	老	入库
428	广西教育学院学报	教育学	老	入库
429	广西科技师范学院学报	综合学报	老	入库

续表

序号	期刊名称（E—G）	学科简称	属性	等级
430	广西民族大学学报（哲学社会科学版）	民族文化	老	核心
431	广西民族师范学院学报	综合学报	老	入库
432	广西民族研究	民族文化	老	扩展
433	广西青年干部学院学报	中国政治	老	扩展
434	广西社会科学	综合人社	老	扩展
435	广西社会主义学院学报	中国政治	老	扩展
436	广西师范大学学报（哲学社会科学版）	综合学报	老	入库
437	广西政法管理干部学院学报	法学	老	入库
438	广西职业师范学院学报	管理学	老	入库
439	广义虚拟经济研究	经济综合	老	入库
440	广州大学学报（社会科学版）	综合学报	老	核心
441	广州广播电视大学学报	综合学报	老	入库
442	广州社会主义学院学报	中国政治	老	扩展
443	广州体育学院学报	体育学	老	扩展
444	规划师	人文地理	老	扩展
445	贵阳市委党校学报	中国政治	老	扩展
446	贵阳学院学报（社会科学版）	综合学报	老	入库
447	贵州财经大学学报	经济综合	老	核心
448	贵州大学学报（社会科学版）	综合学报	老	扩展
449	贵州警察学院学报	法学	老	入库
450	贵州民族大学学报（哲学社会科学版）	民族文化	老	扩展
451	贵州民族研究	民族文化	老	扩展
452	贵州社会科学	综合人社	老	核心
453	贵州社会主义学院学报	中国政治	老	扩展
454	贵州省党校学报	中国政治	老	扩展
455	贵州师范大学学报（社会科学版）	综合学报	老	核心
456	贵州师范学院学报	综合学报	老	扩展
457	贵州文史丛刊	历史学	老	扩展
458	桂海论丛	中国政治	老	入库

续表

序号	期刊名称（E—G）	学科简称	属性	等级
459	郭沫若学刊	中国文学	老	入库
460	国防科技大学学报	综合学报	老	核心
461	国际安全研究	国政国别	老	核心
462	国际比较文学（中英文）	外国文学	新	入库
463	国际城市规划	人文地理	老	核心
464	国际传播	新闻传播	老	入库
465	国际创新研究学报（英文）	管理学	外	入库
466	国际法学刊	法学	新	入库
467	国际法研究	法学	老	核心
468	国际翻译与应用语言学期刊	语言学	外	入库
469	国际关系研究	国政国别	老	扩展
470	国际观察	国政国别	老	扩展
471	国际汉学	历史学	老	扩展
472	国际汉语教学研究	语言学	老	扩展
473	国际交流（英文版）	国政国别	外	入库
474	国际金融	金融	老	核心
475	国际金融研究	金融	老	核心
476	国际经济法学刊	法学	新	入库
477	国际经济合作	世界经济	老	核心
478	国际经济评论	世界经济	老	核心
479	国际经贸探索	贸易经济	老	核心
480	国际跨文化传播学刊	新闻传播	外	入库
481	国际论坛	国政国别	老	核心
482	国际贸易	贸易经济	老	核心
483	国际贸易问题	贸易经济	老	权威
484	国际儒学（中英文）	哲学	新	入库
485	国际商务（对外经济贸易大学学报）	贸易经济	老	扩展
486	国际商务研究	贸易经济	老	扩展
487	国际社会科学杂志	综合人社	老	扩展

续表

序号	期刊名称（E—G）	学科简称	属性	等级
488	国际石油经济	世界经济	老	入库
489	国际税收	财政审计	老	扩展
490	国际思想评论	马列	外	核心
491	国际问题研究	国政国别	老	核心
492	国际新闻界	新闻传播	老	权威
493	国际展望	国政国别	老	扩展
494	国际政治科学	国政国别	老	扩展
495	国际政治研究	国政国别	老	核心
496	国际中文教育（中英文）	语言学	老	扩展
497	国际中文教育学报	教育学	外	入库
498	国家安全论坛	国政国别	新	入库
499	国家安全研究	国政国别	老	核心
500	国家检察官学院学报	法学	老	核心
501	国家教育行政学院学报	教育学	老	核心
502	国家图书馆学刊	图情档	老	核心
503	国民核算评论	统计学	外	入库
504	国土与自然资源研究	人文地理	老	入库
505	国土资源科技管理	经济管理	老	核心
506	国外理论动态	马列	老	扩展
507	国外社会科学前沿	综合	新	入库
508	国外文学	外国文学	老	核心
509	国学学刊	历史学	老	扩展

（三）刊名音序 H—J

刊名首字母 H—J 的期刊具体如下。

序号	期刊名称（H—J）	学科简称	属性	等级
510	哈尔滨工业大学学报（社会科学版）	综合学报	老	扩展
511	哈尔滨商业大学学报（社会科学版）	综合学报	老	扩展

续表

序号	期刊名称（H—J）	学科简称	属性	等级
512	哈尔滨师范大学社会科学学报	综合学报	老	扩展
513	哈尔滨市委党校学报	中国政治	老	扩展
514	哈尔滨学院学报	综合学报	老	入库
515	海关与经贸研究	贸易经济	老	扩展
516	海河传媒	新闻传播	新	入库
517	海交史研究	历史学	老	扩展
518	海军工程大学学报（综合版）	综合学报	老	入库
519	海南大学学报（人文社会科学版）	综合学报	老	核心
520	海南金融	金融	老	扩展
521	海南开放大学学报	综合学报	老	入库
522	海南热带海洋学院学报	综合学报	老	入库
523	海南师范大学学报（社会科学版）	综合学报	老	扩展
524	海外投资与出口信贷	经济综合	老	入库
525	海峡法学	法学	老	入库
526	海峡人文学刊	中国文学	新	入库
527	海峡文艺评论	中国文学	新	入库
528	海洋经济	工业经济	老	扩展
529	海洋开发与管理	环境科学	老	扩展
530	汉语学报	语言学	老	核心
531	汉语学习	语言学	老	扩展
532	汉语言文学研究	中国文学	老	扩展
533	汉字汉语研究	语言学	新	入库
534	汉字文化	语言学	老	入库
535	行政法学研究	法学	老	核心
536	行政管理改革	中国政治	老	核心
537	行政科学论坛	中国政治	老	扩展
538	行政论坛	中国政治	老	核心
539	行政与法	中国政治	老	扩展
540	杭州电子科技大学学报（社会科学版）	综合学报	老	核心

续表

序号	期刊名称（H—J）	学科简称	属性	等级
541	杭州师范大学学报（社会科学版）	综合学报	老	扩展
542	航海教育研究	教育学	老	扩展
543	合肥工业大学学报（社会科学版）	综合学报	老	扩展
544	合肥师范学院学报	综合学报	老	扩展
545	和平与发展	国政国别	老	入库
546	河北北方学院学报（社会科学版）	综合学报	老	入库
547	河北大学成人教育学院学报	综合学报	老	入库
548	河北大学学报（哲学社会科学版）	综合学报	老	核心
549	河北地质大学学报	经济综合	老	入库
550	河北法学	法学	老	扩展
551	河北工程大学学报（社会科学版）	综合学报	老	扩展
552	河北工业大学学报（社会科学版）	综合学报	老	核心
553	河北金融	金融	老	扩展
554	河北经贸大学学报	经济综合	老	核心
555	河北经贸大学学报（综合版）	综合学报	老	入库
556	河北开放大学学报	综合学报	老	入库
557	河北科技大学学报（社会科学版）	综合学报	老	入库
558	河北民族师范学院学报	综合学报	老	入库
559	河北农业大学学报（社会科学版）	综合学报	老	扩展
560	河北青年管理干部学院学报	中国政治	老	扩展
561	河北省社会主义学院学报	中国政治	老	入库
562	河北师范大学学报（教育科学版）	教育学	老	核心
563	河北师范大学学报（哲学社会科学版）	综合学报	老	核心
564	河北体育学院学报	体育学	老	扩展
565	河北学刊	综合人社	老	核心
566	河北职业教育	教育学	老	入库
567	河海大学学报（哲学社会科学版）	综合学报	老	核心
568	河南财经政法大学学报	法学	老	扩展
569	河南大学学报（社会科学版）	综合学报	老	核心

续表

序号	期刊名称（H—J）	学科简称	属性	等级
570	河南工业大学学报（社会科学版）	综合学报	老	扩展
571	河南广播电视大学学报	综合学报	老	入库
572	河南教育学院学报（哲学社会科学版）	综合学报	老	入库
573	河南科技大学学报（社会科学版）	综合学报	老	入库
574	河南科技学院学报	综合学报	老	入库
575	河南理工大学学报（社会科学版）	综合学报	老	扩展
576	河南牧业经济学院学报	综合学报	老	入库
577	河南社会科学	综合人社	老	核心
578	河南师范大学学报（哲学社会科学版）	综合学报	老	核心
579	河南图书馆学刊	图情档	老	入库
580	黑河学刊	综合人社	老	入库
581	黑龙江高教研究	教育学	老	核心
582	黑龙江教师发展学院学报	教育学	老	入库
583	黑龙江教育（高教研究与评估）	教育学	老	入库
584	黑龙江民族丛刊	民族文化	老	扩展
585	黑龙江社会科学	综合人社	老	扩展
586	黑龙江省社会主义学院学报	中国政治	老	入库
587	黑龙江省政法管理干部学院学报	法学	老	扩展
588	衡阳师范学院学报	综合学报	老	扩展
589	红楼梦学刊	中国文学	老	核心
590	红旗文稿	马列	老	核心
591	红色文化学刊	马列	新	入库
592	宏观经济管理	经济管理	老	核心
593	宏观经济研究	经济综合	老	核心
594	宏观语言学	语言学	外	入库
595	宏观质量研究	经济管理	老	核心
596	湖北成人教育学院学报	教育学	老	扩展
597	湖北大学学报（哲学社会科学版）	综合学报	老	核心
598	湖北第二师范学院学报	综合学报	老	入库

续表

序号	期刊名称（H—J）	学科简称	属性	等级
599	湖北工程学院学报	综合学报	老	入库
600	湖北行政学院学报	中国政治	老	核心
601	湖北经济学院学报	经济综合	老	扩展
602	湖北经济学院学报（人文社会科学版）	综合学报	老	入库
603	湖北理工学院学报（人文社会科学版）	综合学报	老	入库
604	湖北美术学院学报	艺术学	老	扩展
605	湖北民族大学学报（哲学社会科学版）	民族文化	老	核心
606	湖北社会科学	综合人社	老	扩展
607	湖北省社会主义学院学报	中国政治	老	入库
608	湖北师范大学学报（哲学社会科学版）	综合学报	老	扩展
609	湖北体育科技	体育学	老	入库
610	湖北文理学院学报	综合学报	老	入库
611	湖南包装	工业经济	老	入库
612	湖南财政经济学院学报	财政审计	老	入库
613	湖南大学学报（社会科学版）	综合学报	老	扩展
614	湖南第一师范学院学报	综合学报	老	入库
615	湖南工业大学学报（社会科学版）	综合学报	老	扩展
616	湖南广播电视大学学报	综合学报	老	入库
617	湖南行政学院学报	中国政治	老	扩展
618	湖南科技大学学报（社会科学版）	综合学报	老	扩展
619	湖南农业大学学报（社会科学版）	综合学报	老	核心
620	湖南人文科技学院学报	综合学报	老	入库
621	湖南社会科学	综合人社	老	扩展
622	湖南省社会主义学院学报	中国政治	老	入库
623	湖南师范大学教育科学学报	教育学	老	核心
624	湖南师范大学社会科学学报	综合学报	老	扩展
625	湖湘法学评论	法学	新	入库
626	湖湘论坛	中国政治	老	核心
627	华北电力大学学报（社会科学版）	综合学报	老	扩展

续表

序号	期刊名称（H—J）	学科简称	属性	等级
628	华北金融	金融	老	扩展
629	华北理工大学学报（社会科学版）	综合学报	老	入库
630	华北水利水电大学学报（社会科学版）	综合学报	老	扩展
631	华东经济管理	管理学	老	扩展
632	华东理工大学学报（社会科学版）	综合学报	老	核心
633	华东师大教育评论（英文）	教育学	外	核心
634	华东师范大学学报（教育科学版）	教育学	老	权威
635	华东师范大学学报（哲学社会科学版）	综合学报	老	核心
636	华东政法大学学报	法学	老	核心
637	华南理工大学学报（社会科学版）	综合学报	老	核心
638	华南农业大学学报（社会科学版）	综合学报	老	核心
639	华南师范大学学报（社会科学版）	综合学报	老	核心
640	华侨大学学报（哲学社会科学版）	综合学报	老	扩展
641	华侨华人历史研究	历史学	老	扩展
642	华人研究国际学报	综合	外	入库
643	华文教学与研究	教育学	老	扩展
644	华文文学	中国文学	老	入库
645	华夏教师	教育学	老	入库
646	华夏考古	考古文博	老	核心
647	华中科技大学学报（社会科学版）	综合学报	老	核心
648	华中农业大学学报（社会科学版）	综合学报	老	核心
649	华中师范大学学报（人文社会科学版）	综合学报	老	核心
650	淮北师范大学学报（哲学社会科学版）	综合学报	老	入库
651	淮南职业技术学院学报	综合学报	老	入库
652	淮阴师范学院学报（哲学社会科学版）	综合学报	老	扩展
653	环渤海经济瞭望	经济综合	老	入库
654	环境保护	环境科学	老	扩展
655	环境经济研究	环境科学	老	核心
656	环境科学研究	环境科学	老	扩展

续表

序号	期刊名称（H—J）	学科简称	属性	等级
657	环境科学与管理	环境科学	老	入库
658	环境生态学	环境科学	新	入库
659	环球法律评论	法学	老	核心
660	环太平洋心理学杂志	心理学	外	入库
661	黄冈师范学院学报	综合学报	老	入库
662	黄山学院学报	综合学报	老	入库
663	黄钟（武汉音乐学院学报）	艺术学	老	扩展
664	会计师	管理学	老	扩展
665	会计研究	管理学	老	核心
666	会计与经济研究	管理学	老	核心
667	会计之友	管理学	老	扩展
668	惠州学院学报	综合学报	老	入库
669	机关党建研究	中国政治	老	核心
670	基础教育	教育学	老	扩展
671	基础教育研究	教育学	老	扩展
672	基础外语教育	教育学	老	入库
673	吉林大学社会科学学报	综合学报	老	核心
674	吉林工商学院学报	经济综合	老	入库
675	吉林金融研究	金融	老	入库
676	吉林省社会主义学院学报	中国政治	老	入库
677	吉林师范大学学报（人文社会科学版）	综合学报	老	核心
678	吉首大学学报（社会科学版）	综合学报	老	核心
679	集美大学学报（教育科学版）	教育学	老	扩展
680	集美大学学报（哲学社会科学版）	综合学报	老	扩展
681	计量经济学报	经济综合	新	入库
682	计算机教育	教育学	外	入库
683	技术经济	工业经济	老	扩展
684	技术经济与管理研究	经济综合	老	扩展
685	技术与创新管理	管理学	老	扩展

续表

序号	期刊名称（H—J）	学科简称	属性	等级
686	济南大学学报（社会科学版）	综合学报	老	核心
687	继续教育研究	教育学	老	扩展
688	暨南学报（哲学社会科学版）	综合学报	老	核心
689	佳木斯大学社会科学学报	综合学报	老	入库
690	嘉应学院学报	综合学报	老	入库
691	价格理论与实践	贸易经济	老	核心
692	价格月刊	贸易经济	老	扩展
693	简帛	考古文博	外	入库
694	建成遗产（英文）	考古文博	外	入库
695	建筑经济	工业经济	老	扩展
696	建筑师	艺术学	老	扩展
697	建筑史学刊	艺术学	新	入库
698	江海学刊	综合人社	老	核心
699	江汉大学学报（社会科学版）	综合学报	老	核心
700	江汉考古	考古文博	老	核心
701	江汉论坛	综合人社	老	核心
702	江汉学术	综合人社	老	扩展
703	江淮论坛	综合人社	老	核心
704	江南大学学报（人文社会科学版）	综合学报	老	扩展
705	江南论坛	中国政治	老	扩展
706	江南社会学院学报	中国政治	老	扩展
707	江苏大学学报（社会科学版）	综合学报	老	核心
708	江苏第二师范学院学报	教育学	老	扩展
709	江苏高教	教育学	老	核心
710	江苏行政学院学报	中国政治	老	核心
711	江苏教育研究	教育学	老	入库
712	江苏警官学院学报	法学	老	入库
713	江苏科技大学学报（社会科学版）	综合学报	老	入库
714	江苏商论	贸易经济	老	扩展

续表

序号	期刊名称（H—J）	学科简称	属性	等级
715	江苏社会科学	综合人社	老	核心
716	江苏省社会主义学院学报	中国政治	老	扩展
717	江苏师范大学学报（哲学社会科学版）	综合学报	老	扩展
718	江西财经大学学报	经济综合	老	扩展
719	江西广播电视大学学报	综合学报	老	入库
720	江西警察学院学报	中国政治	老	扩展
721	江西科技师范大学学报	综合学报	老	入库
722	江西社会科学	综合人社	老	扩展
723	江西师范大学学报（哲学社会科学版）	综合学报	老	核心
724	交大法学	法学	老	扩展
725	交响（西安音乐学院学报）	艺术学	老	扩展
726	教师发展研究	教育学	新	入库
727	教师教育论坛	教育学	老	扩展
728	教师教育学报	教育学	老	核心
729	教师教育研究	教育学	老	核心
730	教学研究	教育学	老	扩展
731	教学与管理	教育学	老	扩展
732	教学与研究	马列	老	核心
733	教育参考	教育学	老	扩展
734	教育传播与技术	教育学	新	入库
735	教育传媒研究	新闻传播	老	扩展
736	教育导刊	教育学	老	扩展
737	教育发展研究	教育学	老	核心
738	教育技术研究与发展	教育学	外	入库
739	教育经济评论	教育学	老	核心
740	教育科学	教育学	老	核心
741	教育科学论坛	教育学	老	入库
742	教育科学探索	教育学	老	扩展
743	教育科学研究	教育学	老	核心

续表

序号	期刊名称（H—J）	学科简称	属性	等级
744	教育理论与实践	教育学	老	扩展
745	教育评论	教育学	老	扩展
746	教育实践与研究（A）	教育学	老	入库
747	教育视界	教育学	老	入库
748	教育探索	教育学	老	扩展
749	教育文化论坛	教育学	老	入库
750	教育学报	教育学	老	核心
751	教育学术月刊	教育学	老	核心
752	教育研究	教育学	老	权威
753	教育研究与评论	教育学	老	扩展
754	教育研究与实验	教育学	老	核心
755	教育与教学研究	教育学	老	扩展
756	教育与经济	教育学	老	核心
757	教育与考试	教育学	老	扩展
758	教育与职业	教育学	老	核心
759	教育与装备研究	教育学	老	扩展
760	解放军外国语学院学报	语言学	老	扩展
761	今传媒	新闻传播	老	入库
762	金融创新	金融	外	入库
763	金融发展	金融	新	入库
764	金融发展研究	金融	老	核心
765	金融会计	金融	老	扩展
766	金融监管研究	金融	老	核心
767	金融教育研究	金融	老	扩展
768	金融经济	金融	老	扩展
769	金融经济学研究	金融	老	核心
770	金融理论探索	金融	老	扩展
771	金融理论与教学	金融	老	入库
772	金融理论与实践	金融	老	扩展

续表

序号	期刊名称（H—J）	学科简称	属性	等级
773	金融论坛	金融	老	核心
774	金融评论	金融	老	核心
775	金融研究	金融	老	权威
776	金融与经济	金融	老	扩展
777	金融纵横	金融	老	入库
778	近代史研究	历史学	老	权威
779	晋图学刊	图情档	老	扩展
780	晋阳学刊	综合人社	老	扩展
781	经济导刊	经济综合	老	扩展
782	经济地理	人文地理	老	核心
783	经济管理	管理学	老	权威
784	经济界	经济综合	老	入库
785	经济经纬	经济综合	老	核心
786	经济科学	经济综合	老	核心
787	经济理论与经济管理	经济综合	老	核心
788	经济论坛	经济综合	老	扩展
789	经济评论	经济综合	老	核心
790	经济社会史评论	历史学	老	核心
791	经济社会体制比较	经济综合	老	核心
792	经济师	经济综合	老	入库
793	经济思想史学刊	经济综合	新	入库
794	经济体制改革	经济综合	老	扩展
795	经济问题	经济综合	老	扩展
796	经济问题探索	经济综合	老	核心
797	经济学（季刊）	经济综合	老	权威
798	经济学（季刊）国际版	经济综合	外	入库
799	经济学报	经济综合	老	核心
800	经济学动态	经济综合	老	权威
801	经济学家	经济综合	老	核心

续表

序号	期刊名称（H—J）	学科简称	属性	等级
802	经济学与金融学刊	金融	外	核心
803	经济研究	经济综合	老	顶级
804	经济研究导刊	经济综合	老	扩展
805	经济与管理	经济管理	老	核心
806	经济与管理评论	经济管理	老	核心
807	经济与管理研究	经济管理	老	核心
808	经济与社会发展	综合人社	老	扩展
809	经济与政治研究（英文版）	经济综合	外	核心
810	经济纵横	经济综合	老	核心
811	经贸法律评论	法学	新	入库
812	经营管理者	经济管理	老	扩展
813	荆楚法学	法学	新	入库
814	荆楚理工学院学报	综合学报	老	入库
815	荆楚学刊	综合学报	老	入库
816	井冈山大学学报（社会科学版）	综合学报	老	入库
817	竞争政策研究	法学	老	入库
818	九江学院学报（社会科学版）	综合学报	老	入库
819	就业与保障	社会人口	老	入库
820	决策	管理学	老	扩展
821	决策与信息	中国政治	老	入库
822	军事历史	历史学	老	入库
823	军事历史研究	历史学	老	核心
824	军事运筹与评估	管理学	老	入库

（四）刊名音序 K—Q

刊名首字母 K—Q 的期刊具体如下。

序号	期刊名称（K—Q）	学科简称	属性	等级
825	喀什大学学报	综合学报	老	入库
826	开发性金融研究	金融	老	核心

续表

序号	期刊名称（K—Q）	学科简称	属性	等级
827	开发研究	经济综合	老	扩展
828	开放导报	经济综合	老	扩展
829	开放教育研究	教育学	老	核心
830	开放时代	综合人社	老	权威
831	开放学习研究	教育学	老	扩展
832	开封大学学报	综合学报	老	入库
833	凯里学院学报	综合学报	老	入库
834	抗日战争研究	历史学	老	核心
835	考古	考古文博	老	权威
836	考古学报	考古文博	老	顶级
837	考古与文物	考古文博	老	核心
838	考试研究	教育学	老	扩展
839	科技成果管理与研究	经济管理	老	扩展
840	科技创新导报	综合人社	老	入库
841	科技创新发展战略研究	管理学	新	入库
842	科技导报	管理学	老	扩展
843	科技管理研究	管理学	老	扩展
844	科技进步与对策	管理学	老	扩展
845	科技情报研究	图情档	新	入库
846	科技与出版	新闻传播	老	扩展
847	科技与法律（中英文）	法学	老	扩展
848	科技与管理	管理学	老	扩展
849	科技与经济	管理学	老	扩展
850	科技智囊	综合人社	老	入库
851	科技中国	综合人社	老	入库
852	科教发展研究	教育学	新	入库
853	科普创作评论	中国文学	新	入库
854	科普研究	教育学	老	扩展
855	科学	综合人社	老	扩展

续表

序号	期刊名称（K—Q）	学科简称	属性	等级
856	科学·经济·社会	综合人社	老	扩展
857	科学发展	中国政治	老	扩展
858	科学管理研究	管理学	老	扩展
859	科学技术哲学研究	哲学	老	核心
860	科学决策	管理学	老	扩展
861	科学社会主义	马列	老	扩展
862	科学文化评论	历史学	老	入库
863	科学学研究	管理学	老	核心
864	科学学与科学技术管理	管理学	老	核心
865	科学与管理	管理学	老	入库
866	科学与社会	管理学	老	扩展
867	科学与无神论	马列	老	扩展
868	科研管理	管理学	老	核心
869	克拉玛依学刊	中国政治	老	入库
870	课程·教材·教法	教育学	老	核心
871	孔学堂	哲学	老	扩展
872	孔子研究	哲学	老	扩展
873	口译与社会	语言学	外	入库
874	跨国公司评论	经济综合	外	入库
875	昆明理工大学学报（社会科学版）	综合学报	老	扩展
876	昆明学院学报	综合学报	老	入库
877	拉丁美洲研究	国政国别	老	核心
878	兰台世界	图情档	老	入库
879	兰州财经大学学报	经济综合	老	扩展
880	兰州大学学报（社会科学版）	综合学报	老	核心
881	兰州文理学院学报（社会科学版）	综合学报	老	入库
882	兰州学刊	综合人社	老	扩展
883	劳动经济研究	经济管理	老	核心
884	老区建设	中国政治	老	扩展

续表

序号	期刊名称（K—Q）	学科简称	属性	等级
885	乐府新声（沈阳音乐学院学报）	艺术学	老	扩展
886	理论导报	中国政治	老	入库
887	理论导刊	中国政治	老	核心
888	理论观察	综合人社	老	扩展
889	理论建设	中国政治	老	扩展
890	理论界	综合人社	老	扩展
891	理论视野	马列	老	核心
892	理论探索	中国政治	老	核心
893	理论探讨	中国政治	老	核心
894	理论学刊	中国政治	老	核心
895	理论学习与探索	中国政治	老	入库
896	理论研究	中国政治	老	扩展
897	理论与当代	中国政治	老	扩展
898	理论与改革	中国政治	老	核心
899	理论与评论	马列	新	入库
900	理论与现代化	中国政治	老	核心
901	理论月刊	综合人社	老	核心
902	历史档案	历史学	老	核心
903	历史地理研究	人文地理	新	入库
904	历史教学（上半月刊）	历史学	老	扩展
905	历史教学问题	历史学	老	扩展
906	历史评论	历史学	新	入库
907	历史研究	历史学	老	顶级
908	丽水学院学报	综合学报	老	入库
909	廉政瞭望	中国政治	老	扩展
910	廉政文化研究	中国政治	老	扩展
911	粮食问题研究	农业经济	老	扩展
912	两岸关系	中国政治	老	扩展
913	辽东学院学报（社会科学版）	综合学报	老	入库

续表

序号	期刊名称（K—Q）	学科简称	属性	等级
914	辽宁大学学报（哲学社会科学版）	综合学报	老	扩展
915	辽宁工程技术大学学报（社会科学版）	综合学报	老	入库
916	辽宁工业大学学报（社会科学版）	综合学报	老	入库
917	辽宁公安司法管理干部学院学报	法学	老	入库
918	辽宁广播电视大学学报	综合学报	老	入库
919	辽宁行政学院学报	中国政治	老	扩展
920	辽宁教育	教育学	老	入库
921	辽宁省社会主义学院学报	中国政治	老	扩展
922	辽宁师范大学学报（社会科学版）	综合学报	老	扩展
923	聊城大学学报（社会科学版）	综合学报	老	扩展
924	林草政策研究	管理学	新	入库
925	林业经济	农业经济	老	扩展
926	林业经济问题	农业经济	老	扩展
927	临沂大学学报	综合学报	老	入库
928	岭南师范学院学报	综合学报	老	入库
929	岭南文史	民族文化	老	入库
930	岭南学刊	中国政治	老	核心
931	领导科学	管理学	老	核心
932	领导科学论坛	管理学	老	入库
933	流行色	艺术学	老	入库
934	鲁东大学学报（哲学社会科学版）	综合学报	老	扩展
935	鲁迅研究月刊	中国文学	老	扩展
936	伦理学研究	哲学	老	核心
937	逻辑学研究	哲学	老	核心
938	洛阳理工学院学报（社会科学版）	综合学报	老	入库
939	洛阳师范学院学报	综合学报	老	入库
940	吕梁教育学院学报	综合学报	老	入库
941	旅游导刊	经济管理	新	入库
942	旅游科学	人文地理	老	扩展

续表

序号	期刊名称（K—Q）	学科简称	属性	等级
943	旅游论坛	人文地理	老	核心
944	旅游人类学国际学报	经济管理	外	入库
945	旅游学刊	人文地理	老	权威
946	旅游研究	人文地理	老	扩展
947	马克思主义理论教学与研究	马列	新	入库
948	马克思主义理论学科研究	马列	老	扩展
949	马克思主义研究	马列	老	权威
950	马克思主义与现实	马列	老	核心
951	马克思主义哲学	哲学	新	核心
952	满语研究	语言学	老	入库
953	满族研究	民族文化	老	入库
954	毛泽东邓小平理论研究	马列	老	扩展
955	毛泽东思想研究	马列	老	入库
956	毛泽东研究	马列	老	扩展
957	煤炭高等教育	教育学	老	扩展
958	煤炭经济研究	工业经济	老	扩展
959	美国研究	国政国别	老	核心
960	美食研究	贸易经济	老	入库
961	美术	艺术学	老	核心
962	美术大观	艺术学	老	核心
963	美术观察	艺术学	老	核心
964	美术馆	艺术学	新	入库
965	美术学报	艺术学	老	扩展
966	美术研究	艺术学	老	核心
967	美育学刊	艺术学	老	扩展
968	秘书	管理学	老	入库
969	秘书工作	中国政治	老	核心
970	秘书之友	管理学	老	入库
971	民国档案	历史学	老	扩展

续表

序号	期刊名称（K—Q）	学科简称	属性	等级
972	民间文化论坛	中国文学	老	扩展
973	民俗研究	民族文化	老	权威
974	民主	中国政治	老	扩展
975	民族翻译	语言学	老	扩展
976	民族高等教育研究	教育学	老	扩展
977	民族教育研究	教育学	老	核心
978	民族论坛	民族文化	老	扩展
979	民族文学研究	中国文学	老	核心
980	民族学刊	民族文化	老	核心
981	民族学论丛	民族文化	老	扩展
982	民族研究	民族文化	老	顶级
983	民族艺术	艺术学	老	核心
984	民族艺术研究	艺术学	老	核心
985	民族语文	语言学	老	核心
986	闽江学院学报	综合学报	老	入库
987	闽南师范大学学报（哲学社会科学版）	综合学报	老	扩展
988	闽台关系研究	中国政治	老	核心
989	名师在线	教育学	老	入库
990	明清小说研究	中国文学	老	扩展
991	牡丹江大学学报	综合学报	老	入库
992	牡丹江师范学院学报（社会科学版）	综合学报	老	入库
993	南昌大学学报（人文社会科学版）	综合学报	老	扩展
994	南昌航空大学学报（社会科学版）	综合学报	老	扩展
995	南昌师范学院学报	教育学	老	入库
996	南大法学	法学	新	入库
997	南都学坛	综合人社	老	入库
998	南方传媒研究	新闻传播	新	入库
999	南方建筑	艺术学	老	核心
1000	南方金融	金融	老	核心

续表

序号	期刊名称（K—Q）	学科简称	属性	等级
1001	南方经济	经济综合	老	扩展
1002	南方论刊	综合人社	老	扩展
1003	南方农村	农业经济	老	入库
1004	南方人口	社会人口	老	扩展
1005	南方文坛	中国文学	老	扩展
1006	南方文物	考古文博	老	扩展
1007	南海法学	法学	新	入库
1008	南海学刊	综合人社	老	核心
1009	南华大学学报（社会科学版）	综合学报	老	扩展
1010	南京财经大学学报	贸易经济	老	核心
1011	南京大学学报（哲学·人文科学·社会科学）	综合学报	老	核心
1012	南京工程学院学报（社会科学版）	综合学报	老	入库
1013	南京工业大学学报（社会科学版）	综合学报	老	核心
1014	南京航空航天大学学报（社会科学版）	综合学报	老	扩展
1015	南京开放大学学报	教育学	老	入库
1016	南京理工大学学报（社会科学版）	综合学报	老	核心
1017	南京林业大学学报（人文社会科学版）	综合学报	老	扩展
1018	南京农业大学学报（社会科学版）	综合学报	老	核心
1019	南京社会科学	综合人社	老	核心
1020	南京审计大学学报	经济综合	老	核心
1021	南京师大学报（社会科学版）	综合学报	老	核心
1022	南京师范大学文学院学报	中国文学	老	入库
1023	南京体育学院学报	体育学	老	扩展
1024	南京晓庄学院学报	综合学报	老	入库
1025	南京医科大学学报（社会科学版）	综合学报	老	扩展
1026	南京艺术学院学报（美术与设计版）	艺术学	老	扩展
1027	南京艺术学院学报（音乐与表演）	艺术学	老	扩展
1028	南京邮电大学学报（社会科学版）	综合学报	老	核心
1029	南京中医药大学学报（社会科学版）	综合学报	老	扩展

续表

序号	期刊名称（K—Q）	学科简称	属性	等级
1030	南开管理评论	管理学	老	权威
1031	南开管理评论国际期刊	管理学	外	入库
1032	南开经济研究	经济综合	老	核心
1033	南开学报（哲学社会科学版）	综合学报	老	核心
1034	南宁师范大学学报（哲学社会科学版）	综合学报	老	扩展
1035	南通大学学报（社会科学版）	综合学报	老	核心
1036	南亚东南亚研究	国政国别	老	入库
1037	南亚研究	国政国别	老	核心
1038	南亚研究季刊	国政国别	老	扩展
1039	南阳理工学院学报	综合学报	老	入库
1040	南阳师范学院学报	综合学报	老	入库
1041	南洋问题研究	国政国别	老	扩展
1042	内蒙古财经大学学报	经济综合	老	扩展
1043	内蒙古大学学报（哲学社会科学版）	综合学报	老	扩展
1044	内蒙古民族大学学报（社会科学版）	民族文化	老	扩展
1045	内蒙古农业大学学报（社会科学版）	综合学报	老	扩展
1046	内蒙古社会科学	综合人社	老	核心
1047	内蒙古师范大学学报（教育科学版）	教育学	老	扩展
1048	内蒙古师范大学学报（哲学社会科学版）	综合学报	老	扩展
1049	内蒙古统计	统计学	老	入库
1050	内蒙古统战理论研究	中国政治	老	入库
1051	内蒙古艺术学院学报	艺术学	老	扩展
1052	宁波大学学报（教育科学版）	教育学	老	扩展
1053	宁波大学学报（人文科学版）	综合学报	老	扩展
1054	宁波经济（三江论坛）	经济管理	老	入库
1055	宁夏大学学报（人文社会科学版）	综合学报	老	扩展
1056	宁夏党校学报	中国政治	老	核心
1057	宁夏社会科学	综合人社	老	核心
1058	农产品质量与安全	农业经济	老	扩展

续表

序号	期刊名称（K—Q）	学科简称	属性	等级
1059	农村·农业·农民（A版）	农业经济	老	入库
1060	农村金融研究	金融	老	核心
1061	农村经济	农业经济	老	核心
1062	农林经济管理学报	农业经济	老	扩展
1063	农业技术经济	农业经济	老	核心
1064	农业经济	农业经济	老	入库
1065	农业经济问题	农业经济	老	核心
1066	农业经济与管理	农业经济	老	核心
1067	农业考古	考古文博	老	扩展
1068	农业农村部管理干部学院学报	中国政治	老	扩展
1069	农业图书情报学报	图情档	老	核心
1070	农业现代化研究	农业经济	老	扩展
1071	农银学刊	金融	老	入库
1072	欧亚经济	世界经济	老	扩展
1073	欧亚人文研究（中俄文）	综合	新	入库
1074	欧洲研究	国政国别	老	核心
1075	攀登	中国政治	老	扩展
1076	攀枝花学院学报	综合学报	老	入库
1077	批评理论	中国文学	外	入库
1078	品牌研究	经济管理	老	扩展
1079	鄱阳湖学刊	环境科学	老	入库
1080	蒲松龄研究	中国文学	老	入库
1081	普洱学院学报	综合学报	老	入库
1082	齐鲁师范学院学报	综合学报	老	入库
1083	齐鲁学刊	综合人社	老	核心
1084	齐鲁艺苑（山东艺术学院学报）	艺术学	老	入库
1085	齐齐哈尔大学学报（哲学社会科学版）	综合学报	老	入库
1086	旗帜	中国政治	老	核心
1087	企业改革与管理	管理学	老	入库

续表

序号	期刊名称（K—Q）	学科简称	属性	等级
1088	企业管理	经济管理	老	核心
1089	企业经济	工业经济	老	核心
1090	企业科技与发展	经济综合	老	入库
1091	企业文明	中国政治	老	入库
1092	企业研究	经济管理	老	扩展
1093	气候变化研究进展	环境科学	老	扩展
1094	气候变化研究进展（英文版）	环境科学	外	核心
1095	前进论坛	中国政治	老	扩展
1096	前线	中国政治	老	核心
1097	前沿	综合人社	老	扩展
1098	青藏高原论坛	综合学报	老	入库
1099	青岛科技大学学报（社会科学版）	综合学报	老	入库
1100	青岛农业大学学报（社会科学版）	综合学报	老	入库
1101	青海金融	金融	老	入库
1102	青海民族大学学报（社会科学版）	民族文化	老	扩展
1103	青海民族研究	民族文化	老	核心
1104	青海社会科学	综合人社	老	核心
1105	青海师范大学民族师范学院学报	综合学报	老	入库
1106	青海师范大学学报（哲学社会科学版）	综合学报	老	扩展
1107	青年记者	新闻传播	老	扩展
1108	青年探索	社会人口	老	扩展
1109	青年学报	社会人口	老	入库
1110	青年研究	社会人口	老	核心
1111	青少年犯罪问题	社会人口	老	扩展
1112	青少年体育	体育学	老	入库
1113	青少年学刊	教育学	老	入库
1114	青少年研究与实践	教育学	老	扩展
1115	清华大学教育研究	教育学	老	核心
1116	清华大学学报（哲学社会科学版）	综合学报	老	权威

续表

序号	期刊名称（K—Q）	学科简称	属性	等级
1117	清华法学	法学	老	核心
1118	清华金融评论	金融	老	核心
1119	清华中国法律评论	法学	外	入库
1120	清史研究	历史学	老	核心
1121	情报工程	图情档	老	扩展
1122	情报科学	图情档	老	核心
1123	情报理论与实践	图情档	老	核心
1124	情报探索	图情档	老	扩展
1125	情报学报	图情档	老	核心
1126	情报杂志	图情档	老	核心
1127	情报资料工作	图情档	老	核心
1128	求实	中国政治	老	核心
1129	求是	马列	老	顶级
1130	求是（英文版）	中国政治	外	核心
1131	求是学刊	综合人社	老	核心
1132	求索	综合人社	老	扩展
1133	求知	中国政治	老	扩展
1134	区域金融研究	金融	老	扩展
1135	区域经济评论	人文地理	老	核心
1136	区域可持续发展（英文）	人文地理	外	入库
1137	区域与全球发展	国政国别	新	入库
1138	曲靖师范学院学报	综合学报	老	入库
1139	全球城市研究（中英文）	世界经济	新	入库
1140	全球传媒学刊	新闻传播	老	扩展
1141	全球公共政策与治理	管理学	外	入库
1142	全球化	世界经济	老	核心
1143	全球教育展望	教育学	老	核心
1144	全球科技经济瞭望	经济管理	老	扩展
1145	全球媒体与中国（英文）	新闻传播	外	入库

续表

序号	期刊名称（K—Q）	学科简称	属性	等级
1146	全球能源互联网	工业经济	新	入库
1147	全球终身学习	教育学	外	入库
1148	泉州师范学院学报	综合学报	老	入库
1149	群言	综合人社	老	入库
1150	群众	综合人社	老	扩展

（五）刊名音序 R—S

刊名首字母 R—S 的期刊具体如下。

序号	期刊名称（R—S）	学科简称	属性	等级
1151	热带地理	人文地理	老	扩展
1152	人大研究	中国政治	老	核心
1153	人口学刊	社会人口	老	核心
1154	人口研究	社会人口	老	权威
1155	人口与发展	社会人口	老	扩展
1156	人口与经济	社会人口	老	核心
1157	人口与社会	社会人口	老	扩展
1158	人类学民族学国际学刊	民族文化	外	核心
1159	人类学学报	考古文博	老	核心
1160	人力资源	经济管理	老	扩展
1161	人民检察	法学	老	扩展
1162	人民教育	教育学	老	扩展
1163	人民论坛	中国政治	老	核心
1164	人民论坛·学术前沿	中国政治	老	核心
1165	人民司法	法学	老	扩展
1166	人民音乐	艺术学	老	扩展
1167	人权	中国政治	老	核心
1168	人权（英文版）	国政国别	外	入库
1169	人权法学	法学	新	入库

续表

序号	期刊名称（R—S）	学科简称	属性	等级
1170	人权研究	法学	新	入库
1171	人文地理	人文地理	老	核心
1172	人文杂志	综合人社	老	核心
1173	认知语言学研究	语言学	外	入库
1174	日本侵华南京大屠杀研究	历史学	新	核心
1175	日本问题研究	国政国别	老	扩展
1176	日本学刊	国政国别	老	核心
1177	日本研究	国政国别	老	入库
1178	日语学习与研究	语言学	老	扩展
1179	荣宝斋	艺术学	老	入库
1180	软科学	管理学	老	扩展
1181	三晋基层治理	中国政治	老	入库
1182	三峡大学学报（人文社会科学版）	综合学报	老	扩展
1183	三峡论坛（三峡文学·理论版）	综合学报	老	入库
1184	厦门大学学报（哲学社会科学版）	综合学报	老	核心
1185	厦门特区党校学报	中国政治	老	入库
1186	山东财经大学学报	经济管理	老	核心
1187	山东大学学报（哲学社会科学版）	综合学报	老	核心
1188	山东法官培训学院学报	法学	老	入库
1189	山东高等教育	教育学	老	扩展
1190	山东工会论坛	中国政治	老	扩展
1191	山东工商学院学报	经济管理	老	扩展
1192	山东工艺美术学院学报	艺术学	老	扩展
1193	山东行政学院学报	中国政治	老	核心
1194	山东经济战略研究	经济综合	老	入库
1195	山东警察学院学报	法学	老	扩展
1196	山东科技大学学报（社会科学版）	综合学报	老	扩展
1197	山东理工大学学报（社会科学版）	综合学报	老	扩展
1198	山东农业大学学报（社会科学版）	综合学报	老	扩展

续表

序号	期刊名称（R—S）	学科简称	属性	等级
1199	山东女子学院学报	综合学报	老	入库
1200	山东青年政治学院学报	中国政治	老	扩展
1201	山东社会科学	综合人社	老	核心
1202	山东省社会主义学院学报	中国政治	老	入库
1203	山东师范大学学报（社会科学版）	综合学报	老	核心
1204	山东体育科技	体育学	老	扩展
1205	山东体育学院学报	体育学	老	扩展
1206	山东图书馆学刊	图情档	老	入库
1207	山东外语教学	语言学	老	扩展
1208	山东艺术	艺术学	老	入库
1209	山西财经大学学报	贸易经济	老	核心
1210	山西大学学报（哲学社会科学版）	综合学报	老	核心
1211	山西档案	图情档	老	扩展
1212	山西高等学校社会科学学报	综合学报	老	入库
1213	山西广播电视大学学报	综合学报	老	入库
1214	山西经济管理干部学院学报	经济管理	老	扩展
1215	山西能源学院学报	综合学报	老	入库
1216	山西农业大学学报（社会科学版）	综合学报	老	扩展
1217	山西青年职业学院学报	中国政治	老	入库
1218	山西社会主义学院学报	中国政治	老	入库
1219	山西省政法管理干部学院学报	法学	老	入库
1220	山西师大学报（社会科学版）	综合学报	老	核心
1221	陕西广播电视大学学报	综合学报	老	入库
1222	陕西行政学院学报	中国政治	老	扩展
1223	陕西理工大学学报（社会科学版）	综合学报	老	入库
1224	陕西社会主义学院学报	中国政治	老	入库
1225	陕西师范大学学报（哲学社会科学版）	综合学报	老	核心
1226	陕西学前师范学院学报	教育学	老	扩展
1227	汕头大学学报（人文社会科学版）	综合学报	老	扩展

续表

序号	期刊名称（R—S）	学科简称	属性	等级
1228	商丘师范学院学报	综合学报	老	入库
1229	商事仲裁与调解	法学	新	入库
1230	商学研究	贸易经济	老	入库
1231	商业会计	管理学	老	扩展
1232	商业经济	经济综合	老	入库
1233	商业经济研究	贸易经济	老	核心
1234	商业经济与管理	贸易经济	老	核心
1235	商业研究	贸易经济	老	扩展
1236	上海财经大学学报（哲学社会科学版）	经济综合	老	核心
1237	上海城市规划	人文地理	老	扩展
1238	上海大学学报（社会科学版）	综合学报	老	核心
1239	上海党史与党建	中国政治	老	扩展
1240	上海地方志	历史学	老	入库
1241	上海对外经贸大学学报	贸易经济	老	扩展
1242	上海翻译	语言学	老	扩展
1243	上海管理科学	管理学	老	扩展
1244	上海国土资源	人文地理	老	扩展
1245	上海行政学院学报	中国政治	老	核心
1246	上海交通大学学报（哲学社会科学版）	综合学报	老	核心
1247	上海教育科研	教育学	老	扩展
1248	上海教育评估研究	教育学	老	扩展
1249	上海金融	金融	老	扩展
1250	上海经济	经济综合	老	扩展
1251	上海经济研究	经济综合	老	核心
1252	上海理工大学学报（社会科学版）	综合学报	老	核心
1253	上海立信会计金融学院学报	金融	老	扩展
1254	上海商学院学报	贸易经济	老	扩展
1255	上海商业	贸易经济	老	入库
1256	上海师范大学学报（哲学社会科学版）	综合学报	老	核心

续表

序号	期刊名称（R—S）	学科简称	属性	等级
1257	上海市经济管理干部学院学报	经济管理	老	入库
1258	上海市社会主义学院学报	中国政治	老	扩展
1259	上海体育学院学报	体育学	老	核心
1260	上海文化	民族文化	老	扩展
1261	上海政法学院学报（法治论丛）	法学	老	扩展
1262	上饶师范学院学报	综合学报	老	入库
1263	韶关学院学报	综合学报	老	入库
1264	邵阳学院学报（社会科学版）	综合学报	老	入库
1265	绍兴文理学院学报（人文社会科学）	综合学报	老	扩展
1266	设计	艺术学	老	扩展
1267	设计、经济与创新学报	艺术学	外	入库
1268	设计艺术研究	艺术学	老	核心
1269	社会	社会人口	老	核心
1270	社会（英文版）	社会人口	外	入库
1271	社会保障评论	社会人口	新	核心
1272	社会保障研究	社会人口	老	核心
1273	社会发展研究	社会人口	老	核心
1274	社会福利	社会人口	老	入库
1275	社会工作	社会人口	老	扩展
1276	社会工作与管理	社会人口	老	扩展
1277	社会和政治哲学	哲学	外	入库
1278	社会建设	社会人口	老	扩展
1279	社会科学	综合人社	老	核心
1280	社会科学动态	综合	新	入库
1281	社会科学辑刊	综合人社	老	核心
1282	社会科学家	综合人社	老	扩展
1283	社会科学论坛	综合人社	老	入库
1284	社会科学研究	综合人社	老	核心
1285	社会科学战线	综合人社	老	核心

续表

序号	期刊名称（R—S）	学科简称	属性	等级
1286	社会学评论	社会人口	老	核心
1287	社会学研究	社会人口	老	顶级
1288	社会政策研究	社会人口	老	核心
1289	社会治理	社会人口	老	扩展
1290	社会主义核心价值观研究	哲学	老	扩展
1291	社会主义研究	马列	老	核心
1292	社科纵横	综合人社	老	扩展
1293	深圳大学学报（人文社会科学版）	综合学报	老	核心
1294	深圳社会科学	综合	新	入库
1295	沈阳大学学报（社会科学版）	综合学报	老	扩展
1296	沈阳干部学刊	中国政治	老	入库
1297	沈阳工程学院学报（社会科学版）	综合学报	老	入库
1298	沈阳工业大学学报（社会科学版）	综合学报	老	核心
1299	沈阳建筑大学学报（社会科学版）	综合学报	老	扩展
1300	沈阳农业大学学报（社会科学版）	综合学报	老	入库
1301	沈阳师范大学学报（教育科学版）	综合学报	老	入库
1302	沈阳师范大学学报（社会科学版）	综合学报	老	扩展
1303	沈阳体育学院学报	体育学	老	核心
1304	审计研究	财政审计	老	核心
1305	审计与经济研究	财政审计	老	核心
1306	审计月刊	经济管理	老	入库
1307	生产力研究	经济综合	老	入库
1308	生态经济	经济综合	老	扩展
1309	生态经济（英文版）	经济综合	外	入库
1310	生态科学	环境科学	老	扩展
1311	生态学报	环境科学	老	核心
1312	生态与农村环境学报	环境科学	老	扩展
1313	胜利油田党校学报	中国政治	老	入库
1314	石河子大学学报（哲学社会科学版）	综合学报	老	扩展

续表

序号	期刊名称（R—S）	学科简称	属性	等级
1315	石家庄铁道大学学报（社会科学版）	综合学报	老	入库
1316	时代法学	法学	老	扩展
1317	时代经贸	贸易经济	老	入库
1318	实事求是	中国政治	老	扩展
1319	史林	历史学	老	核心
1320	史学集刊	历史学	老	核心
1321	史学理论研究	历史学	老	核心
1322	史学史研究	历史学	老	核心
1323	史学月刊	历史学	老	核心
1324	史志学刊	历史学	老	入库
1325	世纪桥	综合人社	老	入库
1326	世界地理研究	人文地理	老	扩展
1327	世界电影	艺术学	老	核心
1328	世界汉语教学	语言学	老	权威
1329	世界华文文学论坛	中国文学	老	入库
1330	世界环境	环境科学	老	入库
1331	世界教育信息	教育学	老	扩展
1332	世界经济	世界经济	老	顶级
1333	世界经济文汇	世界经济	老	扩展
1334	世界经济研究	世界经济	老	核心
1335	世界经济与政治	国政国别	老	顶级
1336	世界经济与政治论坛	世界经济	老	扩展
1337	世界历史	历史学	老	权威
1338	世界林业研究	环境科学	老	扩展
1339	世界美术	艺术学	老	扩展
1340	世界民族	民族文化	老	核心
1341	世界农业	农业经济	老	核心
1342	世界社会科学（原国外社会科学）	综合人社	老	核心
1343	世界社会主义研究	马列	老	核心

续表

序号	期刊名称（R—S）	学科简称	属性	等级
1344	世界史研究（英文）	历史学	外	入库
1345	世界文化	民族文化	老	扩展
1346	世界文学	外国文学	老	扩展
1347	世界语言学刊	语言学	外	入库
1348	世界哲学	哲学	老	核心
1349	世界政治经济学评论	经济综合	外	入库
1350	世界宗教文化	宗教学	老	核心
1351	世界宗教研究	宗教学	老	权威
1352	市场论坛	经济综合	老	入库
1353	视听理论与实践	新闻传播	新	入库
1354	视野	综合人社	老	入库
1355	首都经济贸易大学学报	贸易经济	老	核心
1356	首都师范大学学报（社会科学版）	综合学报	老	核心
1357	首都体育学院学报	体育学	老	扩展
1358	书法研究	艺术学	老	扩展
1359	数据分析与知识发现	图情档	老	核心
1360	数据科学和信息计量学	图情档	外	入库
1361	数据科学与管理（英文）	统计学	外	入库
1362	数据科学杂志	统计学	外	入库
1363	数据与情报科学学报（英文版）	图情档	外	核心
1364	数据与信息管理	图情档	外	入库
1365	数据智能（英文）	图情档	外	入库
1366	数理统计与管理	统计学	老	核心
1367	数量金融与经济	统计学	外	入库
1368	数量经济技术经济研究	经济管理	老	权威
1369	数学教育学报	教育学	老	核心
1370	数字教育	教育学	老	入库
1371	数字经济	经济综合	新	入库
1372	数字经济	经济综合	外	入库

续表

序号	期刊名称（R—S）	学科简称	属性	等级
1373	数字人文研究	图情档	新	入库
1374	数字图书馆论坛	图情档	老	扩展
1375	水利经济	农业经济	老	扩展
1376	税收经济研究	财政审计	老	扩展
1377	税收征纳	财政审计	老	入库
1378	税务研究	财政审计	老	核心
1379	税务与经济	财政审计	老	扩展
1380	司法警官职业教育研究	教育学	新	入库
1381	丝绸之路	民族文化	老	入库
1382	思想教育研究	马列	老	扩展
1383	思想理论教育	马列	老	扩展
1384	思想理论教育导刊	马列	老	核心
1385	思想理论战线	马列	新	入库
1386	思想战线	综合人社	老	核心
1387	思想政治工作研究	中国政治	老	扩展
1388	思想政治教育研究	马列	老	扩展
1389	思想政治课教学	教育学	老	扩展
1390	思想政治课研究	教育学	老	扩展
1391	四川大学学报（哲学社会科学版）	综合学报	老	核心
1392	四川行政学院学报	中国政治	老	扩展
1393	四川劳动保障	经济管理	老	入库
1394	四川旅游学院学报	人文地理	老	入库
1395	四川民族学院学报	综合学报	老	入库
1396	四川轻化工大学学报（社会科学版）	综合学报	老	扩展
1397	四川省社会主义学院学报	中国政治	老	入库
1398	四川师范大学学报（社会科学版）	综合学报	老	核心
1399	四川体育科学	体育学	老	入库
1400	四川图书馆学报	图情档	老	入库
1401	四川文理学院学报	综合学报	老	扩展

续表

序号	期刊名称（R—S）	学科简称	属性	等级
1402	四川文物	考古文博	老	扩展
1403	四川戏剧	艺术学	老	扩展
1404	苏区研究	中国政治	老	扩展
1405	苏州大学学报（法学版）	法学	老	扩展
1406	苏州大学学报（教育科学版）	教育学	老	核心
1407	苏州大学学报（哲学社会科学版）	综合学报	老	核心
1408	孙子研究	哲学	老	入库

（六）刊名音序 T—X

刊名首字母 T—X 的期刊具体如下。

序号	期刊名称（T—X）	学科简称	属性	等级
1409	塔里木大学学报	综合学报	老	入库
1410	台海研究	中国政治	老	扩展
1411	台湾历史研究	历史学	新	核心
1412	台湾农业探索	农业经济	老	扩展
1413	台湾研究	中国政治	老	核心
1414	台湾研究集刊	中国政治	老	扩展
1415	台州学院学报	综合学报	老	入库
1416	太平洋学报	国政国别	老	扩展
1417	太原理工大学学报（社会科学版）	综合学报	老	扩展
1418	太原师范学院学报（社会科学版）	综合学报	老	入库
1419	太原学院学报（社会科学版）	综合学报	老	入库
1420	泰山学院学报	综合学报	老	入库
1421	探求	中国政治	老	扩展
1422	探索	中国政治	老	核心
1423	探索与争鸣	综合人社	老	权威
1424	唐都学刊	综合人社	老	入库
1425	特区经济	经济综合	老	扩展

续表

序号	期刊名称（T—X）	学科简称	属性	等级
1426	特区实践与理论	中国政治	老	核心
1427	体力活动与健康	体育学	外	入库
1428	体育教育学刊	体育学	老	扩展
1429	体育科学	体育学	老	权威
1430	体育科学研究	体育学	老	扩展
1431	体育科研	体育学	老	扩展
1432	体育文化导刊	体育学	老	扩展
1433	体育学刊	体育学	老	核心
1434	体育学研究	体育学	老	核心
1435	体育研究与教育	体育学	老	扩展
1436	体育与科学	体育学	老	核心
1437	体育运动科学（英文）	体育学	外	入库
1438	天府新论	综合人社	老	扩展
1439	天津大学学报（社会科学版）	综合学报	老	核心
1440	天津电大学报	教育学	老	入库
1441	天津法学	法学	老	扩展
1442	天津行政学院学报	中国政治	老	核心
1443	天津经济	经济管理	老	入库
1444	天津商业大学学报	经济综合	老	入库
1445	天津社会科学	综合人社	老	核心
1446	天津师范大学学报（基础教育版）	教育学	老	核心
1447	天津师范大学学报（社会科学版）	综合学报	老	核心
1448	天津市工会管理干部学院学报	中国政治	老	入库
1449	天津市社会主义学院学报	中国政治	老	入库
1450	天津体育学院学报	体育学	老	核心
1451	天津外国语大学学报	语言学	老	扩展
1452	天津音乐学院学报	艺术学	老	扩展
1453	天水行政学院学报	中国政治	老	入库
1454	天水师范学院学报	综合学报	老	入库

续表

序号	期刊名称（T—X）	学科简称	属性	等级
1455	天中学刊	综合人社	老	入库
1456	调研世界	统计学	老	核心
1457	通化师范学院学报	综合学报	老	入库
1458	同济大学学报（社会科学版）	综合学报	老	核心
1459	铜仁学院学报	综合学报	老	入库
1460	统计科学与实践	统计学	老	扩展
1461	统计理论及其应用（英文）	统计学	外	入库
1462	统计理论与实践	统计学	新	入库
1463	统计学报	统计学	新	核心
1464	统计研究	统计学	老	权威
1465	统计与管理	统计学	老	扩展
1466	统计与决策	统计学	老	扩展
1467	统计与信息论坛	统计学	老	核心
1468	统计与咨询	统计学	老	入库
1469	统一战线学研究	中国政治	新	入库
1470	投资研究	金融	老	扩展
1471	图书馆	图情档	老	扩展
1472	图书馆工作与研究	图情档	老	扩展
1473	图书馆建设	图情档	老	扩展
1474	图书馆界	图情档	老	入库
1475	图书馆理论与实践	图情档	老	扩展
1476	图书馆论坛	图情档	老	核心
1477	图书馆学刊	图情档	老	入库
1478	图书馆学研究	图情档	老	扩展
1479	图书馆研究	图情档	老	入库
1480	图书馆研究与工作	图情档	老	入库
1481	图书馆杂志	图情档	老	核心
1482	图书情报导刊	图情档	老	入库
1483	图书情报工作	图情档	老	权威

续表

序号	期刊名称（T—X）	学科简称	属性	等级
1484	图书情报知识	图情档	老	权威
1485	图书与情报	图情档	老	核心
1486	吐鲁番学研究	考古文博	老	入库
1487	团结	中国政治	老	扩展
1488	外国教育研究	教育学	老	核心
1489	外国经济与管理	管理学	老	核心
1490	外国文学	外国文学	老	核心
1491	外国文学动态研究	外国文学	老	核心
1492	外国文学评论	外国文学	老	权威
1493	外国文学研究	外国文学	老	核心
1494	外国问题研究	历史学	老	扩展
1495	外国语（上海外国语大学学报）	语言学	老	核心
1496	外国语文	语言学	老	扩展
1497	外国语文研究	外国文学	老	入库
1498	外国语言文学	语言学	老	扩展
1499	外国语言与文化	外国文学	新	入库
1500	外国语言与文化（英文）	外国文学	外	入库
1501	外交（英文版）	国政国别	外	入库
1502	外交评论（外交学院学报）	国政国别	老	核心
1503	外文研究	语言学	老	入库
1504	外语测试与教学	语言学	老	入库
1505	外语电化教学	语言学	老	扩展
1506	外语教学	语言学	老	核心
1507	外语教学理论与实践	语言学	老	扩展
1508	外语教学与研究	语言学	老	权威
1509	外语教育研究前沿	语言学	新	核心
1510	外语界	语言学	老	核心
1511	外语学刊	语言学	老	核心
1512	外语研究	语言学	老	扩展

续表

序号	期刊名称（T—X）	学科简称	属性	等级
1513	外语与翻译	语言学	老	入库
1514	外语与外语教学	语言学	老	核心
1515	网络媒体与全球传播	新闻传播	外	入库
1516	网信军民融合	综合人社	老	入库
1517	唯实	中国政治	老	扩展
1518	卫生经济研究	经济综合	老	扩展
1519	未来传播	新闻传播	老	扩展
1520	未来与发展	管理学	老	入库
1521	渭南师范学院学报	教育学	老	扩展
1522	温州大学学报（社会科学版）	综合学报	老	扩展
1523	文博	考古文博	老	扩展
1524	文博学刊	考古文博	新	入库
1525	文化软实力	马列	老	入库
1526	文化软实力研究	民族文化	老	入库
1527	文化学刊	民族文化	老	扩展
1528	文化遗产	民族文化	老	核心
1529	文化艺术研究	艺术学	老	扩展
1530	文化与传播	民族文化	老	入库
1531	文化与大脑	心理学	外	入库
1532	文化纵横	民族文化	老	核心
1533	文山学院学报	综合学报	老	入库
1534	文史	历史学	老	核心
1535	文史杂志	历史学	老	扩展
1536	文史哲	综合人社	老	权威
1537	文物	考古文博	老	权威
1538	文物保护与考古科学	考古文博	老	核心
1539	文物春秋	考古文博	老	扩展
1540	文物季刊	考古文博	老	入库
1541	文献	历史学	老	扩展

续表

序号	期刊名称（T—X）	学科简称	属性	等级
1542	文献与数据学报	图情档	新	核心
1543	文学评论	中国文学	老	顶级
1544	文学遗产	中国文学	老	权威
1545	文学与文化	中国文学	老	入库
1546	文学自由谈	中国文学	老	入库
1547	文艺理论研究	中国文学	老	核心
1548	文艺理论与批评	中国文学	老	核心
1549	文艺论坛	中国文学	老	扩展
1550	文艺评论	中国文学	老	扩展
1551	文艺研究	艺术学	老	顶级
1552	文艺争鸣	中国文学	老	核心
1553	五台山研究	宗教学	老	扩展
1554	五邑大学学报（社会科学版）	综合学报	老	入库
1555	武大国际法评论	法学	新	核心
1556	武汉大学学报（哲学社会科学版）	综合学报	老	权威
1557	武汉金融	金融	老	扩展
1558	武汉科技大学学报（社会科学版）	综合学报	老	核心
1559	武汉理工大学学报（社会科学版）	综合学报	老	扩展
1560	武汉理工大学学报（信息与管理工程版）	管理学	老	扩展
1561	武汉体育学院学报	体育学	老	核心
1562	武陵学刊	综合人社	老	入库
1563	武术研究	体育学	老	入库
1564	舞蹈	艺术学	老	扩展
1565	物理教师	教育学	老	扩展
1566	物流研究	管理学	新	入库
1567	西安财经大学学报	经济综合	老	扩展
1568	西安电子科技大学学报（社会科学版）	综合学报	老	扩展
1569	西安建筑科技大学学报（社会科学版）	综合学报	老	入库
1570	西安交通大学学报（社会科学版）	综合学报	老	核心

续表

序号	期刊名称（T—X）	学科简称	属性	等级
1571	西安石油大学学报（社会科学版）	综合学报	老	入库
1572	西安体育学院学报	体育学	老	扩展
1573	西安外国语大学学报	语言学	老	扩展
1574	西安文理学院学报（社会科学版）	综合学报	老	入库
1575	西北成人教育学院学报	教育学	老	入库
1576	西北大学学报（哲学社会科学版）	综合学报	老	核心
1577	西北工业大学学报（社会科学版）	综合学报	老	核心
1578	西北美术	艺术学	老	扩展
1579	西北民族大学学报（哲学社会科学版）	民族文化	老	扩展
1580	西北民族研究	民族文化	老	核心
1581	西北农林科技大学学报（社会科学版）	综合学报	老	核心
1582	西北人口	社会人口	老	扩展
1583	西北师大学报（社会科学版）	综合学报	老	核心
1584	西伯利亚研究	国政国别	老	入库
1585	西部大开发	人文地理	老	入库
1586	西部法学评论	法学	老	扩展
1587	西部经济管理论坛	管理学	老	扩展
1588	西部论坛	经济综合	老	扩展
1589	西部蒙古论坛	民族文化	老	入库
1590	西部人居环境学刊	人文地理	老	扩展
1591	西部学刊	综合人社	老	扩展
1592	西藏大学学报（社会科学版）	综合学报	老	扩展
1593	西藏发展论坛	中国政治	老	扩展
1594	西藏教育	教育学	老	入库
1595	西藏民族大学学报（哲学社会科学版）	民族文化	老	扩展
1596	西藏研究	综合人社	老	核心
1597	西藏艺术研究	艺术学	老	扩展
1598	西昌学院学报（社会科学版）	综合学报	老	入库
1599	西华大学学报（哲学社会科学版）	综合学报	老	核心

续表

序号	期刊名称（T—X）	学科简称	属性	等级
1600	西华师范大学学报（哲学社会科学版）	综合学报	老	扩展
1601	西泠艺丛	艺术学	老	扩展
1602	西南大学学报（社会科学版）	综合学报	老	核心
1603	西南交通大学学报（社会科学版）	综合学报	老	扩展
1604	西南金融	金融	老	扩展
1605	西南科技大学学报（哲学社会科学版）	综合学报	老	扩展
1606	西南民族大学学报（人文社会科学版）	民族文化	老	核心
1607	西南石油大学学报（社会科学版）	综合学报	老	扩展
1608	西南政法大学学报	法学	老	扩展
1609	西夏研究	历史学	老	扩展
1610	西亚非洲	国政国别	老	核心
1611	西域研究	历史学	老	扩展
1612	戏剧（中央戏剧学院学报）	艺术学	老	核心
1613	戏剧文学	艺术学	老	扩展
1614	戏剧艺术（上海戏剧学院学报）	艺术学	老	核心
1615	戏曲艺术	艺术学	老	核心
1616	系统工程	管理学	老	扩展
1617	系统工程理论与实践	管理学	老	核心
1618	系统管理学报	管理学	老	核心
1619	系统科学学报	哲学	老	扩展
1620	咸阳师范学院学报	综合学报	老	入库
1621	现代财经（天津财经大学学报）	经济综合	老	核心
1622	现代城市研究	人文地理	老	扩展
1623	现代出版	新闻传播	老	扩展
1624	现代传播（中国传媒大学学报）	新闻传播	老	核心
1625	现代大学教育	教育学	老	核心
1626	现代电影技术	艺术学	老	扩展
1627	现代法学	法学	老	核心
1628	现代管理科学	管理学	老	入库

续表

序号	期刊名称（T—X）	学科简称	属性	等级
1629	现代国际关系	国政国别	老	核心
1630	现代国际关系（英文版）	国政国别	外	入库
1631	现代教育管理	教育学	老	核心
1632	现代教育技术	教育学	老	核心
1633	现代教育科学	教育学	老	扩展
1634	现代教育论丛	教育学	老	扩展
1635	现代金融导刊	金融	老	入库
1636	现代经济探讨	经济综合	老	扩展
1637	现代经济信息	经济综合	老	入库
1638	现代情报	图情档	老	核心
1639	现代日本经济	世界经济	老	扩展
1640	现代商业	贸易经济	老	入库
1641	现代台湾研究	中国政治	老	入库
1642	现代外语	语言学	老	核心
1643	现代语文	语言学	老	入库
1644	现代远程教育研究	教育学	老	核心
1645	现代远距离教育	教育学	老	核心
1646	现代哲学	哲学	老	扩展
1647	现代中文学刊	中国文学	老	扩展
1648	现代中小学教育	教育学	老	扩展
1649	乡村论丛	农业经济	新	入库
1650	湘潭大学学报（哲学社会科学版）	综合学报	老	核心
1651	消费经济	经济综合	老	扩展
1652	小城镇建设	人文地理	老	入库
1653	小说评论	中国文学	老	扩展
1654	协商论坛	中国政治	老	扩展
1655	心理发展与教育	心理学	老	核心
1656	心理技术与应用	心理学	老	扩展
1657	心理科学	心理学	老	核心

续表

序号	期刊名称（T—X）	学科简称	属性	等级
1658	心理科学进展	心理学	老	核心
1659	心理学报	心理学	老	权威
1660	心理学探新	心理学	老	扩展
1661	心理学杂志	心理学	外	核心
1662	心理研究	心理学	老	入库
1663	心理与行为研究	心理学	老	扩展
1664	新东方	中国政治	老	入库
1665	新疆财经	财政审计	老	入库
1666	新疆财经大学学报	经济综合	老	扩展
1667	新疆大学学报（哲学·人文社会科学版）	综合学报	老	扩展
1668	新疆广播电视大学学报	综合学报	老	入库
1669	新疆农垦经济	农业经济	老	扩展
1670	新疆社会科学	综合人社	老	扩展
1671	新疆社科论坛	综合人社	老	入库
1672	新疆师范大学学报（哲学社会科学版）	综合学报	老	核心
1673	新疆艺术学院学报	艺术学	老	入库
1674	新金融	金融	老	扩展
1675	新经济导刊	经济管理	老	扩展
1676	新科技人文	综合	外	入库
1677	新媒体研究	新闻传播	老	入库
1678	新美术	艺术学	老	核心
1679	新世纪图书馆	图情档	老	扩展
1680	新视野	中国政治	老	核心
1681	新文科教育研究	教育学	新	入库
1682	新文科理论与实践	综合	新	入库
1683	新文学史料	中国文学	老	扩展
1684	新闻爱好者	新闻传播	老	扩展
1685	新闻大学	新闻传播	老	核心
1686	新闻记者	新闻传播	老	核心

续表

序号	期刊名称（T—X）	学科简称	属性	等级
1687	新闻界	新闻传播	老	核心
1688	新闻与传播评论	新闻传播	新	核心
1689	新闻与传播研究	新闻传播	老	顶级
1690	新闻与写作	新闻传播	老	核心
1691	新闻战线	新闻传播	老	扩展
1692	新西部	经济综合	老	入库
1693	新乡学院学报	综合学报	老	入库
1694	新湘评论	中国政治	老	扩展
1695	新兴媒体：科技、产业和社会	新闻传播	外	入库
1696	新兴市场经济国际学刊	经济综合	外	入库
1697	新长征	中国政治	老	入库
1698	信息通信技术与政策	管理学	老	扩展
1699	信息网络安全	管理学	老	扩展
1700	信息资源管理学报（中英文）	图情档	老	核心
1701	信阳师范学院学报（哲学社会科学版）	综合学报	老	扩展
1702	星海音乐学院学报	艺术学	老	扩展
1703	徐州工程学院学报（社会科学版）	综合学报	老	扩展
1704	许昌学院学报	综合学报	老	入库
1705	叙事前沿研究	语言学	外	入库
1706	学海	综合人社	老	核心
1707	学理论	中国政治	老	扩展
1708	学前教育研究	教育学	老	核心
1709	学术交流	综合人社	老	扩展
1710	学术界	综合人社	老	核心
1711	学术论坛	综合人社	老	扩展
1712	学术评论	综合人社	老	入库
1713	学术探索	综合人社	老	扩展
1714	学术研究	综合人社	老	核心
1715	学术月刊	综合人社	老	权威

续表

序号	期刊名称（T—X）	学科简称	属性	等级
1716	学位与研究生教育	教育学	老	核心
1717	学习论坛	中国政治	老	核心
1718	学习与实践	综合人社	老	扩展
1719	学习与探索	综合人社	老	核心
1720	学习月刊	中国政治	老	扩展
1721	学校党建与思想教育	教育学	老	扩展
1722	学语文	教育学	老	入库

（七）刊名音序 Y—Z

刊名首字母 Y—Z 的期刊具体如下。

序号	期刊名称（Y—Z）	学科简称	属性	等级
1723	亚欧音乐研究	艺术学	外	入库
1724	亚太安全与海洋研究	国政国别	老	核心
1725	亚太经济	世界经济	老	核心
1726	亚洲法与社会杂志	法学	外	入库
1727	亚洲体育历史与文化	体育学	外	入库
1728	亚洲音乐学	艺术学	外	入库
1729	亚洲语言与语言学	语言学	外	入库
1730	亚洲运动与锻炼心理学	心理学	外	入库
1731	亚洲中东与伊斯兰研究	国政国别	外	入库
1732	烟台大学学报（哲学社会科学版）	综合学报	老	扩展
1733	延安大学学报（社会科学版）	综合学报	老	扩展
1734	延边大学学报（社会科学版）	综合学报	老	核心
1735	延边党校学报	中国政治	老	入库
1736	研究生教育研究	教育学	老	核心
1737	研究与发展管理	管理学	老	核心
1738	盐城工学院学报（社会科学版）	综合学报	老	入库
1739	盐城师范学院学报（人文社会科学版）	综合学报	老	入库

续表

序号	期刊名称（Y—Z）	学科简称	属性	等级
1740	盐业史研究	历史学	老	扩展
1741	燕山大学学报（哲学社会科学版）	综合学报	老	扩展
1742	扬州大学学报（高教研究版）	教育学	老	扩展
1743	扬州大学学报（人文社会科学版）	综合学报	老	核心
1744	扬子江文学评论	中国文学	老	扩展
1745	药学教育	教育学	老	扩展
1746	伊犁师范大学学报	综合学报	老	入库
1747	医学教育管理	教育学	老	扩展
1748	医学教育研究与实践	教育学	老	扩展
1749	医学与社会	社会人口	老	扩展
1750	医学与哲学	哲学	老	扩展
1751	医学争鸣	综合人社	老	入库
1752	沂蒙干部学院学报	中国政治	新	入库
1753	宜宾学院学报	综合学报	老	入库
1754	艺术百家	艺术学	老	扩展
1755	艺术传播研究	艺术学	老	扩展
1756	艺术工作	艺术学	老	入库
1757	艺术管理（中英文）	艺术学	新	入库
1758	艺术广角	艺术学	老	扩展
1759	艺术教育	艺术学	老	入库
1760	艺术评论	艺术学	老	核心
1761	艺术设计研究	艺术学	老	核心
1762	艺术市场	艺术学	老	入库
1763	艺术探索	艺术学	老	扩展
1764	艺术学研究	艺术学	新	核心
1765	艺术研究	艺术学	老	入库
1766	艺术与设计（理论）	艺术学	老	扩展
1767	阴山学刊（社会科学版）	综合人社	老	入库
1768	音乐创作	艺术学	老	入库

续表

序号	期刊名称（Y—Z）	学科简称	属性	等级
1769	音乐探索	艺术学	老	扩展
1770	音乐文化研究	艺术学	新	入库
1771	音乐研究	艺术学	老	核心
1772	音乐艺术（上海音乐学院学报）	艺术学	老	核心
1773	殷都学刊	综合人社	老	扩展
1774	银行家	金融	老	入库
1775	印度洋经济体研究	世界经济	老	入库
1776	印刷文化（中英文）	新闻传播	新	入库
1777	营销科学学报	贸易经济	新	入库
1778	影剧新作	艺术学	老	入库
1779	应用经济学评论	经济综合	新	入库
1780	应用心理学	心理学	老	扩展
1781	应用型高等教育研究	教育学	老	入库
1782	幼儿教育研究	教育学	老	入库
1783	语文建设	教育学	老	扩展
1784	语文学刊	语言学	老	入库
1785	语文研究	语言学	老	扩展
1786	语言、语境与语篇——社会符号学论坛	语言学	外	入库
1787	语言教学与研究	语言学	老	核心
1788	语言教育	语言学	老	入库
1789	语言科学	语言学	老	核心
1790	语言文字应用	语言学	老	核心
1791	语言学论丛	语言学	新	核心
1792	语言研究	语言学	老	扩展
1793	语言研究论坛	语言学	外	入库
1794	语言与翻译	语言学	老	入库
1795	语言与符号学研究（英文版）	语言学	外	入库
1796	语言战略研究	语言学	老	扩展
1797	语言智能教学	语言学	外	入库

续表

序号	期刊名称（Y—Z）	学科简称	属性	等级
1798	预防青少年犯罪研究	法学	老	扩展
1799	豫章师范学院学报	综合学报	老	入库
1800	原生态民族文化学刊	民族文化	老	扩展
1801	远程教育杂志	教育学	老	核心
1802	阅江学刊	综合人社	老	核心
1803	粤港澳大湾区文学评论	中国文学	新	入库
1804	云冈研究	考古文博	新	核心
1805	云梦学刊	综合人社	老	入库
1806	云南财经大学学报	经济综合	老	扩展
1807	云南大学学报（社会科学版）	综合学报	老	扩展
1808	云南行政学院学报	中国政治	老	扩展
1809	云南开放大学学报	教育学	老	入库
1810	云南民族大学学报（哲学社会科学版）	民族文化	老	核心
1811	云南农业大学学报（社会科学）	综合学报	老	核心
1812	云南社会科学	综合人社	老	核心
1813	云南社会主义学院学报	中国政治	老	入库
1814	云南师范大学学报（对外汉语教学与研究版）	综合学报	老	扩展
1815	云南师范大学学报（哲学社会科学版）	综合学报	老	核心
1816	云南艺术学院学报	艺术学	老	扩展
1817	运城学院学报	综合学报	老	入库
1818	运筹与管理	经济管理	老	核心
1819	运动与健康科学（英文）	体育学	外	权威
1820	早期儿童发展	教育学	新	入库
1821	枣庄学院学报	综合学报	老	入库
1822	债券	金融	老	扩展
1823	战略决策研究	管理学	老	入库
1824	长安大学学报（社会科学版）	综合学报	老	扩展
1825	长白学刊	中国政治	老	核心
1826	长春大学学报	综合学报	老	扩展

续表

序号	期刊名称（Y—Z）	学科简称	属性	等级
1827	长春理工大学学报（社会科学版）	综合学报	老	扩展
1828	长春师范大学学报	综合学报	老	入库
1829	长春市委党校学报	中国政治	老	扩展
1830	长江大学学报（社会科学版）	综合学报	老	扩展
1831	长江流域资源与环境	环境科学	老	核心
1832	长江论坛	中国政治	老	扩展
1833	长江师范学院学报	综合学报	老	扩展
1834	长江文艺评论	艺术学	老	入库
1835	长江学术	中国文学	老	扩展
1836	长沙大学学报	综合学报	老	入库
1837	长沙理工大学学报（社会科学版）	综合学报	老	扩展
1838	肇庆学院学报	综合学报	老	入库
1839	哲学动态	哲学	老	核心
1840	哲学分析	哲学	老	扩展
1841	哲学研究	哲学	老	顶级
1842	浙江大学学报（人文社会科学版）	综合学报	老	核心
1843	浙江档案	图情档	老	扩展
1844	浙江工商大学学报	综合学报	老	核心
1845	浙江海洋大学学报（人文科学版）	综合学报	老	入库
1846	浙江金融	金融	老	扩展
1847	浙江理工大学学报（社会科学版）	综合学报	老	扩展
1848	浙江社会科学	综合人社	老	核心
1849	浙江师范大学学报（社会科学版）	综合学报	老	扩展
1850	浙江树人大学学报	综合学报	老	入库
1851	浙江体育科学	体育学	老	入库
1852	浙江外国语学院学报	语言学	老	扩展
1853	浙江学刊	综合人社	老	核心
1854	浙江艺术职业学院学报	艺术学	老	扩展
1855	征信	金融	老	扩展

续表

序号	期刊名称（Y—Z）	学科简称	属性	等级
1856	证据科学	法学	老	扩展
1857	证券市场导报	金融	老	核心
1858	郑州大学学报（哲学社会科学版）	综合学报	老	核心
1859	郑州航空工业管理学院学报	经济管理	老	扩展
1860	郑州航空工业管理学院学报（社会科学版）	综合学报	老	入库
1861	郑州轻工业大学学报（社会科学版）	综合学报	老	入库
1862	郑州师范教育	综合学报	老	入库
1863	政策瞭望	经济管理	老	入库
1864	政法论丛	法学	老	扩展
1865	政法论坛	法学	老	核心
1866	政法学刊	法学	老	扩展
1867	政府与市场经济学	经济综合	外	入库
1868	政工学刊	中国政治	老	核心
1869	政治经济学评论	经济综合	老	核心
1870	政治经济学研究	经济综合	新	入库
1871	政治思想史	中国政治	老	扩展
1872	政治学研究	中国政治	老	顶级
1873	政治与法律	法学	老	核心
1874	知识产权	法学	老	核心
1875	知与行	综合人社	老	入库
1876	职教发展研究	教育学	新	入库
1877	职教论坛	教育学	老	核心
1878	职教通讯	教育学	老	扩展
1879	职业技术教育	教育学	老	扩展
1880	职业教育研究	教育学	老	扩展
1881	治理现代化研究	中国政治	老	核心
1882	治理研究	中国政治	老	核心
1883	智库理论与实践	管理学	老	扩展
1884	中北大学学报（社会科学版）	综合学报	老	扩展

续表

序号	期刊名称（Y—Z）	学科简称	属性	等级
1885	中德跨文化论坛	民族文化	外	入库
1886	中共成都市委党校学报	中国政治	老	扩展
1887	中共党史研究	马列	老	核心
1888	中共福建省委党校（福建行政学院）学报	中国政治	老	核心
1889	中共桂林市委党校学报	中国政治	老	入库
1890	中共杭州市委党校学报	中国政治	老	核心
1891	中共合肥市委党校学报	中国政治	老	入库
1892	中共济南市委党校学报	中国政治	老	扩展
1893	中共乐山市委党校学报	中国政治	老	入库
1894	中共南昌市委党校学报	中国政治	老	入库
1895	中共南京市委党校学报	中国政治	老	扩展
1896	中共南宁市委党校学报	中国政治	老	入库
1897	中共宁波市委党校学报	中国政治	老	核心
1898	中共青岛市委党校青岛行政学院学报	中国政治	老	入库
1899	中共山西省委党校学报	中国政治	老	扩展
1900	中共石家庄市委党校学报	中国政治	老	入库
1901	中共四川省委党校学报	中国政治	老	扩展
1902	中共太原市委党校学报	中国政治	老	入库
1903	中共天津市委党校学报	中国政治	老	核心
1904	中共乌鲁木齐市委党校学报	中国政治	老	入库
1905	中共伊犁州委党校学报	中国政治	老	入库
1906	中共云南省委党校学报	中国政治	老	扩展
1907	中共郑州市委党校学报	中国政治	老	扩展
1908	中共中央党校（国家行政学院）学报	中国政治	老	权威
1909	中国版权	法学	老	扩展
1910	中国比较法学刊	法学	外	核心
1911	中国比较文学	中国文学	老	核心
1912	中国边疆史地研究	历史学	老	核心
1913	中国编辑	新闻传播	老	扩展

续表

序号	期刊名称（Y—Z）	学科简称	属性	等级
1914	中国标准化	经济管理	老	扩展
1915	中国标准化（英文版）	管理学	外	入库
1916	中国博物馆	考古文博	老	扩展
1917	中国财政	财政审计	老	扩展
1918	中国财政与经济研究（英文）	财政	外	核心
1919	中国藏学	民族文化	老	核心
1920	中国藏学（英文版）	中国政治	外	入库
1921	中国成人教育	教育学	老	扩展
1922	中国出版	新闻传播	老	核心
1923	中国出版史研究	新闻传播	老	扩展
1924	中国大学教学	教育学	老	扩展
1925	中国当代文学研究	中国文学	新	入库
1926	中国档案	图情档	老	扩展
1927	中国党政干部论坛	中国政治	老	核心
1928	中国道教	宗教学	老	入库
1929	中国地方志	历史学	老	扩展
1930	中国地质大学学报（社会科学版）	综合学报	老	核心
1931	中国典籍与文化	历史学	老	扩展
1932	中国电化教育	教育学	老	核心
1933	中国电力教育	教育学	老	入库
1934	中国电力企业管理	工业经济	老	扩展
1935	中国电视	艺术学	老	核心
1936	中国电影研究	艺术学	外	入库
1937	中国俄语教学	教育学	老	入库
1938	中国发展	经济综合	老	扩展
1939	中国发展观察	经济综合	老	扩展
1940	中国法律评论	法学	老	核心
1941	中国法学	法学	老	权威
1942	中国法学（英文版）	法学	外	核心

续表

序号	期刊名称（Y—Z）	学科简称	属性	等级
1943	中国翻译	语言学	老	核心
1944	中国房地产金融	经济管理	老	扩展
1945	中国非物质文化遗产	民族文化	新	核心
1946	中国非营利组织评论	管理学	外	入库
1947	中国非洲学刊	国政国别	新	入库
1948	中国符号学研究	综合	外	核心
1949	中国高等教育	教育学	老	核心
1950	中国高等学校学术文摘·法学	法学	外	入库
1951	中国高等学校学术文摘·工商管理研究	管理学	外	入库
1952	中国高等学校学术文摘·教育学	教育学	外	核心
1953	中国高等学校学术文摘·经济学	经济综合	外	入库
1954	中国高等学校学术文摘·历史学	历史学	外	核心
1955	中国高等学校学术文摘·文学研究	中国文学	外	入库
1956	中国高等学校学术文摘·哲学	哲学	外	核心
1957	中国高教研究	教育学	老	核心
1958	中国高校科技	教育学	老	扩展
1959	中国高校社会科学	综合人社	老	核心
1960	中国工人	中国政治	老	扩展
1961	中国工业经济	工业经济	老	顶级
1962	中国公共行政评论	中国政治	外	入库
1963	中国管理会计	管理学	新	入库
1964	中国管理科学	管理学	老	核心
1965	中国管理信息化	经济管理	老	入库
1966	中国广播电视学刊	新闻传播	老	入库
1967	中国国际法论刊	法学	外	入库
1968	中国国际评论	国政国别	外	入库
1969	中国国际问题研究（英文版）	国政国别	外	入库
1970	中国国际政治季刊	国政国别	外	核心
1971	中国国家博物馆馆刊	考古文博	老	扩展

续表

序号	期刊名称（Y—Z）	学科简称	属性	等级
1972	中国国土资源经济	工业经济	老	核心
1973	中国海商法研究	法学	老	扩展
1974	中国海洋大学学报（社会科学版）	综合学报	老	核心
1975	中国行政管理	中国政治	老	权威
1976	中国环境法学刊	法学	外	入库
1977	中国环境管理	环境科学	老	扩展
1978	中国环境科学	环境科学	老	核心
1979	中国会计学刊（英文版）	管理学	外	入库
1980	中国货币市场	金融	老	扩展
1981	中国机构改革与管理	中国政治	老	扩展
1982	中国集体经济	经济管理	老	扩展
1983	中国计量大学学报	统计学	老	扩展
1984	中国记者	新闻传播	老	扩展
1985	中国纪检监察	中国政治	老	核心
1986	中国监狱学刊	法学	老	入库
1987	中国检察官	法学	老	扩展
1988	中国教育网络	教育学	老	入库
1989	中国教育信息化	教育学	老	扩展
1990	中国教育学刊	教育学	老	核心
1991	中国金融	金融	老	核心
1992	中国金融家	金融	老	扩展
1993	中国金融评论	金融	外	入库
1994	中国近代史	历史学	外	入库
1995	中国经济报告	经济管理	老	扩展
1996	中国经济评论	经济综合	新	入库
1997	中国经济史研究	历史学	老	核心
1998	中国经济问题	经济综合	老	核心
1999	中国经济学人（中英文）	经济综合	外	核心
2000	中国经济杂志	经济综合	外	入库

续表

序号	期刊名称（Y—Z）	学科简称	属性	等级
2001	中国经贸导刊	贸易经济	老	扩展
2002	中国井冈山干部学院学报	中国政治	老	扩展
2003	中国考古学（英文版）	考古文博	外	入库
2004	中国考试	教育学	老	核心
2005	中国科技翻译	语言学	老	入库
2006	中国科技论坛	管理学	老	扩展
2007	中国科技期刊研究	新闻传播	老	核心
2008	中国科技史杂志	历史学	老	扩展
2009	中国科技资源导刊	图情档	老	扩展
2010	中国科学基金	管理学	老	扩展
2011	中国科学技术史（英文）	历史学	外	入库
2012	中国科学院院刊	综合人社	老	核心
2013	中国矿业大学学报（社会科学版）	综合学报	老	核心
2014	中国劳动	经济管理	老	扩展
2015	中国劳动关系学院学报	中国政治	老	核心
2016	中国历史地理论丛	历史学	老	核心
2017	中国粮食经济	农业经济	老	扩展
2018	中国林业经济	农业经济	老	入库
2019	中国临床心理学杂志	心理学	老	扩展
2020	中国领导科学	中国政治	老	核心
2021	中国流通经济	贸易经济	老	核心
2022	中国美术	艺术学	老	扩展
2023	中国美术教育	艺术学	老	扩展
2024	中国民政	中国政治	老	扩展
2025	中国民族博览	艺术学	老	入库
2026	中国民族美术	艺术学	老	扩展
2027	中国穆斯林	宗教学	老	入库
2028	中国内部审计	经济管理	老	扩展
2029	中国能源	工业经济	老	核心

续表

序号	期刊名称（Y—Z）	学科简称	属性	等级
2030	中国年鉴研究	历史学	新	入库
2031	中国农村观察	农业经济	老	核心
2032	中国农村金融	金融	老	扩展
2033	中国农村经济	农业经济	老	权威
2034	中国农史	历史学	老	核心
2035	中国农业大学学报（社会科学版）	综合学报	老	核心
2036	中国农业教育	教育学	老	扩展
2037	中国农业经济评论	农业经济	外	核心
2038	中国农业资源与区划	农业经济	老	扩展
2039	中国浦东干部学院学报	中国政治	老	扩展
2040	中国钱币	金融	老	扩展
2041	中国青年社会科学	中国政治	老	核心
2042	中国青年研究	社会人口	老	核心
2043	中国人才	社会人口	老	入库
2044	中国人大	中国政治	老	扩展
2045	中国人口·资源与环境	环境科学	老	权威
2046	中国人口·资源与环境（英文版）	环境科学	外	入库
2047	中国人口科学	社会人口	老	权威
2048	中国人力资源开发	管理学	老	扩展
2049	中国人民大学学报	综合学报	老	权威
2050	中国人民公安大学学报（社会科学版）	法学	老	扩展
2051	中国人事科学	管理学	新	入库
2052	中国人文研究	综合	外	入库
2053	中国软科学	管理学	老	权威
2054	中国商论	贸易经济	老	入库
2055	中国社会经济史研究	历史学	老	扩展
2056	中国社会科学	综合人社	老	顶级
2057	中国社会科学（英文版）	综合	外	入库
2058	中国社会科学评价	综合人社	老	核心

续表

序号	期刊名称（Y—Z）	学科简称	属性	等级
2059	中国社会科学院大学学报	综合人社	老	核心
2060	中国社会学	社会人口	外	入库
2061	中国石油大学胜利学院学报	综合学报	老	入库
2062	中国石油大学学报（社会科学版）	综合学报	老	核心
2063	中国史研究	历史学	老	权威
2064	中国史研究动态	历史学	老	核心
2065	中国市场	贸易经济	老	入库
2066	中国市场监管研究	经济管理	老	扩展
2067	中国书法	艺术学	老	核心
2068	中国书画	艺术学	老	扩展
2069	中国税务	经济管理	老	核心
2070	中国司法	法学	老	入库
2071	中国司法鉴定	法学	老	入库
2072	中国斯拉夫研究	国政国别	外	入库
2073	中国特色社会主义研究	马列	老	权威
2074	中国特殊教育	教育学	老	核心
2075	中国体育科技	体育学	老	核心
2076	中国统计	统计学	老	扩展
2077	中国图书馆学报	图情档	老	顶级
2078	中国图书评论	图情档	老	扩展
2079	中国土地	农业经济	老	扩展
2080	中国土地科学	农业经济	老	核心
2081	中国外汇	金融	老	核心
2082	中国外语	语言学	老	核心
2083	中国卫生法制	法学	老	入库
2084	中国卫生经济	经济综合	老	扩展
2085	中国卫生政策研究	管理学	老	扩展
2086	中国文化	民族文化	老	入库
2087	中国文化国际传播（英文）	新闻传播	外	入库

续表

序号	期刊名称（Y—Z）	学科简称	属性	等级
2088	中国文化研究	中国文学	老	核心
2089	中国文化遗产	考古文博	老	扩展
2090	中国文物科学研究	考古文博	老	入库
2091	中国文学批评	中国文学	老	核心
2092	中国文学研究	中国文学	老	扩展
2093	中国文艺评论	艺术学	老	核心
2094	中国文字	语言学	外	入库
2095	中国物价	经济管理	老	核心
2096	中国西部	人文地理	老	扩展
2097	中国戏剧	艺术学	老	扩展
2098	中国现代文学研究丛刊	中国文学	老	核心
2099	中国心理卫生杂志	心理学	老	扩展
2100	中国刑警学院学报	法学	老	入库
2101	中国刑事法杂志	法学	老	核心
2102	中国学刊	综合	外	入库
2103	中国延安干部学院学报	中国政治	老	核心
2104	中国医疗保险	金融	老	扩展
2105	中国医疗管理科学	管理学	老	入库
2106	中国医学伦理学	哲学	老	入库
2107	中国音乐	艺术学	老	核心
2108	中国音乐教育	艺术学	老	扩展
2109	中国音乐学	艺术学	老	核心
2110	中国应用法学	法学	新	核心
2111	中国应用语言学（英文）	语言学	外	核心
2112	中国与阿拉伯研究	国政国别	外	入库
2113	中国与世界经济	经济综合	外	权威
2114	中国语文	语言学	老	顶级
2115	中国园林	环境科学	老	扩展
2116	中国远程教育	教育学	老	核心

续表

序号	期刊名称（Y—Z）	学科简称	属性	等级
2117	中国韵文学刊	中国文学	老	入库
2118	中国哲学年鉴	哲学	老	核心
2119	中国哲学史	哲学	老	核心
2120	中国证券期货	金融	老	扩展
2121	中国政法大学学报	法学	老	扩展
2122	中国政协理论研究	中国政治	老	扩展
2123	中国政治学评论	中国政治	外	入库
2124	中国职业技术教育	教育学	老	核心
2125	中国志愿服务研究	社会人口	新	入库
2126	中国治理	管理学	外	核心
2127	中国中医药图书情报杂志	图情档	老	扩展
2128	中国注册会计师	管理学	老	入库
2129	中国资产评估	金融	老	扩展
2130	中国资源综合利用	环境科学	老	入库
2131	中国宗教	宗教学	老	扩展
2132	中国宗教研究	宗教学	外	入库
2133	中华海洋法学评论	法学	外	入库
2134	中华民族共同体研究	综合	新	入库
2135	中华女子学院学报	社会人口	老	扩展
2136	中华文化论坛	民族文化	老	扩展
2137	中华文史论丛	历史学	老	核心
2138	中拉互鉴	综合	外	入库
2139	中南财经政法大学学报	经济综合	老	核心
2140	中南大学学报（社会科学版）	综合学报	老	核心
2141	中南林业科技大学学报（社会科学版）	经济综合	老	扩展
2142	中南民族大学学报（人文社会科学版）	民族文化	老	核心
2143	中山大学学报（社会科学版）	综合学报	老	核心
2144	中外法学	法学	老	权威
2145	中小学管理	教育学	老	扩展

续表

序号	期刊名称（Y—Z）	学科简称	属性	等级
2146	中小学课堂教学研究	教育学	老	入库
2147	中央财经大学学报	经济综合	老	核心
2148	中央民族大学学报（哲学社会科学版）	民族文化	老	权威
2149	中央社会主义学院学报	中国政治	老	核心
2150	中央音乐学院学报	艺术学	老	权威
2151	中原文化研究	民族文化	老	扩展
2152	中原文物	考古文博	老	扩展
2153	中州大学学报	综合学报	老	扩展
2154	中州学刊	综合人社	老	核心
2155	终身教育研究	教育学	新	入库
2156	周易研究	哲学	老	扩展
2157	专利代理	法学	老	入库
2158	装饰	艺术学	老	权威
2159	资源开发与市场	工业经济	老	扩展
2160	资源科学	环境科学	老	核心
2161	资源与产业	工业经济	老	扩展
2162	自然辩证法通讯	哲学	老	核心
2163	自然辩证法研究	哲学	老	核心
2164	自然科学博物馆研究	考古文博	老	入库
2165	自然科学史研究	历史学	老	扩展
2166	自然与文化遗产研究	考古文博	老	扩展
2167	自然资源学报	环境科学	老	核心
2168	宗教学研究	宗教学	老	核心

附 件

一 中国人文社会科学期刊评价专家委员会章程

中国人文社会科学期刊评价专家委员会章程

第一章 总则

第一条 本会定名为中国人文社会科学期刊评价专家委员会。

第二条 根据中国社会科学评价研究院的宗旨和规划,为更加广泛地联系社会各界力量,构建中国社会科学期刊权威评价体系,引领我国人文社会科学期刊发展走向,搭建高效的学术交流平台,组建中国人文社会科学期刊评价专家委员会,特制定本章程。

第二章 业务范围

第三条 本会的主要业务范围如下:

(1) 分析人文社会科学领域学术评价动态,引导人文社会科学领域期刊评价方向;

(2) 为评价院开展期刊评价工作提供建议和意见,为评价院期刊评价相关项目提供思路和方法支持;

(3) 在评价院开展期刊评价过程中,参与期刊评价工作;

(4) 审阅评价院相关期刊评价报告;

(5) 向评价院推荐相关专家;

(6) 承担评价院委托的其他工作。

第三章 委员

第四条 本会实行邀请、推荐制。

第五条 本会的专家委员,必须具备下列条件:

(1) 遵守宪法和法律,拥有坚定的政治立场;

(2) 专业素质过硬或有丰富的办刊经验;

(3) 能够参与期刊评价工作。

第六条 委员入会的程序是:

(1) 由中国社会科学评价研究院直接邀请并经本人同意加入;

(2) 由期刊评价专家委员会委员推荐,经期刊评价专家委员会通过;

(3) 由期刊评价专家委员会主任委员提名,经期刊评价专家委员会通过;

(4) 由本会联络处颁发聘任证书。

第七条 委员享有下列权利:

(1) 本会的选举权、被选举权和表决权;

(2) 对本会工作提出建议、进行监督;

(3) 参加本会举办的各项活动;

(4) 有入会和退会的自由。

第八条 委员履行下列义务:

(1) 遵守本会章程;

(2) 执行本会决议;

(3) 完成本会交办的工作;

(4) 维护期刊评价的公平、公正、公开;

(5) 向本会反映情况,提供有关资料。

第九条 委员退会应书面通知本会,并交回聘任证书。委员如果连续三次无故不参加本会活动,视为自动退会。

第十条 委员如有严重违反本章程的行为,经本委员会讨论通过予以退会。

第四章 组织机构

第十一条 本会设咨询委员会、学科专家委员会和联络处,组织结构如下图所示。

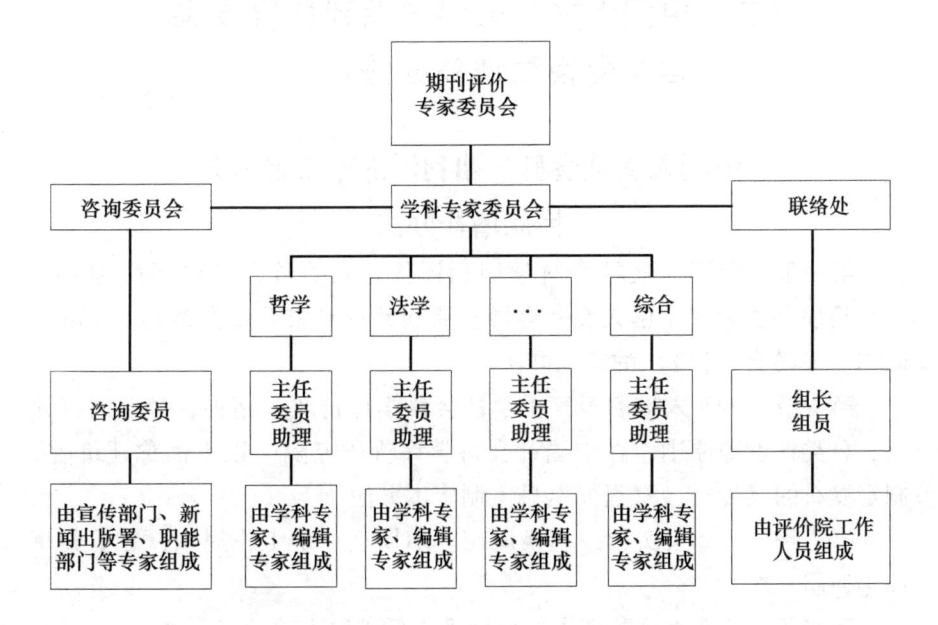

```
                    ┌─────────────┐
                    │ 期刊评价    │
                    │ 专家委员会  │
                    └──────┬──────┘
         ┌─────────────────┼─────────────────┐
   ┌─────┴─────┐    ┌──────┴──────┐    ┌─────┴─────┐
   │ 咨询委员会│────│学科专家委员会│    │  联络处   │
   └─────┬─────┘    └──────┬──────┘    └─────┬─────┘
         │        ┌────┬───┴───┬────┐        │
         │      ┌─┴─┐┌─┴─┐  ┌─┴─┐┌─┴─┐      │
         │      │哲学││法学│ │...││综合│     │
         │      └─┬─┘└─┬─┘  └─┬─┘└─┬─┘      │
         │       主任  主任   主任  主任     │
         │       委员  委员   委员  委员    组长
         │       助理  助理   助理  助理    组员
   ┌─────┴─────┐ ┌─┴─┐┌─┴─┐ ┌─┴─┐┌─┴─┐ ┌───┴────┐
   │ 咨询委员  │ │ … ││ … │ │ … ││ … │ │ …      │
   └─────┬─────┘ └─┬─┘└─┬─┘ └─┬─┘└─┬─┘ └───┬────┘
   由宣传部门、新  由学科 由学科 由学科 由学科  由评价院工作
   闻出版署、职能  专家、 专家、 专家、 专家、  人员组成
   部门等专家组成  编辑   编辑   编辑   编辑
                  专家组成 专家组成 专家组成 专家组成
```

第十二条 各学科专家委员会设主任2人，其中学科专家1人，编辑专家1人；设委员15—23人；设助理1人；设联络人1人。

第十三条 各学科专家委员会的成员须尽量覆盖所有的二级学科，平衡专家的机构分布与地域分布，兼顾老中青各年龄层次学者，注意学科专家和编辑专家的结合。

第五章　附则

第十四条 本章程自期刊评价专家委员会组建之日起生效。

第十五条 本章程未尽事宜可根据需要另行补充。

第十六条 本章程的最终解释权属中国社会科学评价研究院。

中国社会科学评价研究院

2017年12月25日

二 中国人文社会科学期刊评价专家委员会换届增补办法

中国人文社会科学期刊评价专家委员会换届增补办法

第一条 中国人文社会科学期刊评价专家委员会（以下简称专委会）换届办法为《中国人文社会科学期刊评价专家委员会章程》（以下简称《专委会章程》）的补充办法。

第二条 为深入贯彻国家哲学社会科学评价政策精神，遵照同行评议、分类评价等原则，在中国社会科学评价研究院（以下简称评价院）制定发布的《专委会章程》基础上制定本办法。

第三条 专委会实行按期换届制。随期刊评价工作周期，专委会每四年换届一次。

第四条 各专委会更新人数原则上不低于原人数的三分之一。

第五条 换届专家条件

（一）符合《专委会章程》中规定的条件；

（二）年龄原则上不超过60周岁；

（三）以期刊编辑或学术研究为主要工作内容；

（四）无学风、作风等不端行为。

第六条 换届流程

（一）评价院确定换届的具体办法、原则和流程，并组织开展换届工作；

（二）评价院和专委会专家酝酿产生换届专家名单；

（三）召开换届会议，产生新的专委会；

（四）专委会换届相关材料报评价院及上级部门审批通过。

第七条 届中增补专家条件和流程参照本办法。

第八条 本办法由评价院负责解释。

第九条 本办法自公布之日起施行。

中国社会科学评价研究院
2021年3月23日

三 中国人文社会科学期刊评价专家委员会学科专家委员会名单[①]

（一）法学

中国社会科学评价研究院
中国人文社会科学期刊评价专家委员会
法学专家委员会名单（按照姓名音序排列）

主任 (2人)	黄文艺	中国人民大学法学院院长，教授，《中国法学》总编辑
	柳华文	中国社会科学院国际法研究所副所长，新疆社会科学院副院长，研究员，《国际法研究》执行主编
委员 (15人)	边永民	对外经济贸易大学法学院副院长，教授
	蔡立东	吉林大学常务副校长，教授
	程 啸	清华大学法学院副院长，教授
	侯佳儒	中国政法大学环境资源法研究所所长，教授
	秦前红	武汉大学法学院教授，《法学评论》主编
	唐 力	西南政法大学副校长，教授
	王锡锌	北京大学法学院教授，《中外法学》主编
	谢海定	中国社会科学院法学研究所编审，《法学研究》副主编
	熊秋红	中国政法大学诉讼法学研究院院长，教授
	徐 瑄	暨南大学法学院/知识产权学院教授
	姚 佳	中国社会科学院法学研究所编审，《环球法律评论》编辑部主任
	叶 姗	北京大学法学院教授
	尹 飞	中央财经大学法学院院长，教授，《财经法学》编委会主任
	尤陈俊	中国人民大学法学院教授，《法学家》副主编
	于改之	上海交通大学凯原法学院教授，上海交通大学廉政与法治研究院执行院长

[①] 专家委员的工作单位、职称、职务更新时间为2024年2月。

（二）管理学

中国社会科学评价研究院
中国人文社会科学期刊评价专家委员会
管理学专家委员会名单（按照姓名音序排列）

主任 （2人）	李志军	国务院发展研究中心管理世界杂志社社长，研究员
	盛昭瀚	南京大学工程管理学院名誉院长，教授
委员 （19人）	白长虹	南开大学商学院院长，《南开管理评论》主编
	陈衍泰	浙江工商大学副校长，教授
	范英	北京航空航天大学经济管理学院院长，教授
	贾良定	南京大学商学院教授，《管理学季刊》联席主编
	井润田	上海交通大学安泰经济与管理学院教授
	蓝华	《管理科学》常务主编，编辑部主任，编审
	李建平	中国科学院大学经济与管理学院常务副院长，教授，《中国管理科学》主编，《管理评论》主编
	李文钊	中国人民大学公共管理学院教授，《公共管理与政策评论》副主编
	柳卸林	中国科学院大学教授，《科学学与科学技术管理》主编
	吕文栋	对外经济贸易大学教授，《科学决策》杂志社社长
	宋澄宇	上海财经大学期刊社《外国经济与管理》编辑部主任
	陶克涛	内蒙古财经大学工商管理学院教授
	王学军	兰州大学社会科学处处长，管理学院教授
	魏江	浙江财经大学党委副书记、副校长（主持行政工作），浙江大学全球浙商研究院院长
	徐越倩	浙江工商大学慈善学院执行院长，教授
	杨俊	重庆大学副校长，经济与工商管理学院教授
	张维	天津大学管理与经济学部教授，《管理科学学报》执行主编
	张跃胜	《管理学刊》执行主编，教授
	朱旭峰	清华大学公共管理学院执行院长，教授，《公共管理评论》主编

（三）环境科学

中国社会科学评价研究院
中国人文社会科学期刊评价专家委员会
环境科学专家委员会名单（按照姓名音序排列）

主任 （2人）	潘家华	中国社会科学院学部委员，*Chinese Journal of Urban and Environmental Studies* 主编
	齐绍洲	武汉大学经济与管理学院教授
常务副主任 （1人）	孙永平	华中科技大学国家治理研究院副院长，教授，《环境经济研究》常务副主编
委员 （13人）	陈彬	北京师范大学环境学院教授，*Energy, Ecology and Environment* 主编
	陈晓光	西南财经大学经济与管理研究院教授，*Environment and Development Economics* 副主编
	方德斌	武汉大学经济与管理学院副院长，教授
	李江龙	西安交通大学经济与金融学院教授
	刘宇	北京大学城市与环境学院长聘教授，*Journal of Cleaner Production* 执行主编
	王兆华	北京理工大学管理与经济学院院长，教授
	严飞	湖北经济学院低碳经济学院院长，教授，《环境经济研究》主编
	姚昕	厦门大学经济学院教授
	张炳	南京大学环境学院副院长，教授，*Environmental Management* 副主编
	张琦	中南财经政法大学财务部部长，教授
	张跃军	湖南大学工商管理学院副院长，教授，*Journal of Cleaner Production* 副主编
	郑新业	中国人民大学党委常委、副校长
	庄贵阳	中国社会科学院生态文明研究所副所长，研究员，《城市与环境研究》副主编
助理 （1人）	庄立	中国社会科学院生态文明研究所生态城市研究室副主任，副编审

（四）教育学

中国社会科学评价研究院
中国人文社会科学期刊评价专家委员会
教育学专家委员会名单（按照姓名音序排列）

主任 (2人)	李红宇	中国人民大学书报资料中心党委书记，研究员
	周洪宇	华中师范大学国家教育治理研究院院长，教授
委员 (20人)	邓友超	中国教育科学研究院研究员，全国教育科学规划办公室常务副主任
	冯建军	南京师范大学道德教育研究所所长，教授
	冯琳	国家开放大学《中国远程教育》杂志社原总编辑
	靳玉乐	深圳大学教育学部主任，文科资深教授
	李春萍	北京大学教育学院编审，《北京大学教育评论》副主编
	李森	陕西师范大学教育学部部长，教授，《当代教师教育》主编
	刘铁芳	湖南师范大学教育学院院长，教授
	卢晓中	华南师范大学粤港澳大湾区教育发展高等研究院院长，教授
	石中英	清华大学教育研究院院长，教授
	孙杰远	广西师范大学党委副书记、校长，教授
	唐景莉	中国教育报刊社编委会办公室主任
	唐以志	教育部职业教育发展中心研究员、产教合作处处长
	王小梅	中国高等教育学会学术发展咨询委员会委员，编审，《中国高教研究》主编
	徐小洲	浙江大学教育学院教授
	杨九诠	华东师范大学课程与教学研究所编审，《华东师范大学学报》（教育科学版）主编
	杨玉	辽宁教育学院研究员，《现代教育管理》副主编，编辑部主任
	赵福江	北京教育科学研究院班主任研究中心主任，《班主任》社长、主编
	钟英华	天津师范大学党委副书记、校长，教授
	朱旭东	北京师范大学教育学部部长，教授，《教师教育研究》副主编
	邹进文	中南财经政法大学副校长，教授，《高等教育评论》主编
助理 (1人)	张磊	中国人民大学书报资料中心编辑

（五）经济学·财政与审计

中国社会科学评价研究院
中国人文社会科学期刊评价专家委员会
财政与审计专家委员会名单（按照姓名音序排列）

主任 (2人)	陆蓉	上海财经大学金融学院教授，《财经研究》副主编
	邢丽	中国财政研究院副院长，研究员
委员 (6人)	蔡双立	天津财经大学期刊社社长，教授，《现代财经》主编
	李万甫	中国税务杂志社总编辑，教授
	刘晔	厦门大学财政系主任，教授，《经济资料译丛》主编
	秦兴俊	山西财经大学编审，《山西财经大学学报》编辑部主任、副主编
	闫坤	中国社会科学院日本研究所党委书记，研究员
	于海峰	广东财经大学校长，教授
助理 (1人)	闫晓茗	中国财政科学研究院珠心算研究中心主任，副研究员

（六）经济学·工业经济

中国社会科学评价研究院
中国人文社会科学期刊评价专家委员会
工业经济专家委员会名单（按照姓名音序排列）

主任 (2人)	谢康	中山大学管理学院教授
	张其仔	中国社会科学院工业经济研究所纪委书记、副所长，中国工业经济杂志社社长，《中国工业经济》常务副主编
委员 (9人)	杜传忠	南开大学产业经济研究所所长，教授
	黄速建	中国社会科学院工业经济研究所研究员
	黄阳平	集美大学财经学院院长，教授
	刘九如	工业和信息化部电子工业出版社总编辑，编审
	刘永祥	北方工业大学经济管理学院教授

续表

委员 (9人)	刘志彪	长江产业经济研究院院长，教授
	卢长宝	福州大学社会科学研究管理处处长，经济与管理学院教授
	肖兴志	东北财经大学党委书记，教授
	杨俊青	山西财经大学山西省中小企业发展研究院院长，教授
助理 (1人)	肖静华	中山大学管理学院教授

（七）经济学·货币金融保险

中国社会科学评价研究院
中国人文社会科学期刊评价专家委员会
货币金融保险专家委员会名单（按照姓名音序排列）

主任 (2人)	陈道富	国务院发展研究中心金融所副所长，研究员
	何德旭	中国社会科学院财经战略研究院院长，研究员，《财贸经济》主编
委员 (6人)	胡滨	中国社会科学院科研局局长，研究员
	黄剑	广东金融学院金融与投资学院教授
	李广众	中山大学商学院院长，教授
	欧明刚	外交学院国际经济学院院长，教授，《银行家》副主编
	温彬	中国民生银行首席经济学家兼研究院院长，原《国际金融研究》常务副主编
	左传长	清华大学产业创新与金融研究院特聘研究员
助理 (1人)	蒋少华	安徽财经大学金融学院副教授

（八）经济学·经济管理

中国社会科学评价研究院
中国人文社会科学期刊评价专家委员会
经济管理专家委员会名单（按照姓名音序排列）

主任 （2人）	戚聿东	北京师范大学经济与工商管理学院院长，教授
	尚增健	《管理世界》杂志社原总编辑
委员 （11人）	顾锋	上海交通大学校务委员会专职副主任，教授
	李曦辉	中央民族大学管理学院院长，教授
	牛志伟	浙江工商大学数字经济与营商环境研究院院长，教授
	屈文洲	厦门大学管理学院教授
	苏秦	西安交通大学管理学院教授
	陶秋燕	北京联合大学管理学院教授
	汪海粟	中南财经政法大学教授
	于立	天津财经大学原副校长，教授
	袁淳	中央财经大学创新发展学院常务副院长，教授
	张新民	对外经济贸易大学原副校长，教授
	周文斌	中国社会科学院工业经济研究所研究员，《经济管理》副主编/社长
助理 （1人）	徐健	东北财经大学数据科学与人工智能学院教授

（九）经济学·经济综合

中国社会科学评价研究院
中国人文社会科学期刊评价专家委员会
经济综合专家委员会名单（按照姓名音序排列）

主任 （2人）	洪永淼	中国科学院大学经济与管理学院院长、教授
	平新乔	北京大学经济学院教授

续表

委员 (11人)	陈诗一	复旦大学特聘教授
	陈彦斌	首都经济贸易大学副校长，教授
	韩保江	中共中央党校（国家行政学院）教授
	黄茂兴	福建社会科学院副院长，教授
	黄群慧	中国社会科学院经济所所长、研究员
	赖德胜	中共中央党校（国家行政学院）社会和生态文明教研部副主任，教授
	李涛	中央财经大学副校长，教授
	陆铭	上海交通大学教授
	盛斌	南开大学经济学院院长，教授
	张俊森	浙江大学经济学院院长，教授
	张平	中国社会科学院经济研究所研究员
助理 (1人)	洪勇	商务部研究院副研究员

（十）经济学·贸易经济

中国社会科学评价研究院
中国人文社会科学期刊评价专家委员会
贸易经济专家委员会名单（按照姓名音序排列）

主任 (2人)	马龙龙	中国人民大学商学院教授
	晏维龙	南京审计大学党委书记，教授
委员 (13人)	蔡文浩	兰州财经大学原校长，教授
	曾庆均	重庆工商大学经济学院教授
	陈阿兴	安徽财经大学国际经济贸易学院教授
	陈海权	暨南大学管理学院教授，广东亚太电子商务研究院院长
	黄建忠	上海对外经贸大学国际经贸学院教授，《国际商务研究》主编
	纪良纲	河北经贸大学原校长，教授
	李定珍	湖南商务职业技术学院院长，教授
	乔均	南京财经大学副校长，教授

委员 (13 人)	肖亮	浙江工商大学现代商贸研究中心执行主任，教授
	张威	商务部国际贸易经济合作研究院副院长
	赵亚平	北京联合大学商务学院教授
	朱瑞庭	上海建桥学院校长，教授
	祝合良	北京工业大学经济与管理学院教授
助理 (1 人)	袁平红	安徽财经大学副教授

（十一）经济学·农业经济

中国社会科学评价研究院
中国人文社会科学期刊评价专家委员会
农业经济专家委员会名单（按照姓名音序排列）

主任 (2 人)	黄季焜	北京大学中国农业政策研究中心主任，教授
	魏后凯	中国社会科学院农村发展研究所所长，研究员，《中国农村经济》《中国农村观察》主编
委员 (15 人)	郭翔宇	东北农业大学现代农业发展研究中心主任，教授，《农业经济与管理》主编
	罗必良	华南农业大学文科资深教授，国家农业与发展研究院院长
	吕新业	中国农业科学院农业经济与发展研究所研究员，农业经济问题杂志社社长
	潘劲	中国社会科学院农村发展研究所研究员，《中国农村经济》《中国农村观察》原创新工程总编辑，副社长，编辑部主任
	钱文荣	浙江大学中国农村发展研究院院长，教授
	青平	华中农业大学党委常委、副校长，教授，《华中农业大学学报》（社会科学版）主编
	司伟	中国农业大学经济管理学院院长，教授
	唐忠	中国人民大学农业与农村发展学院教授
	王庆日	自然资源部中国国土勘测规划院地政研究中心主任，研究员，《中国土地科学》执行主编
	王亚华	清华大学中国农村研究院执行院长，教授

委员 （15人）	叶兴庆	国务院发展研究中心农村经济研究部部长，研究员
	张克俊	四川省社会科学院农村发展研究所所长，研究员，《农村经济》常务副主编
	赵敏娟	西安财经大学校长，教授
	赵萱	国家林业和草原局经济发展研究中心副编审，《林业经济》编辑部原常务副社长，副主编，编辑部主任
	朱晶	南京农业大学学术委员会副主任，教授
助理 （1人）	鲍曙光	中国社会科学院农村发展研究所助理研究员

（十二）经济学·世界经济

中国社会科学评价研究院
中国人文社会科学期刊评价专家委员会
世界经济专家委员会名单（按照姓名音序排列）

主任 （2人）	佟家栋	南开大学原副校长，教授
	潘悦	中共中央党校（国家行政学院）行政与财务部主任，教授
委员 （10人）	郭语	商务部国际贸易经济合作研究院，《国际经济合作》主编
	黄梅波	上海对外经贸大学国际经贸研究所所长，教授
	桑百川	对外经济贸易大学国际经济研究院院长，教授
	王文成	昆明学院党委副书记，研究员
	王晓红	中国国际经济交流中心信息部副部长，编审，《全球化》副总编
	王艺明	厦门大学王亚南经济研究院副院长，教授，《中国经济问题》副主编
	魏明孔	中国社会科学院国际合作局局长（港澳台办公室主任），研究员
	姚枝仲	中国社会科学院世界经济政治研究所副所长，研究员
	张琦	国务院发展研究中心对外经济研究部部长，研究员
	周明伟	中共厦门市委党校教授
助理 （1人）	张继行	中国贸促会研究院会展经济研究部副主任，副研究员

（十三）考古文博

中国社会科学评价研究院
中国人文社会科学期刊评价专家委员会
考古文博专家委员会名单（按照姓名音序排列）

主任 （2人）	陈星灿	中国历史研究院副院长，中国社会科学院考古研究所所长，研究员，《考古》《考古学报》主编
	杭侃	北京大学考古文博学院教授、云冈研究院院长、山西大学考古文博学院学术院长
常务副主任 （1人）	曹楠	中国社会科学院考古研究所考古杂志社社长，副编审，《中国考古学（英文版）》编辑部主任
委员 （20人）	陈洪海	西北大学文化遗产学院教授
	陈丽新	湖北省文物考古研究院研究馆员，《江汉考古》编辑部主任
	冯峰	中国国家博物馆研究馆员，《中国国家博物馆馆刊》编辑部主任
	高星	中国科学院古脊椎动物与古人类研究所研究员，国家文物局重点科研基地主任，《史前考古》主编
	韩建业	中国人民大学历史学院教授
	吕红亮	四川大学历史文化学院院长，教授
	田有前	陕西省考古研究院研究馆员，《考古与文物》编辑部主任，副主编
	王芬	山东大学考古学院院长、博物馆馆长，教授
	王立新	吉林大学边疆考古研究中心主任，教授，《边疆考古研究》主编
	王霞	文物出版社编审，《文物》原编辑部主任
	武玮	河南博物院研究馆员，《中原文物》编辑部主任，副主编
	辛革	河南省文物考古研究院研究馆员
	杨晖	中国社会科学院考古研究所考古编辑室副主任，副编审，《考古》副主编
	张昌平	武汉大学历史学院教授
	张露	故宫博物院编审
	赵永军	黑龙江省文物考古研究所所长，研究馆员，《北方文物》主编
	郑君雷	中山大学社会学与人类学学院副院长，教授
	周广明	江西省文物考古研究院研究馆员，《南方文物》学术指导
	朱国平	南京博物院研究馆员，《东南文化》编辑部副主任
	朱岩石	中国社会科学院考古研究所研究员，《考古学集刊》主编
助理 （1人）	黄益飞	中国社会科学院考古研究所考古编辑室副主任，副研究员，《考古学报》编辑部主任

（十四）历史学

中国社会科学评价研究院
中国人文社会科学期刊评价专家委员会
历史学专家委员会名单（按照姓名音序排列）

主任 （2人）	卜宪群	中国社会科学院古代史研究所所长、研究员，《中国史研究动态》主编
	朱浒	中国人民大学历史学院院长，教授
委员 （17人）	方英	安徽省社会科学院历史研究所研究员，《安徽史学》主编
	郭长刚	上海社会科学院历史研究所所长、研究员，《史林》主编
	郭子林	中国社会科学院中国历史研究院研究员，《历史研究》副主编
	黄朴民	中国人民大学国学院教授
	李军	西北大学历史学院院长，教授
	刘屹	首都师范大学历史学院院长，教授
	刘安志	武汉大学历史学院党委书记，教授
	苗书梅	河南大学历史文化学院教授，《史学月刊》主编
	沐涛	华东师范大学历史系教授，《历史教学问题》主编
	汪高鑫	北京师范大学历史学院教授，《史学史研究》编辑部主任
	王奇生	北京大学历史系主任，教授
	肖永明	湖南大学岳麓书院院长，教授
	谢湜	中山大学副校长、人文高等研究院院长，教授
	徐再荣	中国社会科学院世界历史研究所研究员，《世界历史》副主编
	杨军	吉林大学历史研究院院长，《史学集刊》主编
	张生	南京大学历史学院院长，教授
	邹芙都	西南大学人事部部长，教授
助理 （1人）	齐继伟	中国社会科学院古代史研究所助理研究员

（十五）马克思主义理论

中国社会科学评价研究院
中国人文社会科学期刊评价专家委员会
马克思主义理论专家委员会名单（按照姓名音序排列）

主任 (2人)	任平	苏州大学教授
	辛向阳	中国社会科学院马克思主义研究院党委书记、院长，中国社会科学院大学马克思主义学院院长，研究员
委员 (19人)	崔桂田	山东大学当代社会主义研究所所长，教授，《当代世界社会主义问题》主编
	戴木才	清华大学马克思主义学院教授
	韩喜平	吉林大学党委副书记，教授
	黄晓武	中央党史和文献研究院第四研究部副主任，编审
	蒋旭东	高等教育出版社文科出版事业部副主任，编审
	李冉	复旦大学马克思主义学院院长，马克思主义研究院院长，教授
	李正华	当代中国研究所副所长、所党组成员，兼当代中国出版社社长
	林建华	中国社会科学院马克思主义研究院副院长，教授
	刘凤义	南开大学党委宣传部部长，教授
	刘新刚	北京理工大学马克思主义学院院长，教授
	庞立生	东北师范大学马克思主义学部（院）部长（院长），教授
	彭庆红	北京科技大学党委常委、副校长
	秦宣	中国人民大学习近平新时代中国特色社会主义思想研究院院长，教授
	任晓伟	陕西师范大学党委常委、副校长，教授
	尚庆飞	南通大学党委书记，教授
	沈壮海	武汉大学党委常务副书记，教授
	孙蚌珠	北京大学马克思主义学院党委书记，教授
	王建国	华中师范大学政治与国际关系学院副院长，教授，《社会主义研究》主编
	赵英臣	《中国特色社会主义研究》编辑部副主编，编审
助理 (1人)	单超	中国社会科学院马克思主义研究院助理研究员

（十六）民族学与文化学
中国社会科学评价研究院
中国人文社会科学期刊评价专家委员会
民族学与文化学专家委员会名单（按照姓名音序排列）

主任 (2人)	李俊杰	北方民族大学党委书记、校长，教授，《北方民族大学学报》主编
	王延中	中国社会科学院民族学与人类学研究所所长，研究员，《民族研究》主编
委员 (18人)	曾少聪	《民族研究》常务副主编、编辑部主任，研究员
	冯雪红	《北方民族大学学报》副主编，教授
	高永久	南开大学周恩来政府管理学院教授
	俸代瑜	《广西民族研究》主编，研究员
	顾海娥	中国人民大学书报资料中心社会学民族学学科执行主编，副编审
	哈正利	中南民族大学教授，《中南民族大学学报·人文社科版》副主编、编辑部主任
	骆桂花	广东技术师范大学民族学院教授
	马成俊	青海民族大学副校长，教授，《青海民族研究》主编
	马骍	《民族研究》编辑部编审
	马忠才	西北民族大学期刊社社长、中华民族共同体学院院长，教授，《西北民族研究》主编
	宋俊华	《文化遗产》主编，中山大学中文系教授
	苏发祥	中央民族大学期刊社社长，藏学研究院院长，教授
	王东昕	云南民族大学社会学院教授
	王启涛	西南民族大学中国语言文学学院院长，教授，《西南民族大学学报》主编
	张士闪	山东大学特聘教授，非物质文化遗产研究院院长，《民俗研究》主编
	张世保	国家民族事务委员会理论研究司副司长，教授
	周真刚	贵州民族研究院副院长，研究员，《贵州民族研究》副主编
	朱玉福	西藏民族大学民族研究院教授
助理 (1人)	耿新	中南民族大学管理学院副教授

（十七）人文地理

中国社会科学评价研究院
中国人文社会科学期刊评价专家委员会
人文地理专家委员会名单（按照姓名音序排列）

主任 （2 人）	何书金	中国科学院地理科学与资源研究所研究员，《地理学报》专职副主编、中英文版编辑部主任
	杨开忠	中国社会科学院生态文明研究所教授，国际欧亚科学院院士
委员 （13 人）	保继刚	中山大学旅游学院创院院长，教授，《旅游学刊》副主编
	曾刚	华东师范大学城市发展研究院院长，教授
	姜玲	中央财经大学政府管理学院院长，教授
	李九全	西安外国语大学教授，《人文地理》编辑部主任
	李仁贵	中国社会科学院经济研究所编审，《经济学动态》编辑部副主任
	刘呈庆	《中国人口·资源与环境》编辑部常务副主任，编审
	倪鹏飞	中国社会科学院财经战略研究院研究员
	沈体雁	北京大学政府管理学院教授，城市治理研究院执行院长，首都发展研究院副院长
	石敏俊	浙江大学求是特聘教授
	石楠	《城市规划》杂志执行主编，教授级高级城市规划师
	孙久文	中国人民大学应用经济学院教授
	魏晓	湖南财政经济学院经济地理研究所所长，研究员，《经济地理》杂志社社长、副主编
	朱晓华	中国科学院地理科学与资源研究所研究员，《自然资源学报》专职副主编、编辑部主任
助理 （1 人）	单菁菁	中国社会科学院生态文明研究所研究员，国土空间与生态安全研究室主任

（十八）社会学与人口学

中国社会科学评价研究院
中国人文社会科学期刊评价专家委员会
社会学与人口学专家委员会名单（按照姓名音序排列）

主任 (2人)	陈光金	中国社会科学院社会学研究所所长，研究员，《社会学研究》主编
	李强	清华大学文科资深教授，中国社会学会原会长
委员 (22人)	包智明	贵州民族大学社会学院院长，教授
	陈文江	兰州大学哲学社会学院教授
	成伯清	南京大学社会学院教授
	冯仕政	中国人民大学副校长，教授
	符平	华中师范大学社会学院院长，教授
	何雪松	华东理工大学社会与公共管理学院院长，教授
	洪大用	全国哲学社会科学工作办公室主任
	李凌静	中国社会科学杂志社经济学社会学编辑部主任，副编审
	梁玉成	中山大学社会学与人类学学院副院长，教授
	刘精明	清华大学社会科学学院教授
	刘欣	复旦大学社会发展与公共政策学院院长，教授，《社会学刊》主编
	刘仲翔	人民出版社《新华文摘》总编辑，编审
	毛丹	浙江大学社会学系教授
	田毅鹏	吉林大学哲学社会学院教授
	童根兴	社会科学文献出版社副总编辑，编审
	王列军	国务院发展研究中心社会和文化发展研究部副部长，研究员
	肖瑛	上海大学社会学院系主任，教授
	杨典	中国社会科学院社会学研究所副所长，研究员
	张翼	中国社会科学院社会发展战略研究院院长，研究员，《社会发展研究》主编
	赵万里	南开大学社会学院副院长，教授
	钟涨宝	华中农业大学农村社会建设与管理研究中心主任，教授
	周飞舟	北京大学社会学系主任，教授
助理 (1人)	杨可	中国社会科学院社会学研究所副研究员

（十九）体育学

中国社会科学评价研究院
中国人文社会科学期刊评价专家委员会
体育学专家委员会名单（按照姓名音序排列）

主任 （2人）	杨国庆	南京体育学院党委副书记、院长
	邱剑荣	《体育科学》编辑部主任
委员 （11人）	陈佩杰	上海体育大学学术委员会主任，上海体育学院原院长
	程志理	江苏省体育科学研究所编审，《体育与科学》主编
	段锐	华南师范大学体育科学学院院长，教授
	方千华	福建师范大学研究生院常务副院长，教授
	高峰	北京体育大学党委副书记、常务副校长，教授
	季浏	华东师范大学体育与健康学院院长，教授
	吕万刚	武汉体育学院院长，教授
	孙淑慧	成都体育学院教授，《成都体育学院学报》编辑部主任
	吴坚	上海体育大学期刊中心主任、编审，《上海体育大学学报》《运动与健康科学（英文）》《中国体育教练员》常务副主编及编辑部主任
	张欣	天津体育学院党委副书记、院长，教授
	钟秉枢	原首都体育学院院长
助理 （1人）	苏阳	南京体育学院党政办副主任，副研究员

（二十）统计学

中国社会科学评价研究院
中国人文社会科学期刊评价专家委员会
统计学专家委员会名单（按照姓名音序排列）

主任 （2人）	李金昌	浙江财经大学党委书记，教授
	罗良清	江西财经大学统计与数据科学学院教授

续表

委员 (9人)	方匡南	厦门大学经济学院教授
	洪兴建	浙江财经大学数据科学学院院长,教授
	蒋萍	东北财经大学教授
	刘洪	中南财经政法大学统计与数学学院教授
	闾海琪	国家统计局统计科学研究所所长,《统计研究》主编
	史代敏	西南财经大学副校长,教授
	徐国祥	上海财经大学统计与管理学院教授
	赵彦云	中国人民大学统计与大数据研究院教授
	朱启贵	上海交通大学上海高级金融学院党委书记,教授
助理 (1人)	平卫英	江西财经大学统计与数据科学学院院长,教授

(二十一)图书馆、情报与档案学

中国社会科学评价研究院
中国人文社会科学期刊评价专家委员会
图书馆、情报与档案学专家委员会名单(按照姓名音序排列)

主任 (2人)	陈传夫	武汉大学人文社会科学资深教授,《图书情报知识》主编
	初景利	中国科学院大学信息资源管理系主任,教授,《图书情报工作》杂志社社长、主编
委员 (22人)	曹树金	山东理工大学信息管理学院院长,特聘教授
	曾建勋	华中师范大学信息管理学院教授,中国科学技术期刊编辑学会数字出版与传播专委会主任
	黄如花	武汉大学图书馆副馆长,教授
	黄水清	南京农业大学信息管理学院教授
	金波	上海大学文化遗产与信息管理学院学术委员会主任,教授
	金晓明	上海图书馆(上海市科学技术情报研究所)研究馆员,《图书馆杂志》编委
	李江	南京大学信息管理学院教授,Journal of Informetrics 副主编
	李月琳	南开大学教务部部长,商学院信息资源管理系主任,教授

续表

委员 (22人)	潘云涛	中国科学技术信息研究所首席研究员，《情报学报》副主编
	申晓娟	国家图书馆研究院院长，研究馆员
	宋恩梅	武汉大学信息管理学院期刊中心主任，编审，《图书情报知识》常务副主编
	王波	北京大学图书馆古籍资源服务中心主任，研究员
	王忠军	北方科技信息研究所副编审，《情报理论与实践》主编
	魏志鹏	甘肃省图书馆研究馆员，《图书与情报》编辑部主任、常务副主编
	吴澍时	国家图书馆研究馆员，《中国图书馆学报》常务副主编
	徐亚男	中国人民大学书报资料中心编审，《情报资料工作》副主编
	徐拥军	中国人民大学书报资料中心主任，教授，《档案学通讯》执行总编辑
	杨海平	南京大学出版研究院副院长，教授
	张海涛	吉林大学商学与管理学院教授，《情报科学》主编
	张久珍	北京大学信息管理系主任，教授
	张薇	陕西科技情报研究院院长，《情报杂志》主编
	周晓英	中国人民大学信息资源管理学院教授

（二十二）文学·中国文学

中国社会科学评价研究院
中国人文社会科学期刊评价专家委员会
中国文学专家委员会名单（按照姓名音序排列）

主任 (2人)	程光炜	中国人民大学讲席教授
	刘跃进	中国社会科学院文学研究所学部委员，《文学评论》主编、《中国文学年鉴》主编、《人大复印资料古代近代文学复印资料》执行主编
委员 (15人)	傅光明	首都师范大学外国语学院教授
	李本红	安徽省社会科学界联合会学术界杂志社编审，《学术界》副总编辑
	李继凯	陕西师范大学人文科学高研院首席专家，文学院教授
	廖可斌	北京大学中文系教授
	沈金浩	深圳大学人文学院教授

续表

委员 (15人)	谭好哲	山东大学文学美学研究中心主任，教授
	王秀臣	中国社会科学院文学研究所编审
	王兆胜	《中国社会科学》杂志社编审，《中国文学批评》副主编、《美学研究》副主编
	王中忱	清华大学日新书院院长，教授
	徐希平	西南民族大学中国语言文学学院教授
	张廷银	北京语言大学中华文化研究院教授
	赵炎秋	湖南师范大学文学院教授
	郑永晓	中国社会科学院文学研究所研究员
	朱国华	华东师范大学中国语言文学系教授
	左东岭	首都师范大学中国诗歌研究中心主任，教授
助理 (1人)	马旭	中国社会科学院文学研究所《中国文学年鉴》编辑

（二十三）文学·外国文学

中国社会科学评价研究院
中国人文社会科学期刊评价专家委员会
外国文学专家委员会名单（按照姓名音序排列）

主任 (2人)	程巍	中国社会科学院外国文学研究所所长，研究员
	刘锋	北京大学外国语学院教授，《国外文学》主编
委员 (16人)	陈雷	中国社会科学院外国文学研究所研究员，《人文新视野》主编
	蒋承勇	浙江工商大学西方文学研究院院长，教授
	蒋洪新	湖南师范大学党委书记，教授，《外国语言与文化》主编
	金雯	华东师范大学比较文学系系主任，中文系与国际汉语文化学院双聘教授
	梁展	中国社会科学院外国文学研究所副所长，研究员，《外国文学评论》主编
	罗良功	华中师范大学外国语学院院长，教授
	马海良	北京外国语大学英语学院教授，《外国文学》副主编、《跨文化研究论丛》主编

续表

委员 (16人)	彭青龙	上海交通大学外国语学院教授,《上海交通大学学报(哲学社会科学版)》主编
	宋炳辉	上海外国语大学教授,《中国比较文学》主编
	涂险峰	武汉大学文学院教授
	王升远	复旦大学外文学院教授,《复旦外国语言文学论丛》副主编、《日语学习与研究》常务副总编
	王宗琥	首都师范大学外国语学院院长,教授
	杨金才	南京大学外国语学院教授,《当代外国文学》主编
	杨靖	南京师范大学外国语学院教授
	周小仪	北京大学外国语学院教授
	周阅	北京语言大学教授,《汉学研究》副主编
助理 (1人)	严蓓雯	中国社会科学院外国文学研究所编审,《外国文学评论》编辑部主任

(二十四)心理学

中国社会科学评价研究院
中国人文社会科学期刊评价专家委员会
心理学专家委员会名单(按照姓名音序排列)

主任 (2人)	傅小兰	中国科学院心理研究所研究员,《心理学报》主编
	周晓林	华东师范大学教授,《心理科学》主编
委员 (8人)	白学军	天津师范大学党委常委、副校长,教授,《心理与行为研究》主编
	方晓义	北京师范大学心理学部教授,《心理发展与教育》副主编
	李纾	中国科学院心理研究所研究员,《心理学报》原主编
	毛志雄	北京体育大学心理学院教授
	沈模卫	浙江大学心理与行为科学系教授,《应用心理学》主编
	苏彦捷	北京大学心理与认知科学学院教授
	温忠麟	华南师范大学心理学院教授
	张力为	北京体育大学心理学院教授
助理 (1人)	邱炳武	中国科学院心理研究所学会期刊办公室主任,编审

（二十五）新闻学与传播学
中国社会科学评价研究院
中国人文社会科学期刊评价专家委员会
新闻学与传播学专家委员会名单（按照姓名音序排列）

主任 （2人）	胡正荣	中国社会科学院新闻与传播研究所所长
	柳斌杰	清华大学新闻与传播学院原院长，十二届全国人大常委会委员，教育科学文化卫生委员会主任委员，新闻出版总署原署长，国家一流科技期刊建设专家委员会主任
常务副主任 （1人）	朱鸿军	中国社会科学院新闻与传播研究所研究员，《新闻与传播研究》执行主编
委员 （17人）	陈龙	苏州大学传媒学院执行院长，教授
	单波	武汉大学新闻与传播学院教授
	方卿	武汉大学出版研究院院长，教授，《出版科学》主编
	李本乾	上海交通大学智能传播研究院院长，媒体与传播学院特聘教授
	刘鸣筝	吉林大学文学院副院长，教授
	刘鹏	上海报业集团高级编辑，《新闻记者》主编
	马国仓	中国新闻出版集团董事长，《中国出版》社长、主编
	隋岩	中国传媒大学新闻学院院长，《现代传播》主编
	王关义	北京印刷学院原党委常委、副校长，北京文化产业与出版传媒基地主任
	魏玉山	中国新闻出版研究院院长，韬奋基金会副理事长秘书长
	余人	广东财经大学人文与传播学院教授
	喻发胜	华中师范大学新闻传播学院教授
	张涛甫	复旦大学新闻学院执行院长，教授，《新闻大学》主编
	张允	新疆大学中亚研究院院长，教授
	赵均	中国传媒大学出版社总编
	支庭荣	暨南大学新闻与传播学院党委书记，教授
	周勇	中国人民大学新闻学院院长，教授
助理 （1人）	张萌	中国社会科学院新闻与传播研究所助理研究员

（二十六）艺术学·美术学

中国社会科学评价研究院
中国人文社会科学期刊评价专家委员会
美术学专家委员会名单（按照姓名音序排列）

主任 （2人）	张鹏	中央美术学院教授，《美术研究》杂志社社长、编辑部主任
	郑岩	北京大学艺术学院教授
委员 （15人）	陈志平	暨南大学书法研究所所长，教授
	范白丁	中国美术学院艺术人文学院常务副院长，副教授
	杭春晓	中国艺术研究院美术研究所副所长，研究员
	何桂彦	四川美术学院美术馆馆长，教授
	黄小峰	中央美术学院人文学院院长，教授
	孔令伟	中国美术学院艺术管理与教育学院院长，教授
	凌利中	上海博物馆书画部主任，研究员
	鲁明军	复旦大学哲学学院艺术哲学系青年研究员
	盛葳	《美术》副主编，编审
	万木春	中国美术学院艺术人文学院副院长，教授，《新美术》主编
	王家葵	成都中医药大学教授，四川省书法家协会副主席
	王伟	中国艺术研究院《文艺研究》杂志社社长
	王玉冬	澳门大学艺术与人文学院特聘教授
	薛龙春	浙江大学艺术与考古学院教授
	张敢	清华大学美术学院教授，《清华美术》主编
助理 （1人）	莫阳	中国社会科学院考古研究所助理研究员

（二十七）艺术学·设计学

中国社会科学评价研究院
中国人文社会科学期刊评价专家委员会
设计学专家委员会名单（按照姓名音序排列）

主任 （2人）	方晓风	清华大学美术学院副院长，教授，《装饰》主编
	杭间	中国美术学院学术委员会副主任，教授
委员 （14人）	董占军	山东工艺美术学院院长，教授
	韩涛	中央美术学院设计学院副院长，教授
	韩绪	中国美术学院副院长，教授
	季铁	湖南大学设计学院院长，教授
	马谨	同济大学设计创意学院研究员
	彭圣芳	广州美术学院工业设计学院副院长，教授
	谢亚平	四川美术学院研究生院院长，教授
	熊嫕	南京艺术学院设计学院副院长，教授，《南京艺术学院学报》编辑部主任
	张浩	西安美术学院副院长，教授
	张黎	广东工业大学艺术与设计学院副院长，教授
	赵超	清华大学美术学院副院长，教授
	周博	中央美术学院设计学院教授
	邹其昌	同济大学设计创意学院教授
	邹游	北京服装学院副院长，教授
助理 （1人）	张馥玫	北京印刷学院设计艺术学院副教授

(二十八) 艺术学·戏剧戏曲学
中国社会科学评价研究院
中国人文社会科学期刊评价专家委员会
戏剧戏曲学专家委员会名单（按照姓名音序排列）

主任 (2人)	郝戎	中央戏剧学院院长、党委副书记，教授
	黄仕忠	中山大学中国古文献研究所所长，教授，《戏曲与俗文学研究》主编
委员 (12人)	程芸	武汉大学文学院副院长，教授
	宫宝荣	上海戏剧学院外国戏剧研究中心主任，教授，Chinese Performing Arts 主编
	柯凡	文化和旅游部艺术司戏剧曲艺处副处长，中国戏曲学会秘书长，《中华戏曲》副主编
	黎国韬	中山大学中文系古代戏曲研究室主任，教授
	李伟	上海戏剧学院图书馆馆长，现代戏曲研究中心主任，《戏剧艺术》副主编
	孙书磊	南京大学文学院教授，《南大戏剧论丛》副主编
	王馗	中国艺术研究院戏曲研究所所长，研究员，《戏曲研究》主编
	吴新苗	中国戏曲学院科研处处长，教授，《戏曲艺术》主编
	夏波	中央戏剧学院教授，《戏剧》执行主编
	延保全	山西师范大学戏剧与影视学院教授，《中华戏曲》主编
	赵建新	中国戏曲学院教授，《戏曲艺术》编审
	左鹏军	华南师范大学文学院教授
助理 (1人)	高明祥	中国艺术研究院艺术哲学与艺术史研究中心助理研究员

（二十九）艺术学·艺术学理论
中国社会科学评价研究院
中国人文社会科学期刊评价专家委员会
艺术学理论专家委员会名单（按照姓名音序排列）

主任 (2人)	彭锋	北京大学艺术学院院长，教授
	张颖	中国艺术研究院研究员，《文艺研究》主编
委员 (13人)	陈岸瑛	清华大学美术学院艺术史论系主任，教授
	陈平	上海大学上海美术学院教授
	李修建	中国艺术研究院艺术学研究所所长，研究员
	李洋	北京大学艺术学院副院长，教授
	刘成纪	北京师范大学美学与美育研究中心主任，教授
	卢文超	东南大学艺术学院副院长，教授
	沈语冰	复旦大学哲学学院艺术哲学系主任，特聘教授
	孙伟科	中国艺术研究院红楼梦研究所所长
	王嘉军	华东师范大学中文系副系主任，教授，《文艺理论研究》编辑部主任
	王一川	北京师范大学文艺学研究中心主任，教授
	吴琼	中国人民大学哲学学院教授
	周宪	南京大学艺术学院教授
	邹建林	四川美术学院艺术人文学院教授
助理 (1人)	黄雨伦	中国艺术研究院艺术学研究所助理研究员

（三十）艺术学·音乐与舞蹈学
中国社会科学评价研究院
中国人文社会科学期刊评价专家委员会
音乐与舞蹈学专家委员会名单（按照姓名音序排列）

主任 （2人）	张延杰	《北京舞蹈学院学报》副主编，教授
	赵塔里木	中国音乐学院教授，《音乐研究》主编
委员 （19人）	陈荃有	中央音乐学院编审
	陈瑜	《中国音乐学》副主编，中国艺术研究院音乐研究所副研究员
	方建军	天津音乐学院教授，《音乐研究》副主编
	贾达群	上海音乐学院教授
	李宏锋	中国艺术研究院音乐研究所所长，研究员，《中国音乐学》主编
	李诗原	上海音乐学院贺绿汀中国音乐高等研究院高级研究员，《音乐艺术》（上海音乐学院学报）副主编
	洛秦	上海音乐学院教授
	慕羽	北京舞蹈学院人文学院教授
	齐琨	中国音乐学院教授，《中国音乐》常务副主编
	卿青	中国艺术研究院舞蹈研究所副所长（主持工作），研究员
	任方冰	中国音乐学院教授，《音乐研究》常务副主编
	宋瑾	中央音乐学院教授
	孙晓辉	武汉音乐学院音乐学系教授，《黄钟》副主编
	仝妍	华南师范大学音乐学院教授
	温永红	中央音乐学院译审，《中央音乐学院学报》原常务副主编
	杨燕迪	中国音乐家协会副主席，哈尔滨音乐学院院长，《人民音乐》主编
	喻辉	云南大学民族学与社会学学院教授，Asian Musicology 主编
	张伯瑜	香港中文大学（深圳）音乐学院主任，教授
	张素琴	上海戏剧学院舞蹈学院副院长，教授，《当代舞蹈艺术研究（中英文）》主编
助理 （1人）	金娟	中国艺术研究院舞蹈研究所副研究员

（三十一）艺术学·影视学
中国社会科学评价研究院
中国人文社会科学期刊评价专家委员会
影视学专家委员会名单（按照姓名音序排列）

主任 （2人）	胡智锋	北京师范大学艺术与传媒学院教授，中国电视艺术家协会副主席
	皇甫宜川	中国电影艺术研究中心（中国电影资料馆）研究员，《当代电影》杂志社社长，主编
委员 （15人）	陈林侠	中山大学中文系教授
	陈晓云	北京师范大学艺术与传媒学院教授
	陈阳	中国人民大学文学院教授，中国人民大学书报资料复印中心《影视艺术》编委
	李道新	北京大学艺术学院副院长，教授
	吕新雨	华东师范大学传播学院教授
	毛尖	华东师范大学国际汉语文化学院教授
	谭政	中国文联电影艺术中心研究员，《电影艺术》主编
	吴冠平	北京电影学院中国电影文化研究院执行院长，教授，《北京电影学院学报》主编
	杨俊蕾	复旦大学中文系教授，中国文联特约研究员
	尹鸿	清华大学新闻与传播学院教授
	张阿利	西北大学电影学院院长，陕西省文艺评论家协会主席，教授
	张国涛	中国传媒大学研究员，《现代传播》执行主编
	张慧瑜	北京大学新闻与传播学院研究员
	张宗伟	中国传媒大学戏剧影视学院副院长，教授
	赵卫防	中国艺术研究院电影电视研究所所长，研究员，《影视文化》主编
助理 （1人）	李飞	中华女子学院文化传播学院讲师

（三十二）语言学

中国社会科学评价研究院
中国人文社会科学期刊评价专家委员会
语言学专家委员会名单（按照姓名音序排列）

主任 （2人）	董秀芳	北京大学中国语言文学系教授
	张伯江	中国社会科学院语言研究所所长，研究员，《中国语文》主编
委员 （17人）	储泰松	安徽师范大学文学院教授
	林华勇	中山大学中国语言文学系教授，《汉语语言学》主编
	孟凯	北京语言大学国际中文教育研究院研究员，《世界汉语教学》编辑
	冉永平	广东外语外贸大学外国语言学及应用语言学研究中心研究员，教授，《现代外语》主编
	束定芳	上海外国语大学教授，《外国语》主编
	唐贤清	湖南师范大学副校长，教授，《古汉语研究》主编
	陶寰	复旦大学中国语言文学系副主任，教授
	完权	中国社会科学院语言研究所当代语言学研究室主任，研究员，《当代语言学》副主编
	王锋	中国社会科学院民族学与人类学研究所副所长，研究员，《民族语文》主编
	王立军	北京师范大学文学院院长，教授，《民俗典籍文字研究》主编
	王文斌	北京外国语大学中国外语与教育研究中心、国家语言能力发展研究中心主任，教授，《外语教学与研究》副主编
	姚双云	华中师范大学教授，《汉语学报》副主编
	余光武	江苏师范大学语言科学与艺术学院常务副院长，教授，《语言科学》编辑部主任
	张赪	清华大学人文学院中文系教授
	真大成	浙江大学文学院副院长，教授
	周韧	北京大学中国语言文学系教授
	朱冠明	中国人民大学文学院教授
助理 （1人）	陈丽	中国社会科学院语言研究所编审

（三十三）政治学·国际政治与区域国别

中国社会科学评价研究院
中国人文社会科学期刊评价专家委员会
国际政治与区域国别专家委员会名单
（按照姓名音序排列）

主任 （2人）	谭秀英	国际关系学院编审，《国际安全研究》主编
	杨伯江	中国社会科学院日本研究所所长，研究员
常务副主任： （1人）	徐进	中国社会科学院世界经济与政治研究所习近平外交思想研究室主任，研究员
委员 （17人）	陈小鼎	兰州大学政治与国际关系学院副院长，教授
	陈志瑞	外交学院编审，《外交评论》执行主编
	方长平	中国人民大学国家安全研究院副院长，教授
	郭树勇	上海外国语大学国际关系与公共事务学院院长，教授，《国际观察》主编
	何桂全	中国现代国际关系研究院研究员
	李晨阳	云南大学研究员
	林宏宇	华侨大学副校长，国际关系学院院长，教授
	漆海霞	清华大学社会科学学院副教授，《国际政治科学》主编
	苏长和	复旦大学国际关系与公共事务学院院长，教授
	王存刚	南开大学周恩来政府管理学院教授
	王明进	北京外国语大学国际关系学院教授，《国际论坛》副主编
	吴志成	中共中央党校（国家行政学院）国际战略研究院副院长，教授
	张海滨	北京大学国际关系学院副院长，教授，《国际政治研究》副主编
	张景全	山东大学东北亚学院副院长，国际问题研究院副院长，教授
	张振江	暨南大学国际关系学院/华侨华人研究院教授，《东南亚研究》主编
	赵青海	中国国际问题研究院研究员，《国际问题研究》编辑部主任
	朱锋	南京大学国际关系学院执行院长，教授
助理 （1人）	郭枭	中国社会科学院世界经济与政治研究所《世界经济与政治》编辑部编辑

（三十四）政治学·中国政治
中国社会科学评价研究院
中国人文社会科学期刊评价专家委员会
中国政治专家委员会名单（按照姓名音序排列）

主任 （2人）	佟德志	天津师范大学党委常委、副校长，国家治理研究院院长，教授
	王炳权	中国社会科学院政治学所副所长，《政治学研究》编辑部主任
委员 （21人）	蔡礼强	中国社会科学院大学政府管理学院执行院长，教授
	曹建文	《光明日报》理论部高级编辑
	柴宝勇	中国社会科学院大学规划与评估处处长，教授
	陈文	深圳大学政府管理学院党委书记，全球特大型城市治理研究院执行院长，教授
	胡元梓	人民出版社新华文摘编辑部编审
	姜晓萍	四川大学城市治理研究院院长，教授
	焦利	中共中央党校（国家行政学院）图书和文化馆副馆长，编审
	解亚红	《中国行政管理》主编，研究员
	孔繁斌	南京大学政府管理学院院长，教授
	孟天广	清华大学社会科学学院副院长，教授
	庞金友	中国政法大学政治与公共管理学院院长，教授
	任勇	华东政法大学政府管理学院院长，教授
	王浩斌	南京大学教授，《南京大学学报》主编
	温美荣	黑龙江省行政学院，《行政论坛》主编，教授
	燕继荣	北京大学政府管理学院院长，教授
	杨光斌	中国人民大学国际关系学院院长，教授
	杨海英	教育部高等学校社会科学发展研究中心副主任，《中国高校社会科学》副总编辑，编审
	郁建兴	浙江工商大学党委书记，教授
	张贤明	吉林大学行政学院院长，教授
	周平	云南大学民族政治研究院教授
	朱光磊	南开大学教授
助理 （1人）	阳军	中国社会科学院政治学所《政治学研究》编辑部编辑，副研究员

（三十五）综合·综合人文社科

中国社会科学评价研究院
中国人文社会科学期刊评价专家委员会
综合人文社科专家委员会名单（按照姓名音序排列）

主任 (2人)	张冠梓	中国社会科学院信息情报研究院党委书记、院长，研究员，《世界社会科学》主编
	韩璞庚	江苏省社会科学院研究员
委员 (27人)	把增强	《河北学刊》杂志社社长、总编，研究员
	陈金清	湖北省社会科学院研究员，《江汉论坛》杂志社社长、常务副主编
	段妍	东北师范大学马克思主义学部副部长，教授
	姜玮	江西省社会科学院原党组书记，研究员，《江西社会科学》原编委会主任
	姜佑福	上海社会科学杂志社社长、总编辑，研究员
	蒋红	云南大学教授，《思想战线》编辑部·文科学报编辑部主任、主编
	巨虹	甘肃省社会科学院杂志社副总编辑，研究员，《甘肃社会科学》主编
	李春林	内蒙古大学特聘教授，内蒙古党校特聘教授
	李贵连	北京大学法学院教授，《中外法学》原常务副主编
	李宏弢	黑龙江大学教授，《求是学刊》执行主编
	刘国防	新疆社会科学院副院长，编审，《新疆社会科学》杂志总编
	鲁亚	北京社会科学院副院长，《北京社会科学》主编
	吕薇洲	中国社会科学杂志社副总编辑，研究员
	秦开凤	陕西省社会科学院研究员，《人文杂志》主编
	沈跃春	安徽省社会科学院原党组成员，研究员，《江淮论坛》杂志社原主编
	王承哲	河南省社会科学院党委书记、院长，研究员，《中州学刊》主编
	王林辉	吉林大学数量经济研究中心副主任，教授，《吉林大学社会科学学报》副主编
	王廷惠	广东省社会科学院党组副书记、院长，教授
	吴德进	福建社会科学院当代马克思主义研究所所长，研究员
	吴重庆	中山大学哲学系教授，《开放时代》特约主编
	许芬	宁夏社会科学院编审，《宁夏社会科学》原主编

续表

委员 (27人)	杨朝明	山东大学儒学高等研究院教授，《走进孔子》主编
	叶祝弟	《探索与争鸣》主编，编审
	俞伯灵	《浙江社会科学》杂志社原社长、主编，研究员
	袁红英	山东省社会科学院党委书记、院长，研究员，《东岳论丛》编委会主任
	钟君	湖南省社会科学院党组书记、院长，研究员，《求索》杂志编委会主任
	周学馨	中共重庆市委党校副校（院）长，教授
助理 (1人)	张婧	中国社会科学院信息情报研究院《世界社会科学》编辑

（三十六）综合·高校综合性学报

中国社会科学评价研究院
中国人文社会科学期刊评价专家委员会
高校综合性学报专家委员会名单（按照姓名音序排列）

主任 (2人)	王建平	华南师范大学教授，《华南师范大学学报》（社会科学版）主编
	郭家宏	北京师范大学教授，《北京师范大学学报》（社会科学版）执行主编
常务副主任 (1人)	斯丽娟	兰州大学教授，《兰州大学学报》（社会科学版）执行主编、编辑部主任
委员 (19人)	董世峰	深圳大学教授，《深圳大学学报》（人文社会科学版）执行主编、编辑部主任
	杜敏	陕西师范大学编审，《陕西师范大学学报》（哲学社会科学版）主编
	康敬奎	上海政法学院编审，《上海政法学院学报》执行主编
	李培超	湖南师范大学期刊社社长，教授，《湖南师范大学学报》（社会科学版）主编
	李扬眉	山东大学副教授，《文史哲》副主编
	彭熙	重庆理工大学期刊社社长，编审
	秦钠	上海大学期刊社社长，费孝通学术思想研究中心秘书长，研究员
	宋国恺	北京工业大学学报编辑部主任，教授
	汪信砚	武汉大学教授，《武汉大学学报》（哲学社会科学版）主编
	汪涌豪	《复旦学报》主编，教授

续表

委员 (19人)	王佃启	华北电力大学教授，《华北电力大学学报》（社会科学版）主编
	王倩	西北农林科技大学编审，《西北农林科技大学学报》（社会科学版）编辑部主任、常务副主编
	王青	天津大学期刊中心副主任，《天津大学学报》（社会科学版）编辑部主任
	邢志人	辽宁大学教授，《辽宁大学学报》（哲学社会科学版）特聘编审
	徐枫	浙江大学城市学院讲座教授，《马克思主义美学研究》副主编，《浙江大学学报》（人文社会科学版）特聘高级编辑
	杨其静	中国人民大学教授，《经济理论与经济管理》主编
	叶敬忠	中国农业大学人文与发展学院教授，《中国农业大学学报》（社会科学版）主编
	游滨	重庆大学出版社总编辑，编审
	郑园	《北京大学学报》（哲学社会科学版）副主编，编审
助理 (1人)	何婉婷	《华南师范大学学报》（社会科学版）编辑

（三十七）宗教学

中国社会科学评价研究院
中国人文社会科学期刊评价专家委员会
宗教学专家委员会名单（按照姓名音序排列）

主任 (2人)	张风雷	中国人民大学佛教与宗教学理论研究所所长，教授
	郑筱筠	中国社会科学院世界宗教研究所所长，研究员，《世界宗教研究》主编
常务副主任 (1人)	李建欣	中国社会科学院世界宗教研究所编审，《世界宗教研究》副主编，编辑部主任
委员 (12人)	盖建民	四川大学道教与宗教文化研究所原所长，长江学者特聘教授
	龚隽	中山大学哲学系教授
	郭武	山东大学饶宗颐宗教与中国文化研究所执行所长，教授，香港《弘道》主编，*Religions* 编委会委员
	李四龙	北京大学哲学系宗教学系教授
	刘成有	中央民族大学中华文化研究院院长，教授
	马丽蓉	上海外国语大学丝路战略研究所所长，教授

续表

委员 (12人)	圣凯	清华大学道德与宗教研究院副院长，教授
	王宇洁	中国人民大学哲学院教授
	肖清和	北京大学哲学系宗教学系长聘副教授
	晏可佳	上海社会科学院宗教研究所所长，研究员
	杨维中	南京大学哲学系教授
	周广荣	中国社会科学院世界宗教研究所研究员，《世界宗教文化》编辑部主任
助理 (1人)	袁朝晖	中国社会科学院世界宗教研究所副编审

（三十八）哲学

中国社会科学评价研究院
中国人文社会科学期刊评价专家委员会
哲学专家委员会名单（按照姓名音序排列）

主任 (2人)	韩震	北京师范大学学术委员会主任，教授
	张志强	中国社会科学院哲学研究所所长，研究员，《哲学研究》主编
委员 (16人)	陈来	清华大学人文学院教授
	成素梅	上海社会科学院哲学研究所副所长，研究员，《哲学分析》执行主编
	单继刚	中国社会科学院哲学研究所副所长，研究员，《哲学动态》主编
	郝立新	中国人民大学哲学院教授
	胡志强	中国科学院大学人文学院教授，《自然辩证法通讯》主编
	鞠实儿	教育部人文社科重点研究基地中山大学逻辑与认知研究所所长，教授，《逻辑学研究》主编
	李佃来	武汉大学哲学学院院长，教授
	李猛	北京大学哲学系教授
	林进平	中山大学马克思主义学院院长，教授
	刘大钧	山东大学易学与中国古代哲学研究中心主任，教授，《周易研究》主编
	孙周兴	浙江大学未来哲学研究院院长，教授

续表

委员 (16人)	王立胜	中国社会科学院哲学研究所党委书记,研究员,《哲学研究》杂志社社长
	杨国荣	华东师范大学人文社会科学学院院长,教授
	杨义芹	天津社会科学院马克思主义研究所所长,研究员,《道德与文明》主编
	殷杰	山西大学科学技术哲学研究中心副主任,教授,《科学技术哲学研究》常务副主编
	张怀承	湖南师范大学公共管理学院院长,教授,《伦理学研究》编委会副主任
助理 (1人)	胡海忠	中国社会科学院哲学研究所助理研究员

四　2022年期刊评价工作推荐专家名单

为更好地开展期刊评价工作,充分发挥同行专家作用,中国社会科学评价研究院在2022年6月开展同行专家的推荐、遴选工作。推荐、遴选原则如下:

(1) 各期刊编辑部及中国人文社会科学期刊评价专家委员会的专家(包括咨询委委员、第一届和第二届各学科专家委委员和特邀专家,简称"专家委"),可向我院推荐本轮期刊评价的同行评议专家;

(2) 每个期刊编辑部可向我院推荐不超过30位专家,每个专家委委员可推荐不超过10位专家;

(3) 被推荐人的年龄、性别、民族、地域、专业不限;

(4) 被推荐人的学历为硕士及以上,或职称为中级及以上,或职务为科级及以上;

(5) 被推荐人以高等院校、党校(行政学院)、部队院校、科研院所、党政部门研究机构在内的哲学社会科学工作者为主。

根据推荐情况整理筛选后,2022年7月在中国社会科学网公示了推荐专家名单,共计8816人①(见"A刊评价同行评议推荐专家公示")。

---

① http://casses.cssn.cn/yntg/202207/t20220729_5434462.shtml.

附　件

根据公示后反馈信息，我院最终遴选出推荐专家8813人。推荐专家名单如下，按照专家姓名音序排列。在此特向各位专家表示感谢。

阿米娜木·买买提明（中国社会科学院）、阿旺嘉措（兰州大学）、艾仁贵（河南大学）、艾伟强（大连民族大学）、艾子（扬州大学）、安成日（黑龙江大学）、安德明（中国社会科学院）、安东强（中山大学）、安福勇（海南师范大学）、安富海（杭州师范大学）、安高乐（四川师范大学）、安桂清（华东师范大学）、安海淑（延边大学）、安锦（内蒙古财经大学）、安静（中央民族大学）、安鲁新（中央民族大学）、安璐（武汉大学）、安敏（三峡大学）、安尼（首都师范大学）、安树伟（首都经济贸易大学）、安雪慧（中国教育科学研究院）、安燕（西南交通大学）、安永刚（北京农学院）、安玉发（中国农业大学）、安子强（新乡学院）、敖英（台州学院）、巴殿君（吉林大学）、巴莫曲布嫫（中国社会科学院）、巴兆祥（复旦大学）、白关峰（中共新疆生产建设兵团委员会党校）、白桂梅（北京大学）、白红义（复旦大学）、白杰（北京市人民政府）、白京兰（新疆大学）、白军飞（中国农业大学）、白俊红（南京师范大学）、白凯（陕西师范大学）、白立超（西北大学）、白丽梅（西北师范大学）、白玛措（西藏自治区社会科学院）、白玛扎西（西藏自治区社会科学院）、白玫（中国社会科学院）、白让让（复旦大学）、白维军（内蒙古大学）、白文刚（中国传媒大学）、白文琳（天津师范大学）、白晓红（中国社会科学院）、白雪洁（南开大学）、白延辉（内蒙古大学）、白岩（北京市文物局）、白宇飞（北京体育大学）、白玉冬（兰州大学）、白云丽（中国科学院）、白云真（中央财经大学）、白智立（北京大学）、白仲林（天津财经大学）、柏必成（中共河南省委党校）、柏群（重庆工商大学）、柏晓鹏（华东师范大学）、柏友春（浙江海洋大学）、柏振忠（中南民族大学）、班建武（北京师范大学）、包大为（浙江大学）、包刚升（复旦大学）、包磊（国家艺术基金）、包水梅（兰州大学）、包炜杰（复旦大学）、包心鉴（济南大学）、薄海昆（故宫博物院）、宝音（北京语言大学）、鲍芳（上海体育学院）、鲍国华（天津师范大学）、鲍江（中国社会科学院）、鲍明晓（北京体育大学）、鲍鹏山（上海开放大学）、鲍庆祥（贵州财经大学）、鲍远福（贵州民族大学）、鲍征烨（常州市委党校）、孛尔只斤·乌云毕力格（中国人民大学）、毕成良（中国国际经济交流中心）、毕丞（北京科技大学）、毕光明（陕西师范大学）、毕宏音（天津社会科学院）、毕洪业（上海外国语大学）、毕建新（苏州大学）、毕金平（安徽大学）、毕景刚（吉林师范大学）、毕霞（河海大学）、毕颖（北京交通大学）、毕颖达（山东大学）、毕玉德（复旦大学）、毕跃光（云南民族大学）、边巴拉姆

（亚太与全球战略研究院）、边恕（辽宁大学）、卞桂平（南昌工程学院）、卞咸杰（盐城师范学院）、卞修跃（中国社会科学院）、卞志村（南京财经大学）、布特（湖南师范大学）、步一（北京大学）、才贝（青海民族大学）、才让（西北民族大学）、蔡斌（河海大学）、蔡昌（中央财经大学）、蔡成法（山东省体育局）、蔡春（西南财经大学）、蔡春露（厦门大学）、蔡从（复旦大学）、蔡从燕（复旦大学）、蔡大伟（吉林大学）、蔡丹君（中国人民大学）、蔡凤林（中央民族大学）、蔡桂生（中国人民大学）、蔡海龙（中国农业大学）、蔡海生（江西农业大学）、蔡红英（湖北经济学院）、蔡华杰（福建师范大学）、蔡建东（河南大学）、蔡洁（长安大学）、蔡金亭（上海财经大学）、蔡景庆（湖南省委党校）、蔡娟（南通大学）、蔡军（清华大学）、蔡军（西安文理学院）、蔡岚（广东外语外贸大学）、蔡连玉（浙江师范大学）、蔡亮（上海国际问题研究院）、蔡美花（湖南师范大学）、蔡庆丰（厦门大学）、蔡锐（沈阳理工大学）、蔡三发（同济大学）、蔡伟（东华理工大学）、蔡伟毅（厦门大学）、蔡熙（湘潭大学）、蔡祥元（中山大学）、蔡雪芹（空军）、蔡雅洁（中国社会科学院）、蔡彦峰（福建师范大学）、蔡艺（湖南工业大学）、蔡翼飞（中国社会科学院）、蔡永辉（泉州师范学院）、蔡宇宏（信阳师范学院）、蔡玉军（上海体育学院）、蔡玉卿（临沂大学）、蔡跃洲（中国社会科学院）、蔡云泽（上海交通大学）、蔡之兵（中央党校）、蔡志强（中共中央党校，中央纪委）、蔡志勇（中国化工信息中心有限公司）、苍铭（中央民族大学）、操阳（南京旅游职业学院）、曹宝明（南京财经大学）、曹兵武（中国文化遗产研究院）、曹波（贵州大学）、曹大臣（南京大学）、曹大明（三峡大学）、曹丹红（南京大学）、曹道根（浙江财经大学）、曹电康（中北大学）、曹丰（湖南大学）、曹峰（中国人民大学）、曹峰旗（上海应用技术大学）、曹高辉（华中师范大学）、曹海军（东北大学）、曹晖（黑龙江大学）、曹慧（中国社会科学院）、曹家齐（中山大学）、曹建华（上海财经大学）、曹建民（吉林农业大学）、曹建南（上海师范大学）、曹金钟（黑龙江省社科联）、曹俊文（江西财经大学）、曹科岩（深圳职业技术学院）、曹可强（上海体育学院）、曹克（南京财经大学）、曹兰芳（中南林业科技大学）、曹丽（中国建筑设计研究院有限公司）、曹丽虹（伊犁师范大学）、曹莉（清华大学）、曹莉（曲阜师范大学）、曹梅（南京师范大学）、曹明星（中央财经大学）、曹青云（厦门大学）、曹群（中国国际问题研究院）、曹儒（辽宁师范大学）、曹瑞（天津市教育科学研究院）、曹三省（中国传媒大学）、曹胜高（陕西师范大学）、曹树青（安徽省社会科学院）、曹顺庆（四川大学）、曹顺仙（南京林业大学）、曹天生（安徽财经大学）、曹铁娃（天津大学）、曹伟（西南政法大学）、曹务坤（贵州财经大学）、曹贤文（南京大学）、曹显兵（北京工商大学）、曹小卉（北京电影学院）、曹晓明（深圳大学）、曹新明（中南财经政法大学）、曹兴权（西南政法大学）、曹秀玲（上海师范大学）、曹艳朋（河南省文物考古研究院）、曹扬（中国人民大学）、曹晔（天津职业技术师范大学）、曹英（中国人民公安大学）、曹永国（苏州大学）、曹瑜强（广东外语外贸大学）、曹玉昆（东北林业大学）、曹玉珊（江西财经大学）、曹源芳（南京审计大学）、曹振波（上海体育学院）、曹振华（山东社会科学院）、曹宗平（华南师范大学）、柴娇（东北师范大学）、柴苗岭（中国科学院）、柴省三（北京语言大学）、柴素芳（河北大学）、柴王军（西安体育学院）、柴晓明（国家文物局）、常安（西北政法大学）、常波（沈阳体育学院）、常城（武汉工程大学）、常大伟（郑州大学）、常光民（求是杂志社，已退休）、常国栋（南京邮电大学）、常红军（甘肃省社会科学院）、常辉（上海交通大学）、常健（海南大学）、常健（南开大学）、常江（深圳大学）、常金栋（西南大学）、常俊跃（大连外国语大学）、常培杰（中国人民大学）、常鹏翱（北京大学）、常青（四川大学）、常士誾（天津师范大学）、常文斐（教育部）、常文武（上海市普陀区教育局）、常晓素（安徽财经大学）、常兴华（中国宏观经济研究院）、常亚慧（陕西师范大学）、钞小静（西北大学）、晁罡（华南理工大学）、巢乃鹏（深圳大学）、车峰（中央民族大学）、车丽娜（山东师范大学）、车琳（北京外国语大学）、车丕照（清华大学）、车玉玲（苏州大学）、陈阿江（河海大学）、陈爱峰（吐鲁番研究院）、陈爱国（扬州大学）、陈爱辉（天津大学）、陈爱敏（南京师范大学）、陈爱中（广西民族大学）、陈安涛（上海体育学院）、陈昂（University of North Carolina at Greensboro，USA）、陈柏峰（中南财经政法大学）、陈宝良（西南大学）、陈宝胜（浙江大学）、陈本寒（武汉大学）、陈碧舟（上海大学）、陈壁生（清华大学）、陈斌（云南大学）、陈滨（北京双圆工程咨询监理有限公司）、陈兵（广西大学）、陈兵（南开大学）、陈丙先（广西民族大学）、陈波（华东师范大学）、陈波（武汉大学）、陈波（武汉理工大学）、陈步云（浙江省妇女联合会）、陈才忆（重庆交通大学）、陈才智（中国社会科学院）、陈彩燕（广东第二师范学院）、陈灿平（天津财经大学）、陈昌凤（清华大学）、陈昌来（上海师范大学）、陈超（南京农业大学）、陈超凡（北京师范大学）、陈朝云（郑州大学）、陈晨（天津师范大学）、陈成文（东莞理工学院）、陈池瑜（清华大学）、陈翀（北京师范大学）、陈传波（中国人民大学）、陈春明（哈尔滨理工大学）、陈丛刊（西南财经大学）、陈翠荣［中国地质大学（武汉）］、陈大超（辽宁师范大学）、陈丹（北京印刷学院）、陈德顺（云南民族大学）、陈德运（四川师范大学）、陈东景（青岛大学）、陈栋（长江出版传媒股份有限公司）、陈法宝（浙江师范大学）、陈方（中国人民大学)、陈芳(湖北省社科联)、陈飞(上海师范大学)、陈菲(华中师范大学)、陈斐(中国艺术研究院)、陈峰(西北大学)、陈峰(中国科学技术信息研究所)、陈锋(武汉大学)、陈奉林(北京师范大学)、陈浮(天津师范大学)、陈福平(厦门大学)、陈刚(北京师范大学)、陈岗龙(北京大学)、陈高(中南财经政法大学)、陈高华(大连理工大学)、陈耿宣(四川省社会科学院)、陈光慧(暨南大学)、陈国恩(武汉大学)、陈国连(湖南师范大学)、陈国钦(重庆邮电大学)、陈国权(浙江大学)、陈国玉(抚州幼儿师范高等专科学校)、陈国政(上海社会科学院)、陈果(四川省社会科学院)、陈海林(广东外语外贸大学)、陈海龙(新疆财经大学)、陈海容(杭州师范大学)、陈汉文(南京审计大学)、陈杭平(清华大学)、陈昊琳(东北师范大学)、陈浩(江苏大学)、陈浩凯(长沙理工大学)、陈浩天(河南师范大学)、陈恒(上海师范大学)、陈红娟(华东师范大学)、陈红梅(江苏师范大学)、陈红民(浙江大学)、陈红薇(北京科技大学)、陈红彦(华南理工大学)、陈宏彩(中共浙江省委党校)、陈虹(山西财经大学)、陈洪玲(北京理工大学)、陈洪源(西南交通大学)、陈鸿铎(上海音乐学院)、陈后亮(华中科技大学)、陈华敏(深圳证券交易所)、陈煌书(闽南师范大学)、陈辉(广东工业大学)、陈辉(广东金融学院)、陈徽(同济大学)、陈会军[中国地质大学(北京)]、陈积敏(中共中央党校)、陈纪(南开大学)、陈家刚(中共广东省委党校)、陈家刚(中国人民大学)、陈家建(南京大学)、陈家起(南京师范大学)、陈家喜(深圳大学)、陈甲斌(自然资源部)、陈建(山东大学)、陈建安(武汉大学)、陈建洪(中山大学)、陈建樾(中国社会科学院)、陈剑晖(华南师范大学)、陈剑澜(中国人民大学)、陈剑平(伊犁师范大学)、陈江(华东师范大学)、陈接峰(安徽师范大学)、陈捷(南京艺术学院)、陈絜(南开大学)、陈金龙(华南师范大学)、陈金龙(天津大学)、陈金钊(华东政法大学)、陈瑾(国际关系学院)、陈瑾(江西省社会科学院)、陈京春(西北政法大学)、陈菁(厦门大学)、陈晶(湖北美术学院)、陈井安(四川省社会科学院)、陈竞(南京大学)、陈靓(复旦大学)、陈敬根(上海大学)、陈敬坤(山西大学)、陈菊霞(上海大学)、陈娟(深圳证券交易所)、陈军亚(华中师范大学)、陈君武(甘肃政法大学)、陈钧(首都体育学院)、陈俊(华南师范大学)、陈俊(浙江大学)、陈俊梁(苏州科技大学)、陈峻俊(中南民族大学)、陈抗(南京信息工程大学)、陈昆仑[中国地质大学(武汉)]、陈雷(阜阳师范大学)、陈蕾(首都经济贸易大学)、陈礼珍(杭州师范大学)、陈立鹏(中国人民大学)、陈立胜(中山大学)、陈丽(北京外国语大学)、陈丽(常州大学)、陈丽晖(云南大学)、陈丽湘(教育部)、陈利锋(中共广东省委党校)、陈俪月(沈阳音乐学院)、陈联俊(暨南大学)、陈亮(陕西师范大学)、陈亮(上海交通大学)、陈亮(西南政法大学)、陈林(暨南大学)、陈林林(浙江大学)、陈霖(苏州大学)、陈玲玲(北京市社会科学院)、陈龙(湘潭大学)、陈龙(云南财经大学)、陈璐(南开大学)、陈梅云(广西社会科学院)、陈美华(东南大学)、陈美兰(江苏师范大学)、陈蒙(中南民族大学)、陈明(北京大学)、陈明选(江南大学)、陈铭(南京大学)、陈默(中国人民大学)、陈那波(中国人民大学)、陈娜(天津师范大学)、陈楠(北京市社会科学院)、陈念平(江西省委党校)、陈宁(山东理工大学)、陈宁(武汉体育学院)、陈培浩(福建师范大学)、陈培永(北京大学)、陈培友(南京师范大学)、陈沛照(湖北民族大学)、陈佩辉(浙江大学)、陈朋(江苏省社会科学院)、陈颀(重庆师范大学)、陈奇佳(中国人民大学)、陈琦(华南师范大学)、陈绮(北京航空航天大学)、陈前恒(中国农业大学)、陈强(三亚学院)、陈强(西安交通大学)、陈青(深圳证券交易所)、陈清萍(安徽省社会科学院)、陈秋红(中国社会科学院)、陈秋华(福建农林大学)、陈秋燕(西南民族大学)、陈日华(南京大学)、陈戎女(北京语言大学)、陈榕(北京外国语大学)、陈锐(重庆大学)、陈瑞(安徽大学)、陈睿(教育部教育考试院)、陈山青(湘潭大学)、陈善平(西安交通大学)、陈少威(湖南大学)、陈绍辉(北京大学)、陈绍玲(华东政法大学)、陈社育(南京城市职业学院、南京开放大学)、陈申(云南民族大学)、陈声柏(兰州大学)、陈胜云(中共上海市委党校)、陈世华(南昌大学)、陈世华(南京工业大学)、陈世伦(中山大学)、陈仕吉(杭州电子科技大学)、陈式华(广东省教育研究院)、陈姝波(首都师范大学)、陈姝兴(西南财经大学)、陈曙光(中央党校)、陈树萍(南通大学)、陈树强(中国青年政治学院)、陈双专(国家税务总局)、陈顺森(闽南师范大学)、陈思(沈阳音乐学院)、陈思丞(清华大学)、陈松青(湖南师范大学)、陈松友(吉林大学)、陈宋生(北京理工大学)、陈素白(厦门大学)、陈素清(沈阳航空航天大学)、陈涛(河海大学)、陈涛(西南财经大学)、陈涛(中山大学)、陈天嘉(中国科学院大学)、陈天社(郑州大学)、陈通明(宁夏社会科学院)、陈万球(长沙理工大学)、陈伟(江南大学)、陈伟(南京农业大学)、陈伟(西南政法大学)、陈卫(中国人民大学)、陈卫东(对外经济贸易大学)、陈卫华(河南财经政法大学)、陈卫民(南开大学)、陈卫平(中国人民大学)、陈卫佐(清华大学)、陈为智(青岛科技大学)、陈文博(北京航空航天大学)、陈文海(华南师范大学)、陈文寿(华侨大学)、陈文祥(北方民族大学)、陈西军(华中师范大学)、陈熹(浙江大学)、陈曦(扬州大学)、陈先才(厦门大学)、陈先生(江苏省社会科学院)、陈先松(江苏师范大学)、陈贤凯(暨南大学）、陈宪良（哈尔滨师范大学）、陈相雨（南京林业大学）、陈祥（中国社会科学院）、陈祥军（中南民族大学）、陈翔（对外经济贸易大学）、陈向京（西安交通大学）、陈向阳（江苏省教育科学研究院）、陈小安（广东财经大学）、陈小冲（厦门大学）、陈小红（广州大学）、陈小宁（商务部）、陈小平（国家体育总局）、陈小沁（中国人民大学）、陈小蓉（深圳大学）、陈小三（山西大学）、陈小慰（福州大学）、陈晓芳（武汉理工大学）、陈晓峰（南通大学）、陈晓红（湖南师范大学）、陈晓华（首都师范大学）、陈晓华（浙江理工大学）、陈晓慧（东北师范大学）、陈晓兰（上海大学）、陈晓兰（四川大学）、陈晓平（华南师范大学）、陈晓曦（陕西科技大学）、陈心林（湖北民族大学）、陈新（中国社会科学院）、陈新华（广西财经学院）、陈新仁（南京大学）、陈新忠（武汉大学）、陈信勇（浙江大学）、陈星（北京联合大学）、陈兴贵（重庆三峡学院）、陈秀兰［中国矿业大学（北京）］、陈秀梅（中共河北省委党校）、陈秀武（东北师范大学）、陈旭东（天津财经大学）、陈旭光（北京大学）、陈学权（对外经济贸易大学）、陈雪娟（中国社会科学院）、陈雪萍（中南民族大学）、陈亚丽（西北工业大学）、陈亚州（兰州大学）、陈衍峰（通化师范学院）、陈彦瑾（暨南大学）、陈彦青（汕头大学）、陈彦旭（东北师范大学）、陈艳波（贵州大学）、陈燕（云南民族大学）、陈飏（重庆邮电大学）、陈晔（成都体育学院）、陈晔（南开大学）、陈烨（华中师范大学）、陈一（哈尔滨师范大学）、陈一攸（福建师范大学）、陈一一（兰州大学）、陈亦水（北京师范大学）、陈奕桦（曲阜师范大学）、陈毅（华东政法大学）、陈翼（天津中德应用技术大学）、陈英和（北京师范大学）、陈永国（清华大学）、陈永鸿（华南师范大学）、陈永杰（江南大学）、陈永平（无锡工艺职业技术学院）、陈永森（福建师范大学）、陈永泰（南京审计大学）、陈泳超（北京大学）、陈勇（山东体育学院）、陈勇（中国林业科学研究院）、陈友华（南京大学）、陈宇（中国现代国际关系研究院）、陈雨田（曲阜师范大学）、陈禹（华中科技大学）、陈玉荣（中国国际问题研究院）、陈元欣（华中师范大学）、陈媛（浙江开放大学）、陈岳（军事科学院）、陈悦（大连理工大学）、陈跃红（南方科技大学）、陈云霞（西南民族大学）、陈再阳（上海师范大学天华学院）、陈赞蔚（广州美术学院）、陈泽泓（广东省人民政府地方志办公室）、陈泽华（西安外国语大学）、陈泽艺（广东金融学院）、陈占明（中国人民大学）、陈钊（南京理工大学）、陈兆旺（上海师范大学）、陈真亮（浙江农林大学）、陈阵（陆军）、陈振华（安徽外国语学院）、陈振娇（苏州科技大学）、陈正（国家教育行政学院）、陈支平（厦门大学）、陈志刚（广西师范大学）、陈志刚（中国社会科学院）、陈志杰（南通大学）、陈志伟（中央民族大学）、陈治（山西财经大学）、陈智华（厦门国家会计学院）、陈智勇（周口师范学院）、陈中奎（国防大学）、陈忠纯（厦门大学）、陈忠明（铜陵学院）、陈忠禹（中共福建省委党校）、陈周旺（复旦大学）、陈转青（河南科技学院）、陈子丹（云南大学）、陈自才（鲁东大学）、陈宗花（河南大学）、陈宗利（鲁东大学）、晨忠纯（厦门大学）、成栋（中国人民大学）、成凤明（中南林业科技大学）、成钢（国家发改委）、成会君（山东大学）、成建华（哲学研究所）、成联方（云南大学）、成思佳（郑州大学）、成协中（中国政法大学）、成一农（云南大学）、程豹（西南财经大学）、程波（上海大学）、程波辉（对外经济贸易大学）、程朝翔（北京大学）、程承坪（武汉大学）、程得中（重庆交通大学）、程恩富（中国社会科学院）、程方勇（中国社会科学院）、程广云（首都师范大学）、程豪（中国科协）、程皓（南宁师范大学）、程健（中国出口信用保险公司）、程娟（北京语言大学）、程军（南京工业大学）、程开明（浙江工商大学）、程乐松（北京大学）、程雷（中国人民大学）、程丽红（辽宁大学）、程丽香（中共福建省委党校、福建行政学院）、程林林（成都体育学院）、程霖（上海财经大学）、程曼丽（北京大学）、程名望（同济大学）、程乾（中央音乐学院）、程倩（暨南大学）、程荣（中国社会科学院）、程锐（安徽财经大学）、程瑞山（中共河北省委党校）、程森（陕西师范大学）、程世和（陕西师范大学）、程天君（南京师范大学）、程彤（上海外国语大学）、程薇（南京邮电大学）、程卫波（山东体育学院）、程文广（沈阳体育学院）、程相占（山东大学）、程晓堂（北京师范大学）、程肖君（浙江师范大学）、程秀兰（陕西师范大学）、程雪阳（苏州大学）、程艳（浙江工商大学）、程艳霞（重庆第二师范学院）、程义（苏州博物馆）、程雨燕（中共广东省委党校）、程云喜（河南工业大学）、程早霞（浙江大学）、程志兵（山东理工大学）、程竹汝（上海交通大学）、池漫郊（对外经济贸易大学）、池水涌（华中师范大学）、池泽新（江西省农业科学院）、迟方旭（兰州大学）、仇朝兵（中国社会科学院）、仇发华（上海理工大学）、仇焕广（中国人民大学）、仇鹿鸣（复旦大学）、仇晓洁（河北经贸大学）、仇怡（中南林业科技大学）、仇雨临（中国人民大学）、仇壮丽（湘潭大学）、初晓波（北京大学）、储陈城（安徽大学）、储丹丹（复旦大学）、储德峰（上海政法学院）、储敏（南京财经大学）、储云峰（常州工学院）、储泽祥（中国社会科学院）、储著武（中国社会科学院）、褚静涛（中国社会科学院）、褚敏（北京大学）、褚庆立（济南大学）、褚睿刚（首都经济贸易大学）、褚松燕（中央党校）、褚远辉（保山学院）、慈勤英（武汉大学）、次仁平措（西藏自治区社会科学院）、丛德新（中国社会科学院）、丛建辉（山西大学）、丛立先（华东政法大学）、丛挺（上海理工大学）、丛霞（青岛大学）、崔保国（清华大学）、崔波（浙江传媒学院)、崔聪聪（北京邮电大学)、崔刚（清华大学)、崔桂莲（齐鲁工业大学)、崔宏轶（深圳大学)、崔华杰（山东大学)、崔建华（陕西师范大学)、崔剑锋（北京大学)、崔金栋（东北电力大学)、崔金贵（江苏大学)、崔晶（中央财经大学)、崔景贵（江苏理工学院)、崔乐泉（郑州大学)、崔丽（河北科技大学)、崔丽华（中共中央党校)、崔连标（安徽财经大学)、崔鲁祥（沈阳体育学院)、崔梦田（四川大学)、崔乃文（扬州大学)、崔平（上海师范大学)、崔岐恩（温州大学)、崔守军（中国人民大学)、崔树强（华东师范大学)、崔树义（山东社会科学院)、崔树芝（中共贵州省委党校)、崔素琴（河北政法职业学院)、崔腾飞（山西农业大学)、崔巍（江苏省社会科学院)、崔巍（四川师范大学)、崔岩（辽宁大学)、崔玉平（苏州大学)、崔玉珍（中国政法大学)、崔云朋［山西省社会科学院（省政府发展研究中心)］、崔允漷（华东师范大学)、崔占峰（烟台大学)、崔铮（辽宁大学)、崔志海（中国社会科学院)、达琼（西藏自治区社会科学院)、达瓦次仁（西藏自治区社会科学院)、达巍（清华大学)、笪志刚（黑龙江省社会科学院)、代红凯（高等教育出版社)、代洪宝（河北民族师范学院)、代凯（中国广东省委党校)、代显华（成都大学)、代显梅（中国人民大学)、代迅（厦门大学)、戴光全（华南理工大学)、戴国斌（上海体育学院)、戴国强（中国科学技术信息研究所)、戴海斌（复旦大学)、戴红亮（中央民族大学)、戴继诚（中国人民公安大学)、戴佳（清华大学)、戴健（上海体育学院)、戴魁早（湖南科技大学)、戴立兴（中国社会科学院)、戴丽华（江西财经大学)、戴利朝（江西师范大学)、戴利研（辽宁大学)、戴璐（中国人民大学)、戴美琪（中南林业科技大学)、戴瑞君（中国社会科学院)、戴双翔（华南师范大学)、戴卫东（浙江财经大学)、戴翔（南京审计大学)、戴向明（中国国家博物馆)、戴心来（辽宁师范大学)、戴昕（北京大学)、戴雪红（南京大学)、戴焰军（中共中央党校)、戴永务（福建农林大学)、戴媛媛（北京语言大学)、丹珍草（中国社会科学院)、单传友（安徽师范大学)、单春艳（辽宁大学)、单菲菲（兰州大学)、单连春（河海大学)、单美贤（南京邮电大学)、单雪梅（新疆大学)、单勇（南京大学)、党宝海（北京大学)、党怀兴（陕西师范大学)、党圣元（中国社会科学院大学)、邓博夫（西南财经大学)、邓川林（北京外国语大学)、邓创（吉林大学)、邓峰（北京大学)、邓峰（华东师范大学)、邓浩（外交部)、邓衡山（福建农林大学)、邓宏宝（南通大学)、邓宏光（西南政法大学)、邓洪波（湖南大学)、邓建鹏（中央财经大学)、邓杰（湖南师范大学)、邓金钱（兰州大学)、邓君（吉林大学)、邓可斌（华南理工大学)、邓丽君（中南林业科技大学)、邓丽艳（中国人民警察大学)、邓莉（中共中央党校)、邓明（厦门大学)、邓萍（重庆交通大学）、邓若翰（重庆联合产权交易所集团）、邓绍根（中国人民大学）、邓生菊（甘肃省社会科学院）、邓胜利（武汉大学）、邓维斌（重庆邮电大学）、邓卫广（湖南大学）、邓晰隆（兰州理工大学）、邓小兵（兰州大学）、邓小燕（武汉大学）、邓耀臣（大连外国语大学）、邓英（西华大学）、邓滢（西安外国语大学）、邓颖玲（湖南师范大学）、邓永勤（国家税务总局重庆市税务局）、邓玉林（河海大学）、邓悦（武汉大学）、邓志勇（上海大学）、邓智团（上海社会科学院）、狄金华（华中科技大学）、狄增如（北京师范大学）、翟晗（武汉大学）、翟锦程（南开大学）、翟奎凤（山东大学）、翟崑（北京大学）、翟乐（山西档案编辑部）、翟姗姗（华中师范大学）、翟绍果（西北大学）、翟韬（首都师范大学）、翟纬经（沈阳音乐学院）、翟绪权（浙江大学）、翟学伟（南京大学）、翟雪松（浙江大学）、翟延涛（华中师范大学）、翟月琴（上海戏剧学院）、翟云（中共中央党校）、邸俊鹏（上海社会科学院）、刁大明（中国人民大学）、刁琳琳［中共北京市委党校（北京行政学院）］、刁胜先（重庆邮电大学）、刁小卫（伊犁师范大学）、刁秀华（大连理工大学）、刁晏斌（北京师范大学）、丁柏铨（南京大学）、丁保玉（天津体育学院）、丁堡骏（浙江大学）、丁彬（吉林杨靖宇干部学院）、丁传伟（首都体育学院）、丁纯（复旦大学）、丁从明（重庆大学）、丁存振（山东农业大学）、丁凤琴（宁夏大学）、丁刚（福州大学）、丁国旗（中国社会科学院）、丁海斌（广西民族大学）、丁海奎（山东科技大学泰山科技学院）、丁汉青（北京师范大学）、丁红卫（北京外国语大学）、丁宏（中央民族大学）、丁宏武（西北师范大学）、丁华东（上海大学）、丁辉侠（郑州大学）、丁加勇（湖南师范大学）、丁见民（南开大学）、丁建彪（吉林大学）、丁建定（华中科技大学）、丁建岚（西安体育学院）、丁洁琳（中国政法大学）、丁金光（青岛大学）、丁俊萍（武汉大学）、丁立群（黑龙江大学）、丁民生（深圳证券交易所）、丁宁（东北财经大学）、丁赛（中国社会科学院）、丁少群（西南财经大学）、丁四新（清华大学）、丁为祥（陕西师范大学）、丁文（华中师范大学）、丁小斌（西北师范大学）、丁晓东（中国人民大学）、丁晓钦（上海财经大学）、丁晓星（中国现代国际关系研究院）、丁修真（安徽师范大学）、丁学森（沈阳师范大学）、丁雪（国防大学）、丁亚平（中国艺术研究院）、丁燕（青岛大学）、丁乙（重庆交通大学）、丁奕然（东北师范大学）、丁羽（华中师范大学）、丁元竹［中共中央党校（国家行政学院）］、丁芸（首都经济贸易大学）、丁耘（复旦大学）、丁泽丽（南京大学）、丁兆国（山东财经大学）、丁忠毅（四川大学）、东童童（中共广东省委党校）、董标（华南师范大学）、董朝霞（四川师范大学）、董琛（山东体育学院）、董诚（中国科学技术信息研究所）、董春雨（北京师范大学)、董翠玲（新疆师范大学）、董大亮（河海大学）、董笃笃（广西大学）、董福贵（华北电力大学）、董关鹏（中国传媒大学）、董国辉（南开大学）、董海军（中南大学）、董洪川（四川外国语大学）、董洪杰（西安文理学院）、董加云（南京林业大学）、董江爱（山西大学）、董杰（首都体育学院）、董经胜（北京大学）、董军（广东省科学院）、董坤（中国社会科学院）、董立河（北京师范大学）、董亮（外交学院）、董亮（长春大学）、董青岭（对外经济贸易大学）、董清利（大连理工大学）、董蓉（沈阳音乐学院）、董石桃（广州大学）、董涛（北京第二外国语学院）、董天策（重庆大学）、董伟玮（吉林大学）、董向荣（中国社会科学院）、董晓佳（湖北大学）、董晓远（深圳市社会科学院）、董新春（天津师范大学）、董兴杰（燕山大学）、董秀团（云南大学）、董秀英（河南大学）、董琇（同济大学）、董妍（天津大学）、董艳（北京师范大学）、董燕萍（浙江大学）、董杨（辽宁大学）、董毅敏（中国新闻出版研究院）、董瑛（中共浙江省委党校）、董莹（中央党史和文献研究院）、董勇英（西安电子科技大学）、董玉琦（上海师范大学）、董玉庭（齐齐哈尔大学）、董月凯（天津师范大学）、董跃（中国海洋大学）、董云川（云南大学）、董振华（中共中央党校）、董志强（华南师范大学）、董志翘（北京语言大学）、都岚岚（上海交通大学）、都平平（中国矿业大学）、都翔蕤（内蒙古大学）、窦瑞晴（武汉纺织大学）、窦志萍（昆明学院）、杜成宪（华东师范大学）、杜创（中国社会科学院）、杜春林（河海大学）、杜恩龙（浙江越秀外国语学院）、杜桂萍（北京师范大学）、杜海燕（天津师范大学）、杜红艳（黑龙江大学）、杜焕芳（中国人民大学）、杜家骥（南开大学）、杜建（北京大学）、杜建录（宁夏大学）、杜剑（贵州财经大学）、杜金（中山大学）、杜娟（黑龙江省社会科学界联合会）、杜娟（中国社会科学院）、杜娟（中央美术学院）、杜兰（外交部）、杜莉（复旦大学）、杜敏哲（华南师范大学）、杜强强（首都师范大学）、杜群（北京航空航天大学）、杜尚荣（贵州师范大学）、杜涛（华东政法大学）、杜婷（西北农林科技大学）、杜巍（西安交通大学）、杜雯翠（首都经济贸易大学）、杜兴端（四川省农业科学院）、杜学元（四川师范大学）、杜雪飞（云南省社会科学院）、杜亚光（北京邮电大学）、杜严勇（同济大学）、杜雁芸（国防科技大学）、杜焱强（南京农业大学）、杜轶（上海师范大学）、杜莹（北京市文物局）、杜友君（上海体育学院）、杜月（清华大学）、杜悦嘉［中共广东省委党校（广东行政学院）］、杜志兵（北京市西城区教育研修学院）、杜志雄（中国社会科学院）、杜智涛（中国社会科学院大学）、段波（宁波大学）、段从学（西南交通大学）、段从宇（深圳大学）、段德敏（北京大学）、段海龙（内蒙古师范大学）、段海蓉（新疆大学）、段浩（长治学院）、段建强（北京交通大学)、段健芝(湖南人文科技学院)、段江丽(北京语言大学)、段金生(云南民族大学)、段晶晶(中央社会主义学院)、段力伟(重庆交通大学)、段龙龙(四川大学)、段濛濛(中国出版集团)、段胜峰(长沙理工大学)、段姝(苏州科技大学)、段文凯(中国农业大学)、段晓林(上海师范大学)、段晓琳(中国海洋大学)、段鑫星(中国矿业大学)、段秀芳(新疆财经大学)、段雪辉(山西农业大学)、段艳文(新华通讯社)、段尧清(华中师范大学)、段云学(云南民族大学)、段志民(天津财经大学)、敦宁(大连海事大学)、敦鹏(河北大学)、鄂晓梅(内蒙古大学)、樊炳有(苏州大学)、樊波(南京艺术学院)、樊汇川(中国科学技术大学)、樊吉社〔中共中央党校(国家行政学院)〕、樊建新(中国社会科学院)、樊莲香(华南理工大学)、樊临虎(山西师范大学)、樊鹏(中国社会科学院)、樊庆彦(山东大学)、樊荣(太原理工大学)、樊如森(复旦大学)、樊温泉(河南省文化和旅游厅)、樊宪雷(中央党史和文献研究院)、樊孝东(河北省社会科学院)、樊学瑞(兰州大学)、樊艳平(太原理工大学)、樊轶侠(财政部)、樊振佳(南开大学)、樊志强(中国社会科学院)、樊自甫(重庆邮电大学)、范倍(重庆大学)、范仓海(河海大学)、范崇高(成都大学)、范丹(西南财经大学)、范冬萍(华南师范大学)、范功(四川美术学院)、范合君(首都经济贸易大学)、范和生(安徽大学)、范红丽(山东财经大学)、范宏伟(厦门大学)、范继涛(中国自然资源经济研究院)、范劲(华东师范大学)、范军(华中师范大学)、范君(安徽理工大学)、范俊玉(苏州大学)、范丽珠(复旦大学)、范莉(中央财经大学)、范岭梅(首都师范大学)、范钦林(南通大学)、范如国(武汉大学)、范瑞泉(中山大学)、范若兰(中山大学)、范斯聪(武汉大学)、范铁权(河北大学)、范炜(四川大学)、范五三(福建工程学院)、范武邱(中南大学)、范翔(上海交通大学)、范晓峰(南京艺术学院)、范学新(伊犁师范大学)、范尧(东北师范大学)、范一亭(北京科技大学)、范英军(天津市第四十一中学)、范映渊(宁夏大学)、范玉波(山东社会科学院)、范玉刚(山东大学)、范玉仙(西安交通大学)、范振林(自然资源部)、范志忠(浙江大学)、范忠雄(西北民族大学)、范子英(上海财经大学)、范梓腾(复旦大学)、方程(西安体育学院)、方东辉(吉首大学)、方凡(浙江大学)、方芳(天津市教育科学研究院)、方国根(人民出版社)、方国华(河海大学)、方浩范(山东大学)、方红(南京大学)、方红庆(上海财经大学)、方环海(厦门大学)、方坚伟(广东省外语艺术职业学院)、方建移(浙江传媒学院)、方珏(中山大学)、方恺(浙江大学)、方坤(广西民族大学)、方堃(中南民族大学)、方乐(南京师范大学)、方雷(山东大学)、方李莉(中国艺术研究院)、方敏(北京大学）、方敏（中国自然资源经济研究院）、方木欢（中山大学）、方平（首都师范大学）、方启（吉林大学）、方千华（福建师范大学）、方世南（苏州大学）、方书生（上海社会科学院）、方帅（上海社会科学院）、方松华（上海社会科学院）、方铁（云南大学）、方万鹏（南开大学）、方威（中南林业科技大学）、方维保（安徽师范大学）、方伟（沈阳音乐学院）、方文开（江南大学）、方兴东（浙江大学）、方旭（南通大学）、方燕（北京大学信息技术高等研究院）、方意（中央财经大学）、方迎风（武汉大学）、方芸（云南大学）、方在庆（中国科学院）、方长安（武汉大学）、方征（华南师范大学）、方志远（江西师范大学）、房乐宪（中国人民大学）、房连泉（中国社会科学院）、房锐（四川师范大学）、房伟（苏州大学）、费晟（中山大学）、费定舟（武汉大学）、费冬梅（中国社会科学院）、费多益（中国政法大学）、费久浩（广东外语外贸大学）、风笑天（南京大学）、封进（复旦大学）、封帅（上海国际问题研究院）、封宗信（清华大学）、冯帮（广东技术师范大学）、冯兵（四川大学）、冯存万（武汉大学）、冯锋（山东社会科学院）、冯国蕊（云南大学）、冯赫（山东大学）、冯华（北京交通大学）、冯晖（伊犁师范大学）、冯辉（对外经济贸易大学）、冯加付（西安体育学院）、冯洁菡（武汉大学）、冯举（河南财经政法大学）、冯俊（山西师范大学）、冯俊伟（山东大学）、冯立国（《中国远程教育》杂志社）、冯立军（厦门大学）、冯立君（陕西师范大学）、冯丽萍（北京师范大学）、冯利（伊犁师范大学）、冯莉（中国文学艺术界联合会）、冯琳（南开大学）、冯琳（中国社会科学院）、冯梅（北京科技大学）、冯檬莹（重庆交通大学）、冯培红（浙江大学）、冯鹏志［中共中央党校（国家行政学院）］、冯庆（中国人民大学）、冯全功（浙江大学）、冯蓉（北京工业大学）、冯绍雷（华东师范大学）、冯胜利（北京语言大学）、冯铁拴（武汉工程大学）、冯旺舟（中南财经政法大学）、冯维（中国社会科学院）、冯伟（东北师范大学）、冯文贺（广东外语外贸大学）、冯湘君（南开大学）、冯翔（云南大学）、冯向辉（黑龙江省社会科学院）、冯小红（邯郸学院）、冯晓丽（山西师范大学）、冯晓英（北京师范大学）、冯兴东（上海财经大学）、冯学钢（华东师范大学）、冯学勤（杭州师范大学）、冯雅（东北师范大学）、冯亚琳（四川外国语大学）、冯颜利（中国社会科学院）、冯洋（浙江大学）、冯永晟（中国社会科学院）、冯永琦（吉林大学）、冯渝杰（四川大学）、冯玉军（复旦大学）、冯玉雷（西北师范大学）、冯玉梅（山东财经大学）、冯跃（南京工程学院）、冯跃（首都师范大学）、冯振伟（郑州轻工业大学）、冯震宇（山西大学）、冯志莲（沈阳音乐学院）、冯志伟（教育部）、冯智文（云南师范大学）、佛朝晖（国家教育行政学院）、付八军（绍兴文理学院）、付成双（南开大学）、付翠莲（温州大学)、付广华(广西民族大学)、付红安(重庆工商大学)、付洪泉(黑龙江大学)、付健行(福建警察学院)、付磊(西南科技大学)、付莉(沈阳音乐学院)、付莲莲(江西农业大学)、付林(东北农业大学)、付明辉(广东金融学院)、付娜(中国社会科学院)、付强(济南大学)、付全(首都体育学院)、付淑换(南京审计大学)、付伟(中国社会科学院)、付文军(浙江大学)、付文忠(山东大学)、付义荣(汕头大学)、付英(兵团党委党校)、付英(自然资源部)、付钰(人民教育出版社)、付宗平(四川省社会科学院)、傅安平(江西省文化和旅游厅)、傅博(辽宁师范大学)、傅佳莎(西南财经大学)、傅利平(天津大学)、傅敏(西北师范大学)、傅其林(四川大学)、傅守祥(新疆大学)、傅树京(首都师范大学)、傅松涛(河北大学)、傅维杰(上海体育学院)、傅维利(深圳大学)、傅锡洪(中山大学)、傅宪国(中国社会科学院)、傅晓华(中南林业科技大学)、傅新红(四川农业大学)、傅新球(湖南师范大学)、傅熠华(中山大学)、傅永军(山东大学)、傅兆君(东南大学)、富景筠(中国社会科学院)、富育红(上海外国语大学)、盖金伟(新疆师范大学)、甘锋(东南大学)、甘庭宇(四川省社会科学院)、甘文平(武汉理工大学)、高蓓(西安交通大学)、高蓓蕾(南京理工大学)、高兵(中国自然资源经济研究院)、高丙中(北京师范大学)、高波(南京大学)、高程(中国社会科学院)、高楚兰(集美大学)、高春芽(天津师范大学)、高春艳(西北大学)、高赐威(东南大学)、高聪明(中国人民银行)、高翠云(辽宁大学)、高德胜(哈尔滨工业大学)、高德胜(华东师范大学)、高东平(医科院)、高恩新(华东师范大学)、高帆(复旦大学)、高方(南京大学)、高飞(中南财经大学)、高峰(西北大学)、高拂晓(中央音乐学院)、高福顺(吉林大学)、高歌(中国社会科学院)、高国翠(东北师范大学)、高国舫(中共杭州市委党校)、高国荣(中国社会科学院)、高昊(暨南大学)、高和荣(厦门大学)、高红霞(上海师范大学)、高宏存(中共中央党校)、高虹(河海大学)、高鸿(辽宁教育学院)、高淮生(中国矿业大学)、高皇伟(华南师范大学)、高惠芳(北京联合大学)、高慧斌(中国教育科学研究院)、高际香(中国社会科学院)、高继海(河南大学)、高继文(山东师范大学)、高建磊(佛山科学技术学院)、高杰(四川省社会科学院)、高洁(福建医科大学)、高金虎(国防科技大学国际关系学院)、高景芳(河北科技大学)、高景柱(天津师范大学)、高静(西南大学)、高科(西南大学)、高来源(华侨大学)、高乐(中国行政管理学会)、高利红(中南财经政法大学)、高利华(绍兴文理学院)、高琳琦(天津师范大学)、高敏雪(中国人民大学)、高明(辽宁大学)、高鸣(农业农村部)、高宁(辽宁大学)、高奇琦(华东政法大学)、高倩(沈阳音乐学院)、高强(华东师范大学)、高荣国(湖南师范大学)、高升(安徽师范大学)、高圣平(中国人民大学)、高世楫(国务院发展研究中心)、高寿仙(中共北京市委党校)、高丝敏(清华大学)、高松(同济大学)、高铁刚(沈阳师范大学)、高通(南开大学)、高伟(黑龙江大学)、高卫红(吉林师范大学)、高向东(华东师范大学)、高小平(国务院办公厅)、高晓波(上海电力大学)、高晓林(复旦大学)、高晓雪(华东师范大学)、高新民(华中师范大学)、高新伟[中国石油大学(华东)]、高新宇(安徽财经大学)、高鑫(上海交通大学)、高惺惟[中共中央党校(国家行政学院)]、高旭东(清华大学)、高亚楠(辽宁大学)、高岩(山东大学)、高艳杰(厦门大学)、高艳云(山西财经大学)、高杨(山东省人民政府发展研究中心)、高印立(北京采安律师事务所)、高瑛(东北师范大学)、高莹莹(中国社会科学院)、高颖(天津大学)、高影繁(中国科学技术信息研究所)、高永伟(复旦大学)、高泳(河南科技学院)、高瑜(成都市教育科学研究院)、高玉敏(河北省委党校)、高玉强(青岛大学)、高育花(北京外国语大学)、高育松(西南师范大学)、高原(西安交通大学)、高远东(北京大学)、高媛(中国社会科学院)、高越(山东理工大学)、高在峰(浙江大学)、高赞(明尼苏达大学)、高长武(中央党史和文献研究院)、高正礼(北京交通大学)、高中华(中国社会科学院)、高中伟(四川省社会科学院)、郜亮亮(中国社会科学院)、郜世奇(北京联合大学)、郜占川(甘肃政法大学)、戈艳霞(中国社会科学院)、格桑益西(西藏自治区社会科学院)、葛操(郑州大学)、葛承雍(陕西师范大学)、葛浩阳(西南财经大学)、葛继红(南京农业大学)、葛建华(天津社会科学院)、葛建军(贵州财经大学)、葛建平[中国地质大学(北京)]、葛林(新乡学院)、葛玲(华东政法大学)、葛四友(武汉大学)、葛涛(国家文物局)、葛威(厦门大学)、葛卫[中共中央党校(国家行政学院)]、葛文光(河北农业大学)、葛先园(安徽财经大学)、葛新斌(华南师范大学)、葛宣冲(山西大学)、葛云锋(山东师范大学)、耿步健(上海师范大学)、耿化敏(中国人民大学)、耿良(山东港口)、耿亚东(河南大学)、耿涌(上海交通大学)、耿有权(东南大学)、耿羽(福建社会科学院)、耿玉德(东北林业大学)、耿元骊(河南大学)、耿云江(东北财经大学)、耿卓(广东外语外贸大学)、宫浩宇(南京大学)、宫健泽(北华大学)、宫玉涛(中央民族大学)、宫准(青岛大学)、龚柏华(复旦大学)、龚本刚(安徽工程大学)、龚超(广州医科大学)、龚放(南京大学)、龚锋(武汉大学)、龚刚(澳门大学)、龚关(南开大学)、龚浩敏(岭南大学)、龚浩群(厦门大学)、龚宏龄(重庆大学)、龚会莲(西北政法大学)、龚建林(广东工业大学)、龚剑飞(江西省社会科学院)、龚蛟腾(湘潭大学)、龚觅(首都师范大学)、龚敏律（湖南师范大学）、龚培河（南京信息工程大学）、龚平原（西北大学）、龚强（中南财经政法大学）、龚顺（中国社会科学院）、龚婷（中国国际问题研究院）、龚新琼（海南师范大学）、龚云（中国社会科学院）、龚振中（湖北经济学院）、龚志武（广州开放大学）、巩文（中国社会科学院）、巩雪（南京理工大学）、谷彬（财政部）、谷成（东北财经大学）、谷春侠（中国社会科学院）、谷更有（河北师范大学）、谷红丽（华南师范大学）、谷家荣（云南师范大学）、谷曙光（中国人民大学）、谷伟（战略支援部队信息工程大学）、谷小水（中山大学）、谷裕（北京大学）、谷振宾（国家林业和草原局）、谷志军（深圳大学）、顾爱华（辽宁大学）、顾宝昌（复旦大学）、顾春芳（北京大学）、顾春军（珠海城市职业技术学院）、顾纯磊（江苏省社会科学院）、顾海峰（东华大学）、顾红磊（湖南师范大学）、顾华详（中共新疆维吾尔自治区委员会）、顾辉（南京理工大学）、顾江（南京大学）、顾金春（南通大学）、顾钧（北京外国语大学）、顾宁（东北大学）、顾世民（哈尔滨师范大学）、顾天安（国务院发展研究中心）、顾文艳（华东师范大学）、顾向一（河海大学）、顾小清（华东师范大学）、顾小伟（南京大学）、顾晓燕（金陵科技学院）、顾晓英（上海大学）、顾友泽（南通大学）、关冰阳（沈阳音乐学院）、关合凤（河南大学）、关孔文（北京航空航天大学）、关楠楠（兰州大学）、关培凤（武汉大学）、关信平（南开大学）、关彦庆（长春理工大学）、关意宁（沈阳音乐学院）、关英明（沈阳师范大学）、官欣荣（华南理工大学）、管建强（华东政法大学）、管育鹰（中国社会科学院）、桂荷发（江西财经大学）、桂婕（中国科学技术信息研究所）、桂起权（武汉大学）、郭爱东（国家发改委）、郭宝才（浙江工商大学）、郭宝军（河南大学）、郭宝亮（河北师范大学）、郭宾（山西大学）、郭斌慧（宁德师范学院）、郭璨（国家教育行政学院）、郭昌盛（北京大学）、郭朝晖（武汉科技大学）、郭成（西南大学）、郭春宁（中国人民大学）、郭春镇（厦门大学）、郭丹彤（上海大学）、郭定平（复旦大学）、郭峰（湖北民族大学）、郭峰（上海财经大学）、郭凤海（国防大学）、郭福祥（故宫博物院）、郭根山（海南师范大学）、郭功星（汕头大学）、郭国祥（武汉理工大学）、郭海辉（江西省教育厅）、郭海玲（河北大学）、郭晗（西北大学）、郭红军（贵州大学）、郭洪峰（山东财经大学）、郭华（北京师范大学）、郭化林（浙江财经大学）、郭辉（湖南师范大学）、郭继荣（西安交通大学）、郭佳宏（北京师范大学）、郭家骥（云南省社会科学院）、郭建军（首都体育学院）、郭建军（西南财经大学）、郭建如（北京大学）、郭建文（广州中医药大学）、郭剑（清华大学出版社）、郭剑鸣（浙江财经大学）、郭健（山东财经大学）、郭江兰（中国政法大学）、郭江龙（青岛科技大学）、郭洁（北京大学)、郭金龙(中国社会科学院)、郭锦塘(江西农业大学)、郭进(南京师范大学)、郭晶(河南大学)、郭晶(上海交通大学)、郭克范(西藏自治区社会科学院)、郭磊(西南大学)、郭立志(内蒙古财经大学)、郭丽娜(新乡学院)、郭丽双(复旦大学)、郭连成(东北财经大学)、郭林(华中科技大学)、郭灵凤(中国社会科学院)、郭凌(四川农业大学)、郭龙生(教育部)、郭美云(西南大学)、郭淼(复旦大学)、郭明(广州大学)、郭明飞(华中师范大学)、郭娜(天津财经大学)、郭平兴(惠州学院)、郭栖庆(北京外国语大学)、郭强(河北省社会科学院)、郭强(南京邮电大学)、郭晴(浙大城市学院)、郭秋惠(清华大学)、郭全中(中央民族大学)、郭如良(江西农业大学)、郭锐(吉林大学)、郭少友(郑州大学)、郭施宏(北京工业大学)、郭士民(青岛科技大学)、郭世宝(加拿大不列颠哥伦比亚大学)、郭舒(辽宁大学)、郭树理(苏州大学)、郭顺利(曲阜师范大学)、郭烁(中国政法大学)、郭台辉(云南大学)、郭天武(中山大学)、郭维刚(西安体育学院)、郭维明(中国人口与发展研究中心)、郭伟(西安体育学院)、郭伟其(广州美术学院)、郭伟伟(中央党史和文献研究院)、郭炜(华中科技大学)、郭卫东(北京大学)、郭文革(北京大学)、郭文忠(新疆大学)、郭西安(复旦大学)、郭熙铜(哈尔滨工业大学)、郭相宏(山西财经大学)、郭小安(重庆大学)、郭小弦(西安交通大学)、郭晓亮(沈阳工业大学)、郭晓琼(中国社会科学院)、郭新(中央音乐学院)、郭新华(湘潭大学)、郭新艳(成都体育学院)、郭修金(南京体育学院)、郭秀艳(复旦大学)、郭秀艳(内蒙古财经大学)、郭亚军(郑州航空工业管理学院)、郭延军(外交学院)、郭艳芳(南京晓庄学院)、郭艳华(北方民族大学)、郭艳君(黑龙江大学)、郭燕(江苏海洋大学)、郭燕来(陕西师范大学)、郭轶群(西安体育学院)、郭英剑(中国人民大学)、郭永东(成都体育学院退休)、郭勇(上海师范大学)、郭又新(华东师范大学)、郭玉成(上海体育学院)、郭玉军(武汉大学)、郭渊(暨南大学)、郭赞(沈阳药科大学)、郭昭昭(江苏科技大学)、郭振(清华大学)、郭忠华(南京大学)、国胜铁(上海商学院)、虢青波(教育部)、果臻(华中科技大学)、过仕明(黑龙江工程学院昆仑旅游学院)、哈斯巴根(中央民族大学)、哈秀珍(中国社会科学院大学)、海力波(广西师范大学)、海莉娟(西北农林科技大学)、海路(中央民族大学)、韩宝成(北京外国语大学)、韩斌(上海音乐学院)、韩兵(重庆邮电大学)、韩步江(南京理工大学)、韩策(北京大学)、韩超(东北财经大学)、韩传喜(东北财经大学)、韩东亚(安徽大学)、韩东育(东北师范大学)、韩刚(四川大学)、韩国河(郑州大学)、韩国良[中国石油大学(华东)]、韩海涛(山东省体育局)、韩晗(武汉大学)、韩红旗

（中国科学技术信息研究所）、韩洪灵（浙江大学）、韩华为（北京师范大学）、韩纪江（北方民族大学）、韩家炳（安徽师范大学）、韩家勋（教育部教育考试院）、韩甲（上海健康医学院）、韩建民（杭州电子科技大学）、韩建新（北京城市学院）、韩健（重庆工商大学）、韩晶（四川美术学院）、韩景泉（广东外语外贸大学）、韩隽（西北大学）、韩君（兰州财经大学）、韩克庆（中国社会科学院）、韩克勇（山西省社会科学院）、韩磊（中国社会科学院）、韩立余（中国人民大学）、韩丽萍（内蒙古工业大学）、韩美群［中国地质大学（武汉）］、韩梦娟（河北师范大学）、韩梦瑶（中国科学院）、韩鹏（内蒙古财经大学）、韩鹏云（南京林业大学）、韩琦（南开大学）、韩强（北京外国语大学）、韩清（上海社会科学院）、韩庆华（天津大学）、韩庆娜（青岛大学）、韩庆祥［中共中央党校（国家行政学院）］、韩爽（北京联合大学）、韩涛（北京外国语大学）、韩万渠（河南师范大学）、韩维宾（天津师范大学）、韩伟（西北工业大学）、韩炜（山东体育学院）、韩文革（武汉理工大学）、韩锡斌（清华大学）、韩祥（山西大学）、韩晓青（中央党校）、韩秀兰（山西财经大学）、韩秀丽（厦门大学）、韩秀义（温州大学）、韩旭（科技部）、韩旭至（华东政法大学）、韩焱（沈阳音乐学院）、韩毅（西南大学）、韩翼（中南财经政法大学）、韩颖霄（中国科学技术信息研究所）、韩永辉（广东外语外贸大学）、韩宇（厦门大学）、韩玉华（教育部）、韩玉胜（南京大学）、韩云鹏（江西科技师范大学）、韩兆坤（黑龙江大学）、韩兆洲（暨南大学）、韩兆柱（燕山大学）、韩振江（上海交通大学）、韩志斌（西北大学）、韩志立（外交学院）、韩志明（上海交通大学）、韩子满（上海外国语大学）、杭斌（山西财经大学）、杭敏（清华大学）、郝枫（天津商业大学）、郝国强（广西民族大学）、郝红暖（安徽省社会科学院）、郝家春（中南民族大学）、郝克宁（齐鲁师范学院）、郝葵（河南理工大学）、郝岚（天津师范大学）、郝磊（天津师范大学）、郝琳琳（北京工商大学）、郝潞霞（北京交通大学）、郝美玲（北京语言大学）、郝宁（华东师范大学）、郝凝辉（中央美术学院）、郝庆军（中国艺术研究院）、郝瑞斌（河北师范大学）、郝润华（西北大学）、郝姗（天津大学）、郝涛（山东财经大学）、郝天聪（南京师范大学）、郝炜（山西农业大学）、郝幸艳（中国社会科学院）、郝亚明（贵州民族大学）、郝垚丽（郑州大学）、郝永平［中共中央党校（国家行政学院）］、郝瑜鑫（华侨大学）、郝振省（中国编辑学会）、郝志军（中国教育科学研究院）、何爱霞（曲阜师范大学）、何柏生（西北政法大学）、何本祥（成都体育学院）、何彬（吉林大学）、何彬（南京农业大学）、何畅（杭州师范大学）、何朝安（东华大学）、何大勇（云南民族大学）、何代欣（中国社会科学院）、何得桂（西北农林科技大学）、何芳（北京联合大学）、何纲（西藏自治区社会科学院）、何光辉（合肥师范学院）、何光全（四川师范大学）、何光顺（中共四川省委省直机关党校）、何国平（广东外语外贸大学）、何海根（中共中央党校）、何韩吉（华东理工大学）、何晖（湘潭大学）、何辉（首都经济贸易大学）、何慧丽（中国农业大学）、何基报（深圳证券交易所）、何家兴（安徽师范大学）、何建华（北京师范大学珠海分校）、何剑（广东财经大学）、何健（西南大学）、何江新（西安科技大学）、何金财（重庆交通大学）、何劲松（中国社会科学院）、何静（华东师范大学）、何俊辉（西南大学）、何莲珍（浙江大学）、何炼红（中南大学）、何亮（北京电影学院）、何凌云（暨南大学）、何民捷（人民日报社）、何明（山东省体育局）、何明（云南大学）、何明洁（四川大学）、何宁（北京语言大学）、何宁（南京大学）、何培育（重庆理工大学）、何培忠（中国社会科学院）、何鹏（四川省农业科学院）、何平（南京师范大学）、何平（云南大学）、何平（中国人民大学）、何平林（北京航空航天大学）、何齐宗（江西师范大学）、何勤英（华南农业大学）、何青洲（甘肃政法大学）、何生海（内蒙古大学）、何暑子（南京审计大学）、何挺（北京师范大学）、何伟（北京外国语大学）、何伟文（上海交通大学）、何文炯（浙江大学）、何小钢（江西财经大学）、何小亚（华南师范大学）、何晓斌（清华大学）、何晓波（上海对外经贸大学）、何晓芳（大连理工大学）、何星亮（中国社会科学院）、何艳（中南财经政法大学）、何艳杰（河北师范大学）、何艳玲（中国人民大学）、何杨（中央财经大学）、何杨勇（浙江经贸职业技术学院）、何益鑫（复旦大学）、何英（新疆艺术学院）、何瑛（北京邮电大学）、何永军（云南大学）、何宇（三峡大学）、何宇鹏（河南工业大学）、何玉芳（北京交通大学）、何玉海（上海师范大学）、何玉红（西北师范大学）、何元国（武汉大学）、何苑（甘肃省社会科学院）、何长辉（安徽省社会科学院）、何桢（天津大学）、何振海（河北大学）、何植民（江西财经大学）、何志明（四川大学）、何志鹏（吉林大学）、何志武（华中科技大学）、何志勇（大连外国语大学）、何子红（国家体育总局）、何自力（南开大学）、和军（辽宁大学）、和谈（新疆大学）、和卫国（中国社会科学院）、和学新（天津师范大学）、贺爱军（中国海洋大学）、贺飙（新疆党委教育工委）、贺冰清（自然资源部）、贺昌盛（中南民族大学）、贺丹（北京师范大学）、贺刚（外交学院）、贺光烨（南京大学）、贺建风（华南理工大学）、贺江枫（南开大学）、贺俊（中国社会科学院）、贺立龙（四川大学）、贺平（复旦大学）、贺绍俊（沈阳师范大学）、贺文瑾（江苏理工学院）、贺西林（中央美术学院）、贺小勇（华东政法大学）、贺晓星（南京大学）、贺新元（中国社会科学院）、贺幸辉（北京体育大学）、贺志凌（沈阳音乐学院）、贺志朴（河北大学）、贺仲明（暨南大学)、赫剑梅(西北民族大学)、黑龙(大连民族大学)、黑维强(陕西师范大学)、洪波(首都师范大学)、洪富艳(哈尔滨商业大学)、洪功翔(安徽工业大学)、洪浩(河南大学)、洪建中(华中师范大学)、洪军(中国社会科学院)、洪名勇(贵州大学)、洪庆明(上海师范大学)、洪炜(中山大学)、洪向华(中央党校)、洪小良(中共北京市委党校)、洪晓楠(大连理工大学)、洪岩璧(东南大学)、洪燕真(福建农林大学)、洪勇(商务部)、洪兆平(国家税务总局)、洪志忠(厦门大学)、侯成琪(北京理工大学)、侯定凯(华东师范大学)、侯红明(中国科学院)、侯克明(北京电影学院)、侯丽娜(辽宁师范大学)、侯利文(华东理工大学)、侯玲玲(深圳大学)、侯茂章(中南林业科技大学)、侯猛(中国人民大学)、侯玮红(中国社会科学院)、侯卫东(河南大学)、侯祥鹏(江苏省社会科学院)、侯新烁(湘潭大学)、侯学宾(吉林大学)、侯学勇(山东政法学院)、侯衍社(中国人民大学)、侯迎忠(广东外语外贸大学)、侯勇(江南大学)、侯友(内蒙古师范大学)、侯宇翔(北京第二外国语学院)、侯羽(燕山大学)、侯长林(铜仁学院)、侯中军(中国社会科学院)、侯宗辉(甘肃省社会科学院)、胡安宁(复旦大学)、胡必亮(北京师范大学)、胡弼成(湖南大学)、胡斌(广州美术学院)、胡冰川(中国社会科学院)、胡博成(华东理工大学)、胡晨光(浙江工业大学)、胡承佼(安徽师范大学)、胡程立(华中农业大学)、胡敕瑞(北京大学)、胡传志(安徽师范大学)、胡春春(上海外国语大学)、胡大立(江西财经大学)、胡德平(上海体育学院)、胡德庆(东南大学)、胡德鑫(天津大学)、胡涤非(暨南大学)、胡东平(湖南农业大学)、胡枫(北京科技大学)、胡峰(齐鲁师范学院)、胡戈(常州大学)、胡桂华(重庆工商大学)、胡国柳(浙江工商大学)、胡海波(东北师范大学)、胡海波(江西财经大学)、胡海旭(南京体育学院)、胡海义(湖南师范大学)、胡航(西南大学)、胡浩志(中南财经政法大学)、胡恒(中国人民大学)、胡宏兵(中南财经政法大学)、胡宏伟(中国人民大学)、胡晖(武汉大学)、胡继晔(中国政法大学)、胡加圣(上海外国语大学)、胡佳(广西民族大学)、胡建刚(华侨大学)、胡建国(南开大学)、胡建华(中国社会科学院)、胡剑(重庆理工大学)、胡杰辉(电子科技大学)、胡金木(陕西师范大学)、胡娟(南京体育学院)、胡军(暨南大学)、胡开宝(上海外国语大学)、胡琨(中国社会科学院)、胡亮(河海大学)、胡亮宇(北京语言大学)、胡玲(广西大学)、胡令远(复旦大学)、胡美馨(浙江师范大学)、胡苗(甘肃省社会科学院)、胡敏(新航道国际教育集团)、胡铭(浙江大学)、胡泊(福建师范大学)、胡强(湘潭大学)、胡全章(河南大学)、胡韧奋(北京师范大学)、胡汝为(中山大学)、胡瑞(广东外语外贸大学)、胡胜(辽宁大学)、胡仕胜(中国现代国际关系研究院)、胡天佑(湖北师范大学)、胡铁球(浙江师范大学)、胡铁生(吉林大学)、胡伟华(西安工程大学)、胡卫平(陕西师范大学)、胡卫萍(华东交通大学)、胡卫卫(西北农林科技大学)、胡武贤(华南农业大学)、胡霞(中国人民大学)、胡仙芝(中共中央党校)、胡显莉(重庆理工大学)、胡向东(华中师范大学)、胡向东(中国农业科学院)、胡潇文(云南大学)、胡小洋(湖北大学)、胡小勇(华南师范大学)、胡晓红(东北师范大学)、胡晓明(南京财经大学)、胡晓鹏(上海社会科学院)、胡晓艳(江苏师范大学)、胡新峰(东北农业大学)、胡新生(山东大学)、胡兴华(重庆交通大学)、胡学举(四川省社会科学院)、胡学星(华东师范大学)、胡雅淇(北京大学)、胡艳英(东北林业大学)、胡燕(南京农业大学)、胡扬洋(天津师范大学)、胡耀亭(深圳证券交易所)、胡耀宗(华东师范大学)、胡艺华(湖南农业大学)、胡艺龄(华东师范大学)、胡翼青(南京大学)、胡英泽(山西大学)、胡颖峰(江西省社会科学院)、胡拥军(国家信息中心)、胡雍(浙江工商大学)、胡永杰(河南省社会科学院)、胡永远(南京财经大学)、胡咏梅(北京师范大学)、胡友峰(山东大学)、胡俞越(北京工商大学)、胡玉鸿(华东政法大学)、胡玉萍(北京市委党校)、胡毓诗(成都体育学院)、胡元梓(中宣部)、胡月星 [中共中央党校(国家行政学院)]、胡跃龙(国家发改委)、胡泽洪(华南师范大学)、胡泽文(南京信息工程大学)、胡湛(复旦大学)、胡珍(成都大学)、胡正强(南京师范大学)、胡志浩(中国社会科学院)、胡志红(西南交通大学)、胡志平(华东政法大学)、胡宗金(中国海洋大学)、胡宗仁(中共江苏省委党校)、虎有泽(西北大学)、扈春香(北京联合大学)、花家涛(安徽师范大学)、花建(上海社会科学院)、花双莲(山东科技大学)、花勇(华东政法大学)、华军(吉林大学)、华林甫(中国人民大学)、华启和(东华理工大学)、华树君(淮阴师范学院)、华学诚(北京语言大学)、华颖(中国社会科学院)、华媛媛(大连外国语大学)、华岳(湖南大学)、华中生(浙江大学)、郇昌鹏(上海交通大学)、郇庆治(北京大学)、奂平清(中国人民大学)、皇甫倩(西南大学)、黄阿明(华东师范大学)、黄艾(中国社会科学院)、黄爱峰(华中师范大学)、黄爱莲(广西大学)、黄爱梅(华东师范大学)、黄安平(深圳证券交易所)、黄保勇(华南理工大学)、黄斌(南京大学)、黄博(四川大学)、黄彩文(云南民族大学)、黄灿(浙江大学)、黄超(武汉大学)、黄晨熹(华东师范大学)、黄承锋(重庆交通大学)、黄楚新(中国社会科学院)、黄春高(北京大学)、黄春元(首都经济贸易大学)、黄纯艳(华东师范大学)、黄达远(西安外国语大学)、黄大同(温州大学)、黄道丽(公安部第三研究所)、黄道炫(北京大学)、黄登学（山东大学）、黄东东（重庆邮电大学）、黄敦平（安徽财经大学）、黄发有（山东大学）、黄刚（中央财经大学）、黄桂琴（安徽工程大学）、黄国辉（北京师范大学）、黄海燕（上海体育学院）、黄汉权（国家发展改革委）、黄和平（江西财经大学）、黄河（复旦大学）、黄恒君（兰州财经大学）、黄华继（安徽财经大学）、黄怀军（湖南师范大学）、黄慧丹（南京理工大学）、黄继刚（陕西师范大学）、黄家亮（中国人民大学）、黄建国（南京财经大学）、黄建伟（南京财经大学）、黄健（华东师范大学）、黄健毅（广西民族师范学院）、黄江泉（中南林业科技大学）、黄教珍（江西科技师范大学）、黄洁（苏州大学）、黄进（四川省社会科学院）、黄娟[中国地质大学（武汉）]、黄俊凌（厦门大学）、黄俊尧（杭州师范大学）、黄凯锋（上海社会科学院）、黄凯南（山东大学）、黄匡时（中国人口与发展研究中心）、黄磊（西南大学）、黄立波（西安外国语大学）、黄立鹤（同济大学）、黄丽（上海市商业经济学会）、黄丽霞（黑龙江大学）、黄莉（武汉体育学院）、黄令贺（河北大学）、黄令贺（河北大学）、黄龙光（云南师范大学）、黄璐（华北理工大学）、黄玫（北京外国语大学）、黄敏（浙江传媒学院）、黄明喜（华南师范大学）、黄南（南京市社会科学院）、黄念（中国社会科学院）、黄念然（华中师范大学）、黄琪轩（上海交通大学）、黄启兵（苏州大学）、黄谦（西安体育学院）、黄乾（南开大学）、黄庆华（西南大学）、黄锐（中央民族大学）、黄少卿（上海交通大学）、黄石松（中国人民大学）、黄世忠（厦门大学）、黄仕忠（中山大学）、黄水清（南京农业大学）、黄涛（上海交通大学）、黄涛（温州大学）、黄万丁（中共云南省委政策研究室）、黄维忠（中国人民大学）、黄伟（南通大学）、黄伟迪（安徽大学）、黄炜（北京大学）、黄炜（湖北工业大学）、黄文凯（广西师范大学）、黄文治（安徽大学）、黄雯（福建师范大学）、黄贤全（西南大学）、黄显中（湘潭大学）、黄向阳（中国人民大学）、黄潇婷（山东大学）、黄小强（西安电子科技大学）、黄小勇（江西师范大学）、黄晓春（汕头大学）、黄晓春（上海大学）、黄晓灵（西南大学）、黄晓星（厦门大学）、黄晓燕（湖南大学）、黄心渊（中国传媒大学）、黄欣荣（江西财经大学）、黄新平（吉林大学）、黄兴平（成都市）、黄学贤（苏州大学）、黄亚玲（北京体育大学）、黄岩（华南理工大学）、黄艳红（上海师范大学）、黄燕芬（中国人民大学）、黄燕萍（厦门大学）、黄燕强（暨南大学）、黄燕生（文化部）、黄洋（复旦大学）、黄洋（上海大学）、黄瑶（中山大学）、黄意武（重庆社会科学院）、黄莺（中国现代国际关系研究院）、黄迎虹（O. P. Jindal 大学）、黄颖（武汉大学）、黄永林（华中师范大学）、黄勇（对外经济贸易大学）、黄玉烨（中南财经政法大学）、黄云明（河北大学）、黄泽清（中国人民大学）、黄振乾（中国农业大学）、黄正林

(陕西师范大学)、黄志辉（中央民族大学）、黄志军（首都师范大学）、黄忠廉（广东外语外贸大学）、黄忠顺（华南理工大学）、黄钟军（浙江师范大学）、黄宗权（中央音乐学院）、黄宗英（北京联合大学）、惠国琴（中共黑龙江省委党校）、惠利（华中科技大学）、霍宝峰（天津大学）、霍朝光（中国人民大学）、霍春龙（兰州大学）、霍书全（安徽大学）、霍四通（复旦大学）、霍毅斌（中共山西省委）、霍永寿（广东外语外贸大学）、霍云峰（南京师范大学泰州学院）、霍政欣（中国政法大学）、霍志军（天水师范学院）、姬德强（中国传媒大学）、姬建敏（河南大学）、姬文波（中国社会科学院）、姬新龙（兰州财经大学）、姬亚楠（河南省社会科学院）、吉灿忠（南京师范大学）、吉承恕（天津体育学院）、吉冠浩（北京航空航天大学）、吉广庆（山西中医药大学）、吉海涛（沈阳工业大学）、吉晖（武汉大学）、吉亚辉（西北师范大学）、纪德奎（天津师范大学）、纪格非（中国政法大学）、纪建勋（上海师范大学）、纪明（南宁师范大学）、纪益成（厦门大学）、纪莺莺（上海大学）、季芳桐（南京理工大学）、季进（苏州大学）、季水河（湘潭大学）、季卫兵（南京理工大学）、季卫东（上海交通大学）、季小立（常州大学）、季烨（厦门大学）、冀伦文（太原理工大学）、冀少峰（湖北省文化和旅游厅）、冀县卿（南京审计大学）、加润国（中央统战部）、加小双（中国人民大学）、加羊达杰（青海省社会科学院）、贾东琴（天津师范大学）、贾根良（中国人民大学）、贾海薇（华南农业大学）、贾洪波（北京航空航天大学）、贾洪波（南开大学）、贾怀勤（对外经济贸易大学）、贾积有（北京大学）、贾建锋（东北大学）、贾健（西南政法大学）、贾俊英（华中师范大学）、贾珺（北京师范大学）、贾磊磊（中国艺术研究院）、贾丽民（天津师范大学）、贾烈英（北京语言大学）、贾宁（河北师范大学）、贾青（中国社会科学院）、贾荣言（河北科技大学）、贾瑞霞（中国社会科学院）、贾善铭（暨南大学）、贾尚晖（中央财经大学）、贾帅帅（广州大学）、贾韬（西南大学）、贾巍杨（天津大学）、贾文娟（上海大学）、贾文龙（中国自然资源经济研究院）、贾小爱（山东工商学院）、贾小叶（中国社会科学院）、贾秀清（中国传媒大学）、贾妍（北京大学）、贾岩（北京大学）、贾岩（济南大学）、贾义敏（华南师范大学）、贾英健（山东师范大学）、贾玉娇（吉林大学）、贾玉平（成都大学）、贾媛媛（上海应用技术大学）、简功友（吉首大学）、简泽（广东财经大学）、蹇洁（重庆邮电大学）、蹇世琼（长江师范学院）、江春莲（澳门大学）、江大伟（北京理工大学）、江荻（中国社会科学院）、江飞涛（中国社会科学院工业经济研究所）、江国华（武汉大学）、江河（中南财经政法大学）、江立华（华中师范大学）、江林昌（山东大学）、江瑞平（外交学院）、江山（南昌航空大学）、江溯（北京大学）、江天骄（复旦大学）、江新（北京语言大学）、江怡（山西大学）、江玉琴（深圳大学）、姜爱华（中央财经大学）、姜宝华（青岛黄海学院）、姜冰（东北农业大学）、姜彩楼（南京信息工程大学）、姜朝晖（南通大学）、姜春林（大连理工大学）、姜大源（教育部）、姜帆（中山大学）、姜方炳（中共杭州市委党校）、姜飞（北京外国语大学）、姜峰（吉林大学）、姜付秀（中国人民大学）、姜国兵（华南农业大学）、姜国刚（常州大学）、姜国平（浙江师范大学）、姜红（安徽大学）、姜红（北京外国语大学）、姜鸿（常州大学）、姜华（大连理工大学）、姜华（复旦大学）、姜华（黑龙江大学）、姜继为（北京联合大学）、姜家生（安徽农业大学）、姜剑云（河北大学）、姜景奎（清华大学）、姜磊（南开大学）、姜琍（中国社会科学院）、姜良芹（南京大学）、姜萌（中国人民大学）、姜楠（沈阳音乐学院）、姜强（东北师范大学）、姜全保（西安交通大学）、姜世波（山东大学）、姜涛（南京师范大学）、姜涛（中国社会科学院）、姜万军（北京大学）、姜韦（东华理工大学）、姜晓梅（燕山大学）、姜学勤（长江大学）、姜永杰（南通大学）、姜涌（山东大学）、姜宇辉（华东师范大学）、姜振军（黑龙江大学）、姜之国（上海音乐学院）、姜智芹（山东师范大学）、姜竹（北京工商大学）、蒋冬双（西安电子科技大学）、蒋锋（中南财经政法大学）、蒋刚（重庆师范大学）、蒋舸（清华大学）、蒋国发（中共福建省委党校福建行政学院）、蒋国华（中国管理科学研究院）、蒋海松（湖南大学）、蒋海曦（西南财经大学）、蒋含明（江西财经大学）、蒋和平（中国农业科学院）、蒋红军（广州大学）、蒋花（四川外国语大学）、蒋辉（吉首大学）、蒋建国（复旦大学）、蒋建农（华南师范大学）、蒋凯（北京大学）、蒋来用（中国社会科学院）、蒋兰香（中南林业科技大学）、蒋立杰（河北科技大学）、蒋敏红（金华职业技术学院）、蒋培（浙江农林大学）、蒋鹏翔（湖南大学）、蒋平（西南科技大学）、蒋俏蕾（清华大学）、蒋若凡（四川师范大学）、蒋圣力（华东政法大学）、蒋淑媛（北京邮电大学）、蒋树栋（沈阳音乐学院）、蒋琬（天津大学）、蒋万胜（陕西师范大学）、蒋小红（中国社会科学院）、蒋小杰（北京体育大学）、蒋小翼（武汉大学）、蒋晓蝶（北京师范大学）、蒋晓妍（安徽财经大学）、蒋欣（中南林业科技大学）、蒋尧明（江西财经大学）、蒋怡（江南大学）、蒋英州（中共重庆市委党校）、蒋永甫（南京审计大学）、蒋永穆（四川大学）、蒋勇（上海外国语大学）、蒋玉斌（复旦大学）、蒋泽枫（通化师范学院）、蒋震（中国社会科学院）、蒋重跃（北京师范大学）、焦兵（中国社会科学院）、焦丹（河南工业大学）、焦海洋（重庆工商大学）、焦豪（北京师范大学）、焦洪涛（华中科技大学）、焦健（沈阳音乐学院）、焦佩（山东大学）、焦若水（兰州大学）、焦玉奎（大庆师范学院）、焦宗元（沈阳体育学院）、矫福军（吉林师范大学)、节大磊（北京大学）、颉茂华（内蒙古大学）、颉元芳（内蒙古艺术学院）、竭长光（东北师范大学）、解垩（山东大学）、解峰（吉林省文化和旅游厅）、解建立（河北经贸大学）、解丽霞（华南理工大学）、解志勇（中国政法大学）、金冰（对外经济贸易大学）、金炳镐（中央民族大学）、金诚（武汉理工大学）、金奉民（延边大学）、金刚（曲阜师范大学）、金光耀（复旦大学）、金国（苏州大学）、金海英（延边大学）、金汉信（南京财经大学）、金红莲（海南师范大学）、金洪飞（上海财经大学）、金剑（河北大学）、金菁（华建集团）、金理（复旦大学）、金立鑫（上海外国语大学）、金莉（北京外国语大学）、金林（中南财经政法大学）、金玲（中国国际问题研究院）、金仁淑（中国政法大学）、金山（广东金融学院）、金山（海南大学）、金胜昔（东北师范大学）、金胜勇（河北大学）、金帅（江苏大学）、金涛（安徽师范大学）、金晓艳（东北师范大学）、金孝柏（上海对外经贸大学）、金滢坤（北京师范大学）、金永明（中国海洋大学）、金玉柱（西安电子科技大学）、金钰（东北财经大学）、金泽虎（安徽大学）、金哲（山东大学）、金志达（武汉理工大学）、金宗强（天津体育学院）、晋文（南京师范大学）、靳会新（黑龙江大学）、靳健（北京师范大学）、靳乐山（中国农业大学）、靳亮（南京财经大学）、靳琰（西北师范大学）、靳永爱（中国人民大学）、荆涛（对外经济贸易大学）、荆文君（山西财经大学）、荆学民（中国传媒大学）、荆志淳（University of British Columbia 英属哥伦比亚大学）、井中伟（吉林大学）、景剑峰（内蒙古大学）、景时（辽宁师范大学）、景欣（西南科技大学）、景永时（北方民族大学）、景玉琴（吉林财经大学）、竟辉（河北工业大学）、靖鸣（南京师范大学）、居长志（江苏经贸职业技术学院）、鞠豪（中国社会科学院）、鞠玉梅（齐鲁工业大学）、隽鸿飞（海南大学）、康成文（哈尔滨商业大学）、康澄（华南师范大学）、康翠萍（中南民族大学）、康红芹（曲阜师范大学）、康宏（山西出版传媒集团）、康继军（重庆大学）、康佳［中共中央党校（国家行政学院）］、康建伟（甘肃政法大学）、康宁（青岛科技大学）、康伟（天津师范大学）、康孝军（吉林大学）、康秀云（东北师范大学）、康志峰（复旦大学）、柯航（北京师范大学）、柯红波（中共杭州市委党校）、柯平（南开大学）、柯水发（中国人民大学）、柯西钢（陕西师范大学）、柯英（苏州科技大学）、柯跃海（福建师范大学）、柯遵科（中国科学院大学）、孔朝蓬（吉林大学）、孔东民（华中科技大学）、孔凡斌（浙江农林大学）、孔凡君（北京大学）、孔凡义（武汉大学）、孔繁秀（西藏民族大学）、孔建勋（云南大学）、孔江平（北京大学）、孔令翠（四川师范大学）、孔令帅（上海师范大学）、孔明安（南开大学）、孔鹏（云南大学）、孔庆茂（南京艺术学院）、孔庆茵（重庆师范大学）、孔世平［中共中央党校（国家行政学院）］、孔田平（中国社会科学院）、孔亭（曲阜师范大学）、孔祥利（北京市委党校）、孔祥稳（对外经济贸易大学）、孔祥智（中国人民大学）、孔新峰（山东大学）、孔阳（河海大学）、孔一蕾（苏州科技大学）、寇静娜（太原理工大学）、寇军（重庆邮电大学）、寇蔻（北京外国语大学）、寇丽（中国政法大学）、寇跃灵（河北科技大学）、匡列辉（湖南城市学院）、匡鹏飞（华中师范大学）、匡文波（中国人民大学）、匡亚林（电子科技大学）、匡祎（沈阳音乐学院）、匡钊（中国社会科学院）、邝艳华（广东财经大学）、况姗芸（华南师范大学）、拉先加（中国藏学研究中心）、来有为（美团公司）、赖德胜（中共中央党校）、赖骏楠（复旦大学）、赖明明（深圳技术大学）、赖先进［中共中央党校（国家行政学院）］、赖彦斌（北京师范大学）、兰国帅（河南大学）、兰建勇（河北省委党校）、兰江（西南民族大学）、蓝红军（广东外语外贸大学）、蓝红星（四川农业大学）、蓝江（南京大学）、蓝洁（南宁师范大学）、蓝蓝（天津大学）、蓝少鸥（浙江商业职业技术学院）、蓝万里（河南省文物考古研究院）、郎丽华（首都经济贸易大学）、郎玫（兰州大学）、郎维伟（西南民族大学）、乐为（中国计量大学）、乐友来（湖北省统计局）、雷达（中国人民大学）、雷汉卿（四川大学）、雷红（南京大学）、雷江华（华中师范大学）、雷磊（中国政法大学）、雷蕾（上海外国语大学）、雷黎明（西北师范大学）、雷雳（中国人民大学）、雷明（北京大学）、雷鸣鸣（成都体育学院）、雷茜（西安外国语大学）、雷钦礼（暨南大学）、雷尚清（四川大学）、雷晓康（西北大学）、雷兴山（首都师范大学）、雷旭（西安财经大学）、雷勋平（铜陵学院）、雷宇（广东财经大学）、雷跃捷（中国传媒大学）、雷云（四川师范大学）、雷著宁（云南省社会科学院）、冷川（中国社会科学院）、冷传莉（贵州大学）、冷伏海（中国科学院）、冷江山（贵州师范大学）、冷霜（中央民族大学）、冷向明（华中师范大学）、冷新宇（中国政法大学）、冷宣荣（中共河北省委党校）、黎峰（江苏省社会科学院）、黎宏（清华大学）、黎会华（浙江师范大学外国语学院）、黎萌（西南大学）、黎庆兴（赣南师范大学）、黎旭坤［兵团党委党校（行政学院）］、黎杨全（华中师范大学）、黎业明（西南政法大学）、黎毅（重庆工商大学）、黎涌明（上海体育学院）、黎元生（福建师范大学）、黎志辉（江西师范大学）、黎志敏（广州大学）、李艾琳（三亚学院）、李爱群（武汉体育学院）、李安山（北京大学）、李包庚（宁波大学）、李宝明（北京联合大学）、李宝瑜（山西财经大学）、李保杰（山东大学）、李保忠（上海应用技术大学）、李本灿（山东大学）、李本贵（国家税务总局）、李本洲（南通大学）、李彪（中国人民大学）、李斌（中国科学院大学）、李冰（天津社会科学院）、李兵（北京市委党校）、李兵（南开大学)、李秉忠（陕西师范大学）、李波（湖北经济学院）、李波（南京体育学院）、李波（山东师范大学）、李伯重（北京大学）、李博（天津理工大学）、李博（西安建筑科技大学）、李彩虹（河海大学）、李灿松（云南师范大学）、李昌凤（中共河南省委党校）、李超（中国社会科学院）、李超民（湖南师范大学）、李超平（中国人民大学）、李朝晖（深圳市社会科学院）、李朝鲜（北京工商大学）、李忱（太原科技大学）、李成坚（西南交通大学）、李成旺（清华大学）、李成威（财政部）、李成彦（上海师范大学）、李成友（山东财经大学）、李晟（中国海洋大学）、李骋诗（辽宁师范大学）、李传印（华中科技大学）、李春波（海军大连舰艇学院）、李春根（江西财经大学）、李春林（福州大学）、李春玲（中国社会科学院）、李春敏（同济大学）、李春明（山东大学）、李春涛（中南财经政法大学）、李春晓（华南师范大学）、李聪（西安交通大学）、李大龙（中国社会科学院）、李丹（河南师范大学）、李丹（辽宁大学）、李丹（南京大学）、李道和（江西农业大学）、李德凤（澳门大学）、李定强（广东省科学院）、李东雷（河北科技大学）、李东晓（浙江大学）、李冬梅（大连大学）、李俄宪（华中师范大学）、李恩平（中国社会科学院）、李二斌（南京农业大学）、李二永（江西财经大学）、李繁荣（山西财经大学）、李芳（教育部民族教育发展中心）、李芳（泰山学院）、李风华（湖南师范大学）、李锋（华东师范大学）、李锋（上海外国语大学）、李伏清（湘潭大学）、李福泉（西北大学）、李刚（东北师范大学）、李刚（上海师范大学）、李钢（湖南科技学院）、李恭忠（南京大学）、李谷成（华中农业大学）、李广（东北师范大学）、李桂华（四川大学）、李桂奎（山东大学）、李国（南京工业大学）、李国芳［中共中央党校（国家行政学院）］、李国宏（西华大学）、李国强（中国社会科学院）、李国荣（吉林财经大学）、李国正（北京工业大学）、李海峰（华东师范大学）、李海峰（新疆师范大学）、李海舰（中国社会科学院）、李海龙（扬州大学）、李海青［中共中央党校（国家行政学院）］、李海涛（中山大学）、李海新（河北师范大学）、李海英（云南大学）、李含伟（上海工程技术大学）、李昊（四川大学）、李浩昇（南京师范大学）、李贺（吉林大学）、李恒威（浙江大学）、李红（北京师范大学）、李红启（北京航空航天大学）、李红婷（齐鲁师范学院）、李红霞（首都经济贸易大学）、李红岩（中国社会科学院）、李红艳（中国农业大学）、李宏兵（北京邮电大学）、李洪峰（北京外国语大学）、李洪儒（四川外国语大学）、李洪卫（河北省社会科学院）、李洪锡（延边大学）、李洪修（天津师范大学）、李鸿阶（福建社会科学院）、李厚林（首都体育学院）、李虎（三峡大学）、李华（宁夏社会科学院）、李华（西安电子科技大学）、李华琪（河海大学）、李华瑞（浙江大学）、李化成（陕西师范大学)、李怀(西北师范大学)、李煌明(云南大学)、李辉(河北科技大学)、李辉(中国海洋大学)、李辉敏〔中共河北省委党校(行政学院)〕、李辉文(上海对外经贸大学)、李慧(江苏省社会科学院)、李慧(上海大学)、李慧(首都师范大学)、李慧(郑州大学)、李慧佳(中国科学院)、李慧娟(吉林大学)、李吉和(中南民族大学)、李吉星(云南省社会科学院)、李继东(南开大学)、李佳硕(山东大学)、李家成(华东师范大学)、李家成(辽宁大学)、李家祥(天津师范大学)、李嘉(中国宏观经济研究院)、李建刚(山东大学)、李建军(西南财经大学)、李建民(中国社会科学院)、李建权(太原科技大学)、李建盛(北京外国语大学)、李建新(北京大学)、李建英(山西大学)、李建英(上海师范大学)、李建周(河北师范大学)、李建宗(青海民族大学)、李剑(齐鲁师范学院)、李剑(厦门大学)、李剑平(北京电影学院)、李健(上海社会科学院)、李健(中央民族大学)、李鉴修(河北省社会科学院)、李江静(清华大学)、李江龙(西安交通大学)、李杰(暨南大学)、李杰琼(北京工商大学)、李杰伟(上海海事大学)、李洁(华东政法大学)、李婕(燕山大学)、李金超(华北电力大学)、李金城(吉林大学)、李金辉(黑龙江大学)、李金龙(山西大学)、李金齐(中国矿业大学)、李金铮(南开大学)、李锦(四川大学)、李锦芳(中央民族大学)、李锦绣(中国社会科学院)、李进书(河北大学)、李劲荣(上海师范大学)、李晋霞(北京师范大学)、李京廉(北京理工大学)、李晶(上海政法学院)、李晶(西南大学)、李精耕(南昌大学)、李竞恒(四川师范大学)、李婧(东北师范大学)、李静(兰州大学)、李静(山西农业大学)、李静(中国矿业大学)、李静(重庆大学)、李九如(北京电影学院)、李居迁(中国政法大学)、李菊丹(中国社会科学院)、李娟(河南省社会科学院)、李娟(江南大学)、李军(山东体育学院)、李军〔中共中央党校(国家行政学院)〕、李军(中国农业大学)、李军鹏(中共中央党校)、李军岩(盐城师范学院)、李均(深圳大学)、李君甫(北京工业大学)、李俊奎(南京理工大学)、李俊龙(南京农业大学)、李俊堂(广州大学)、李俊英(常州大学)、李峻(南京邮电大学)、李骏(上海社会科学院)、李凯旋(中国社会科学院)、李康澄(湖南科技大学)、李科(湖南师范大学)、李可(新疆大学)、李克(山东大学)、李昆明(中国人民解放军)、李兰芳(兰州城市学院)、李兰生(中南大学)、李雷波(中国人民解放军国防大学)、李磊(华东师范大学)、李蕾(北京日报社)、李琍(同济大学)、李黎力(中国人民大学)、李里(天津师范大学)、李里峰(南京大学)、李立(Georgia Southern University)、李立新(河南省社会科学院)、李丽平(河北工业大学)、李丽秋(北京外国语大学)、李利芳(兰州大学)、李利平(中央编办)、李莉

(北京林业大学)、李连义(天津师范大学)、李连友(湖南大学)、李辽宁(四川大学)、李林(成都体育学院)、李林木(广东财经大学)、李琳(中国科学院)、李琳琳(黑龙江大学)、李琳娜(中国科学技术信息研究所)、李琳琦(安徽师范大学)、李凌(上海体育学院)、李凌燕(东华大学)、李凌云(北京物资学院)、李聆群(南京大学)、李龙海(中原工学院)、李路曲(上海师范大学)、李蔓莉(上海社会科学院)、李梅田(中国人民大学)、李美华(厦门大学)、李猛(北京师范大学)、李猛(上海市委党校)、李梦卿(湖北大学)、李皿(山东体育学院)、李敏(河南大学)、李敏(首都师范大学)、李敏强(天津大学)、李名梁(天津外国语大学)、李明(对外经济贸易大学)、李明达(成都体育学院)、李明德(西安交通大学)、李明芳(河北科技大学)、李明明(北京外国语大学)、李明明(上海交通大学)、李鸣(北京大学)、李木洲(浙江大学)、李娜(华东政法大学)、李娜(山东管理学院)、李枏(中国社会科学院)、李楠(复旦大学)、李楠(中国农业科学院)、李楠(中国社会科学院大学)、李楠博(长春理工大学)、李宁(北京师范大学)、李宁(河海大学)、李宁利(中山大学)、李培(华南师范大学)、李培志(东北财经大学)、李朋(黑龙江大学)、李鹏(厦门大学)、李鹏(深圳大学)、李鹏(同济大学)、李鹏(云南大学)、李平(国家税务总局)、李平(石河子大学)、李萍(徐州工程学院)、李琪(吉林省社会科学院)、李启平(常州大学)、李强(安徽财经大学)、李强(北京大学)、李强(天津外国语大学)、李强(中国社会科学院)、李强(中央财经大学)、李强谊(广西师范大学)、李乔(河南省社会科学院)、李巧玲(甘肃省社会科学院)、李青(北京邮电大学)、李青(国家发改委)、李青原(武汉大学)、李庆辉(中国人民抗日战争纪念馆)、李庆明(西安理工大学)、李庆四(中国人民大学)、李琼(湖南省教育科学研究院)、李全喜(北京邮电大学)、李泉(中国人民大学)、李群(中国社会科学院)、李人(首都医科大学)、李仁方(西南科技大学)、李戎(中国人民大学)、李荣启(中国艺术研究院)、李荣日(华东理工大学)、李荣山(上海大学)、李如东(陕西师范大学)、李汝成(青岛大学)、李蕊(中国政法大学)、李瑞华(内蒙古财经大学)、李睿(四川大学)、李润霞(南开大学)、李润洲(浙江师范大学)、李若愚(四川大学)、李尚波(对外经济贸易大学)、李尚蒲(华南农业大学)、李少斐(天津社会科学院)、李少军(武汉大学)、李升(北京工业大学)、李圣杰(武汉大学)、李胜会(华南理工大学)、李胜梅(北京语言大学)、李盛聪(四川师范大学)、李石勇(华南理工大学)、李湜(故宫博物院)、李士一(天津师范大学)、李守奎(清华大学)、李书锋[中共河北省委党校(河北行政学院)]、李书娟(暨南大学)、李书宁(北京师范大学)、李书影（淮北师范大学）、李淑俊（山东财经大学）、李淑庆（重庆交通大学）、李淑云（辽宁大学）、李曙光（南京师范大学）、李曙华（南京大学）、李术文（星海音乐学院）、李树苗（西安交通大学）、李双军（山东体育学院）、李双燕（西安交通大学）、李双志（复旦大学）、李爽（北京师范大学）、李水城（四川大学）、李四海（中南财经政法大学）、李松（北京大学）、李松（国家开放大学）、李松（四川农业大学）、李松（武汉大学）、李松涛（上海大学）、李嵩誉（河南财经政法大学）、李涛（北京师范大学）、李涛（四川大学）、李涛（云南大学）、李涛（重庆理工大学）、李桃（哈尔滨师范大学）、李腾（上海师范大学）、李天虹（武汉大学）、李天籽（吉林大学）、李婷（中国人民大学）、李宛霖（北京大学）、李婉琳（昆明理工大学）、李微（北京科技大学）、李薇（国家开放大学）、李薇（重庆邮电大学）、李巍（成都师范学院）、李巍（武汉大学）、李巍（中国人民大学）、李唯梁（西南大学）、李维（贵州师范大学）、李维建（中国社会科学院）、李维屏（上海外国语大学）、李伟（齐鲁师范学院）、李伟（浙江师范大学）、李伟超（郑州航空工业管理学院）、李伟昉（河南大学）、李伟健（浙江师范大学）、李伟平（青岛大学）、李玮（太原理工大学）、李卫朝（山西农业大学）、李卫英（贵阳学院）、李为人（中国社会科学院大学）、李文（沈阳师范大学）、李文（中国社会科学院）、李文彬（华南理工大学）、李文冰（浙江传媒学院）、李文兵（湖南理工学院）、李文鸿（嘉应学院）、李文杰（华东师范大学）、李文良（国际关系学院）、李文明（中国社会科学院）、李文硕（上海师范大学）、李文英（河北大学）、李无未（厦门大学）、李武（上海交通大学）、李西顺（苏州大学）、李细珠（中国社会科学院）、李侠（上海交通大学）、李霞（宁夏社会科学院）、李夏（中国社会科学院）、李先明（曲阜师范大学）、李先银（北京语言大学）、李相（天津体育学院）、李香勇（桂林航天工业学院）、李祥（贵州师范大学）、李祥（绵阳师范学院）、李祥俊（北京师范大学）、李祥林（曲阜师范大学）、李翔（哈尔滨工业大学）、李向前（山西师范大学）、李潇洋（中国人民大学）、李小波（中国人民公安大学）、李小红（山西农业大学）、李小京（山东省体育科学研究中心）、李小军（江西师范大学）、李小妹（陕西师范大学）、李小荣（中央财经大学）、李小珊（江苏省委党校）、李小玉（江西省社会科学院）、李晓（四川省农业科学院）、李晓斌（云南大学）、李晓东（东北师范大学）、李晓东（哈尔滨师范大学）、李晓东（深圳大学）、李晓方（赣南师范大学）、李晓方（河海大学）、李晓飞（中南大学）、李晓红（厦门大学）、李晓龙（贵州财经大学）、李晓梅（四川大学）、李晓秋（重庆大学）、李晓霞（新疆社会科学院）、李晓燕（南京理工大学）、李晓燕（四川省社会科学院）、李晓壮（北京市社会科学院)、李孝迁(华东师范大学)、李孝忠(东北农业大学)、李笑男(中国人民大学)、李昕(江苏省社会科学院)、李昕蕾(山东大学)、李昕升(东南大学)、李欣(上海商学院)、李欣(浙江传媒学院)、李新(上海政法学院)、李新宽(上海师范大学)、李新梅(复旦大学)、李新权(中国刑事警察学院)、李新伟(中国社会科学院)、李馨(天津师范大学)、李鑫(青岛科技大学)、李兴(北京师范大学)、李兴福(云南民族大学)、李兴敏(深圳大学)、李秀峰(北京师范大学)、李秀玫(华东政法大学)、李秀婷(中国商务部国际贸易经济合作研究院)、李秀玉(山东财经大学)、李秀云(天津师范大学)、李旭(贵州师范大学)、李旭(天津大学)、李旭辉(安徽财经大学)、李煊(中国社会科学院)、李学成(辽宁社会科学院)、李学林(西南石油大学)、李学通(中国社会科学院)、李学武(暨南大学)、李雪(成都体育学院)、李雪慧(中国社会科学院)、李雪姣(北京航空航天大学)、李雪梅(福建师范大学)、李雪平(武汉大学)、李勋来(青岛科技大学)、李荀(山东体育学院)、李雅兴(湘潭大学)、李亚(北京航空航天大学)、李亚彬(光明日报社)、李亚兵(兰州理工大学)、李亚东(同济大学)、李亚明(中国社会科学院)、李亚员(东北师范大学)、李亚虹(香港大学)、李娅(西南林业大学)、李妍(云南大学)、李岩(辽宁大学)、李岩(通化师范学院)、李彦雄(安阳师范学院)、李艳(北京林业大学)、李艳(常州大学)、李艳(浙江大学)、李艳平(上海交通大学)、李艳燕(北京师范大学)、李艳燕(新乡学院)、李燕(中国社会科学院)、李扬(中国政法大学)、李尧(盐城师范学院)、李一(中共浙江省委党校)、李一丁(贵州大学)、李一花(山东大学)、李祎(福建师范大学)、李仪(重庆理工大学)、李宜江(安徽师范大学)、李义华(中南林业科技大学)、李义敏(浙江师范大学)、李银广(广州大学)、李英桃(北京外国语大学)、李璎珞(北京理工大学)、李迎生(中国人民大学)、李迎迎(天津外国语大学)、李颖(河北师范大学)、李颖(山西财经大学)、李拥军(吉林大学)、李永诚(湖北民族大学)、李永卉(江苏大学)、李永杰(中共福建省委党校)、李永进(北京理工大学)、李永明(教育部)、李永平(陕西师范大学)、李永祥(云南省社会科学院)、李勇慧(中国社会科学院)、李优树(四川大学)、李游(中国法学会)、李友根(重庆交通大学)、李友广(西北大学)、李有骞(黑龙江省文化和旅游厅)、李有强(上海体育学院)、李佑新(湘潭大学)、李宇明(北京语言大学)、李禹㷉(暨南大学)、李玉(南京大学)、李玉斌(辽宁师范大学)、李玉海(华中师范大学)、李玉红(中国社会科学院)、李玉君(辽宁师范大学)、李玉良(青岛科技大学)、李育书(中共上海市委党校)、李遇春(武汉大学)、李煜(复旦大学)、李元(广东外语外贸大学)、李元元(西北农林科技大学)、李源(中国云南省社会科学院)、李远(南方科技大学)、李月起(重庆工商大学)、李跃力(陕西师范大学)、李云兵(中国社会科学院)、李云燕(北京工业大学)、李芸(中国农业科学院)、李昀(福建师范大学)、李运博(对外经济贸易大学)、李运富(郑州大学)、李在军(吉林体育学院)、李在全(中国社会科学院)、李赞(天津体育学院)、李泽锋(郑州航空工业管理学院)、李泽泉(杭州师范大学)、李增民(成都体育学院)、李战子(国防科技大学)、李章吕(西南大学)、李章鹏(中国侨联)、李长伟(山东师范大学)、李长中(中南民族大学)、李哲(沈阳音乐学院)、李哲(中央财经大学)、李哲罕(浙江大学)、李珍(中山大学)、李振福(大连海事大学)、李振广(北京联合大学)、李镇(国家电影局)、李镇(中国艺术研究院)、李争一(通化师范学院)、李正彪(云南师范大学)、李正东(上海应用技术大学)、李正辉(广州大学)、李正栓(河北师范大学)、李正图(上海社会科学院)、李正元(兰州大学)、李政(天津财经大学)、李志萌(江西省社会科学院)、李志明(兰州大学)、李志明[中共中央党校(国家行政学院)]、李志农(云南大学)、李志强(四川大学)、李志文(大连海事大学)、李志雄(重庆工商大学)、李志义(大连理工大学)、李志忠(新疆师范大学)、李治国[中国石油大学(华东)]、李智(福州大学)、李智(上海大学)、李智超(上海交通大学)、李智明(新疆大学)、李中国(临沂大学)、李中海(中国社会科学院)、李中建(郑州大学)、李中生(通化师范学院)、李忠路(山东大学)、李忠夏(中国人民大学)、李忠鲜(中国人民大学)、李周(中国社会科学院)、李主斌(上海交通大学)、李卓(南开大学)、李卓(西北农林科技大学)、李卓卓(苏州大学)、李紫莹(北京外国语大学)、李自国(外交部)、李宗俊(陕西师范大学)、李宗开(中共杭州市委党校)、李宗勋(延边大学)、李祖发(军事科学院)、李作章(辽宁师范高等专科学校)、厉震林(上海戏剧学院)、励贺林(天津商业大学)、励轩(四川大学)、栗挺[山西省社会科学院(中心)]、连会新(河北大学)、连建华(山东省体育科学研究中心)、连水兴(福建师范大学)、连志英(中国人民大学)、廉德瑰(上海外国语大学)、廉天娇(江苏师范大学)、廉晓梅(吉林大学)、练春海(中国艺术研究院)、练育强(华东政法大学)、梁斌(四川师范大学)、梁超群(华东师范大学)、梁晨(南京大学)、梁晨(中国社会科学院)、梁传杰(武汉理工大学)、梁丹丹(南京师范大学)、梁德友(南京理工大学)、梁发勇(中央音乐学院)、梁法伟(河南省文物考古研究院)、梁飞琴(福建医科大学)、梁凤鸣(北京日报社)、梁根林(北京大学)、梁海祥(上海社会科学院)、梁昊光(中国科学院)、梁鸿飞(南京信息工程大学)、梁季(中国财政科学研究院)、梁甲瑞(聊城大学)、梁洁(国防大学)、梁军(西安交通大学)、梁俊兰(中国社会科学院)、梁坤(中国人民大学)、梁丽芝(湘潭大学)、梁茂成(北京航空航天大学)、梁孟华(上海师范大学)、梁敏君(宁波大学)、梁强(大连民族大学)、梁强(天津财经大学)、梁权熙(广西大学)、梁若莲(国家税务总局)、梁少博(武汉大学)、梁爽(沈阳音乐学院)、梁伟(暨南大学)、梁伟(武汉大学)、梁伟军(华中农业大学)、梁伟亮(中国人民大学)、梁玮佳(深圳证券交易所)、梁晓波(国防科技大学)、梁晓冬(河南师范大学)、梁晓君(外交学院)、梁亚滨(中共中央党校)、梁勇(厦门大学)、梁玉龙(伊犁师范大学)、梁占军(首都师范大学)、梁振华(山西大学)、梁志(华东师范大学)、梁中(安徽财经大学)、廖备水(浙江大学)、廖波(信息工程大学)、廖大伟(上海大学)、廖桂村(宁波工程学院)、廖久明(乐山师范学院)、廖茂林(中国社会科学院)、廖启云(太原科技大学)、廖巧云(上海外国语大学)、廖上兰(赣南师范大学)、廖声丰(南昌航空大学)、廖诗评(北京师范大学)、廖述兵(成都信息工程大学)、廖述务(湖南师范大学)、廖文辉(四川大学)、廖文梅(江西农业大学)、廖湘阳(湖南师范大学)、廖小明(四川省委党校)、廖杨(华南农业大学)、廖义刚(江西财经大学)、廖运刚(四川大学)、廖运生(江西农业大学)、廖周(宁夏社会科学院)、廖祖君(四川省社会科学院)、林宝(中国社会科学院)、林斌(厦门大学)、林伯海(西南交通大学)、林昶(中国社会科学院)、林超超(复旦大学)、林超然(黑龙江大学)、林成华(浙江大学)、林春(辽宁大学)、林德荣(厦门大学)、林德山(中国政法大学)、林冈(上海交通大学)、林鹄(中国社会科学院)、林红(中国人民大学)、林宏宇(华侨大学)、林华(中国政法大学)、林辉煌(华南理工大学)、林辉杰(台州学院)、林继富(中央民族大学)、林建华(辽宁师范大学)、林杰(北京师范大学)、林杰(大连理工大学)、林金官(南京审计大学)、林克松(西南大学)、林来梵(清华大学)、林丽芳(中共福建省委党校福建行政学院)、林莉(东北师范大学)、林莉(南京审计大学)、林美茂(中国人民大学)、林密(厦门大学)、林闽钢(南京大学)、林慕华(暨南大学)、林青(福州大学)、林日杖(福建师范大学)、林铁(湖南财政经济学院)、林万龙(中国农业大学)、林闻凯(华南师范大学)、林相森(中南财经政法大学)、林小华(多伦多城市大学)、林小美(浙江大学)、林小英(北京大学)、林晓珊(中共浙江省委党校)、林孝松(重庆交通大学)、林秀芹(厦门大学)、林旭霞(福建师范大学)、林绪武(北京大学)、林延明(云南省社会科学院)、林义(西南财经大学)、林毅(北京青年政治学院)、林毅(清华大学)、林于良(苏州大学)、林煜恩(吉林大学)、林毓铭(暨南大学)、林跃勤(中国社会科学院)、林云柯（华东师范大学）、林哲（厦门大学）、林正军（北京外国语大学）、林志鹏（广东省社会科学院）、林钟高（安徽工业大学）、林梓波（福州大学）、蔺全录（兰州理工大学）、蔺志强（暨南大学）、凌建侯（北京大学）、凌胜利（外交学院）、凌文超（北京师范大学）、凌文豪（河南大学）、凌兴珍（四川师范大学）、凌争（南开大学）、刘阿明（上海社会科学院）、刘爱玲（中国社会科学院）、刘安然（中共黑龙江省委党校）、刘白（湖南师范大学）、刘备（南京邮电大学）、刘蓓（山东师范大学）、刘彬（华中师范大学）、刘斌（对外经济贸易大学）、刘斌（江西科技师范大学）、刘斌（中国政法大学）、刘斌（重庆工商大学）、刘冰（天津师范大学）、刘兵（上海大学）、刘波（清华大学）、刘波（浙江财经大学）、刘伯恩（中国自然资源经济研究院）、刘彩平（西安体育学院）、刘仓（中国社会科学院）、刘昌平（北京化工大学）、刘昌玉（浙江师范大学）、刘畅（北京大学）、刘畅（东北农业大学）、刘超（湘潭大学）、刘澈元（广西师范大学）、刘辰诞（河南大学）、刘晨（北京大学）、刘晨曦（中国中医科学院）、刘成斌（华中科技大学）、刘成才（南通大学）、刘成国（华东师范大学）、刘成群（北京邮电大学）、刘承芳（北京大学）、刘承宜（华南师范大学）、刘崇亮（上海政法学院）、刘楚群（江西师范大学）、刘川鄂（湖北大学）、刘传明（山东财经大学）、刘春华（天津体育学院）、刘春梅（北京语言大学）、刘春迎（河南大学）、刘纯龙（四川开放大学）、刘聪（安徽工程大学）、刘大年（中国传媒大学）、刘大先（中国社会科学院）、刘大勇（天津大学）、刘丹（辽宁师范大学）、刘丹丹（东北财经大学）、刘德斌（吉林大学）、刘德运（山东财经大学）、刘定平（河南财经政法大学）、刘东方（青岛大学）、刘东辉（中国政法大学）、刘东建（中国传媒大学）、刘东亮（西安交通大学）、刘东旭（湘潭大学）、刘冬梅（中央民族大学）、刘冬宁（广东工业大学）、刘冬颖（黑龙江大学）、刘敦楠（华北电力大学）、刘凡（西北民族大学）、刘方权（福建师范大学）、刘芳（中国建设科技集团）、刘飞（南京师范大学）、刘飞涛（外交部）、刘奋荣（清华大学）、刘丰（清华大学）、刘奉越（河北大学）、刘福军（北京联合大学）、刘刚（河南省社会科学院）、刘刚（曲阜师范大学）、刘刚（中国人民大学）、刘革平（西南大学）、刘功聚（浙江体育职业技术学院）、刘贯春（中山大学）、刘光荣（新乡学院）、刘光胜（尼山世界儒学中心）、刘广（华南理工大学）、刘广远（东北大学）、刘桂锋（江苏大学）、刘桂海（华东师范大学）、刘桂荣（齐鲁师范学院）、刘桂荣（中国艺术研究院）、刘桂腾（上海音乐学院）、刘国（西南财经大学）、刘国兵（河南师范大学）、刘国防（新疆社会科学院）、刘国福（北京理工大学）、刘国辉（成都体育学院）、刘国强（财政部）、刘国深（厦门大学）、刘国胜（伊犁师范大学)、刘国柱(浙江大学)、刘海波(东北师范大学)、刘海波(上海大学)、刘海旺(河南省文旅厅)、刘海元(首都体育学院)、刘晗(清华大学)、刘晗(重庆工商大学)、刘涵之(湖南大学)、刘汉文(福建师范大学)、刘航(西安交通大学)、刘浩(上海财经大学)、刘合光(中国农业科学院)、刘和旺(湖北大学)、刘珩(首都师范大学)、刘红(辽宁大学)、刘红波(华南理工大学)、刘红建(南京体育学院)、刘红娟(西藏自治区社会科学院)、刘红凛(复旦大学)、刘红霞(沈阳体育学院)、刘红原(北京理工大学)、刘红云(北京师范大学)、刘宏(大连外国语大学)、刘宏(首都经济贸易大学)、刘宏曼(中国农业大学)、刘宏森(上海青年管理干部学院)、刘宏松(上海交通大学)、刘宏宇(新疆师范大学)、刘洪权(安徽大学)、刘洪顺(军事科学院)、刘洪涛(北京师范大学)、刘洪钟(上海外国语大学)、刘鸿雁(国家卫生健康委)、刘鸿优(华南师范大学)、刘后滨(中国人民大学)、刘后平(成都理工大学)、刘胡敏(广东外语外贸大学)、刘胡权(北京教育学院)、刘虎(中山大学)、刘华军(山东财经大学)、刘华芹(商务部)、刘华兴(山东大学)、刘怀玉(南京大学)、刘欢(中国人民大学)、刘晖(沈阳航空航天大学)、刘晖(中国社会科学院)、刘辉(黑龙江大学)、刘辉(中国人民大学)、刘慧龙(对外经济贸易大学)、刘慧梅(浙江大学)、刘佳(吉林大学)、刘佳(南开大学)、刘佳奇(辽宁大学)、刘佳雁(中国社会科学院)、刘家悦(中南民族大学)、刘建达(广东外语外贸大学)、刘建刚(常州大学)、刘建刚(浙江工业大学)、刘建国(中国社会科学院)、刘建和(成都体育学院)、刘建华(天津财经大学)、刘建华(中宣部)、刘建军(上海交通大学)、刘建军〔中共河北省委党校(河北行政学院)〕、刘建丽(中国社会科学院)、刘建明(黑龙江省委党校)、刘建义(广州大学)、刘建璋(内蒙古师范大学)、刘建准(天津工业大学)、刘健(大连外国语大学)、刘健(浙江师范大学)、刘健(中国美术学院)、刘健(中国社会科学院)、刘健(中国社会科学院)、刘江(南京理工大学)、刘江(云南民族大学)、刘街生(中山大学)、刘婕(西北工业大学)、刘金彬(成都大学)、刘金波(武汉大学)、刘进(五邑大学)、刘进宝(浙江大学)、刘劲荣(云南民族大学)、刘劲宇(华南师范大学)、刘京臣(中国社会科学院)、刘京菊(对外经济贸易大学)、刘菁(首都师范大学)、刘景枝(河北经贸大学)、刘婧婧〔中国石油大学(华东)〕、刘敬东(中国社会科学院)、刘靖(青岛科技大学)、刘久明(华中科技大学)、刘娟〔中共河北省委党校(河北行政学院)〕、刘军(南京师范大学)、刘军(南京信息工程大学)、刘军(南通大学)、刘军(上海政法学院)、刘军(首都师范大学)、刘军(西安体育学院)、刘军民(中国人民武装警察部队)、刘钧霆(辽宁大学)、刘俊海(中国人民大学)、刘俊豪(厦门大学)、刘俊强(哈尔滨师范大学)、刘凯(华南理工大学)、刘凯(中国人民大学)、刘凯风(天津大学)、刘凯强(西北工业大学)、刘康宁(云南大学)、刘魁(东南大学)、刘锟(黑龙江大学)、刘来兵(华中师范大学)、刘乐明(华东政法大学)、刘雷(重庆理工大学)、刘磊(云南大学)、刘蕾(中国矿业大学)、刘黎明(湖南师范大学)、刘立(中国科学技术大学)、刘丽馨(空军哈尔滨飞行学院)、刘利平(南京师范大学)、刘俐俐(南开大学)、刘莉(北京服装学院)、刘莉(斯坦福大学)、刘良华(华东师范大学)、刘亮(中国科学院)、刘林海(北京师范大学)、刘林军(北京语言大学)、刘林平(南京大学)、刘玲武(中南大学)、刘凌(北京科技大学)、刘浏(南京农业大学)、刘潞(故宫博物院)、刘伦文(湖北民族大学)、刘吕红(郑州大学)、刘蒙之(陕西师范大学)、刘梦(浙江师范大学)、刘民千(南开大学)、刘敏(东南大学)、刘明达(工业和信息化部)、刘明华(西南大学)、刘明新(中央民族大学)、刘娜(湘潭大学)、刘娜娜(北京航空航天大学)、刘乃梁(重庆大学)、刘排(沈阳体育学院)、刘朋建(教育部)、刘鹏(山东省体育局)、刘鹏(云南大学)、刘品新(中国人民大学)、刘平云(广州美术学院)、刘普(中国社会科学院)、刘琦(北京师范大学)、刘启川(东南大学)、刘启亮(江西财经大学)、刘起林(河北大学)、刘启仁(广州大学)、刘骞(同济大学)、刘倩(东北师范大学)、刘强(中共云南省委党校)、刘强(同济大学)、刘清荣(江西省社会科学界联合会)、刘庆思(教育部)、刘庆振(北京体育大学)、刘琼(浙江工业大学)、刘琼莲(中共天津市委党校)、刘权(中央财经大学)、刘全波(兰州大学)、刘群(湖北文理学院)、刘仁山(中南财经政法大学)、刘仁胜(中央党史和文献研究院)、刘日明(同济大学)、刘荣刚(中共中央党史和文献研究院)、刘榕榕(湖北大学)、刘如(科技部)、刘锐(四川大学)、刘锐[中共中央党校(国家行政学院)]、刘瑞明(中国人民大学)、刘润秋(四川大学)、刘三妍(华中师范大学)、刘森林(山东大学)、刘社欣(华南理工大学)、刘升(贵州大学)、刘生杰(山西大学)、刘生龙(清华大学)、刘胜强(重庆工商大学)、刘胜湘(上海外国语大学)、刘盛博(大连理工大学)、刘诗波(赣南师范大学)、刘诗古(厦门大学)、刘士林(上海交通大学)、刘世强(西南财经大学)、刘淑琳(广州大学)、刘曙光(北京大学)、刘曙光(中国博物馆协会)、刘树宏(中央民族大学)、刘树杰(国家发展和改革委员会)、刘双良(天津商业大学)、刘爽(中国人民大学)、刘水静(武汉大学)、刘顺(黑龙江大学)、刘思达(多伦多大学)、刘松(常州工学院)、刘松林(湖北大学)、刘苏乔(北京语言大学)、刘素春(山东财经大学)、刘素清(北京大学)、刘笋(华南师范大学)、刘太刚（中国人民大学）、刘泰然（吉首大学）、刘涛（暨南大学）、刘天聪（中国现代国际关系研究院）、刘天科（自然资源部）、刘铁程（兰州大学）、刘铁民（复旦大学）、刘托（中国艺术研究院）、刘婉华（深圳市社会科学院）、刘微娜（华东师范大学）、刘巍（辽宁大学）、刘维广（中国社会科学院）、刘维新（西藏自治区阿里地区行政公署）、刘伟（曲阜师范大学）、刘伟（上海财经大学）、刘伟（中国人民大学）、刘伟（中南财经政法大学）、刘伟丽（深圳大学）、刘伟全（山东财经大学）、刘伟伟（山西大学）、刘伟忠（扬州大学）、刘卫东（中国社会科学院）、刘未（北京大学）、刘文（辽宁师范大学）、刘文（山东大学）、刘文飞（首都师范大学）、刘文峰（中国艺术研究院）、刘文革（辽宁大学）、刘文光（云南民族大学）、刘文鹏（中国人民大学）、刘文勇（河北工业大学）、刘文正（湖南大学）、刘文正（华侨大学）、刘文忠（北京联合大学）、刘雯（山西大学）、刘汶蓉（上海社会科学院）、刘五景（贵州师范大学）、刘喜涛（长春师范大学）、刘霞（北京师范大学）、刘霞（南京晓庄学院）、刘相锋（浙江财经大学）、刘相平（南京大学）、刘翔（北京师范大学）、刘翔（上海开放大学）、刘翔峰（国家发改委宏观院）、刘向宁（中国青少年研究中心）、刘向阳（河北师范大学）、刘小磊（北京电影学院）、刘小龙（广东药科大学）、刘小萌（中国社会科学院）、刘小涛（上海大学）、刘晓（浙江工业大学）、刘晓春（中山大学）、刘晓东（黑龙江省文化和旅游厅）、刘晓东（江西省社会科学院）、刘晓光（中国人民大学）、刘晓华（常州大学）、刘晓晖（北京交通大学）、刘晓娟（北京师范大学）、刘晓丽（东北农业大学）、刘晓梅（东北财经大学）、刘晓梅（天津工业大学）、刘晓明（山西省社会科学院）、刘晓南（复旦大学）、刘晓青〔中共中央党校（国家行政学院）〕、刘晓泉（江西财经大学）、刘晓然（大连外国语大学）、刘晓婷（浙江大学）、刘晓洋（广州大学）、刘昕（北京体育大学）、刘昕杰（四川大学）、刘欣路（北京外国语大学）、刘欣然（集美大学）、刘新智（西南大学）、刘兴国（河北科技大学）、刘兴华（江西财经大学）、刘兴华（南开大学）、刘秀峰（四川师范大学）、刘绣华（河南大学）、刘徐湘（云南大学）、刘旭（河南财经政法大学）、刘学涛（西北政法大学）、刘学侠（中央党校）、刘学在（武汉大学）、刘雪莲（吉林大学）、刘雪芹（广西民族大学）、刘训华（宁波大学）、刘训练（天津师范大学）、刘亚丁（四川大学）、刘亚飞（湖北经济学院）、刘亚娟（华东师范大学）、刘亚孔（三峡大学）、刘亚敏（华中科技大学）、刘岩（广东外语外贸大学）、刘岩（武汉大学）、刘艳（安徽大学）、刘艳（中国社会科学院）、刘艳梅〔中共河北省委党校（河北行政学院）〕、刘泱育（南京财经大学）、刘阳（陕西师范大学）、刘阳（上海体育学院）、刘杨（暨南大学）、刘耀（中国科学技术信息研究所）、刘耀（中国科学技术信息研究所）、刘耀辉（青岛科技大学）、刘烨（南京大学）、刘怡达（湖南大学）、刘义勇（上海师范大学）、刘毅（安徽省社会科学界联合会）、刘毅（大连理工大学）、刘毅（南开大学）、刘银良（北京大学）、刘英（南开大学）、刘英茹（河北师范大学）、刘瑛（中国政法大学）、刘颖（沈阳体育学院）、刘颖（同济大学）、刘映海（山西大学）、刘拥军（中国印刷博物馆）、刘永（郑州航空工业管理学院）、刘永春（扬州大学）、刘永广（南京信息工程大学）、刘永红（华中师范大学）、刘永红（中宣部）、刘永谋（中国人民大学）、刘永强（南京财经大学）、刘永权（国家开放大学）、刘勇（北京师范大学）、刘勇（复旦大学）、刘勇（同济大学）、刘勇（中国音乐学院）、刘友金（湖南科技大学）、刘宇（上海体育学院）、刘宇（云南大学）、刘宇佳（武汉大学）、刘玉成（长江大学）、刘玉杰（玉林师范学院）、刘玉琴（北京印刷学院）、刘玉堂（华中师范大学）、刘玉照（上海大学）、刘远（南京师范大学）、刘远祥（山东体育学院）、刘跃进（国际关系学院）、刘云（华中师范大学）、刘云（中国现代国际关系研究院）、刘云杉（北京大学）、刘运好（安徽师范大学）、刘再聪（西北师范大学）、刘泽权（河南大学）、刘泽照（南京大学）、刘增光（中国人民大学）、刘展（湖北大学）、刘占虎（西安交通大学）、刘占荣（国家开放大学）、刘长海（华中科技大学）、刘长明（吉林艺术学院）、刘长秋（上海政法学院）、刘长全（中国社会科学院）、刘长松（生态环境部）、刘招静（上海大学）、刘兆鑫（郑州大学）、刘哲雨（天津师范大学）、刘贞晔（中国政法大学）、刘振怡（黑龙江大学）、刘振宇（山东省体育局）、刘正光（湖南大学）、刘正妙（湖南科技大学）、刘志彬（华北电力大学）、刘志超（华南理工大学）、刘志成（中国宏观经济研究院）、刘志辉（中国科学技术信息研究所）、刘志敬（北京语言大学）、刘志民（南京农业大学）、刘志明（华南农业大学）、刘志明（中国社会科学院）、刘志鹏（北京师范大学）、刘志远（南开大学）、刘志云（厦门大学）、刘志中（辽宁大学）、刘治彦（中国社会科学院）、刘智峰（北京市委党校）、刘智强（华中科技大学）、刘智勇（电子科技大学）、刘中望（湘潭大学）、刘中伟（国际关系学院）、刘中一（中国人口与发展研究中心）、刘忠（集美大学）、刘仲华（北京市社会科学院）、刘仲仪（吉林财经大学）、刘兹恒（北京大学）、刘子奎（上海师范大学）、刘紫玉（河北科技大学）、刘宗迪（北京语言大学）、刘宗洪（上海市委党校）、刘宗媛（河北科技大学）、刘尊志（南开大学）、刘佐艳（吉林大学）、刘作（中山大学）、刘作奎（中国社会科学院）、刘祚祥（长沙理工大学）、柳伯力（成都体育学院）、柳博（教育部）、柳德军（山西大学）、柳海民（东北师范大学）、柳建龙（中国社会科学院大学）、柳建文（南开大学）、柳鸣毅（武汉体育学院）、柳向春（上海博物馆）、柳学信（首都经济贸易大学）、柳雅君（山西财经大学）、柳亦博（山东师范大学）、柳洲（天津大学）、龙从军（中国社会科学院）、龙登高（清华大学）、龙文滨（广东外语外贸大学）、龙小宁（厦门大学）、龙晓柏（江西省社会科学院）、龙协涛（北京大学）、龙秀清（中山大学）、龙洋（四川外国语大学）、娄峰（中国社会科学院）、娄开阳（中央民族大学）、娄文龙（燕山大学）、楼春豪（中国现代国际关系研究院）、楼雯（华东师范大学）、卢爱国（广西师范大学）、卢朝霞（山东体育学院）、卢晨阳（北京师范大学）、卢春天（西安交通大学）、卢春艳（河北大学）、卢大林（中共新疆生产建设兵团委员会党校）、卢德平（北京语言大学）、卢德生（四川师范大学）、卢德友（南京理工大学）、卢凤（清华大学）、卢福营（杭州师范大学）、卢光盛（云南大学）、卢国华（潍坊医学院）、卢国荣（内蒙古民族大学）、卢海君（对外经济贸易大学）、卢昊（中国社会科学院）、卢护锋（广州大学）、卢惠惠（上海财经大学）、卢晶亮（暨南大学）、卢昆（中国海洋大学）、卢烈红（武汉大学）、卢美丽（山西财经大学）、卢荣婕（东南大学）、卢锐（杭州师范大学）、卢盛峰（武汉大学）、卢树鑫（中国社会科学院）、卢暾（复旦大学）、卢卫中（浙大城市学院）、卢文云（上海体育学院）、卢现祥（中南财经政法大学）、卢小宾（中国人民大学）、卢小祁（江西省社会科学院）、卢晓东（北京大学）、卢晓珑（深圳证券交易所）、卢扬帆（华南理工大学）、卢阳春（成都师范学院）、卢尧选（北京市社会科学院）、卢毅［中共中央党校（国家行政学院）］、卢迎春（苏州日报社）、卢宇（北京师范大学）、芦千文（中国社会科学院）、鲁保林（福建师范大学）、鲁彩荣（中共云南省委党校）、鲁传颖（上海国际问题研究院）、鲁法芹（山东大学）、鲁刚（国网能源研究院）、鲁杰（西北工业大学）、鲁锦涛（太原科技大学）、鲁立（湖州师范学院）、鲁全（中国人民大学）、鲁西奇（武汉大学）、鲁晓帆（首都博物馆）、鲁欣正（教育部）、鲁宇（湖南大学）、鲁长芬（华中师范大学）、陆波（常熟理工学院）、陆丹丹（上海大学）、陆道坤（江苏大学）、陆地（北京大学）、陆方文（中国人民大学）、陆海发（云南民族大学）、陆海娜（中国人民大学）、陆汉文（华中师范大学）、陆和建（安徽大学）、陆江艳（武汉理工大学）、陆江源（中国宏观经济研究院）、陆杰华（北京大学）、陆连超（山西大学）、陆明远（天津大学）、陆青（浙江大学）、陆绍阳（北京大学）、陆树程（苏州大学）、陆天桥（江苏师范大学）、陆小黑（南通大学）、陆小华（天津大学）、陆岩军（上海交通大学）、陆燕（深圳市鹏信资产评估土地房地产估价有限公司）、陆扬（复旦大学）、陆益龙（中国人民大学）、陆宇峰（华东政法大学）、陆玉芹（盐城师范学院）、陆洲（燕山大学）、逯进（青岛大学)、路成文（华中科技大学）、路春城（山东财经大学）、路春艳（北京师范大学)、路海东（东北师范大学）、路强（四川师范大学）、路文彬（北京语言大学)、路阳（华侨大学）、路育松（中国社会科学院）、栾淳钰（天津大学）、栾丰实（山东大学)、栾甫贵（首都经济贸易大学）、栾梅健（复旦大学）、栾晓梅（滨州学院)、栾志红（北京交通大学）、罗贝贝（上海体育学院）、罗彬（新疆财经大学)、罗布扎西（中国藏学研究中心）、罗彩娟（广西民族大学）、罗楚亮（中国人民大学)、罗栋（湘潭大学）、罗芬（中南林业科技大学）、罗锋（安徽大学）、罗福凯（中国海洋大学）、罗国强（浙江大学）、罗海成（中共福建省委党校）、罗航（西华大学)、罗昊（华中科技大学）、罗浩轩（成都理工大学）、罗宏（四川大学）、罗辉（中国藏学研究中心）、罗佳（广东外语外贸大学）、罗家德（清华大学）、罗健（安徽师范大学）、罗江华（西南大学）、罗进辉（厦门大学）、罗进军（华中师范大学)、罗劲博（兰州大学）、罗昆（安徽师范大学）、罗利华（新疆生产建设兵团委员会党校)、罗连发（武汉大学）、罗良（北京师范大学）、罗良文（中南财经政法大学)、罗林（北京语言大学）、罗琳（贵州师范大学）、罗柳宁（广西壮族自治区民族宗教事务委员会）、罗敏（中国社会科学院）、罗明军（云南大学）、罗明星（广州大学）、罗明忠（华南农业大学）、罗宁（西南交通大学）、罗平汉（中共中央党校)、罗琦（武汉大学）、罗骞（中国人民大学）、罗强强（云南大学）、罗秦（上海立信会计金融学院）、罗如春（南京审计大学）、罗圣荣（云南大学）、罗嗣亮（中山大学)、罗万纯（中国社会科学院）、罗卫东（浙江大学）、罗雯瑶（苏州大学)、罗翔（华中师范大学）、罗小凤（扬州大学）、罗星（中央纪委国家监委）、罗序斌（江西师范大学）、罗杨（中国侨联）、罗尧成（上海出版印刷高等专科学校)、罗耀华（华中师范大学）、罗一帆（华南师范大学）、罗义华（中南民族大学）、罗益民（西南大学）、罗银科（四川师范大学）、罗英杰（国际关系学院）、罗英姿（南京农业大学）、罗跃军（黑龙江大学）、罗振亚（南开大学）、罗知（武汉大学)、罗志勇（苏州大学）、罗忠勇（湖南师范大学）、罗准辰（军事科学院）、罗宗宇（湖南大学）、罗祖兵（华中师范大学）、罗泰（加利福尼亚大学洛杉矶校区）、洛桑普赤（西藏自治区档案馆）、骆秉全（首都体育学院）、骆方（北京师范大学）、骆平（四川师范大学）、骆正林（南京师范大学）、雒少锋（陕西师范大学）、闾海琪（国家统计局）、闾小波（南京大学）、吕爱晶（湖南科技大学）、吕备（泰国正大管理学院）、吕宾（中国自然资源经济研究院）、吕博（武汉大学）、吕成龙（故宫博物院)、吕承超（青岛科技大学）、吕春燕（战略支援部队信息工程大学）、吕光明（北京师范大学）、吕国营（中南财经政法大学）、吕海燕（大连外国语大学）、吕红平（河北大学）、吕洪灵（南京师范大学）、吕佳（无锡科技职业学院）、吕建福（四川大学）、吕建秋（华南农业大学）、吕捷（中国人民大学）、吕进（重庆大学）、吕君（内蒙古财经大学）、吕利丹（中国人民大学）、吕莉敏（江苏理工学院）、吕连仁（山东大学）、吕乃基（东南大学）、吕鹏（上海社会科学院）、吕鹏（中国社会科学院）、吕鹏（中南大学）、吕平（大连外国语大学）、吕普生（武汉大学）、吕寿伟（江苏大学）、吕双伟（湖南师范大学）、吕嵩崧（百色学院）、吕涛（中国矿业大学）、吕通（三峡大学）、吕维霞（对外经济贸易大学）、吕炜（东北财经大学）、吕文利（中国社会科学院）、吕向东（农业农村部）、吕小康（南开大学）、吕晓莉（北京师范大学）、吕辛福（青岛科技大学）、吕幸星（湖南科技大学）、吕学静（首都经济贸易大学）、吕学军（中央对外联络部）、吕耀东（中国社会科学院）、吕元智（上海师范大学）、吕周聚（青岛大学）、麻宝斌（首都经济贸易大学）、马宝成［中共中央党校（国家行政学院）］、马波（青岛大学）、马蔡琛（南开大学）、马草原（西安交通大学）、马超（西北工业大学）、马翀炜（云南大学）、马春宝（宁夏大学）、马大晋（甘肃省社会科学院）、马丹（西南财经大学）、马得林（西安电子科技大学）、马得懿（华东政法大学）、马德辉（中国人民公安大学）、马多秀（宝鸡文理学院）、马娥（宁夏大学）、马芳（中南林业科技大学）、马凤书（山东大学）、马凤芝（北京大学）、马更新（中国政法大学）、马光（浙江大学）、马光荣（中国人民大学）、马国胜（苏州农业职业技术学院）、马海群（黑龙江大学）、马海韵（南京工业大学）、马弘（清华大学）、马红鸽（西安财经大学）、马红亮（陕西师范大学）、马红梅（华中师范大学）、马宏俊（中国政法大学）、马华（北京电影学院）、马建标（复旦大学）、马建峰（兰州大学）、马建富（江苏理工学院）、马建光（国防科技大学）、马建强（湖北大学）、马健生（北京师范大学）、马将伟（广州大学）、马捷（吉林大学）、马金芳（华东政法大学）、马金华（中央财经大学）、马晶（大连理工大学）、马敬桂（长江大学）、马俊峰（山西大学）、马俊峰（西北师范大学）、马珺（中国社会科学院）、马开轩（河南农业大学）、马克卫（山西财经大学）、马力（北京大学）、马丽华（华东师范大学）、马丽娟（青岛科技大学）、马廉祯（华南师范大学）、马良灿（西北农林科技大学）、马亮（中国人民大学）、马敏（华中师范大学）、马明亮（中国人民公安大学）、马楠（中南民族大学）、马宁（华南师范大学）、马清华（南京大学）、马秋武（北京语言大学）、马仁锋（宁波大学）、马瑞（华中科技大学）、马世年（西北师范大学）、马述忠（浙江大学）、马颂歌（上海师范大学）、马涛（哈尔滨工业大学）、马腾（暨南大学）、马腾岳（云南大学）、马廷奇（天津大学）、马威（华中农业大学）、马薇（天津财经大学）、马伟华（南开大学）、马卫红（深圳大学）、马蔚云（黑龙江大学）、马文（山东大学）、马文婧（中央民族大学）、马文涛（西安交通大学）、马文秀（河北大学）、马文友（湖南师范大学）、马晓娟（中国社会科学院）、马晓君（东北财经大学）、马晓悦（西安交通大学）、马谐（云南师范大学）、马欣荣（西北农林科技大学）、马欣悦（江苏理工学院）、马新星（四川外国语大学）、马幸荣（伊犁师范大学）、马秀颖（吉林财经大学）、马旭军（太原科技大学）、马雪峰（云南大学）、马雪娇（大连理工大学）、马延柏（兰州理工大学）、马艳红（沈阳体育学院）、马燕（宁夏社会科学院）、马忆（伊犁师范大学）、马迎辉（浙江大学）、马永红（北京航空航天大学）、马永强（牡丹江师范学院）、马永全（伊犁师范大学）、马勇（湖北大学）、马玉婷（南京林业大学）、马长山（华东政法大学）、马峥（中国科学技术信息研究所）、马知遥（天津大学）、马志强（江南大学）、马忠（西安交通大学）、马忠文（中国社会科学院）、马重奇（福建师范大学）、马子木（南开大学）、麦买提·乌斯曼（新疆农业大学）、满洪杰（山东大学）、满江虹（吉林体育学院）、满晓霞（山东省体育局）、满永（华东师范大学）、毛朝晖（华侨大学）、毛铖（湖北省社会科学院）、毛春梅（河海大学）、毛浩然［中国石油大学（华东）］、毛锦凰（兰州大学）、毛进（武汉大学）、毛俊响（中南大学）、毛巧晖（中国社会科学院）、毛锐（山东师范大学）、毛少莹（深圳市文化广电旅游体育局）、毛维准（南京大学）、毛伟华（内蒙古社会科学院）、毛文静（中南民族大学）、毛显强（北京师范大学）、毛小菁（商务部研究院）、毛小明（南昌大学）、毛兴贵（西南大学）、毛逸潇（北京大学）、毛悦（中国社会科学院）、毛中根（西南财经大学）、茅海建（澳门大学）、茅倬彦（首都经济贸易大学）、么加利（西南大学）、梅赐琪（清华大学）、梅冬州（中央财经大学）、梅宏（中国海洋大学）、梅建军（北京科技大学）、梅建明（上海政法学院）、梅剑华（山西大学）、梅杰吉（山西大学）、梅立润（武汉大学）、梅谦立（中山大学）、梅笑（复旦大学）、梅雪芹（清华大学）、门镜（华东师范大学）、蒙胜军（西安交通大学）、蒙象飞（上海外国语大学）、蒙艺（重庆工商大学）、蒙昱竹（贵州财经大学）、孟春雷（山西师范大学）、孟凡东（中央民族大学）、孟凡琳（东南大学）、孟凡行（北京师范大学）、孟方琳（上海杉达学院）、孟建伟（山西青年职业学院）、孟静怡（北京语言大学）、孟君（武汉大学）、孟强（北京理工大学）、孟庆义（烟台大学）、孟庆云［中共河北省委党校（河北行政学院）］、孟涛（首都体育学院）、孟望生（甘肃政法大学）、孟维福（河北经贸大学）、孟纹羽（山东财经大学）、孟宪实（中国人民大学）、孟旭光（中国自然资源经济研究院）、孟彦菊（云南财经大学）、孟颖颖（武汉大学）、孟勇（山西财经大学)、孟钟捷（华东师范大学）、米锋（北京林业大学）、米晋宏（上海海事大学）、米靖（北京体育大学）、米靖（天津职业技术师范大学）、米军（四川大学）、米玛次仁（西藏社会科学院）、米彦青（内蒙古大学）、米运生（华南农业大学）、米子川（山西财经大学）、密晨曦（自然资源部）、苗贵山（河南科技大学）、苗普生（新疆社会科学院）、苗威（山东大学）、苗兴伟（北京师范大学）、苗月霞（人力资源和社会保障部）、苗中泉（国家电网公司）、闵凡祥（南京大学）、闵家胤（中国社会科学院）、闵师（华中农业大学）、闵雪飞（北京大学）、敏春芳（兰州大学）、莫冬燕（东北财经大学）、莫磊（江苏省社会科学院）、莫盛凯（国际关系学院）、莫小红（湘潭大学）、牟冬梅（吉林大学）、缪小林（云南财经大学）、缪因知（中央财经大学）、缪宇（中国政法大学）、木永跃（云南大学）、木再帕尔（中国社会科学院）、慕江伟（西北师范大学）、穆光宗（北京大学）、穆怀中（辽宁大学）、穆军全（西北农林科技大学）、穆肃（华南师范大学）、穆妍（中国科学院）、穆兆勇（中共中央党史和文献研究院）、那金华（云南民族大学）、纳钦（中国社会科学院）、南方（河北师范大学）、南宫梅芳（北京林业大学）、南海（重庆师范大学）、南锐［中国矿业大学（北京）］、南玉梅（武汉大学）、南长森（陕西师范大学）、倪根金（华南农业大学）、倪国华（北京工商大学）、倪弘（国家发改委）、倪建伟（浙江财经大学）、倪京帅（上海对外经贸大学）、倪楠（西北政法大学）、倪士光（清华大学）、倪世光（河北师范大学）、倪外（上海社会科学院）、倪星（中国人民大学）、倪学礼（浙江传媒学院）、倪玉平（清华大学）、倪朱亮（西南政法大学）、聂爱云（江西师范大学）、聂传平（山西师范大学）、聂丹（北京语言大学）、聂飞（洛阳师范学院）、聂洪辉（上饶师范学院）、聂锦芳（北京大学）、聂劲松（中山职业技术学院）、聂静虹（中山大学）、聂敏里（中国人民大学）、聂世军（河南省社会科学界联合会）、聂卫锋（西安交通大学）、聂文娟（外交学院）、聂欣如（华东师范大学）、聂迅（西安工程大学）、聂衍刚（广州大学）、聂勇浩（中山大学）、聂珍钊（浙江大学）、聂正彦（西北师范大学）、聂竹明（安徽师范大学）、宁本涛（华东师范大学）、宁金成（郑州大学）、宁琦（北京大学）、宁威（北京工商大学）、宁晓萌（北京大学）、宁攸凉（中国林业科学研究院）、宁园（武汉大学）、牛春华（兰州大学）、牛翠平（盐城师范学院）、牛贯杰（中国人民大学）、牛海彬（上海国际问题研究院）、牛建林（中国社会科学院）、牛静（华中科技大学）、牛军凯（中山大学）、牛盼盼（辽宁师范大学）、牛文斌（云南大学）、牛新艳（山东财经大学）、牛雪松（沈阳体育学院）、牛志勇（上海财经大学）、牛忠志（河北大学）、牛宗岭（中原工学院）、钮松（上海外国语大学）、欧斌（青岛大学）、欧明俊（福建师范大学)、欧阳本祺（东南大学）、欧阳慧（国家发改委）、欧阳军喜（清华大学）、欧阳俊（西南财经大学）、欧阳康（华中科技大学）、欧阳敏（武汉大学）、欧阳奇（中国人民大学）、欧阳向英（中国社会科学院）、欧阳雪梅（中国社会科学院）、欧阳哲生（北京大学）、欧阳忠明（江西科技师范大学）、欧阳资明（湖南师范大学）、欧珠次仁（西藏社会科学院）、潘安（中南财经政法大学）、潘崇（福建师范大学）、潘春辉（西北师范大学）、潘丹（江西财经大学）、潘道广（常州大学）、潘方卉（东北农业大学）、潘海华（香港中文大学）、潘海岚（云南民族大学）、潘海生（天津大学）、潘红波（武汉大学）、潘宏（辽宁大学）、潘洪建（扬州大学）、潘家荣（北京师范大学）、潘家云（浙江外国语学院）、潘建红（北京科技大学）、潘静（陕西师范大学）、潘静洲（天津大学）、潘俊武（西北政法大学）、潘可武（中国传媒大学）、潘林伟（重庆交通大学）、潘玲（河南中医药大学）、潘玲（西北大学）、潘鲁生（山东工艺美术学院）、潘明娟（西安电子科技大学）、潘墨涛（武汉大学）、潘娜娜［中国石油大学（华东）］、潘若简（北京电影学院）、潘珊珊（上海体育学院）、潘殊闲（西华大学）、潘天群（南京大学）、潘文富（贵州财经大学）、潘文轩（中共上海市委党校）、潘务正（安徽师范大学）、潘祥辉（南京大学）、潘小非（成都体育学院）、潘晓伟（黑龙江大学）、潘勋章［中国石油大学（北京）］、潘雅茹（武汉科技大学）、潘亚莉（江苏大学）、潘亚玲（云南大学）、潘宜玲（华南理工大学）、潘运（贵州师范大学）、潘泽泉（中南大学）、潘震（江苏师范大学）、盘剑（浙江大学）、庞渤（沈阳音乐学院）、庞昌伟［中国石油大学（北京）］、庞桂甲（山西农业大学）、庞海芍（北京理工大学）、庞弘燊（深圳大学）、庞金波（东北农业大学）、庞森（四川省社会科学院）、庞庆华（河海大学）、庞维国（华东师范大学）、庞新升（河南日报社）、庞秀慧（南京信息工程大学）、庞煜（天津师范大学）、庞振宇（江西省社会科学院）、庞智强（兰州财经大学）、庞中鹏（中国社会科学院）、庞中英（四川大学）、裴成国（西北大学）、裴桂芬（河北大学）、裴鸿池（辽宁大学）、裴辉儒（陕西师范大学）、裴卉宁（河北工业大学）、裴永刚（西南政法大学）、彭安玉（中共江苏省委党校）、彭柏林（湖南理工学院）、彭必生（兰州大学）、彭春瑞（江西省农业科学院）、彭聪（上海社会科学院）、彭丰文（中国社会科学院）、彭锋（江西师范大学）、彭刚（西南财经大学）、彭光明（河北科技大学）、彭广陆（北京理工大学）、彭国莉（西华大学）、彭国强（南京体育学院）、彭贺超（南开大学）、彭恒利（北京语言大学）、彭红枫（山东财经大学）、彭华（四川大学）、彭焕萍（河北大学）、彭佳（暨南大学）、彭兰（中国人民大学）、彭浪川（南京审计大学）、彭留英（山东财经大学）、彭民权（江西省社会科学院）、彭明成（江苏理工学院）、彭念（海南师范大学）、彭青（河北经贸大学）、彭蓉（重庆大学）、彭善国（吉林大学）、彭姝祎（中国社会科学院）、彭树宏（江西财经大学）、彭涛（华中师范大学）、彭韬（华中师范大学）、彭维锋（中国劳动关系学院）、彭伟（常州大学）、彭文华（上海政法学院）、彭无情（新疆师范大学）、彭霞（重庆工商大学）、彭先兵（广西师范大学）、彭香萍（萍乡学院）、彭小伟（武汉体育学院）、彭晓静（中共河北省委党校）、彭昕（北京市文物局）、彭新武（中国人民大学）、彭秀银（扬州大学）、彭彦琴（苏州大学）、彭勇（北京师范大学）、彭岳（南京大学）、彭泽平（西南大学）、彭兆荣（厦门大学）、彭桢（湖北大学）、彭志（中国艺术研究院）、彭志军（天津大学）、彭智敏（湖北省社科院）、彭中礼（中南大学）、皮勇（同济大学）、平力群（天津社会科学院）、平兴中（南京大学）、蒲毕文（广东金融学院）、蒲方（中央音乐学院）、蒲鸿春（成都体育学院）、蒲清平（重庆大学）、蒲霞（安徽大学）、蒲晓红（四川大学）、朴光姬（中国社会科学院）、朴银姬（延边大学）、朴英（沈阳音乐学院）、朴玉（吉林大学）、朴珍玉（延边大学）、浦再明（上海交通大学）、普布多吉（西藏社科院）、普忠良（中国社会科学院）、戚德祥（南开大学）、戚凯（中国政法大学）、戚务念（广东省教育厅）、戚学民（清华大学）、戚振宇（新疆大学）、漆昌柱（武汉体育学院）、漆捷（太原理工大学）、漆明镜（广西艺术学院）、漆彤（武汉大学）、漆亚林（中国社会科学院大学）、亓光（中国矿业大学）、亓海峰（上海外国语大学）、齐爱民（重庆大学）、齐冰（河北大学）、齐春风（云南大学）、齐恩平（天津商业大学）、齐磊磊（华南理工大学）、齐砺杰（深圳大学）、齐鹏（山东社会科学院）、齐瑞福（广东外语外贸大学南国商学院）、齐善鸿（南开大学）、齐卫平（华东师范大学）、齐文浩（吉林农业大学）、齐小林（中共中央党校）、齐晓峰（北京外国语大学）、齐亚强（中国人民大学）、齐延平（北京理工大学）、齐英艳（北京邮电大学）、齐永智（山西财经大学）、齐元涛（北京师范大学）、齐喆（广州美术学院）、齐子通（中南民族大学）、祁春风（山东师范大学）、祁虹（甘肃政法大学）、祁欢（中国政法大学）、祁进玉（中央民族大学）、祁美琴（中国人民大学）、祁毓（中南财经政法大学）、祁占勇（陕西师范大学）、祁志伟（中国人民大学）、綦磊（青岛科技大学）、钱大军（吉林大学）、钱冬明（华东师范大学）、钱贵霞（内蒙古大学）、钱国旗（鲁东大学）、钱翰（北京师范大学）、钱杭（上海师范大学）、钱浩祺（复旦大学）、钱金保（广东财经大学）、钱均鹏（国防大学）、钱龙（南京财经大学）、钱宁（云南大学）、钱仁平（上海音乐学院）、钱小龙（南通大学）、钱旭菁（北京大学）、钱雪松（华中科技大学）、钱雪亚（浙江大学）、钱玉莲（南京师范大学）、钱震

（退休）、钱忠好（扬州大学）、羌建新（国际关系学院）、乔爱玲（首都师范大学）、乔凤杰（清华大学）、乔国强（上海外国语大学）、乔海波（青岛科技大学）、乔晗（河南大学）、乔晗（中国科学院大学）、乔焕江（海南大学）、乔晖（盐城师范学院）、乔洁琼（青岛科技大学）、乔金霞（琼台师范学院）、乔娟（中国农业大学）、乔均（南京财经大学）、乔君（中央党史和文献研究院）、乔立智（云南民族大学）、乔晓东（北京万方数据股份有限公司）、乔晓楠（南开大学）、乔修峰（中国社会科学院）、乔耀章（苏州大学）、乔瑜（首都师范大学）、乔玉成（山西师范大学）、乔榛（黑龙江大学）、郄海霞（天津大学）、秦春生（东北师范大学）、秦刚（北京外国语大学）、秦广强（中央民族大学）、秦洪武（曲阜师范大学）、秦慧（西南民族大学）、秦健（中共河南省委党校）、秦洁雯（暨南大学）、秦磊（对外经济贸易大学）、秦立海（天津大学）、秦龙（天津师范大学）、秦升（中国社会科学院）、秦书生（东北大学）、秦天宝（武汉大学）、秦卫波（东北师范大学）、秦喜清（中国艺术研究院）、秦小建（中南财经政法大学）、秦小丽（复旦大学）、秦旭芳（沈阳师范大学）、秦亚青（山东大学）、秦玉友（东北师范大学）、秦元伟（海军航空大学）、秦曰龙（吉林大学）、青连斌（中共中央党校）、丘开浪（厦门嘉学资产评估房地产估价有限公司）、邱春林（中国艺术研究院）、邱德钧（兰州大学）、邱海平（中国人民大学）、邱海洋（信阳师范学院）、邱建钢（成都体育学院）、邱立新（青岛科技大学）、邱胜利（河南大学）、邱帅萍（湖南科技大学）、邱新立（中国社会科学院）、邱雪（国家体育总局）、邱熠华（中国藏学研究中心）、邱永辉（四川大学）、邱源媛（中国社会科学院）、邱招义（北京体育大学）、邱兆祥（对外经济贸易大学）、裘益政（浙江工商大学）、曲波（宁波大学）、曲创（山东大学）、曲春梅（山东大学）、曲美洁（山东大学）、曲鹏飞［中共中央党校（国家行政学院）］、曲文轶（华东师范大学）、曲相霏（中国社会科学院）、曲玥（中国社会科学院）、屈立丰（西华大学）、屈廖健（江南大学）、屈燕妮（内蒙古财经大学）、渠红岩（南京信息工程大学）、瞿华兵（合肥师范学院）、瞿骏（华东师范大学）、瞿商（中南财经政法大学）、瞿郑龙（苏州大学）、权国龙（江南大学）、权小锋（苏州大学）、全海英（辽宁师范大学）、全红（延边大学）、全守杰（广东技术师范大学）、阙海宝（北京吉利学院）、冉芳（四川师范大学）、冉亚辉（重庆师范大学）、冉源懋（贵州师范大学）、冉云芳（苏州大学）、饶传平（江西财经大学）、饶高琦（北京语言大学）、饶戈平（北京大学）、饶宏泉（安徽师范大学）、饶敏（法国高等社会科学研究院、重庆工商大学）、饶品贵（暨南大学）、饶曙光（中国电影家协会）、任保平（西安财经大学）、任丙强（北京航空航天大学）、任波（上海体育学院）、任朝旺（中国社会科学院大学）、任东升（中国海洋大学）、任锋（中国人民大学）、任洪涛（海南大学）、任虎（华东理工大学）、任虎军（四川外国语大学）、任慧涛（泉州师范学院）、任继勤（北京化工大学）、任佳（云南省社会科学院）、任剑锋（首都师范大学）、任剑涛（清华大学）、任江（温州大学）、任洁（河北科技大学）、任洁（中国社会科学院）、任金政（中国农业大学）、任晶晶（中国社会科学院）、任军锋（复旦大学）、任俊（浙江师范大学）、任力（厦门大学）、任亮（中国科学技术信息研究所）、任孟山（中国传媒大学）、任鹏（东北大学）、任萍（浙江工业大学）、任倩（西安财经大学）、任强（中山大学）、任强（中央财经大学）、任胜利（中国科学院）、任帅军（复旦大学）、任韬（首都经济贸易大学）、任腾（中南林业科技大学）、任伟（中共中央党校）、任卫东（北京外国语大学）、任文（北京外国语大学）、任现品（烟台大学）、任相梅（日照职业技术学院）、任晓（复旦大学）、任晓霏（江苏大学）、任晓林（延安大学）、任晓明（四川大学）、任亚运（贵州财经大学）、任永功（辽宁师范大学）、任友谊（空军预警学院）、任远（福建师范大学）、任远（复旦大学）、任越（黑龙江大学）、任云兰（天津社会科学院）、任云仙（南昌航空大学）、任占兵（深圳大学）、任兆柯（南京财经大学）、任志江（南开大学）、任中义（郑州大学）、任子朝（教育部）、戎爱萍（山西社会科学院）、荣翠红（武汉理工大学）、荣立武（山东大学）、茹梦丹（延安大学）、茹秀英（首都体育学院）、阮敬（首都经济贸易大学）、阮清华（华东师范大学）、阮素梅（安徽财经大学）、阮咏华（北京中企华资产评估有限责任公司）、阮云志（陕西科技大学）、芮正云（兰州大学）、萨支红（北京师范大学）、赛汉其其格（赤峰学院）、桑国元（北京师范大学）、桑明旭（苏州大学）、桑宁霞（山西大学）、僧海霞（西北大学）、沙继斌（山东体育学院）、沙丽娜（云南民族大学）、沙武田（陕西师范大学）、沙勇忠（兰州大学）、上官燕（三峡大学）、尚必武（上海交通大学）、尚俊杰（北京大学）、尚水利（国际关系学院）、尚晓进（上海大学）、邵传林（华侨大学）、邵东华（河南财经政法大学）、邵雷鹏（广西社会科学院）、邵声［中共中央党校（国家行政学院）］、邵世恒（西北大学）、邵帅（华东理工大学）、邵伟德（浙江师范大学）、邵晓枫（四川师范大学）、邵勤（湖北大学）、邵雪梅（山东体育学院）、邵燕（北京大学）、邵雍（上海师范大学）、邵长威（青岛科技大学）、邵志华（南通大学）、余军（南通大学）、余万斌（乐山师范学院）、余小宁（山西农业大学）、余宇（国务院发展研究中心）、申晨（武汉大学）、申丹（北京大学）、申富英（山东大学）、申华（湖北省社科联）、申华（战略支援部队）、申建林（武汉大学）、申启武（暨南大学）、申万里（武汉大学）、申卫星（清华大学）、申心刚（天津师范大学）、沈传宝（中央党史和文献研究院）、沈丁立（复旦大学）、沈费伟（杭州师范大学）、沈纲（常州大学）、沈桂萍（浙江大学）、沈海梅（云南民族大学）、沈海涛（吉林外国语大学）、沈红波（复旦大学）、沈家煊（中国社会科学院）、沈江平（中国人民大学）、沈杰（中国社会科学院）、沈捷（南京理工大学）、沈静（重庆一凡工程造价咨询有限公司）、沈菊琴（河海大学）、沈涓（中国社会科学院）、沈开举（郑州大学）、沈开艳（上海社会科学院）、沈克印（武汉体育学院）、沈坤荣（南京大学）、沈乐君（成都体育学院）、沈镭（中国科学院）、沈蕾（北京联合大学）、沈骊天（南京大学）、沈立岩（南开大学）、沈丽飞（上海师范大学）、沈莉华（黑龙江大学）、沈铭辉（中国社会科学院）、沈骑（同济大学）、沈勤（上海工程技术大学）、沈睿文（北京大学）、沈世培（安徽师范大学）、沈书生（南京师范大学）、沈顺福（山东大学）、沈思言（对外经济贸易大学）、沈松平（宁波大学）、沈涛（河北经贸大学）、沈旺（吉林大学）、沈伟（华东师范大学）、沈伟（上海交通大学）、沈文辉（湖南工程学院）、沈小波（厦门大学）、沈小勇（中共杭州市委党校）、沈晓晨（上海政法学院）、沈杏培（南京师范大学）、沈秀（常州大学）、沈永江（南通大学）、沈宇鹏（华南师范大学）、沈正赋（安徽师范大学）、盛方富（江西省社会科学院）、盛立民（内蒙古大学）、盛明科（湘潭大学）、盛天翔（南京农业大学）、盛小平（上海大学）、盛益民（复旦大学）、盛智明（上海大学）、师保国（首都师范大学）、师博（西北大学）、师艳荣（天津社会科学院）、施爱东（中国社会科学院）、施畅（暨南大学）、施惠玲（北京交通大学）、施建军（上海外国语大学）、施锦芳（东北财经大学）、施雱（云南大学）、施鹏鹏（中国政法大学）、施新荣（新疆师范大学）、施璇（上海社会科学院）、施由明（江西省社会科学院）、施宇（河南日报社）、施震凯（江南大学）、施正文（中国政法大学）、施志源（福建师范大学）、石碧球（陕西师范大学）、石川（上海戏剧学院）、石刚（首都经济贸易大学）、石广平（河南财经政法大学）、石国亮（首都师范大学）、石华平（西华大学）、石佳友（中国人民大学）、石坚（四川大学）、石进（南京大学）、石静霞（中国人民大学）、石路（新疆师范大学）、石鸥（首都师范大学）、石锓（湖北大学）、石庆环（辽宁大学）、石人炳（武汉科技大学）、石绍宾（山东大学）、石书臣（上海师范大学）、石岩（山西大学）、石艳（东北师范大学）、石英（陕西省社会科学院）、石英华（财政部）、石英剑（内蒙古财经大学）、石映辉（华中师范大学）、石源华（复旦大学）、石振国（山东大学）、时世平（天津社会科学院）、时松（南通大学）、史安斌（清华大学）、史贝贝（西北大学）、史兵（陕西师范大学）、史传林（华南农业大学）、史党社（西北大学）、史冬博（太原理工大学）、史光辉（杭州师范大学)、史桂芳（首都师范大学）、史海波（吉林大学）、史红霞（山东省体育局)、史宏波（上海交通大学）、史际春（中国人民大学）、史金波（中国社会科学院)、史金生（首都师范大学）、史敬轩（重庆邮电大学）、史军（暨南大学）、史少博（西安电子科技大学）、史世伟（对外经济贸易大学）、史维国（黑龙江大学）、史卫（中国财政科学研究院）、史卫民（西安财经大学）、史文瑞（北京联合大学）、史献芝（南京邮电大学）、史谢虹（国家电网有限公司）、史亚东（国际关系学院）、史言信（江西财经大学）、史艳玲（河北大学）、释启鹏（北京外国语大学）、舒波（燕山大学）、舒奇志（湘潭大学）、舒为平（成都体育学院）、舒鑫（天津商业大学）、舒义文（云南财经大学）、舒运国（上海师范大学）、舒展（福州大学）、舒宗礼（华中师范大学）、帅晋明（陆军步兵学院）、帅志嵩（北京语言大学）、司富珍（北京语言大学）、司继伟（山东师范大学）、司亮（大连外国语大学）、司林波（西北大学）、司罗红（郑州大学）、司琦（浙江大学）、司显柱（北京第二外国语学院)、司言武（浙江财经大学）、司增绰（江苏师范大学）、斯劳格劳（内蒙古大学)、斯钦巴图（中国社会科学院）、侣化强（华东师范大学）、宋帮强（闽南师范大学)、宋保振（山东大学）、宋才发（中央民族大学）、宋朝龙（北京大学）、宋传鸣（辽宁师范大学）、宋丹辉（深圳大学）、宋道雷（复旦大学）、宋德刚（广州美术学院)、宋法刚（山东艺术学院）、宋凤轩（河北大学）、宋馥香（闽江学院）、宋戈（兰州大学）、宋国华（四川外国语大学）、宋国学（黑龙江大学）、宋河发（中国科学院)、宋亨国（华南师范大学）、宋泓（中国社会科学院）、宋晖（北京第二外国语学院）、宋继承（内蒙古财经大学）、宋建丽（天津大学）、宋剑华（暨南大学)、宋健（中国人民大学）、宋洁绚（中南民族大学）、宋宽锋（陕西师范大学）、宋立（国务院研究室）、宋立宏（南京大学）、宋立荣（北京联合大学）、宋丽（山东体育学院)、宋丽智（中南财经政法大学）、宋良荣（上海理工大学）、宋林霖（天津师范大学）、宋美杰（福建师范大学）、宋敏（山东财经大学）、宋宁远（南京大学)、宋培（南开大学）、宋祺鹏（山东体育学院）、宋清华（中南财经政法大学)、宋清润（北京外国语大学）、宋全成（山东大学）、宋瑞（中国社会科学院）、宋珊（兰州大学）、宋胜帮（九江学院）、宋世明［中共中央党校（国家行政学院)]、宋嵩（中国作家协会）、宋涛（中国市场出版社有限公司）、宋铁毅（黑龙江省委党校）、宋微（商务部国际贸易经济合作研究院）、宋伟（北京科技大学）、宋伟（中国人民大学）、宋文志（北京大学）、宋宪萍（北京理工大学）、宋晓华（华北电力大学）、宋晓敏（中国社会科学院）、宋兴义（国家税务总局税务干部学院）、宋雄伟（中共中央党校）、宋璇（中南林业科技大学）、宋学勤（中国人民大学）、宋雪雁（吉林大学）、宋雅伟（南京体育学院）、宋燕鹏（中国社会科学院）、宋英（北京大学）、宋英辉（北京师范大学）、宋迎法（中国矿业大学）、宋友文（中国人民大学）、宋泽滨［原装备学院（现航天工程大学）］、宋占美（温州大学）、宋占新（河北科技大学）、宋长来（北京联合大学）、宋志军（广西大学）、宋智敏（湖南科技大学）、宋子千（中国旅游研究院）、苏畅（中国社会科学院）、苏春红（山东大学）、苏德超（武汉大学）、苏晖（华中师范大学）、苏金远（武汉大学）、苏金智（教育部）、苏京春（财政部）、苏俊林（西南大学）、苏令银（上海师范大学）、苏鹏（山东师范大学）、苏平（重庆理工大学）、苏启敏（广州大学）、苏全有（河南师范大学）、苏炜（广东省科技基础条件平台中心）、苏熹（中国社会科学院）、苏向丽（北京语言大学）、苏浟宇（天津商业大学）、苏欣（鲁迅美术学院）、苏新春（厦门大学）、苏雪梅（四川师范大学）、苏艺（四川省社会科学院）、苏莹莹（北京外国语大学）、苏永生（河北大学）、苏欲晓（厦门大学）、苏泽龙（山西大学）、苏泽宇（华南师范大学）、苏智良（上海师范大学）、苏仲乐（陕西师范大学）、宿万涛（中国社会科学院）、眭海霞（成都大学）、眭党臣（陕西师范大学）、隋波（山东体育学院）、隋建利（吉林大学）、隋清娥（聊城大学）、孙百才（青岛大学）、孙葆丽（北京体育大学）、孙斌（复旦大学）、孙炳海（浙江师范大学）、孙伯君（中国社会科学院）、孙畅（重庆工商大学）、孙超（黑龙江大学）、孙成武（东北师范大学）、孙承健（中国艺术研究院）、孙春晨（中国社会科学院）、孙翠萍（中国社会科学院）、孙翠香（天津职业技术师范大学）、孙道功（南京师范大学）、孙东亮（天津市职业大学）、孙冬（宁波大学）、孙凡（山西财经大学）、孙菲（福建社会科学院）、孙刚（首都体育学院）、孙桂芳（山东省体育局）、孙桂荣（山东师范大学）、孙国军（赤峰学院）、孙国强（山西财经大学）、孙国友（南京体育学院）、孙国志（南通大学）、孙海波（中国政法大学）、孙海涛（河海大学）、孙海泳（上海国际问题研究院）、孙浩进（黑龙江省社会科学院）、孙弘进（McMaster University）、孙红梅（国家税务总局）、孙红霞（齐鲁师范学院）、孙宏年（中国社会科学院）、孙欢（中南林业科技大学）、孙会军（上海外国语大学）、孙计领（南京特殊教育师范学院）、孙纪文（西南民族大学）、孙坚（陕西师范大学）、孙坚强（华南理工大学）、孙建党（福建师范大学）、孙建伟（上海市法学会）、孙健敏（中国人民大学）、孙江超（新乡学院）、孙瑾（解放军档案馆）、孙晋海（山东大学）、孙九霞（中山大学）、孙久文（中国人民大学）、孙聚友（山东社会科学院）、孙鹃娟（中国人民大学）、孙军（江苏海洋大学）、孙君（中国自然资源经济研究院）、孙君志（成都体育学院）、孙俊萍（宁夏社会科学院）、孙科（中国科学院大学）、孙科志

（复旦大学）、孙克诚（青岛科技大学）、孙恪勤（中国现代国际关系研究院）、孙兰英（天津大学）、孙乐强（南京大学）、孙蕾（河南省文物考古研究院）、孙力（上海应用技术大学）、孙立冰（吉林财经大学）、孙立会（中央民族大学）、孙立军（北京电影学院）、孙立樵（辽宁师范大学）、孙立新（宁波大学）、孙立行（上海社会科学院）、孙丽（河北大学）、孙丽（辽宁大学）、孙丽君（兰州大学）、孙俐丽（南京工业大学）、孙良顺（东北农业大学）、孙亮（华东师范大学）、孙烈（中国科学院）、孙玫璐（华东师范大学）、孙萌（中国政法大学）、孙明茜（四川大学）、孙明跃（云南民族大学）、孙乃娟（中国计量大学）、孙佩红（内蒙古财经大学）、孙平（北京电影学院）、孙启明（北京大学）、孙骞谦（中央美术学院）、孙倩倩（青岛科技大学）、孙强（山东省体育局）、孙庆伟（北京大学）、孙秋碧（福州大学）、孙秋枫（吉林大学）、孙荣辉（西安体育学院）、孙蕊（财政部）、孙瑞英（黑龙江大学）、孙若梅（中国社会科学院）、孙山（西南政法大学）、孙尚勇（四川大学）、孙少华（中国社会科学院）、孙少龙（西安交通大学）、孙绍勇（西北工业大学）、孙世彦（中国社会科学院）、孙守朋（大连民族大学）、孙淑芳（黑龙江大学）、孙树勇（哈尔滨师范大学）、孙天合（河北经贸大学）、孙同全（中国社会科学院）、孙微（山东大学）、孙巍（中国农业科学院）、孙维维（中国社会科学院）、孙伟（广东财经大学）、孙伟（江西财经大学）、孙伟平（上海大学）、孙玮（复旦大学）、孙炜冉（通化师范学院）、孙卫东（常州信息职业技术学院）、孙卫国（南开大学）、孙文刚（山东财经大学）、孙文凯（中国人民大学）、孙闻博（中国人民大学）、孙西辉（中国社会科学院）、孙喜香（西南大学）、孙显军（扬州大学）、孙宪忠（中国社会科学院）、孙向晨（复旦大学）、孙向辉［中国电影艺术研究中心（中国电影资料馆）］、孙霄（西安外国语大学）、孙小娇（山东师范大学）、孙晓东（盐城师范学院）、孙晓军（华中师范大学）、孙晓莉（中共中央党校）、孙晓萌（北京外国语大学）、孙晓霞（中国艺术研究院）、孙兴杰（吉林大学）、孙秀艳（中共福建省委党校）、孙旭（西安外国语大学）、孙亚男（山东财经大学）、孙延林（天津体育学院）、孙琰（辽宁大学）、孙彦红（中国社会科学院）、孙艳娜（郑州轻工业大学）、孙烨（深圳证券交易所）、孙英刚（浙江大学）、孙莹（中国海洋大学）、孙莹（中国社会科学院）、孙永波（北京工商大学）、孙永明（中国科学院）、孙佑海（天津大学）、孙渝莉（重庆交通大学）、孙玉栋（中国人民大学）、孙玉华（大连外国语大学）、孙玉荣（北京工业大学）、孙育平（江西省社会科学院）、孙元涛（浙江大学）、孙占利（广东财经大学）、孙兆阳（中国社会科学院大学）、孙照红（北京市社会科学院）、孙喆（中国人民大学）、孙正国（华中师范大学）、孙志军（北京师范大学)、孙中艮(河海大学)、孙众(首都师范大学)、孙洲(上海师范大学)、所静(天津大学)、索磊(闽南师范大学)、锁利铭(南开大学)、邰峰(辽宁师范大学)、谈志兴(国防大学)、覃立(贵州师范大学)、覃业位(武汉大学)、谭必勇(山东大学)、谭刚(西南大学)、谭桂林(湖南大学)、谭惠娟(杭州电子科技大学)、谭佳(中国社会科学院)、谭瑾(常州大学)、谭劲松(中山大学)、谭烈飞(北京市政府)、谭璐(山东财经大学)、谭淼(沈阳体育学院)、谭明杰(四川开放大学)、谭千保(湖南科技大学)、谭琼琳(上海财经大学)、谭日辉(北京市社会科学院)、谭婷(上海大学)、谭同学(云南大学)、谭伟(青岛市)、谭贤楚(湖北民族大学)、谭现花(山东省体育局)、谭小芬(中央财经大学)、谭研(湖南大学)、谭英平(对外经济贸易大学)、谭振江(南昌航空大学)、谭志满(湖北民族大学)、檀学文(中国社会科学院)、汤夺先(安徽大学)、汤铎铎(中国社会科学院)、汤建民(杭州电子科技大学)、汤江浩(华中师范大学)、汤开建(澳门科技大学)、汤立许(武汉体育学院)、汤梦君(中国人口与发展研究中心)、汤俏(中国社会科学院)、汤水清(江西省社会科学界联合会)、汤天勇(黄冈师范学院)、汤晓蒙(广州大学)、汤颖(通化师范学院)、汤拥华(华东师范大学)、唐爱军(中共中央党校)、唐斌(华南农业大学)、唐兵(中共四川省委党校四川行政学院)、唐代兴(四川师范大学)、唐丹(中国人民大学)、唐东波(复旦大学)、唐恒钧(浙江师范大学)、唐桦(厦门大学)、唐皇凤(武汉大学)、唐嘉薇(对外经济贸易大学)、唐杰(哈尔滨工业大学)、唐经伦(对外经济贸易大学)、唐静(国家文物局)、唐钧(中国社会科学院)、唐凯桃(重庆理工大学)、唐魁玉(哈尔滨工业大学)、唐岚(中共湖北省委党校)、唐磊(中国社会科学院)、唐林垚(中国社会科学院)、唐普(四川师范大学)、唐琼(中山大学)、唐绍祥(宁波大学)、唐仕春(中国社会科学院)、唐素琴(中国科学院大学)、唐铁军(国家发展改革委)、唐伟胜(江西师范大学)、唐文娟(成都大学)、唐文玉(华东政法大学)、唐闻箔(高等教育出版社)、唐贤兴(复旦大学)、唐相龙(兰州交通大学)、唐小兵(华东师范大学)、唐晓彬(对外经济贸易大学)、唐晓勇(西南财经大学)、唐亚林(复旦大学)、唐炎(上海体育学院)、唐彦林(辽宁大学)、唐要家(浙江财经大学)、唐烨伟(东北师范大学)、唐以志(教育部)、唐义(福建师范大学)、唐永红(厦门大学)、唐永亮(中国社会科学院)、唐玉萍(广西社会科学界联合会)、唐远清(中国传媒大学)、唐远雄(兰州大学)、唐长国(上海市地方志办公室)、唐正东(南京大学)、唐智彬(湖南师范大学)、唐朱昌(复旦大学)、陶成涛(西北大学)、陶春海(江西财经大学)、陶锋(暨南大学)、陶建杰(中山大学)、陶杰(中国社会科学院大学)、陶经辉(南京财经大学)、陶久胜(宁波大学)、陶军明(江西科技师范大学)、陶侃(浙江开放大学)、陶林(南京医科大学)、陶沙(北京师范大学)、陶涛(中国人民大学)、陶喜红(中南民族大学)、陶亚兵(哈尔滨音乐学院)、陶冶(广州大学)、陶一桃(深圳大学)、陶友兰(复旦大学)、陶宇平(成都体育学院)、陶玉流(苏州大学)、陶云(云南师范大学)、陶长琪(江西财经大学)、陶自祥(云南民族大学)、滕广青(东北师范大学)、滕海键(辽宁大学)、滕宏庆(华南理工大学)、滕建群(中国国际问题研究院)、滕晓铂(北京印刷学院)、滕秀芹(齐鲁师范学院)、田宝川(河北科技大学)、田标(南京体育学院)、田冰(河南省社会科学院)、田常清(中南大学)、田成诗(东北财经大学)、田恩庆(华东师范大学)、田改伟(中国社会科学院)、田高良(西安交通大学)、田海舰(河北大学)、田海龙[中国石油大学(北京)]、田洪刚(济南大学)、田洪敏(上海师范大学)、田卉群(北京师范大学)、田建国(中国社会科学院)、田剑(江苏科技大学)、田金方(山东财经大学)、田俊武(北京航空航天大学)、田开友(常州大学)、田凯(辽宁大学)、田丽凤(北京市工程咨询有限公司)、田龙过(陕西科技大学)、田茂旺(西南民族大学)、田美丽(山东省体育科学研究中心)、田孟(中南大学)、田咪(湖北师范大学)、田明(内蒙古民族大学)、田明华(北京林业大学)、田鹏颖(东北大学)、田启波(深圳大学)、田青(中国艺术研究院)、田庆立(天津外国语大学)、田澍(西北师范大学)、田思源(清华大学)、田甜(云南民族大学)、田卫疆(新疆社会科学院)、田卫民(云南大学)、田文波(山西体育文化传媒有限公司)、田文利(河北工业大学)、田文林(中国人民大学)、田霞(怀化学院)、田夏彪(大理大学)、田先红(华中师范大学)、田香兰(天津社会科学院)、田小惠(北京外国语大学)、田小秋(国家发改委)、田兴山(广东省农业科学院)、田旭(中国社会科学院)、田烨(兰州大学)、田友谊(华中师范大学)、田云(中南财经政法大学)、田泽(河海大学)、田兆元(华东师范大学)、田振军(陕西师范大学)、田正(中国社会科学院)、田正平(浙江大学)、田芝健(苏州大学)、田志宏(中国农业大学)、田志伟(上海财经大学)、仝文(山西师范大学)、仝相卿(浙大城市学院)、仝志辉(中国人民大学)、佟笑(沈阳药科大学)、佟泽华(山东理工大学)、童锦治(厦门大学)、童莉(重庆师范大学)、童敏(厦门大学)、童伟(中央财经大学)、童星(南京师范大学)、童玉芬(首都经济贸易大学)、涂端午(北京外国语大学)、涂可国(山东社会科学院)、涂良川(华南师范大学)、涂诗万(河南师范大学)、涂小刀(江西省社会科学院)、涂正革(华中师范大学)、妥建清(西安交通大学)、宛小昂(清华大学)、万安伦(北京师范大学)、万传法(上海戏剧学院)、万东升(四川轻化工大学)、万光荣(湖南师范大学)、万海鹏(首都师范大学)、万建中(北京师范大学)、万俊人(清华大学)、万俊毅(华南农业大学)、万力勇(中南民族大学)、万丽萍(浙江传媒学院)、万明钢(西北师范大学)、万其刚(全国人大常委会办公厅)、万相昱(中国社会科学院)、万小龙(电子科技大学)、万晓红(武汉体育学院)、万绪才(南京财经大学)、万勇(中国人民大学)、万兆元(北京师范大学)、汪宝荣(杭州师范大学)、汪彬[中央党校(国家行政学院)]、汪超(武汉大学)、汪传雷(安徽大学)、汪德华(中国社会科学院)、汪发元(长江大学)、汪国胜(华中师范大学)、汪介之(南京师范大学)、汪锦军(浙江工商大学)、汪蕾(浙江大学)、汪民安(清华大学)、汪敏锋(福建师范大学)、汪琼(北京大学)、汪如东(上海财经大学)、汪盛玉(安徽师范大学)、汪仕凯(复旦大学)、汪寿阳(中国科学院大学)、汪曙申(中国社会科学院)、汪顺玉(西安外国语大学)、汪伟(上海财经大学)、汪小玲(上海外国语大学)、汪小平(中国社会科学院)、汪小洋(东南大学)、汪晓赞(华东师范大学)、汪兴东(江西农业大学)、汪旭晖(东北财经大学)、汪雪锋(北京理工大学)、汪雅霜(南京大学)、汪洋(江西师范大学)、汪洋(清华大学)、汪芸倩(深圳证券交易所)、汪振军(郑州大学)、汪振林(重庆邮电大学)、王艾(广州美术学院)、王爱云(中国社会科学院)、王安全(宁夏大学)、王蓓蓓(东南大学)、王本朝(西南大学)、王彬(南开大学)、王斌(天津师范大学)、王斌(西南交通大学)、王斌(中国人民大学)、王冰(华中科技大学)、王兵(江苏经贸职业技术学院)、王秉(中南大学)、王波(对外经济贸易大学)、王彩霞(国家电网公司)、王灿(清华大学)、王灿发(中国传媒大学)、王昌林(国家发展和改革委员会)、王常伟(上海财经大学)、王超(安阳师范学院)、王超(合肥学院)、王超(湖州师范学院)、王超(中国社会科学院)、王超(中国社会科学院)、王朝科(上海对外经贸大学)、王晨(北京师范大学)、王成(南京大学)、王成(清华大学)、王成(西北工业大学)、王成兵(山西大学)、王诚军[中诚君和(北京)国际资产评估有限公司]、王承略(山东大学)、王初明(广东外语外贸大学)、王川(四川师范大学)、王传利(清华大学)、王传兴(同济大学)、王传毅(清华大学)、王传英(南开大学)、王春城(燕山大学)、王春光(中国社会科学院)、王春辉(首都师范大学)、王春景(深圳大学)、王春凯(西北农林科技大学)、王春林(江苏大学)、王春玺(北京航空航天大学)、王春业(河海大学)、王春枝(内蒙古财经大学)、王辞晓(北京师范大学)、王聪聪(北京大学)、王聪颖(南京体育学院)、王翠文(南开大学)、王丹(东北农业大学)、王丹丹(上海音乐学院)、王丹莉(中国社会科学院)、王丹林(中国社会科学院)、王丹宇(甘肃省社会科学院)、王道勇(中共中央党校)、王德亮(北京师范大学)、王德民(安徽师范大学)、王佃利(山东大学)、王顶明(北京理工大学)、王东(渤海大学)、王东(敦煌研究院)、王东(华东师范大学)、王东风(中山大学)、王东红(中国医科大学医学人文学院)、王冬冬(同济大学)、王栋(重庆工商大学)、王恩旭(东北大学)、王尔义(华侨大学)、王帆(外交学院)、王方玉(华侨大学)、王芳(北京体育大学)、王芳(云南师范大学)、王芳芳(四川师范大学)、王飞(山东师范大学)、王飞(中国社会科学院)、王斐民(北方工业大学)、王枫云(广州大学)、王峰(吉林大学)、王锋(中国矿业大学)、王凤彬(中国人民大学)、王凤杰(安徽科技学院)、王福兴(华中师范大学)、王甫勤(同济大学)、王付兵(厦门大学)、王付东(中国现代国际关系研究院)、王复春(中南财经政法大学)、王富百慧(国家体育总局体育科学研究所)、王刚毅(东北农业大学)、王高贺(暨南大学)、王戈(华中师范大学)、王庚(南京审计大学)、王关义(北京印刷学院)、王冠蒽(四川师范大学)、王光东(上海社会科学院)、王光尧(故宫博物院)、王广(中国社会科学院)、王广慧(吉林大学)、王广生(首都师范大学)、王广州(中国社会科学院)、王贵松(中国人民大学)、王桂新(复旦大学)、王国飞(武汉工程大学)、王国峰(山西财经大学)、王国华(中国价格协会)、王国惠(太原师范学院)、王国聘(南京晓庄学院)、王海(河北大学)、王海(浙江工商大学)、王海东(云南大学)、王海峰(沈阳音乐学院)、王海锋(中央民族大学)、王海弘(辽宁大学)、王海杰(郑州大学)、王海军(华东政法大学)、王海军(中国人民大学)、王海荣(哈尔滨工业大学)、王海涛(中国海洋大学)、王海稳(杭州电子科技大学)、王海燕(中国科学技术信息研究所)、王海洲(北京电影学院)、王晗(苏州大学)、王汉卫(暨南大学)、王汉熙(武汉理工大学)、王瀚(西北政法大学)、王浩(复旦大学)、王皓(吉林大学)、王和平(西安外国语大学)、王鹤亭(河南师范大学)、王红芳(山西财经大学)、王红建(郑州大学)、王红英(上海体育学院)、王宏斌(河北师范大学)、王宏江(杭州师范大学)、王宏伟(中国社会科学院)、王宏禹(对外经济贸易大学)、王洪兵(中国海洋大学)、王洪才(厦门大学)、王洪杰(通化师范学院)、王洪军(哈尔滨师范大学)、王洪涛(北京外国语大学)、王洪岳(浙江师范大学)、王鸿博(北方工业大学)、王鸿刚(中国现代国际关系研究院)、王华(厦门大学)、王华(中国社会科学院大学)、王华平(中山大学)、王欢(河北省委党校)、王晖(陕西师范大学)、王辉(国际关系学院)、王辉(浙江师范大学)、王辉(中共湖北省委党校)、王会(上海社会科学院)、王会寨(北京体育大学)、王惠颖（天津职业技术师范大学）、王慧（西南交通大学）、王慧（浙江育英职业技术学院）、王慧斌（中国社会科学院）、王记录（河南师范大学）、王继创（山西大学）、王继民（北京大学）、王继平（同济大学）、王继平（湘潭大学）、王加兴（南京大学）、王佳航（中国政法大学）、王佳佳（江苏大学）、王佳宁（重庆智库）、王建兵（甘肃省社会科学院）、王建革（复旦大学）、王建国（陆军工程大学）、王建华（河南省社会科学院）、王建华（江南大学）、王建华（南京师范大学）、王建华（中国人民大学）、王建明（苏州科技大学）、王建平（江西省社会科学院）、王建芹（中国政法大学）、王建伟（北京社会科学院）、王建秀（山西财经大学）、王健（国家电网）、王健（华中师范大学）、王鉴忠（辽宁大学）、王江清（湖南省教育科学研究院）、王江涛（华中师范大学）、王杰（西北农林科技大学）、王杰红（武汉大学）、王洁群（湘潭大学）、王金辉（黑龙江大学）、王金礼（福建师范大学）、王金鹏（中国海洋大学）、王金胜（青岛大学）、王金堂（青岛科技大学）、王金伟（北京第二外国语学院）、王金营（河北大学）、王金柱（安徽大学）、王进锋（华东师范大学）、王劲松（杭州师范大学）、王京（湖北省社会科学界联合会）、王京宝（齐鲁师范学院）、王京生（国务院推进政府职能转变和"放管服"改革协调小组）、王晶波（杭州师范大学）、王晶莹（北京师范大学）、王景丹（复旦大学）、王景迁（鲁东大学）、王景升（东北财经大学）、王景周（暨南大学）、王竞达（首都经济贸易大学）、王敬波（对外经济贸易大学）、王敬浩（华南师范大学）、王静（同济大学）、王久高（北京大学）、王娟（江苏师范大学）、王娟娟（兰州财经大学）、王珏（西南财经大学）、王军（西南财经大学）、王军（中央民族大学）、王君超（清华大学）、王俊豪（浙江财经大学）、王俊杰（中共河北省委党校）、王俊菊（山东大学）、王俊莲（甘肃省社会科学院）、王俊生（中国社会科学院）、王俊松（吉林大学）、王凯珍（首都体育学院）、王错（北京航空航天大学）、王康（北京工商大学）、王珂英（湖北经济学院）、王科（北京理工大学）、王可山（北京物资学院）、王克（中国人民大学）、王克岭（云南大学）、王克强（上海财经大学）、王克喜（南京大学）、王坤（上海交通大学）、王坤（云南师范大学）、王坤（中山大学）、王坤鹏（吉林大学）、王扩建（南京审计大学）、王腊宝（上海外国语大学）、王来华（天津社会科学院）、王兰会（北京林业大学）、王岚（河北科技大学）、王岚（上海外国语大学）、王乐文（黑龙江大学）、王磊（北京师范大学）、王磊（东北财经大学）、王磊（西华大学）、王蕾（吉林艺术学院）、王黎明（上海财经大学）、王理行（凤凰传媒出版集团）、王力（中国科学院）、王立（大连大学）、王立（西南大学）、王立非（北京语言大学）、王立剑（西安交通大学）、王立新（南开大学）、王立勇（中央财经大学）、王丽（广东石油化工学院）、王丽（河北经贸大学）、王丽洁（山东省体育科学研究中心）、王丽娟（上海体育学院）、王丽美（西北政法大学）、王丽霞（山东财经大学）、王丽耘（温州大学）、王利红（北京联合大学）、王利华（南开大学）、王俐（中国矿业大学）、王莉军（中国科学技术信息研究所）、王琳瑛（宁夏大学）、王龙魁（兰州财经大学）、王禄生（东南大学）、王璐（西北民族大学）、王泺（商务部国际贸易经济合作研究院）、王洛忠（北京师范大学）、王满传［中央党校（国家行政学院）］、王玫黎（西南政法大学）、王美芳（首都师范大学）、王萌（武汉大学）、王孟琪（新乡学院）、王孟欣（广州大学）、王梦梦（青岛大学）、王敏（教育部）、王敏（上海大学）、王敏（云南财经大学）、王敏（浙江大学）、王名扬（北京外国语大学）、王明东（云南民族大学）、王明建（成都体育学院）、王明利（中国农业科学院）、王铭玉（天津外国语大学）、王睦（德国考古研究院）、王宁（河北青年管理干部学院）、王宁（上海交通大学）、王攀峰（首都师范大学）、王培友（北京语言大学）、王鹏（北京师范大学）、王鹏（北京市社会科学院）、王鹏（华北电力大学）、王鹏（西安体育学院）、王鹏（中国人民大学）、王鹏程（北京工商大学）、王鹏飞（河南大学）、王鹏涛（南京大学）、王品（上海交通大学）、王平（吉林大学）、王平（南京师范大学）、王萍（广西科技大学）、王萍（上海外国语大学）、王蒲生（清华大学）、王琦（西北师范大学）、王倩（吉林大学）、王倩（山东师范大学）、王强（海南大学）、王强（上海交通大学）、王乔（江西财经大学）、王巧玲（北京联合大学）、王青（山东大学）、王青山（太原理工大学）、王清军（华中师范大学）、王庆明（南开大学）、王庆伟（首都体育学院）、王秋（黑龙江大学）、王秋红（西北师范大学）、王让新（电子科技大学）、王仁高（青岛农业大学）、王任梅（华中师范大学）、王韧（湖南工商大学）、王日根（厦门大学）、王茹（上海体育学院）、王瑞峰（青岛黄海学院）、王瑞娟（中共山西省委党校）、王睿（重庆大学）、王睿恒（南京大学）、王润斌（福建师范大学）、王三秀（华中科技大学）、王韶华（燕山大学）、王少媛（辽宁大学）、王邵励（东北师范大学）、王升平（中共广东省委党校）、王生龙（中国自然资源经济研究院）、王声平（台州学院）、王圣云（南昌大学）、王士花（中国社会科学院）、王士龙（中共中央党校）、王士香（吉林财经大学）、王世达（中国现代国际关系研究院）、王仕民（中山大学）、王守坤（江西财经大学）、王首程（广州大学）、王淑华（浙江传媒学院）、王淑敏（大连海事大学）、王树春（广东外语外贸大学）、王双印（深圳大学）、王水泉（浙江师范大学）、王水兴（江西师范大学）、王烁（沈阳体育学院）、王朔（北京外国语大学）、王硕（沈阳音乐学院）、王思斌（北京大学）、王思丹（外交学院）、王松林（宁波大学）、王松涛（华南师范大学）、王苏杭（新乡医学院）、王素（故宫博物院）、王太平（广东外语外贸大学）、王泰（内蒙古民族大学）、王涛（山西财经大学）、王涛（首都师范大学）、王涛（中国延安干部学院）、王桃花（中山大学）、王腾（湖北经济学院）、王天根（安徽大学）、王天民（北京师范大学）、王天平（西南大学）、王铁新（山西师范大学）、王葶亦（清华大学）、王彤（山西师范大学）、王威威（中国政法大学）、王巍（中国人民大学）、王维佳（北京大学）、王维江（复旦大学）、王伟（合肥师范学院）、王伟（华侨大学）、王伟（华中师范大学）、王伟（江苏经贸职业技术学院）、王伟（陕西师范大学）、王伟（中央财经大学）、王伟宜（福建师范大学）、王伟忠（海军军医大学）、王炜（新疆师范大学）、王炜林（山西大学）、王卫兵（郑州大学）、王卫东（北京林业大学）、王卫华（中央民族大学）、王卫星（江苏省社会科学院）、王为民（山西大学）、王文彬（中山职业技术学院）、王文兵（湘潭大学）、王文成（昆明学院）、王文方（山东大学）、王文灏（山东大学）、王文华（国际关系学院）、王文军（中国科学院）、王文烂（福建农林大学）、王文礼（江南大学）、王文清（国家税务总局）、王文生（首都体育学院）、王文治（天津师范大学）、王稳华（对外经济贸易大学）、王西华（国防科技大学）、王希隆（兰州大学）、王晰巍（吉林大学）、王锡苓（中国传媒大学）、王喜峰（中国社会科学院）、王霞（湖南第一师范学院）、王先亮（山东大学）、王先明（南开大学）、王湘玲（湖南大学）、王向鹏（河北师范大学）、王向阳（西南交通大学）、王箫轲（吉林大学）、王小林（复旦大学）、王小鹏（四川大学）、王小琴（中北大学）、王小燕（湖南大学）、王小毅（浙江大学）、王晓春（首都师范大学）、王晓德（福建师范大学）、王晓东（安庆师范大学）、王晓红（辽宁大学）、王晓红（中国国际经济交流中心）、王晓洁（河北经贸大学）、王晓津（深圳证券交易所）、王晓菊（中国社会科学院）、王晓军（中国人民大学）、王晓葵（南方科技大学）、王晓丽（华南理工大学）、王晓玲（中国社会科学院）、王晓龙（河北大学）、王晓路（四川大学）、王晓梅（西北大学）、王晓楠（上海开放大学）、王晓平（同济大学）、王晓泉（中国社会科学院）、王晓文（北京语言大学）、王晓霞（中共河北省委党校）、王晓燕（南通大学）、王晓阳（厦门大学）、王晓毅（山西省考古研究院）、王孝松（中国人民大学）、王校楠（北京理工大学）、王辛夷（北京大学）、王欣（陕西师范大学）、王欣（上海外国语大学）、王欣（四川大学）、王欣欣（河北科技大学）、王新（北京大学）、王新（云南大学）、王新凤（北京师范大学）、王鑫（山东商业职业技术学院）、王星光（郑州大学）、王兴辉（中国社会科学院大学）、王秀涛（中国人民大学）、王旭（北京大学）、王旭（燕山大学）、王旭（中国人民大学）、王旭青（上海音乐学院）、王学东（中山大学）、王学军（兰州大学）、王学男（中国教育科学研究院）、王学松（北京师范大学）、王学渊（浙江工商大学）、王雪莲（武汉体育学院）、王雪梅（上海外国语大学）、王雪强（上海体育学院）、王雪瑞（内蒙古财经大学）、王雪松（华中师范大学）、王洵（西南交通大学）、王雅清（九江学院）、王亚菲（北京师范大学）、王亚军（四川师范大学）、王亚民（华东师范大学）、王亚楠（河北科技大学）、王亚盛（威海海洋职业学院）、王延川（西北工业大学）、王延飞（北京大学）、王岩（黑龙江省林业科学院）、王炎龙（四川大学）、王颜齐（东北农业大学）、王彦辉（东北师范大学）、王艳丽（南京审计大学）、王艳玲（华东师范大学）、王艳宁（河北省社会科学院）、王燕（复旦大学）、王燕飞（西华大学）、王燕梅（中国社会科学院）、王洋（西安交通大学）、王瑶（中国社会科学院）、王一丁（南京工业大学）、王一鸣（北京大学）、王一鸣（华中科技大学）、王一涛（苏州大学）、王怡（中国社会科学院）、王义（宁波职业技术学院）、王亦飞（鲁迅美术学院）、王亦旻（故宫博物院）、王轶（北京工商大学）、王益民（中共中央党校）、王逸舟（北京大学）、王毅（上海大学）、王银宏（中国政法大学）、王银泉（南京农业大学）、王英杰（中共河北省委党校）、王英津（中国人民大学）、王瑛（华南农业大学）、王莹莹（湖南大学）、王莹莹（吉林省教育学院）、王莹莹（西北政法大学）、王颖（长春工程学院）、王雍君（中央财经大学）、王永（浙江大学）、王永兵（安庆师范大学）、王永昌（浙江大学）、王永贵（首都经济贸易大学）、王永浩（中国社会科学院）、王永洁（中国社会科学院）、王永香（西安交通大学）、王永真（北京理工大学）、王咏梅（山东大学）、王勇（北京大学）、王勇（东北财经大学）、王勇安（陕西师范大学）、王攸欣（中南大学）、王犹男（天津师范大学）、王有升（青岛大学）、王佑镁（温州大学）、王瑜（南宁师范大学）、王玉（广州市委党校）、王玉峰（北京市社会科学院）、王玉辉（中国传媒大学）、王玉括（南京邮电大学）、王玉良（南阳理工学院）、王玉梅（青岛科技大学）、王玉琼（成都理工大学）、王玉薇（东北林业大学）、王育平（东南大学）、王钰（四川大学）、王渊（兰州大学）、王苑琛（中国海洋大学）、王曰芬（天津师范大学）、王玥（辽宁大学）、王云路（浙江大学）、王云平（国家发改委）、王韵（新乡学院）、王蕴（国家发展和改革委员会）、王泽龙（华中师范大学）、王枬（广西师范大学）、王展祥（江西财经大学）、王战军（北京理工大学）、王兆军（南开大学）、王贞会（中国政法大学）、王珍（中央社会主义学院）、王臻（天津师范大学）、王振（山西农业大学）、王振华（上海交通大学）、王振民（西北大学）、王振源（华东师范大学）、王振忠（复旦大学）、王震（中央财经大学）、王震中（中国社会科学院）、王铮（西北大学）、王正青（西南大学）、王正新（浙江财经大学）、王正兴（江苏海洋大学）、王政达（山东政法学院）、王政武（广西壮族自治区社会科学界联合会）、王志标（长江师范学院）、王志芳（商务部）、王志刚（财政部）、王志刚（中国人民大学）、王志刚（重庆邮电大学）、王志华（山东科技大学）、王志军（江南大学）、王志亮（河北大学）、王志强（广东省教育研究院）、王志强（南京工业大学）、王志松（北京师范大学）、王志伟（审计署）、王志远（中国政法大学）、王志章（西南大学）、王治河（哈尔滨工业大学）、王智慧（中国人民大学）、王智烜（厦门国家会计学院）、王中保（中国社会科学院）、王中旭（故宫博物院）、王中余（上海音乐学院）、王中原（河南大学）、王竹（四川大学）、王竹泉（中国海洋大学）、王壮（北京语言大学）、王卓（山东师范大学）、王卓（四川大学）、王子林（故宫博物院）、王宗礼（西北师范大学）、王宗平（云南大学）、韦国良（海军大连舰艇学院）、韦名应（云南民族大学）、韦清琦（东南大学）、韦韧（中国社会科学院）、韦晓康（中央民族大学）、韦永琼（江苏师范大学）、韦正（北京大学）、隗辉（武汉东湖学院）、卫郭敏（太原科技大学）、卫虎林（山西财经大学）、卫乃兴（北京航空航天大学）、卫旭华（兰州大学）、尉建文（北京师范大学）、魏波（北京大学）、魏传光（暨南大学）、魏德平（陕西师范大学）、魏凤莲（鲁东大学）、魏夫超（山东省体育局）、魏光兴（重庆交通大学）、魏宏远（兰州大学）、魏坚（中央民族大学）、魏建国（武汉理工大学）、魏健馨（天津大学）、魏江（浙江大学）、魏进平（天津师范大学）、魏俊民（宝鸡文理学院）、魏峻（复旦大学）、魏立帅（中国社会科学院）、魏连（齐鲁工业大学）、魏琳（江西财经大学）、魏玲（福建医科大学）、魏鹏举（中央财经大学）、魏蕊（河北大学）、魏瑞斌（安徽财经大学）、魏守华（南京大学）、魏淑民（河南省社会科学院）、魏淑艳（东北大学）、魏顺平（中央民族大学）、魏万青（广西大学）、魏文栋（上海交通大学）、魏文享（华中师范大学）、魏下海（华侨大学）、魏祥奇（中国美术馆）、魏祥迁（齐鲁师范学院）、魏翔（中国社会科学院）、魏晓娜（中国人民大学）、魏晓蓉（甘肃省社会科学院）、魏雪峰（鲁东大学）、魏延秋（国防大学）、魏衍华（孔子研究院）、魏怡然（中南财经政法大学）、魏义霞（黑龙江大学）、魏勇（伊犁师范大学）、魏占国（中南林业科技大学）、魏志华（厦门大学）、魏志慧（上海开放大学）、魏治勋（上海政法学院）、魏忠强（燕山大学）、魏众（中国社会科学院）、温彩霞（国家税务总局）、温春来（中山大学）、温建红（西北师范大学）、温建平（上海对外经贸大学）、温军（西安交通大学）、温明月（华南师范大学）、温庆新（扬州大学）、温睿（西北大学）、温士贤（华南师范大学)、温松［中共广东省委党校（广东行政学院）］、温素彬（南京审计大学）、温锁林（天津师范大学）、温煦（浙江大学）、温有奎（武汉大学）、温玉霞（西安外国语大学）、温志强（天津师范大学）、文兵（中国政法大学）、文贵良（华东师范大学）、文豪（中南财经政法大学）、文宏（华南理工大学）、文军（华东师范大学）、文玲（衡阳师范学院）、文庭孝（中南大学）、文婷（南京财经大学）、文旭（西南大学）、文学锋（中山大学）、文洋（中共中央党校）、文禹衡（湘潭大学）、闻素霞（新疆师范大学）、问清泓（武汉科技大学）、问永宁（深圳大学）、翁伟斌（上海市教育科学研究院）、翁文艳（中国浦东干部学院）、我建军（南开大学）、乌小花（中央民族大学）、乌云毕力格（中国人民大学）、邬焜（西安交通大学）、巫达（中央民族大学）、巫锡炜（中国人民大学）、毋育新（西安外国语大学）、吴阿娟（天津社会科学院）、吴昂（中国人民大学）、吴本健（中央民族大学）、吴怍（华东师范大学）、吴兵（三江学院）、吴炳义（潍坊医学院）、吴才茂（凯里学院）、吴昌南（江西财经大学）、吴超（中国社会科学院）、吴超林（华南师范大学）、吴尘（沈阳音乐学院）、吴晨生（北京市科学技术研究院）、吴成亮（北京林业大学）、吴传清（武汉大学）、吴春相（上海外国语大学）、吴春燕（山东省体育局）、吴大辉（清华大学）、吴大磊（广东省社会科学院）、吴丹（武汉大学）、吴笛（浙江大学）、吴定初（四川师范大学）、吴芳（江西财经大学）、吴锋（西安交通大学）、吴钢（武汉大学）、吴高臣（首都师范大学）、吴冠军（华东师范大学）、吴光兴（中国社会科学院）、吴国来（天津师范大学）、吴国林（华南理工大学）、吴国喆（西安交通大学）、吴海琳（吉林大学）、吴海清（北京舞蹈学院）、吴汉华（江汉大学）、吴汉全（杭州师范大学）、吴昊（首都体育学院）、吴浩（上海大学）、吴红斌（汉江师范学院）、吴洪英（中国现代国际关系研究院）、吴华峰（新疆师范大学）、吴华清（合肥工业大学）、吴辉（安徽大学）、吴慧（国际关系学院）、吴慧平（广州美术学院）、吴继峰（首都师范大学）、吴继陆（自然资源部）、吴继英（江苏大学）、吴佳（上海市房地产科学研究院）、吴家军（沈阳音乐学院）、吴建军（湖南科技大学）、吴建良（燕山大学）、吴建伟［中国石油大学（北京）］、吴剑锋（上海交通大学）、吴健辉（深圳大学）、吴涧生（国家发改委）、吴椒军（合肥工业大学）、吴杰华（南昌大学）、吴金平（暨南大学）、吴锦程（福建农林大学）、吴晶（深圳证券交易所）、吴璟薇（清华大学）、吴静（南京师范大学）、吴隽雅（河海大学）、吴军民（江西财经大学）、吴恺（武汉大学）、吴乐（中国科学院）、吴蕾（中国法学会）、吴林龙（北京师范大学）、吴玲（东北农业大学）、吴玲（江苏省哲学社会科学界联合会）、吴羚靖（中国人民大学）、吴满意（电子科技大学）、吴敏超（中国社会科学院)、吴楠(安徽省社会科学院)、吴鹏泽(华南师范大学)、吴平(北京语言大学)、吴平(四川农业大学)、吴潜涛(清华大学)、吴强(北京工商大学)、吴青(武汉大学)、吴庆军(外交学院)、吴秋生(山西财经大学)、吴尚昆(中国自然资源经济研究院)、吴少龙(中山大学)、吴世雄(福建师范大学)、吴守蓉(北京林业大学)、吴淑玲(河北大学)、吴水荣(中国林业科学研究院)、吴思红(中共杭州市委党校)、吴思娜(北京外国语大学)、吴思思(深圳证券交易所)、吴天明(武汉大学)、吴投文(湖南科技大学)、吴薇莉(西华大学)、吴巍巍(福建师范大学)、吴伟光(浙江农林大学)、吴伟伟(哈尔滨工业大学)、吴卫红(安徽大学)、吴卫笙(对外经济贸易大学)、吴蔚(上海书画出版社)、吴蔚(武汉大学)、吴文成(外交学院)、吴文峰(天津体育学院)、吴文科(中国艺术研究院)、吴武清(中国人民大学)、吴喜之(中国人民大学)、吴翔宇(浙江师范大学)、吴向东(北京师范大学)、吴向明(成都体育学院)、吴小节(广东工业大学)、吴晓东(北京大学)、吴晓华(国家发改委)、吴晓林(南开大学)、吴晓荣(江西省社会科学院)、吴晓蓉(西南大学)、吴晓燕[中共四川省委党校(四川行政学院)]、吴晓云(北京师范大学)、吴兴帜(云南民族大学)、吴学琴(安徽大学)、吴雪萍(上海体育学院)、吴雪杉(中央美术学院)、吴延溢(南通大学)、吴燕妮(深圳市社会科学院)、吴要武(中国社会科学院)、吴业苗(南京师范大学)、吴叶林(西南大学)、吴一平(上海财经大学)、吴一平(盐城师范学院)、吴以扬(上海市法学会)、吴义勤(中国作家协会)、吴义爽(安徽大学)、吴应辉(北京语言大学)、吴瑛(上海体育学院)、吴瑛(云南省社科联)、吴永贵(武汉大学)、吴永和(华东师范大学)、吴娱玉(华东师范大学)、吴宇(河北大学)、吴宇(西南政法大学)、吴玉杰(辽宁大学)、吴玉军(北京师范大学)、吴愈晓(南京大学)、吴原元(华东师范大学)、吴粤北(中央音乐学院)、吴赟(同济大学)、吴赟(浙江大学)、吴云(中国人民银行)、吴早生(安徽大学)、吴长安(东北师范大学)、吴昭军(中国农业大学)、吴珍[新疆兵团党委党校(行政学院)]、吴真(天津职业技术师范大学)、吴振全(北京市工程咨询有限公司)、吴志成(中央党校)、吴志祥(南京工业大学)、吴子林(中国社会科学院)、伍宸(浙江外国语学院)、伍建军(中国社会科学院大学)、伍瑾(常州大学)、伍麟(武汉大学)、伍琼华(云南民族大学)、伍山林(上海财经大学)、武晟(中共广东省委党校)、武冬(北京体育大学)、武光军(北京航空航天大学)、武恒光(山东财经大学)、武卉昕(东北农业大学)、武甲斐(山西省社会科学院)、武建芬(杭州师范大学)、武俊伟(国务院办公厅)、武丽志(华南师范大学)、武洛生(西安体育学院)、武沐(兰州大学)、武帅（深圳证券交易所）、武舜臣（中国社会科学院）、武文杰（河北大学）、武向平（苏州大学）、武晓霞（北京航空航天大学）、武新军（河南大学）、武秀霞（天津市教育科学研究院）、武夷山（中国科学技术发展战略研究院）、武玉坤（华南农业大学）、奚庆庆（安徽师范大学）、习明明（江西财经大学）、习五一（中国社会科学院）、席格（河南省社会科学院）、席海龙（西安体育学院）、席恒（西北大学）、席卫权（河南大学）、席卫群（江西财经大学）、席晓娟（西北政法大学）、席志国（中国政法大学）、夏成生（成都体育学院）、夏翠娟（上海图书馆）、夏国军（上海大学）、夏昊翔（大连理工大学）、夏杰长（中国社会科学院）、夏军（同济大学）、夏立平（同济大学）、夏茂林（西华师范大学）、夏美武（铜陵学院）、夏明方（中国人民大学）、夏明方（中国人民大学）、夏南新（中山大学）、夏沁（中南大学）、夏清泉（广州大学）、夏天（中国人民大学）、夏万军（安徽财经大学）、夏巍（复旦大学）、夏小刚（贵州师范大学）、夏兴有（国防大学）、夏正林（华南理工大学）、鲜国建（中国农业科学院）、相均泳（全球能源互联网发展合作组织）、向柏松（中南民族大学）、向波（南开大学）、向晶（中国社会科学院）、向森（武汉大学）、向明友（对外经济贸易大学）、向瑞（人民教育出版社）、向书坚（浙江工商大学）、向天渊（西南大学）、向新（中南财经政法大学）、向宇（浙江传媒学院）、向玉琼（南京农业大学）、向云驹（北京师范大学）、向运华（武汉大学）、向在胜（中南财经政法大学）、向长艳（中共河南省委党校）、项安波（国务院发展研究中心）、项露林（重庆交通大学）、项松林（中共中央党校）、项智多杰（西藏自治区社会科学院）、萧放（北京师范大学）、萧鸣政（北京大学）、萧晓阳（中南民族大学）、肖爱民（河北大学）、肖百容（湖南师范大学）、肖斌（中国社会科学院）、肖波（武汉大学）、肖超（陕西师范大学）、肖称萍（江西科技师范大学）、肖纯柏（浙大城市学院）、肖第郁（江西省教育评估监测研究院）、肖棣文（中共广东省委党校）、肖峰（上海大学）、肖贵清（清华大学）、肖国荣（云南师范大学）、肖航（教育部）、肖红军（中国社会科学院）、肖红松（河北大学）、肖宏（中核集团）、肖华锋（湖南师范大学）、肖华堂（四川省社会科学院）、肖焕禹（上海体育学院）、肖坚（江西省生态文明研究院）、肖建华（江西财经大学）、肖建辉（中山大学）、肖剑忠（浙江工业大学）、肖杰（中国藏学研究中心）、肖金成（国家发展和改革委员会）、肖进勇（南昌工学院）、肖静华（中山大学）、肖军（贵州民族大学）、肖俊洪（开放大学）、肖俊杰（上海大学）、肖克（东北师范大学）、肖鹏（中国农业大学）、肖鹏（中山大学）、肖日葵（厦门大学）、肖如平（浙江大学）、肖士英（陕西师范大学）、肖顺武（西南政法大学）、肖唐镖（南京大学）、肖维青（上海外国语大学)、肖伟胜(四川大学)、肖卫华(上海体育学院)、肖文燕(江西财经大学)、肖希明(武汉大学)、肖奚强(南京师范大学)、肖祥(浙江师范大学)、肖翔(北京交通大学)、肖晓丹(四川大学)、肖新喜(西北政法大学)、肖星(广州大学)、肖学俊(中国音乐学院)、肖雪(南开大学)、肖砚凌(四川师范大学)、肖洋(北京第二外国语学院)、肖弋(湖南师范大学)、肖永平(武汉大学)、肖玉秋(南开大学)、肖远平(贵州师范大学)、肖泽平(重庆旅游职业学院)、肖正德(杭州师范大学)、肖忠意(西南政法大学)、肖竹(中国劳动关系学院)、谢必震(福建师范大学)、谢冰清(中南大学)、谢波峰(中国人民大学)、谢朝武(华侨大学)、谢丹(海南师范大学)、谢德仁(清华大学)、谢登科(吉林大学)、谢富胜(中国人民大学)、谢贵安(武汉大学)、谢桂华(中国人民大学)、谢桂山(山东社会科学院)、谢国荣(华东师范大学)、谢海军(郑州大学)、谢海霞(首都经济贸易大学)、谢和均(云南大学)、谢红光(深圳大学)、谢鸿飞(中国社会科学院)、谢欢(南京大学)、谢继胜(浙江大学)、谢建华(四川师范大学)、谢江(沈阳音乐学院)、谢杰(浙江工商大学)、谢靖(中南财经政法大学)、谢娟(济南大学)、谢娟(中国政法大学)、谢军(首都体育学院)、谢俊(重庆邮电大学)、谢里(湖南大学)、谢立黎(中国人民大学)、谢丽(河南大学)、谢莉花(同济大学)、谢洌(中南林业科技大学)、谢琳(华南农业大学)、谢霖博(青岛市)、谢龙新(汕头大学)、谢孟军(山东工商学院)、谢乃和(东北师范大学)、谢妮(贵州师范大学)、谢青梅(华南农业大学)、谢青松(云南大学)、谢庆勇(金华职业技术学院)、谢琼(北京师范大学)、谢荣娥(中南民族大学)、谢若初(国际关系学院)、谢申祥(山东财经大学)、谢胜华(华中师范大学)、谢适汀(海军大连舰艇学院)、谢淑海(伊犁师范大学)、谢素娟(中国海洋大学)、谢天长(福建工程学院)、谢文玉(湖南师范大学)、谢小剑(江西财经大学)、谢小良(湖南工商大学)、谢小芹(西南财经大学)、谢小庆(北京语言大学)、谢小云(浙江大学)、谢晓尧(中山大学)、谢晓专(中国人民公安大学)、谢新水(首都师范大学)、谢彦君(海南大学)、谢屹(北京林业大学)、谢应光(西华大学)、谢永江(北京邮电大学)、谢永宪(北京联合大学)、谢岳(苏州大学)、谢长法(西南大学)、谢喆平(清华大学)、谢振泽(广东省社科联)、谢正阳(南京体育学院)、谢志岿(中共深圳市委党校)、谢致平(中山大学)、谢周(西南大学)、辛斌(南京师范大学)、辛冲冲(北京市社会科学院)、辛方坤(上海政法学院)、辛红娟(宁波大学)、辛继湘(湖南师范大学)、辛立秋(东北农业大学)、辛平(北京大学)、辛逸(中国人民大学)、辛宇(中山大学)、忻华(上海外国语大学)、信强(复旦大学)、邢成举(西北农林科技大学)、邢春冰（中国人民大学）、邢国忠（北京师范大学）、邢晖（国家教育行政学院）、邢慧斌（河北大学）、邢金明（东北师范大学）、邢珺（中智管理咨询研究院）、邢来顺（华中师范大学）、邢丽菊（复旦大学）、邢楠楠（山东财经大学）、邢瑞磊（武汉大学）、邢欣（中国传媒大学）、邢宇宙（北京工业大学）、邢来顺（华中师范大学）、熊丙奇（21世纪教育研究院）、熊登榜（扬州大学）、熊菲（北京交通大学）、熊光清（对外经济贸易大学）、熊鸿儒（国务院发展研究中心）、熊欢（上海体育学院）、熊剑平（国防科技大学）、熊洁（中共中央党校）、熊金平（北京化工大学）、熊磊（重庆理工大学）、熊立（江西财经大学）、熊明辉（浙江大学）、熊伟（陕西学前师范学院）、熊伟（深圳证券交易所）、熊炜（外交学院）、熊卫（中山大学）、熊文（华东师范大学）、熊文彬（四川大学）、熊曦（中南林业科技大学）、熊显长（湖北大学）、熊小刚（江西财经大学）、熊永兰（中国科学院）、熊月之（上海社会科学院）、熊跃敏（北京师范大学）、熊哲文（中共深圳市委党校）、熊仲儒（北京语言大学）、胥兴春（西南大学）、徐蔼婷（浙江工商大学）、徐百超（海南医学院）、徐宝锋（北京语言大学）、徐保昌（青岛大学）、徐彬（东北电力大学）、徐彬（东北师范大学）、徐彬（中共浙江省委党校）、徐博（吉林大学）、徐彩华（北京师范大学）、徐畅（中国社会科学院）、徐朝东（北京语言大学）、徐朝红（湖南师范大学）、徐朝卫（山西财经大学）、徐成芳（内蒙古大学）、徐承红（西南财经大学）、徐春梅（四川开放大学）、徐赐成（陕西师范大学）、徐岱（浙江大学）、徐丹（Johannes Gutenberg University Mainz, Germany）、徐道稳（深圳大学）、徐德林（中国社会科学院）、徐德荣（中国海洋大学）、徐方（青岛科技大学）、徐芳（河南大学）、徐放鸣（江苏师范大学）、徐枫（中央戏剧学院）、徐峰（华东师范大学）、徐赣丽（华东师范大学）、徐刚（中国社会科学院）、徐高彦（河海大学）、徐公喜（上饶师范学院）、徐光木（湖北师范大学）、徐光涛（杭州师范大学）、徐光伟（常州大学）、徐国冲（厦门大学）、徐国亮（山东大学）、徐国民（华东理工大学）、徐国兴（华东师范大学）、徐海波（深圳大学）、徐海娇（东北师范大学）、徐海燕（对外经济贸易大学）、徐涵（沈阳师范大学）、徐红（长江大学）、徐红姣（中国科学技术信息研究所）、徐红梅（人民日报社）、徐宏（山东财经大学）、徐洪峰（中国社会科学院）、徐辉（西南大学）、徐辉（长江大学）、徐辉富（上海开放大学）、徐继存（山东师范大学）、徐家林（华东政法大学）、徐嘉辉（东北农业大学）、徐洁（齐鲁师范学院）、徐锦芬（华中科技大学）、徐菁（山西省财政厅）、徐敬宏（北京师范大学）、徐君（四川大学）、徐俊（河海大学）、徐俊增（河海大学）、徐骏（浙江财经大学）、徐恺（浙江大学）、徐科锐（吉林艺术学院）、徐坤

（华东师范大学）、徐岚（武汉大学）、徐乐（中国社会科学院）、徐雷（武汉大学）、徐蕾（南京大学）、徐礼伯（南京审计大学）、徐立刚（江苏省档案馆）、徐丽芳（武汉大学）、徐良（江西师范大学）、徐良高（中国社会科学院）、徐凌波（南京大学）、徐龙国（中国社会科学院）、徐曼（南开大学）、徐曼琳（四川外国语大学）、徐梅（喀什大学）、徐美玲（对外经济贸易大学）、徐敏（华中科技大学）、徐明（成都体育学院）、徐茗（上海师范大学）、徐默凡（华东师范大学）、徐鹏（浙江省社会科学院）、徐平（中共中央党校）、徐坡岭（中国社会科学院）、徐琪（厦门大学）、徐倩（南京信息工程大学）、徐强（东北财经大学）、徐强胜（中南财经政法大学）、徐清振（华南师范大学）、徐时仪（上海师范大学）、徐思远（西北农林科技大学）、徐松岩（西南大学）、徐铜柱（湖北民族大学）、徐万胜（战略支援部队信息工程大学）、徐维军（华南理工大学）、徐伟功（中南财经政法大学）、徐伍达（西藏自治区社会科学院）、徐曦（北京师范大学—香港浸会大学联合国际学院）、徐翔（同济大学）、徐晓光（深圳大学）、徐晓军（华中师范大学）、徐晓攀（河南师范大学）、徐晓鹏（河南工业大学）、徐晓旭（中国人民大学）、徐信贵（重庆大学）、徐星（海军大连舰艇学院）、徐行（南开大学）、徐秀军（中国社会科学院）、徐秀丽（中国农业大学）、徐秀丽（中国社会科学院）、徐艳东（中国社会科学院）、徐艳晴（海南大学）、徐雁平（南京大学）、徐扬（北京大学）、徐怡涛（北京大学）、徐以中（南京航空航天大学）、徐义国（中国社会科学院）、徐艺乙（南京大学）、徐毅（广西师范大学）、徐英（外交学院）、徐颖（国际关系学院）、徐永利（河北大学）、徐永赞（河北科技大学）、徐有威（上海大学）、徐宇珊（深圳市社会科学院）、徐玉臣（长安大学）、徐玉明（杭州师范大学）、徐越倩（浙江工商大学）、徐增阳（华中师范大学）、徐昭峰（辽宁师范大学）、徐兆寿（西北师范大学）、徐浙宁（上海社会科学院）、徐振国（曲阜师范大学）、徐正考（吉林大学）、徐正英（中国人民大学）、徐志刚（南京农业大学）、徐志坚（上海第二工业大学）、徐志民（中国社会科学院）、徐志啸（复旦大学）、许爱萍（天津社会科学院）、许超杰（湖南大学）、许晟（江西农业大学）、许冲（华南师范大学）、许传华（北京第二外国语学院）、许春华（河北大学）、许德峰（北京大学）、许德金（中山大学）、许敦平（广州美术学院）、许多奇（复旦大学）、许峰（北京联合大学）、许光建（中国人民大学）、许海丽（齐鲁师范学院）、许海清（内蒙古财经大学）、许汉泽（南京航空航天大学）、许宏（上海外国语大学）、许宏（中国社会科学院）、许华（中国社会科学院）、许卉（河北省社会科学院）、许加彪（陕西师范大学）、许洁（武汉大学）、许金秋（吉林大学）、许金叶（上海大学）、许竞（教育部）、许钧

(浙江大学)、许开轶(南京师范大学)、许可(山东大学)、许丽英(中央民族大学)、许利平(中国社会科学院)、许林(教育部)、许明杰(复旦大学)、许明武(华中科技大学)、许琪(南京大学)、许勤超(青岛科技大学)、许庆(上海财经大学)、许庆坤(上海政法学院)、许世建(浙江工商职业技术学院)、许适琳(通化师范学院)、许寿方(新乡学院)、许寿童(三亚学院)、许涛(国务院发展研究中心)、许统生(江西财经大学)、许文(中国财政科学研究院)、许先春(中央党史和文献研究院)、许先生(新乡学院)、许祥云(南昌大学)、许晓华(首都经济贸易大学)、许晓明(广西壮族自治区非遗保护中心)、许晓明(河北科技大学)、许欣欣(成都大学)、许鑫(华东师范大学)、许序雅(浙江师范大学)、许言(深圳证券交易所)、许彦(中共四川省委党校)、许亦频(国家统计局)、许英明(商务部国际贸易经济合作研究院)、许永洪(厦门大学)、许余龙(上海外国语大学)、许月云(泉州师范学院)、许悦雷(辽宁大学)、许昭(山东体育学院)、许治平(北京体育大学)、许中波(南京邮电大学)、许宗华(黑龙江大学)、宣朝庆(南开大学)、薛二勇(北京师范大学)、薛钢(中南财经政法大学)、薛广洲(中共中央党校)、薛国凤(河北大学)、薛海波(南京师范大学)、薛惠元(武汉大学)、薛继东(山西财经大学)、薛军(北京大学)、薛鹏(江南大学)、薛庆国(北京外国语大学)、薛茹(国防大学)、薛瑞汉(中共河南省委党校)、薛爽(上海财经大学)、薛亚玲(中国社会科学院)、薛亚洲(自然资源部)、薛彦华(河北师范大学)、薛艳伟(太原师范学院)、薛营(吉林财经大学)、薛原(上海师范大学)、薛源(对外经济贸易大学)、鄢哲明(西安交通大学)、闫爱民(南开大学)、闫春(山西财经大学)、闫广芬(天津大学)、闫国利(天津师范大学)、闫海(辽宁大学)、闫寒冰(华东师范大学)、闫焕民(南昌大学)、闫建(中共重庆市委党校)、闫建华(浙江工业大学)、闫健(北京外国语大学)、闫民(济南大学)、闫士展(江苏省体育科学研究所)、闫树涛(河北大学)、闫伟(西北大学)、闫温乐(上海师范大学)、闫兴(中共福建省委党校)、闫屹(河北大学)、闫育东(天津体育学院)、闫志明(鲁东大学)、严从根(杭州师范大学)、严国萍(浙江省委党校)、严海兵(华东政法大学)、严海建(南京师范大学)、严辉(洛阳市文物局)、严会超(华南农业大学)、严家高(山东体育学院)、严静(福建师范大学)、严泉(上海大学)、严若森(武汉大学)、严少华(复旦大学)、严炜炜(武汉大学)、严骁骁(上海社会科学院)、严新明(南京大学)、严雅雪(中南财经政法大学)、严勇(文化和旅游部部长)、严宇鸣(华东政法大学)、严忠良(湖北汽车工业学院)、阎国栋(南开大学)、阎浩岗(河北大学)、阎盛国(山东师范大学)、阎守扶(首都体育学院)、阎书昌(河北师范大学)、阎树群(陕西师范大学)、颜海娜(华南师范大学)、颜佳华(湘潭大学)、颜军(扬州大学)、颜炼军(浙江工业大学)、颜士刚(天津师范大学)、颜帅(国际科学、技术与医学出版商协会)、颜天民(首都体育学院)、颜晓峰(天津大学)、彦风(中国艺术研究院)、晏青(暨南大学)、晏绍祥(首都师范大学)、晏湘涛(中南大学)、晏小敏(常州大学)、晏周琴(青海大学)、燕连福(西安交通大学)、央珍(中央民族大学)、阳义南(湖南大学)、阳镇(中国社会科学院)、杨爱平(华南师范大学)、杨柏岭(安徽师范大学)、杨宝忠(河北大学)、杨保筠(北京大学)、杨贝(对外经济贸易大学)、杨玢(青海大学)、杨彬(东华大学)、杨彬(上海外国语大学)、杨斌(厦门大学)、杨斌艳(中国社会科学院)、杨冰(成都体育学院)、杨波(甘肃省社会科学院)、杨波(河南省社会科学院)、杨波(南京农业大学)、杨波(上海外国语大学)、杨博(上海社会科学院)、杨灿(厦门大学)、杨琛(云南师范大学)、杨成(上海外国语大学)、杨成波(成都体育学院)、杨成钢(西南财经大学)、杨成秀(浙江音乐学院)、杨成玉(中国社会科学院)、杨春龙(淮阴师范学院)、杨春学(首都经济贸易大学)、杨翠迎(上海财经大学)、杨达(贵州大学)、杨丹丹(北京市文物局)、杨丹丹(武汉大学)、杨丹辉(中国社会科学院)、杨道广(对外经济贸易大学)、杨德亮(南京理工大学)、杨德睿(南京大学)、杨登峰(东南大学)、杨东(中国人民大学)、杨东广〔中共河北省委党校(河北行政学院)〕、杨发祥(华东理工大学)、杨帆(扬州大学)、杨凡(天津理工大学)、杨凡(中国人民大学)、杨峰(齐鲁师范学院)、杨峰(四川大学)、杨凤华(南通大学)、杨福霞(华中农业大学)、杨付(西南财经大学)、杨刚(温州大学)、杨根乔(安徽省社会科学院)、杨耕(北京师范大学)、杨攻研(辽宁大学)、杨冠灿(中国人民大学)、杨贵军(天津财经大学)、杨桂芳(河北青年管理干部学院)、杨国安(武汉大学)、杨国静(上海财经大学)、杨国立(扬州大学)、杨国兴(云南民族大学)、杨海滨(香港中文大学)、杨海波(天津师范大学)、杨海华(江苏理工学院)、杨海挺(长安大学)、杨红萍(山西师范大学)、杨红伟(兰州大学)、杨红燕(武汉大学)、杨宏山(中国人民大学)、杨宏伟(兰州大学)、杨宏云(扬州大学)、杨洪贵(西华师范大学)、杨洪林(湖北民族大学)、杨洪源(中国社会科学院)、杨胡列(太原理工大学)、杨华锋(国际关系学院)、杨华丽(重庆师范大学)、杨卉(首都师范大学)、杨会新(国家检察官学院)、杨慧(中央民族大学)、杨慧民(大连理工大学)、杨积堂(北京联合大学)、杨继文(华东政法大学)、杨建(深圳市社会科学院)、杨建朝(信阳师范学院)、杨建华(青岛科技大学)、杨建军(西北民族大学)、杨建军(西北政法大学)、杨建林（南京大学）、杨建平（中共新疆生产建设兵团委员会党校）、杨建顺（中国人民大学）、杨建英（国际关系学院）、杨建营（华东师范大学）、杨剑（华东师范大学）、杨健（上海音乐学院）、杨江华（西安交通大学）、杨皎平（青岛科技大学）、杨杰（西藏自治区社会科学院）、杨杰宏（中国社会科学院）、杨解朴（中国社会科学院）、杨金花（河北大学）、杨锦秀（四川农业大学）、杨瑾（陕西师范大学）、杨进（中国社会科学院）、杨劲（中山大学）、杨晶（福建师范大学）、杨敬暖（山东省体育局）、杨敬宇（甘肃中医药大学）、杨菊华（中央民族大学）、杨菊兰（山西财经大学）、杨巨平（南开大学）、杨娟（北京师范大学）、杨军（河南大学）、杨军（苏州大学）、杨俊（浙江大学）、杨俊（中国人民大学）、杨俊凯（南京信息职业技术学院）、杨开城（北京师范大学）、杨可（广东外语外贸大学）、杨琨（深圳证券交易所）、杨乐（深圳市腾讯计算机系统有限公司）、杨雷（南开大学）、杨磊（西南大学）、杨蕾（广东技术师范大学）、杨礼银（武汉大学）、杨李娟（江西财经大学）、杨理论（西南大学）、杨立华（北京大学）、杨立新（中国人民大学）、杨立雄（中国人民大学）、杨丽（天津大学）、杨利慧（北京师范大学）、杨连瑞（中国海洋大学）、杨莲霞（天津理工大学）、杨林（南京财经大学）、杨林（山东大学）、杨琳（南开大学）、杨玲（兰州大学）、杨玲（首都师范大学）、杨玲（云南农业大学）、杨柳成（广西艺术学院）、杨龙（福建农林大学）、杨龙（南开大学）、杨伦增（福建农林大学）、杨毛措（中央民族大学）、杨茂庆（广西师范大学）、杨梦（深圳证券交易所）、杨冕（武汉大学）、杨敏（中央财经大学）、杨明（北京大学）、杨明洪（云南大学）、杨明佳（武汉理工大学）、杨明婉（广东金融学院）、杨明伟（中共中央党史和文献研究院）、杨娜（南开大学）、杨念群（中国人民大学）、杨其静（中国人民大学）、杨强（成都体育学院）、杨强（西北政法大学）、杨清溪（东北师范大学）、杨庆祥（中国人民大学）、杨泉（北京师范大学）、杨仁发（安徽大学）、杨仁忠（天津师范大学）、杨荣祥（北京大学）、杨蕤（北方民族大学）、杨少涵（华侨大学）、杨少垒（四川大学）、杨仕健（厦门大学）、杨仕章（上海外国语大学）、杨首国（中国现代国际关系研究院）、杨帅（常州大学）、杨水远（湖南第一师范学院）、杨铄（宁波大学）、杨思帆（重庆师范大学）、杨思灵（云南省社会科学院）、杨思洛（武汉大学）、杨思莹（吉林大学）、杨松令（北京工业大学）、杨松涛（河南大学）、杨肃昌（兰州大学）、杨涛（广州市委党校）、杨涛（中国藏学研究中心）、杨铁黎（首都体育学院）、杨廷干（上海立信会计金融学院）、杨通进（广西大学）、杨通银（江苏师范大学）、杨万东（中国人民大学）、杨威（海南师范大学）、杨薇（天津师范大学）、杨维东（重庆工商大学）、杨伟（四川外国语大学）、杨伟民（中共新疆生产建设兵团委员会党校）、杨伟清（中国人民大学）、杨卫（上海社会科学院）、杨卫安（东北师范大学）、杨卫兵（安徽工业大学）、杨位俭（上海大学）、杨文杰（河北大学）、杨文举（重庆工商大学）、杨文珂（东南大学）、杨文利（中国社会科学院）、杨文圣（天津大学）、杨文胜（河南省文物考古研究院）、杨夏鸣（江苏省委党校）、杨先农（四川省社会科学院）、杨显滨（上海大学）、杨现民（江苏师范大学）、杨向阳（南京财经大学）、杨小敏（北京师范大学）、杨小明（东华大学）、杨小强（中山大学）、杨小微（华东师范大学）、杨晓（辽宁师范大学）、杨晓纯（中国藏学研究中心）、杨晓林（同济大学）、杨晓楠（大连海事大学）、杨晓萍（西南大学）、杨欣（西南大学）、杨新宾（燕山大学）、杨信礼［中共中央党校（国家行政学院）］、杨雄胜（南京大学）、杨秀（清华大学）、杨秀云（西安交通大学）、杨绪明（南宁师范大学）、杨雪冬（清华大学）、杨雪燕（西安交通大学）、杨雅妮（兰州大学）、杨亚波（西藏自治区社会科学院）、杨延圣（浙江工业大学）、杨岩（中国科学技术信息研究所）、杨彦斌（内蒙古科技大学）、杨艳丽（哈尔滨师范大学）、杨艳秋（中国社会科学院）、杨阳（中国政法大学）、杨洋（成都体育学院）、杨一博（四川美术学院）、杨宜（北京财贸职业学院）、杨宜勇（国家发展和改革委员会）、杨义武（南京财经大学）、杨毅（北京外国语大学）、杨毅（云南大学）、杨翼（武汉体育学院）、杨翼（浙江大学）、杨懿（云南大学）、杨英姿（海南师范大学）、杨迎泽（国家检察官学院）、杨永庚（西安文理学院）、杨永康（山西大学）、杨永龙（中国社会科学院）、杨勇（华东师范大学）、杨勇（武汉大学）、杨勇涛（天津体育学院）、杨友才（青岛科技大学）、杨友孙（上海政法学院）、杨宇（成都理工大学）、杨宇琦（西南民族大学）、杨玉成［中共中央党校（国家行政学院）］、杨玉麟（西北大学）、杨原（中国社会科学院）、杨远婴（北京电影学院）、杨月坤（常州大学）、杨跃（南京师范大学）、杨越（国家体育总局）、杨云飞（武汉大学）、杨在平（中共山西省委党校）、杨泽波（复旦大学）、杨铿（上海大学）、杨长江（复旦大学）、杨钊（四川大学）、杨兆山（东北师范大学）、杨喆（沈阳音乐学院）、杨珍（天津体育学院）、杨震（上海政法学院）、杨志华（北京林业大学）、杨志明（北京科技大学）、杨志云（北京科技大学）、杨智（贵州师范学院）、杨中超（国家教育行政学院）、杨仲山（东北财经大学）、杨筑慧（中央民族大学）、杨卓轩（中国社会科学院）、杨子晖（中山大学）、杨子彦（中国社会科学院）、杨宗杭（深圳证券交易所）、杨宗亮（云南民族大学）、杨祖国（天津大学）、杨祖义（中南财经政法大学）、仰海峰（北京大学）、姚百慧（首都师范大学）、姚彬彬（武汉大学）、姚博（中国社会科学院）、姚常成（西南财经大学）、姚崇新（中山大学）、姚丹（沈阳体育学院）、姚德权（湖南大学）、姚方（北京大学）、姚海放（中国人民大学）、姚海娟（天津商业大学）、姚辉（中国人民大学）、姚惠娜（中国社会科学院）、姚继军（南京师范大学）、姚建彬（北京师范大学）、姚建华（复旦大学）、姚建欣（北京师范大学）、姚军（广东财经大学）、姚军（江苏省档案馆）、姚君伟（南京师范大学）、姚连兵（电子科技大学）、姚霖（自然资源部）、姚柳杨（西北农林科技大学）、姚璐（吉林大学）、姚荣（华东师范大学）、姚尚建（华东政法大学）、姚圣（上海大学）、姚树俊（西安财经大学）、姚树荣（四川大学）、姚帅（商务部）、姚伟（天津科技大学）、姚曦（武汉大学）、姚霞（四川护理职业学院）、姚小涛（西安交通大学）、姚欣林（南开大学）、姚新中（中国人民大学）、姚雪绯（广东财经大学）、姚瑶（浙江工商大学）、姚莹（吉林大学）、姚永玲（中国人民大学）、姚宇亮（广州美术学院）、姚昱（华东师范大学）、姚远（南京师范大学）、姚云（北京师范大学）、姚震宇（南京审计大学）、姚争（浙江传媒学院）、姚志（长江大学）、姚志华（陆军边海防学院）、叶宝娟（江西师范大学）、叶宝林（黑龙江开放大学）、叶本乾（电子科技大学）、叶斌（中国社会科学院）、叶兵（南京财经大学）、叶初升（武汉大学）、叶尔达（中央民族大学）、叶方兴（复旦大学）、叶飞（南京师范大学）、叶丰滢（厦门国家会计学院）、叶海林（中国社会科学院）、叶华（中山大学）、叶继红（苏州大学）、叶继元（南京大学）、叶剑锋（中共湖北省委党校）、叶金育（西南大学）、叶娟丽（武汉大学）、叶隽（同济大学）、叶军（华东师范大学）、叶俊（中国社会科学院）、叶康宁（南京艺术学院）、叶立国［中国石油大学（华东）］、叶立军（杭州师范大学）、叶莉娜（上海立信会计金融学院）、叶琳（南京大学）、叶龙（北京交通大学）、叶茂鑫（东南大学）、叶名怡（上海财经大学）、叶萍（江西省社会科学院）、叶琴（中南财经政法大学）、叶舒宪（上海交通大学）、叶树勋（南开大学）、叶坦（北京大学）、叶伟（首都体育学院）、叶炜（北京大学）、叶欣梁（上海工程技术大学）、叶鹰（南京大学）、叶勇（西南交通大学）、叶雨潇（天津大学）、叶泽（长沙理工大学）、仪明洁（中国人民大学）、仪秀琴（黑龙江八一农垦大学）、易冰源（中国建设科技集团）、易承志（上海交通大学）、易冬冬（中国青年政治学院）、易福金（南京农业大学）、易高峰（盐城师范学院）、易晖（中国作家协会）、易剑东（温州大学）、易玲（中南大学）、易龙（中南大学）、易绵竹（战略支援部队信息工程大学）、易淼（重庆工商大学）、易明（华中师范大学）、易新涛（中南民族大学）、易艳阳（南京林业大学）、裔萼（文化和旅游部）、阴海燕（西藏自治区社会科学院）、殷德生（华东师范大学）、殷红（辽宁大学）、殷建平［中国石油大学（北京）］、殷俊（武汉大学)、殷俊(重庆工商大学)、殷企平(杭州师范大学)、殷群(南京邮电大学)、殷英梅(江苏师范大学)、殷昭鲁(鲁东大学)、尹达(淮阴师范学院)、尹德慈(中共广东省委党校)、尹广文(西北师范大学)、尹弘飚(香港中文大学)、尹洪波(北京外国语大学)、尹军(首都体育学院)、尹奎杰(东北师范大学)、尹利民(南昌大学)、尹仑(西南林业大学)、尹倩(南开大学)、尹少华(中南林业科技大学)、尹世久(曲阜师范大学)、尹威(东南大学)、尹伟先(西北民族大学)、尹蔚彬(中国社会科学院)、尹希文(吉林大学)、尹锡南(四川大学)、尹晓煌(西安外国语大学)、尹晓亮(南开大学)、尹选波(人民出版社)、尹业香(长江大学)、尹玉珊(四川师范大学)、尹召凯(南京大学)、尹正达(国防大学)、印梅(南通大学)、应斌(中南财经政法大学)、应瑞瑶(南京农业大学)、应珊珊(上海财经大学)、应尚军(上海对外经贸大学)、应天煜(浙江大学)、英加布(西北民族大学)、尤传豹(南京体育学院)、尤学工(华中师范大学)、游斌(中央民族大学)、游玎怡(中国科学院)、游海华(浙江工商大学)、游俊豪(新加坡南洋理工大学)、游士兵(武汉大学)、游祥斌(北京师范大学)、游自勇(首都师范大学)、于安记(南京农业大学)、于冰(美国北卡罗来纳大学教堂山分校)、于博(天津财经大学)、于成学(广东财经大学)、于春生(河南大学)、于殿利(中国出版集团有限公司)、于东山(太原理工大学)、于法稳(中国社会科学院)、于飞(中国政法大学)、于莆(哈尔滨师范大学)、于刚强(华南师范大学)、于广杰(河北大学)、于宏源(上海国际问题研究院)、于洪军(清华大学)、于化民(中国社会科学院)、于晖(北京师范大学)、于慧萍(山西财经大学)、于佳(苏州大学)、于建明(民政部)、于健慧(黑龙江省委党校)、于金龙(北京航空航天大学)、于津平(南京大学)、于京一(山东大学)、于峻嵘(河北工业大学)、于雷(北京外国语大学)、于立深(东南大学)、于亮(北京体育大学)、于明清(首都师范大学)、于萍(新乡学院)、于群(东北师范大学)、于少勇(西安电子科技大学)、于世忠(浙江工业大学)、于素梅(中国教育科学研究院)、于涛(云南民族大学)、于亭(武汉大学)、于文(华东师范大学)、于文广(山东财经大学)、于文浩(上海师范大学)、于文杰(南京大学)、于文秀(黑龙江大学)、于文轩(厦门大学)、于文轩(中国政法大学)、于祥成(湖南大学)、于向东(郑州大学)、于小艳(华南师范大学)、于晓东(中央财经大学)、于晓丽(黑龙江大学)、于孝建(华南理工大学)、于鑫(天津外国语大学)、于洋(国家统计局)、于洋(湖北大学)、于洋(中央美术学院)、于英香(上海大学)、于永慧(华南师范大学)、于振峰(首都体育学院)、于忠海(江苏大学)、于忠泊(深圳证券交易所)、于左(东北财经大学)、余斌（中国社会科学院）、余炳文（江西财经大学）、余成普（中山大学）、余承法（湖南师范大学）、余典范（上海财经大学）、余东华（山东大学）、余红兵（南京师范大学）、余红剑（杭州师范大学）、余金枝（云南师范大学）、余劲松（中国人民大学）、余君芷（安徽大学）、余俊（北京化工大学）、余丽（郑州大学）、余丽丽（浙江师范大学）、余亮（西南大学）、余林（西南大学）、余民才（中国人民大学）、余敏江（同济大学）、余南平（华东师范大学）、余清臣（北京师范大学）、余庆（苏州大学）、余庆年（河海大学）、余人（广东财经大学）、余少祥（中国社会科学院）、余韬（浙江师范大学）、余卫国（南通大学）、余文兵（云南民族大学）、余文全（青岛大学）、余夏云（西南交通大学）、余新忠（南开大学）、余永华（中国社会科学院）、余泳泽（南京财经大学）、余韵（中国地质调查局）、余振（武汉大学）、余振国（中国自然资源经济研究院）、余志刚（东北农业大学）、余志刚（中央音乐学院）、余治平（上海交通大学）、余壮雄（暨南大学）、俞春放（浙江传媒学院）、俞飞（苏州科技大学）、俞峰（北京科技大学）、俞洪亮（扬州大学）、俞晖（江西省社会科学院）、俞剑（中央财经大学）、俞立平（常州大学）、俞明轩（中国人民大学）、俞启定（北京师范大学）、俞子荣（商务部国际贸易经济合作研究院）、虞崇胜（华中科技大学）、虞洪（四川省社会科学院）、虞吉（西南大学）、虞淑娟（南京市社会科学院）、虞晓骏（江苏开放大学）、禹建强（北京师范大学）、玉海（内蒙古大学）、喻丰（武汉大学）、喻国明（北京师范大学）、喻荣春（厦门城市职业学院）、喻中（中国政法大学）、元轶（中国政法大学）、负杰（中国社会科学院）、负琰（四川大学）、负有强（宁夏社会科学院）、袁宝龙（中南林业科技大学）、袁彬（成都体育学院）、袁波（商务部）、袁博平（上海交通大学）、袁曾（上海大学）、袁成毅（杭州师范大学）、袁春艳（重庆邮电大学）、袁发强（华东政法大学）、袁方成（华中师范大学）、袁凤梅（云南师范大学）、袁富华（中国社会科学院）、袁钢（中国政法大学）、袁歌骋（中南财经政法大学）、袁广林（铁道警察学院）、袁国友（云南农业大学）、袁宏（山东体育学院）、袁怀宇（中南林业科技大学）、袁剑（中央民族大学）、袁劲（广州大学）、袁康（武汉大学）、袁磊（广西师范大学）、袁年兴（武汉科技大学）、袁平红（安徽财经大学）、袁勤俭（南京大学）、袁少锋（辽宁大学）、袁少杰（辽宁师范大学）、袁盛勇（陕西师范大学）、袁书会（西藏民族大学）、袁同凯（南开大学）、袁伟（教育部）、袁小平（南昌大学）、袁小群（武汉大学）、袁晓慧（商务部）、袁宣萍（浙江工业大学）、袁野（重庆邮电大学）、袁勇麟（福建师范大学）、袁媛（东北师范大学）、袁征（中国社会科学院）、袁指挥（天津师范大学）、袁忠（华南理工大学）、袁周敏（南京邮电大学)、原理(中国人民大学)、原平方(北京城市学院)、原新(南开大学)、苑德宇(对外经济贸易大学)、苑鹏(中国社会科学院)、苑秀丽(中国社会科学院)、岳爱武(南京信息工程大学)、岳锋利(全球能源互联网发展合作组织)、岳辉(吉林大学)、岳金霞〔中国石油大学(华东)〕、岳经纶(中山大学)、岳奎(华中科技大学)、岳鹏(成都大学)、岳谦厚(南京大学)、岳天明(西北师范大学)、岳伟(华中师范大学)、岳晓英(东南大学)、岳颖(北京师范大学)、岳游松(天津体育学院)、岳云霞(中国社会科学院)、云坡(合肥学院)、云小鹏〔中国矿业大学(北京)〕、韵江(东北财经大学)、臧峰宇(中国人民大学)、臧国全(郑州大学)、臧雷振(中国农业大学)、臧莉娟(南京理工大学)、臧乃康(南通大学)、臧天杰(天津博物馆)、臧运祜(北京大学)、泽旺仁真(西藏自治区社会科学院)、曾晨(常州大学)、曾成贵(湖北省社会科学院)、曾传辉(中国社会科学院)、曾洪伟(重庆交通大学)、曾华盛(扬州大学)、曾军(上海大学)、曾玲(厦门大学)、曾敏(四川省社会科学院)、曾明生(华东交通大学)、曾明星(吉首大学)、曾荣(广东外语外贸大学)、曾润喜(重庆大学)、曾绍皇(湖南师范大学)、曾守锤(华东理工大学)、曾思艺(天津师范大学)、曾天雄(湘潭大学)、曾巍(华中师范大学)、曾维和(广州大学)、曾文莉(广州体育学院)、曾五一(吉林财经大学)、曾宪奎(中国社会科学院)、曾祥波(中国人民大学)、曾祥炎(湖南科技大学)、曾向红(兰州大学)、曾晓渝(南开大学)、曾肖(暨南大学)、曾新(华中师范大学)、曾雪云(北京邮电大学)、曾燕波(上海社会科学院)、曾一果(暨南大学)、曾亿武(杭州师范大学)、曾毅平(暨南大学)、曾咏梅(中南林业科技大学)、曾誉铭(上海科技大学)、曾昭式(中山大学)、曾自强(四川大学)、查洪德(南开大学)、查屏球(复旦大学)、查先进(武汉大学)、扎洛(中国藏学研究中心)、詹承豫(北京航空航天大学)、詹国彬(南京审计大学)、詹卫东(北京大学)、詹小美(中山大学)、詹新宇(中南财经政法大学)、詹一虹(华中师范大学)、詹宇波(上海社会科学院)、詹泽慧(华南师范大学)、展进涛(南京农业大学)、占超群(中山大学)、占莉娟(武汉理工大学)、占善刚(武汉大学)、占小军(江西财经大学)、战国栋(山东工艺美术学院)、张爱凤(广州大学)、张爱军(西北政法大学)、张爱婷(西安财经大学)、张爱英(山西省社会科学院)、张柏春(中国科学院)、张邦铺(西华大学)、张宝歌(宁波大学)、张宝来(国防大学)、张宝林(西北师范大学)、张宝蓉(厦门大学)、张蓓(华南农业大学)、张犇(南京师范大学)、张变革(北京第二外国语学院)、张彬(河北大学)、张彬(河北工业大学)、张斌(安徽财经大学)、张斌(北京邮电大学)、张斌(中国社会科学院大学)、张冰（北京大学）、张冰（西南大学）、张兵（盐城师范学院）、张丙宣（浙江工商大学）、张波（吉林大学）、张波（山西大学）、张波（上海对外经贸大学）、张波（中国人民大学）、张伯玉（中国社会科学院）、张勃（北京联合大学）、张博（成都体育学院）、张博（黑龙江大学）、张博（中共中央党校）、张博文（甘肃省社会科学院）、张布和（中国教育科学研究院）、张步文（西南大学）、张彩云（中国社会科学院）、张策（沈阳音乐学院）、张策（天津师范大学）、张叉（四川师范大学）、张超（同济大学）、张朝富（四川大学）、张朝霞（西北民族大学）、张朝枝（中山大学）、张沉香（中南林业科技大学）、张晨（沈阳音乐学院）、张成洁（岭南师范学院）、张城（中共中央党校）、张弛（北京大学）、张弛（湖南师范大学）、张弛（上海政法学院）、张充（重庆工商大学）、张崇富（四川大学）、张川川（浙江大学）、张传光（山东省体育科学研究中心）、张春（云南大学）、张春海（青海师范大学）、张春良（西南政法大学）、张春梅（江南大学）、张春敏（中央民族大学）、张春宇（中国社会科学院）、张聪（东北师范大学）、张聪明（中国社会科学院）、张丛（西安交通大学）、张翠（山东省体育局）、张存刚（兰州财经大学）、张大超（河南大学）、张大维（华中师范大学）、张德芳（西北师范大学）、张德海（重庆工商大学）、张德禄（同济大学）、张德胜（武汉体育学院）、张等文（东北师范大学）、张定（中国社会科学院）、张东明（辽宁大学）、张冬丽（河北科技大学）、张冬宁（河南省社会科学院）、张敦力（中南财经政法大学）、张多（云南大学）、张发林（南开大学）、张法连（中国政法大学）、张帆（上海外国语大学）、张凡（石河子大学）、张芳瑜（东北农业大学）、张飞龙（河北科技大学）、张峰（西北大学）、张锋（澳门科技大学）、张凤彪（湖南工业大学）、张凤阳（南京大学）、张夫也（清华大学）、张福贵（吉林大学）、张改清（河南财经政法大学）、张赓（中南林业科技大学）、张更立（安徽师范大学）、张贡生（兰州财经大学）、张光昕（首都师范大学）、张光宇（曲阜师范大学）、张光远（市场监管总局）、张广辉（辽宁大学）、张广君（华南师范大学）、张广翔（吉林大学）、张桂文（辽宁大学）、张国刚（清华大学）、张国胜（云南大学）、张国硕（郑州大学）、张海（东北师范大学）、张海（南京信息工程大学）、张海（四川师范大学）、张海波（南京大学）、张海东（上海大学）、张海荣（北京师范大学）、张海荣（中国社会科学院）、张海榕（河海大学）、张海燕（内蒙古大学）、张海燕（湘潭大学）、张海洋（中国社会科学院）、张海云（青海民族大学）、张寒（西北农林科技大学）、张浩淼（四川大学）、张皓（北京师范大学）、张和龙（上海外国语大学）、张恒波（长江大学）、张恒力（北京航空航天大学）、张红（河北科技大学）、张红（武汉大学）、张红波（四川外国语大学)、张红地（对外经济贸易大学）、张红峰（澳门理工大学）、张红菊（中国社会科学院）、张宏卿（江西师范大学）、张宏宇（西北大学）、张洪辉（江西财经大学）、张洪涛（吉林艺术学院）、张洪忠（北京师范大学）、张虎祥（上海社会科学院）、张焕明（安徽财经大学）、张焕萍（中国侨联）、张辉（北京大学）、张辉（南京师范大学）、张辉（武汉大学）、张会平（东北师范大学）、张会叶（云南民族大学）、张惠彬（西南政法大学）、张惠芹（北京第二外国语学院）、张惠辛（上海大学）、张慧婧（天津理工大学）、张慧临（中国传媒大学）、张慧卿（江苏省社会科学院）、张慧智（吉林大学）、张积玉（陕西师范大学）、张继东（湖北工业大学）、张继红（上海政法学院）、张继焦（中国社会科学院）、张继亮（黑龙江大学）、张继明（济南大学）、张加华（中共江苏省委党校）、张家辉（曲阜师范大学）、张家军（西南大学）、张家年（淮北师范大学）、张家壮（福建师范大学）、张坚（桂林旅游学院）、张建（常州大学）、张建（外交学院）、张建（中国社会科学院）、张建华（北京师范大学）、张建华（北京外国语大学）、张建会（中国人民大学）、张建军（南京大学）、张建军（内蒙古农业大学）、张建军（内蒙古师范大学）、张建林（武汉纺织大学）、张建伟（山西大学）、张建卫（北京理工大学）、张建文（西南政法大学）、张建宇（中国人民大学）、张剑（北京大学）、张剑（北京外国语大学）、张剑（东北师范大学）、张剑光（上海师范大学）、张剑源（云南大学）、张健（云南大学）、张皎（华东政法大学）、张杰（军事科学院）、张杰（南京师范大学）、张杰（首都经济贸易大学）、张杰（西安外国语大学）、张洁（中国社会科学院）、张洁宇（中国人民大学）、张捷（中国美术学院）、张婕（河海大学）、张今杰（湘潭大学）、张金超（广东省社会科学院）、张金良（浙江省教育厅）、张金岭（中国社会科学院）、张金圈（曲阜师范大学）、张金若（重庆大学）、张紧跟（中山大学）、张锦坤（福建师范大学）、张瑾（重庆大学）、张进（University of Wisconsin Milwaukee）、张进（兰州大学）、张进宝（北京师范大学）、张劲松（北京语言大学）、张劲松（南京审计大学）、张荆（北方工业大学）、张晶（华东师范大学）、张景华（湖南科技大学）、张靓（北京市文物局）、张敬伟（燕山大学）、张靖（河南日报社）、张靖（中山大学）、张静（河北软件职业技术学院）、张静（上海师范大学）、张娟（成都大学）、张隽隽（上海师范大学）、张军（奥克兰大学）、张军（河北科技大学）、张军（南京信息工程大学）、张军旗（上海财经大学）、张均胜（中国科学技术信息研究所）、张俊（安徽财经大学）、张俊伟（国务院发展研究中心）、张俊翔（南京大学）、张俊艳（天津大学）、张俊珍（西安体育学院）、张浚（中国社会科学院）、张开焱（厦门大学嘉庚学院）、张开志（内蒙古财经大学）、张凯（浙江大学)、张侃(厦门大学)、张康之(浙江工商大学)、张抗私(东北财经大学)、张鲲(北方民族大学)、张阔(南开大学)、张乐平(华南理工大学)、张雷生(吉林大学)、张镭(南京师范大学)、张磊(许昌学院)、张磊(中国社会科学院)、张蕾(成都大学)、张蕾(苏州大学)、张漓(国家体育总局)、张礼刚(河南大学)、张李斌(中国人民公安大学)、张立(西安交通大学)、张立承(财政部)、张立群(山东大学)、张立英(中国科学院)、张丽华(四川博物院)、张丽军(暨南大学)、张丽君(中央民族大学)、张丽娜(海南大学)、张丽英(中国政法大学)、张利国(江西财经大学)、张利国(西华大学)、张利洪(西华师范大学)、张利蕊(许昌学院)、张莉(哈尔滨工业大学)、张莉(内蒙古财经大学)、张莉(陕西师范大学)、张莉(郑州大学)、张莉(中山大学)、张连红(南京师范大学)、张连辉(中南财经政法大学)、张连跃(青岛大学)、张连增(南开大学)、张莲英(哈尔滨工业大学)、张良福(海南大学)、张良林(常熟理工学院)、张亮(青岛科技大学)、张亮(中央民族大学)、张林(广西大学)、张林(上海体育学院)、张林(西南大学)、张林(云南大学)、张琳(陕西师范大学)、张凌寒(中国政法大学)、张凌云(北京第二外国语学院)、张龙(吉林财经大学)、张龙海(闽南师范大学)、张龙耀(南京农业大学)、张伦(北京师范大学)、张慢慢(天津师范大学)、张茂林(山东体育学院)、张梅(东北农业大学)、张蒙(中国社会科学院)、张梦婷(宁波大学)、张勉励(中国社会科学院)、张敏(成都大学)、张敏强(华南师范大学)、张明(南京大学)、张明(西南大学)、张明(中国矿业大学)、张明国(北京化工大学)、张明军(华东政法大学)、张鸣鸣(中国农业科学院)、张铭凯(西南大学)、张牧云(清华大学)、张乃根(复旦大学)、张男星(中国教育科学研究院)、张楠迪扬(中国人民大学)、张宁(南京师范大学)、张宁(中国社会科学院)、张攀(四川大学)、张沛(北京大学)、张佩国(上海交通大学)、张鹏(财政部)、张鹏(首都师范大学)、张鹏(西南财经大学)、张鹏(中国科学院)、张鹏(中国社会科学院)、张鹏韬(教育部课程教材研究所)、张鹏翼(北京大学)、张平(天津财经大学)、张平华(山东大学)、张奇(辽宁师范大学)、张奇林(武汉大学)、张琪(淮北师范大学)、张琦(上海交通大学)、张琦(中国社会科学院)、张谦(湖南大学)、张前程(安徽大学)、张乾友(南京大学)、张强(华南师范大学)、张强峰(湖南师范大学)、张强劲(云南民族大学)、张桥贵(云南民族大学)、张钦昱(中国政法大学)、张勤[良渚博物院(良渚研究院)]、张青(上海理工大学)、张青波(中南财经政法大学)、张青兰(华南师范大学)、张青仁(中央民族大学)、张清(扬州大学)、张清(中国政法大学)、张清津(山东社会科学院)、张清民(河南大学)、张庆麟（上海对外经贸大学）、张庆善（中国艺术研究院）、张庆文（上海体育学院）、张琼（中国人民大学）、张秋菊（通化师范学院）、张全峰（新疆兵团党委党校）、张全海（中国人民大学）、张日权（华东师范大学）、张荣光（成都理工大学）、张荣军（贵州师范大学）、张荣强（南开大学）、张如意（河北大学）、张蕊（江西财经大学）、张锐（全球能源互联网发展合作组织）、张瑞华（国家电网）、张瑞静（河北省社会科学院）、张瑞林（北京师范大学）、张三峰（南京信息工程大学）、张三南（天津师范大学）、张三元（武汉工程大学）、张晒（安徽大学）、张善杰（上海海事大学）、张善庆（兰州大学）、张绍成（辽宁大学）、张绍杰（东北师范大学）、张社梅（四川农业大学）、张申（上海社会科学院）、张申（天津大学）、张生（北京师范大学）、张生（西安交通大学）、张生（中国社会科学院）、张生庭（西安外国语大学）、张生祥（苏州科技大学）、张胜良（南京林业大学）、张盛（上海体育学院）、张盛发（中国社会科学院）、张师伟（西北政法大学）、张诗扬（沈阳音乐学院）、张士海（山东大学）、张士宁（国家电网有限公司）、张世定（青海师范大学）、张事业（华南农业大学）、张守奎（深圳大学）、张首先（成都医学院）、张姝（四川师范大学）、张淑一（华南师范大学）、张曙光（湖南师范大学）、张树旺（华南理工大学）、张帅（山西财经大学）、张水波（天津大学）、张水胜（齐齐哈尔大学）、张顺（西安交通大学）、张四红（合肥工业大学）、张松宁（美国田纳西大学）、张素格（河北科技大学）、张太海（南京财经大学）、张太原［中共中央党校（国家行政学院）］、张涛（黑龙江大学）、张涛甫（复旦大学）、张韬略（同济大学）、张桃洲（首都师范大学）、张腾军（中国国际问题研究院）、张铁明（北京林业大学）、张铁薇（黑龙江大学）、张婷姝（江苏省教育科学研究院）、张同斌（东北财经大学）、张同功（青岛科技大学）、张同胜（兰州大学）、张婉苏（南京大学）、张威（北京外国语大学）、张威（广东省科学学与科技管理研究会）、张威（四川大学）、张巍（华南师范大学）、张巍（吉林财经大学）、张巍（上海音乐学院）、张维（天津大学）、张维薇（四川大学）、张伟（广东外语外贸大学）、张伟（广州大学）、张伟（南京晓庄学院）、张伟（山东财经大学）、张伟（山东社会科学院）、张伟（中国政法大学）、张伟广（东北财经大学）、张炜（湖北第二师范学院）、张卫彬（安徽财经大学）、张卫波［中共中央党校（国家行政学院）］、张卫东（吉林大学）、张卫国（华南理工大学）、张卫国（山东大学）、张卫良（杭州师范大学）、张蔚磊（上海对外经贸大学）、张文（山东社会科学院）、张文宏（上海大学）、张文娟（中国人民大学）、张文俊（太原理工大学）、张文兰（陕西师范大学）、张文亮（东北师范大学）、张文鹏（华东交通大学）、张文贤（北京大学）、张文新（山东师范大学）、张文彦（青岛大学）、张文忠（南开大学）、张文宗（中国现代国际关系研究院）、张务农（河南大学）、张希波（山东省体育局）、张曦（中央民族大学）、张细谦（广东第二师范学院）、张霞（中南财经政法大学）、张夏恒（西北政法大学）、张先清（厦门大学）、张先治（东北财经大学）、张衔（四川大学）、张显（国家电网有限公司）、张显运（洛阳师范学院）、张跣（中国社会科学院）、张现苓（中央财经大学）、张祥亭（山东工商学院）、张祥稳（安庆师范大学）、张祥云（深圳大学）、张翔（北京大学）、张翔升（运城幼儿师范高等专科学校）、张向凤（江苏大学）、张霄（广东财经大学）、张小飞（南京航空航天大学）、张小平（济南大学）、张小清（福建农林大学）、张小溪（中国社会科学院）、张晓报（湖南科技大学）、张晓东（北京师范大学）、张晓东（上海社会科学院）、张晓飞（南开大学）、张晓辉（中国传媒大学）、张晓婧（安徽财经大学）、张晓君（福州大学）、张晓磊（中国社会科学院）、张晓丽（西安体育学院）、张晓梅（大庆师范学院）、张晓梅（东北农业大学）、张晓琴（北京师范大学）、张晓琴（山西财经大学）、张晓通（复旦大学）、张晓校（哈尔滨师范大学）、张晓校（哈尔滨师范大学）、张晓艳（河北科技大学）、张晓阳（河南师范大学）、张晓义（北京体育大学）、张筱玮（天津师范大学）、张昕（中国高校科技期刊研究会）、张新（中国人民大学）、张新军（清华大学）、张新宁（复旦大学）、张新萍（中山大学）、张新文（南京农业大学）、张新新（上海理工大学）、张馨月（华东师范大学）、张鑫（河北大学）、张鑫（河海大学）、张星星（中国社会科学院）、张兴利（中国科学院）、张兴亮（宜春学院）、张兴旺（桂林理工大学）、张秀（天津仁爱学院）、张秀华（中国政法大学）、张秀松（江苏师范大学）、张许颖（中国人口与发展研究中心）、张旭（广西民族大学）、张旭（中国社会科学院）、张旭春（四川外国语大学）、张选惠（四川外国语大学成都学院）、张学福（中国农业科学院农业信息研究所）、张学敏（西南大学）、张学森［中共中央党校（国家行政学院）］、张学武（国家发改委）、张学艳（河南财经政法大学）、张学众（内蒙古财经大学）、张雪帆（中山大学）、张雪梅（哈尔滨师范大学）、张循（四川大学）、张亚光（北京大学）、张亚辉（厦门大学）、张亚杰（河南大学）、张亚娜（中国科学院）、张亚平（宁波大学）、张亚群（厦门大学）、张亚茹（北京语言大学）、张延飞（山东大学）、张延平（广州大学）、张延清（四川大学）、张延群（中国社会科学院）、张延昭（郑州师范学院）、张言亮（兰州大学）、张妍（宁波大学）、张岩（江西财经大学）、张岩（山东大学）、张岩（天津财经大学珠江学院）、张彦（兵团党委党校）、张艳丰（湘潭大学）、张艳国（南昌师范学院）、张艳莉（上海外国语大学）、张燕（北京师范大学)、张燕华（湖北工业大学）、张燕京（河北大学）、张阳（无锡商业职业技术学院）、张杨（浙江大学）、张养志（北京印刷学院）、张耀峰（湖北经济学院）、张耀军（中国人民大学）、张业安（上海体育学院）、张一宁（长春理工大学）、张怡梅（河北师范大学）、张宜红（江西省社会科学院）、张艺宏（成都体育学院）、张谊生（上海师范大学）、张毅（对外经济贸易大学）、张银行（扬州大学）、张引（北京航空航天大学）、张应华（湖南第一师范学院）、张应龙（暨南大学）、张应强（浙江大学）、张英聘（中国社会科学院）、张迎春（青岛大学）、张颖（北京外国语大学）、张颖（湖南省社会科学院）、张映姜（岭南师范学院）、张永（华东师范大学）、张永芳（新乡学院）、张永江（中国人民大学）、张永凯（兰州财经大学）、张永亮［中国矿业大学（北京）］、张永路（天津社会科学院）、张永攀（中国社会科学院）、张永芝（北京师范大学）、张勇（安徽财经大学）、张勇安（上海大学）、张涌泉（浙江大学）、张友国（中国社会科学院）、张宇（扬州大学）、张羽（厦门大学）、张羽（西北大学）、张玉（华南农业大学）、张玉海（宁夏社会科学院）、张玉惠（厦门大学）、张玉金（华南师范大学）、张玉钧（北京林业大学）、张玉来（南京大学）、张玉棉（河北大学）、张玉容（西安工程大学）、张玉智（长春工业大学）、张元（天津职业技术师范大学）、张元珂（中国艺术研究院）、张园（西安交通大学）、张源（北京师范大学）、张远波（海军工程大学）、张媛（江苏科技大学）、张岳军（南京旅游职业学院）、张跃军（广西民族大学）、张越（北京师范大学）、张越杰（吉林工商学院）、张云（暨南大学）、张云（中国藏学研究中心）、张云瀚（中国人民大学）、张云龙（山东体育学院）、张云龙（西北工业大学）、张云鹏（辽宁大学）、张云中（上海大学）、张运良（中国科学技术信息研究所）、张运智（华安证券股份有限公司）、张再生（天津大学）、张再云（江汉大学）、张泽东（东北师范大学）、张泽洪（四川大学）、张泽平（华东政法大学）、张增一（中国科学院大学）、张占斌［中共中央党校（国家行政学院）］、张占贞（青岛科技大学）、张长江（南京工业大学）、张长征（山东工艺美术学院）、张兆锋（中国科学技术信息研究所）、张哲俊（四川大学）、张振（南京师范大学）、张振龙（信阳师范学院）、张振涛（中国艺术研究院）、张震（复旦大学）、张震（华东师范大学）、张震（江苏省社会科学院）、张震（西南政法大学）、张震英（南宁师范大学）、张征华（江西农业大学）、张正堂（南京大学）、张政（北京师范大学）、张志安（复旦大学）、张志斌（西北师范大学）、张志红（山东财经大学）、张志宏（上海社会科学院）、张志林（河南电子音像出版社）、张志新（首都师范大学）、张志勇（山东体育学院）、张志元（东北大学）、张志云（上海交通大学）、张志祯（北京师范大学)、张智勇（武汉科技大学）、张中鹏（广东工业大学）、张忠华（江苏大学）、张忠祥（上海师范大学）、张仲芳（江西财经大学）、张仲民（复旦大学）、张子健（重庆交通大学）、张子学（中国政法大学）、张自春（陕西师范大学）、张宗新（复旦大学）、章柏成（重庆交通大学）、章成（武汉大学）、章成志（南京理工大学）、章成志（南京理工大学）、章贵军（福建师范大学）、章含舟（清华大学）、章锦河（南京大学）、章舜粤（中国社会科学院）、章燕（北京师范大学）、章燕华（浙江大学）、章义和（华东师范大学）、章志远（华东政法大学）、张育恺（台湾师范大学）、赵宾福（吉林大学）、赵斌（西安交通大学）、赵丙奇（宁波大学）、赵丙祥（中国农业大学）、赵璨（中国海洋大学）、赵超（中共广东省委党校）、赵宸元（重庆理工大学）、赵晨（北京邮电大学）、赵晨（中国社会科学院）、赵宬斐（杭州师范大学）、赵驰轩（苏州经贸职业技术学院）、赵传海（河南财经政法大学）、赵春辉（中共黑龙江省委党校）、赵春利（暨南大学）、赵春雨（安徽师范大学）、赵丛苍（西北大学）、赵崔莉（对外经济贸易大学）、赵大朋（中共上海市委党校）、赵德起（辽宁大学）、赵德森（云南大学）、赵东海（内蒙古民族大学）、赵发珍（兰州大学）、赵福昌（财政部）、赵福楼（天津市教育科学研究院）、赵富学（武汉体育学院）、赵光辉（武汉大学）、赵光磊（白城师范学院）、赵广军（河南大学）、赵桂茹（商务部）、赵国宏（延边大学）、赵国洪（华南农业大学）、赵国玲（内蒙古财经大学）、赵国庆（北京师范大学）、赵国喜（陕西师范大学）、赵国喜（新乡学院）、赵国英（故宫博物院）、赵国政（广东海洋大学）、赵海龙（河北师范大学）、赵海涛（中国社会科学院）、赵红丹（上海大学）、赵宏霞（青岛科技大学）、赵洪娟（青岛科技大学）、赵华伟（江西省社会科学界联合会）、赵怀普（外交学院）、赵会荣（中国社会科学院）、赵会茹（华北电力大学）、赵惠君（国防科技大学）、赵慧臣（河南大学）、赵建国（东北财经大学）、赵建吉（河南大学）、赵建立（聊城大学）、赵建平（中共上海市委党校）、赵建忠（天津师范大学）、赵金龙（温州大学）、赵金萍（云南民族大学）、赵晶（天津体育学院）、赵晶（浙江大学）、赵晶（中国政法大学）、赵晶辉（江苏海洋大学）、赵精武（北京航空航天大学）、赵景林（黑龙江省科学技术协会）、赵景欣（山东师范大学）、赵静冬（云南民族大学）、赵军利（国家统计局）、赵俊杰（吉林大学）、赵浚（东北大学）、赵凯荣（武汉大学）、赵昆（曲阜师范大学）、赵雷（北京语言大学）、赵磊磊（江南大学）、赵立彬（中山大学）、赵立峰（齐鲁师范学院）、赵丽芳（中央民族大学）、赵丽瑾（西北师范大学）、赵丽萍（广东财经大学）、赵亮（宁波大学）、赵林海（华侨大学）、赵令志（中央民族大学）、赵璐（中国科学技术信息研究所）、赵美珍（常州大学）、赵蒙成（江苏师范大学）、赵梦晗（中国人民大学）、赵岷（山西大同大学）、赵敏（河海大学）、赵明昊（复旦大学）、赵娜（西北大学）、赵娜（新疆财经大学）、赵乃瑄（南京工业大学）、赵楠（北京师范大学）、赵培红（河北经贸大学）、赵鹏（中共中央党史和文献研究院）、赵启兰（北京交通大学）、赵谦（西南大学）、赵倩（云南大学）、赵勤（黑龙江省社会科学院）、赵庆寺（华东政法大学）、赵庆云（中国社会科学院）、赵秋野（哈尔滨师范大学）、赵区医（军事科学院）、赵去非（吉林艺术学院）、赵泉泉（南京艺术学院）、赵荣（中国林业科学研究院）、赵荣蔚（盐城师范学院）、赵锐（西南政法大学）、赵瑞美（青岛科技大学）、赵善庆（无锡商业职业技术学院）、赵生辉（西藏民族大学）、赵胜（安徽省社会科学院）、赵世举（武汉大学）、赵守江（烟台大学）、赵书博（首都经济贸易大学）、赵书峰（湖南师范大学）、赵姝岚（云南省社会科学院）、赵淑梅（中国人民大学）、赵曙明（南京大学）、赵树坤（西南政法大学）、赵思渊（上海交通大学）、赵婷婷（天津师范大学）、赵团结（中国信息通讯科技集团有限公司）、赵薇（哈尔滨师范大学）、赵薇（中国社会科学院）、赵维景（中共新疆生产建设兵团委员会党校）、赵维坤（南京）、赵伟（中央美术学院）、赵玮（云南大学）、赵卫华（北京工业大学）、赵卫华（复旦大学）、赵渭绒（四川大学）、赵蔚（东北师范大学）、赵文丁（河北省委党校）、赵文青（江苏大学）、赵文生（山西财经大学）、赵文哲（中央财经大学）、赵宪章（南京大学）、赵湘学（湖南科技大学）、赵祥云（西北农林科技大学）、赵小刚（西北大学）、赵小琪（武汉大学）、赵晓彬（哈尔滨师范大学）、赵晓雷（上海财经大学）、赵晓霞（西北师范大学）、赵筱媛（中国科学技术信息研究所）、赵笑蕾（中北大学）、赵鑫（西南大学）、赵星植（四川大学）、赵醒村（广州医科大学）、赵兴莉（山东工商学院）、赵兴胜（山东大学）、赵修文（西华大学）、赵秀荣（中国人民大学）、赵需要（西安石油大学）、赵学东（西北民族大学）、赵学功（南开大学）、赵雪（中国传媒大学）、赵雪芹（湖北大学）、赵雪琴（南京理工大学）、赵雅文（天津师范大学）、赵彦昌（辽宁大学）、赵艳（中国科学院）、赵阳（沈阳体育学院）、赵杨（北京大学）、赵洋（对外经济贸易大学）、赵冶（天津大学）、赵一夫（中国农业科学院）、赵一鸣（武汉大学）、赵一璋（清华大学）、赵艺（华南师范大学）、赵轶龙（国家体育总局）、赵益民（云南师范大学）、赵毅（苏州大学）、赵颖（中国人民公安大学）、赵永亮（盐城工学院）、赵永平（兰州财经大学）、赵勇（北京市社会科学院）、赵勇（海军大连舰艇学院）、赵勇（中国农业大学）、赵宇（中国银行）、赵雨（深圳证券交易所）、赵玉山（北京师范大学）、赵玉增（青岛科技大学）、赵媛（四川大学）、赵云（香港大学）、赵云波（山西大学)、赵云泽(中国人民大学)、赵长才(中国社会科学院)、赵长孚(海军大连舰艇学院)、赵长贵(河南大学)、赵长海(郑州大学)、赵长江(重庆邮电大学)、赵哲(中共河北省委党校)、赵哲(中国医科大学)、赵镇(南方医科大学)、赵争(南通大学)、赵芝俊(中国农业科学院)、赵志群(北京师范大学)、赵中源(广州大学)、赵洲洋(中共中央党校)、赵子芳(兵团党校)、赵子建(郑州大学)、甄美荣(江苏大学)、甄巍(北京师范大学)、郑安光(南京大学)、郑秉文(中国社会科学院)、郑成林(华中师范大学)、郑春萍(北京邮电大学)、郑春荣(同济大学)、郑丹丹(华中科技大学)、郑德俊(南京农业大学)、郑德胜(东北林业大学)、郑法川(山东财经大学)、郑方辉(华南理工大学)、郑芳(嘉兴学院南湖学院)、郑芳(浙江大学)、郑飞(中国社会科学院)、郑广怀(华中师范大学)、郑广永(北京联合大学)、郑国华(上海体育学院)、郑浩生(华南农业大学)、郑红翠(哈尔滨工业大学)、郑宏(东北财经大学)、郑慧(广西民族大学)、郑慧娟(广东财经大学)、郑吉峰(湖南师范大学)、郑济洲(福建师范大学)、郑佳宁(中国政法大学)、郑家鲲(上海体育学院)、郑江淮(南京大学)、郑洁(重庆邮电大学)、郑敬斌(山东大学)、郑开(北京大学)、郑磊(北京师范大学)、郑磊(浙江大学)、郑丽琳(安徽财经大学)、郑丽梅(西藏自治区社会科学院)、郑丽莹(南京理工大学)、郑玲玲(云南民族大学)、郑路(北京理工大学珠海学院)、郑路(清华大学)、郑明(中国科学技术信息研究所)、郑妮(四川省委党校)、郑宁(上海师范大学)、郑旗(山西师范大学)、郑勤华(北京师范大学)、郑清坡(中国政法大学)、郑琼(河南省社会科学院)、郑荣(吉林大学)、郑荣强(山东省体育科学研究中心)、郑瑞强(江西农业大学)、郑若玲(厦门大学)、郑世林(中国社会科学院)、郑素侠(郑州大学)、郑挺国(厦门大学)、郑彤(国家文物局)、郑土有(复旦大学)、郑威(武汉大学)、郑伟(华东师范大学)、郑曦(北京外国语大学)、郑先勇(重庆交通大学)、郑贤章(湖南师范大学)、郑晓冬(浙江工商大学)、郑晓鸿(首都体育学院)、郑新蓉(北京师范大学)、郑雄飞(北京师范大学)、郑旭东(江苏师范大学)、郑雅妮(西安交通大学)、郑亚楠(浙江传媒学院)、郑彦宁(中国科技信息研究所)、郑艳(中国社会科学院)、郑燕林(东北师范大学)、郑弌(中央美术学院)、郑艺(吉林艺术学院)、郑英隆(暨南大学)、郑永和(北京师范大学)、郑永进(杭州职业技术学院)、郑永田(华南师范大学)、郑永旺(黑龙江大学)、郑咏滟(复旦大学)、郑有贵(中国社会科学院)、郑宇(云南大学)、郑真真(中国社会科学院)、郑志华(上海交通大学)、郑志艺[安踏(中国)有限公司]、郑智航(山东大学)、郑中玉(哈尔滨工业大学)、郑尊信(深圳大学)、支凤稳（河北大学）、支宇（四川大学）、钟柏昌（华南师范大学）、钟秉林（北京师范大学）、钟搏（衡阳师范学院）、钟春平（中国社会科学院）、钟大丰（北京电影学院）、钟大荣（华侨大学）、钟飞腾（中国社会科学院）、钟海波（陕西师范大学）、钟海青（广西民族大学）、钟海松（中共福建省委党校）、钟慧容（广西师范大学）、钟进文（中央民族大学）、钟凯（对外经济贸易大学）、钟凯（南京邮电大学）、钟丽茜（浙江传媒学院）、钟炼（山东省体育局）、钟梅（北京市文物局）、钟仁耀（华东师范大学）、钟书能（华南理工大学）、钟廷勇（重庆工商大学）、钟文晶（华南农业大学）、钟小鑫（云南大学）、钟晓慧（中山大学）、钟筱红（南昌大学）、钟耀林（岭南师范学院）、钟颖（西南政法大学）、钟远波（成都大学）、钟志清（中国社会科学院）、钟志勇（中央民族大学）、钟智翔（战略支援部队信息工程大学）、钟准（重庆大学）、钟祖荣（北京教育科学研究院）、种林（山东政法学院）、仲崇玉（青岛科技大学）、仲计水（北京联合大学）、仲小敏（天津师范大学）、周安华（南京大学）、周斌（复旦大学）、周波（江西农业大学）、周成林（上海体育学院）、周程（北京大学）、周驰（天津理工大学）、周川（苏州大学）、周传斌（兰州大学）、周丹（中国社会科学院）、周德禄（山东社会科学院）、周东岱（东北师范大学）、周冬华（江西财经大学）、周方银（广东外语外贸大学）、周峰（中国社会科学院）、周福盛（宁夏大学）、周刚（中国美术学院）、周光权（清华大学）、周国富（天津财经大学）、周国清（湖南师范大学）、周国炎（中央民族大学）、周海燕（江苏大学）、周浩（暨南大学）、周皓（北京大学）、周红（中国社会科学院）、周宏（南京农业大学）、周华（山东省体育科学研究中心）、周华（中国人民大学）、周骅（湘潭大学）、周慧梅（北京师范大学）、周及徐（四川师范大学）、周继良（江苏师范大学）、周佳鹂（中国美术学院）、周嘉昕（南京大学）、周建波（北京大学）、周建新（深圳大学）、周荐（北京师范大学）、周健（华东师范大学）、周杰（苏州大学）、周进（中国社会科学院）、周进萍（中共南京市委党校）、周景勇（北京林业大学）、周靖（上海社会科学院）、周静（暨南大学）、周菊玲（新疆师范大学）、周军（南京农业大学）、周军（首都体育学院）、周俊锋（西南大学）、周俊华（教育部）、周来顺（黑龙江大学）、周理乾（上海交通大学）、周力虹（武汉大学）、周立（兰州财经大学）、周立（中国人民大学）、周莉（吉林大学）、周莉华（华南理工大学）、周林刚（深圳大学）、周林兴（上海大学）、周琳（对外经济贸易大学）、周玲芳（三峡大学）、周玲强（浙江大学）、周领顺（扬州大学）、周密（商务部国际贸易经济合作研究院）、周敏（国家税务总局税务干部学院）、周敏（杭州师范大学）、周敏（洛杉矶加州大学）、周敏丹（中国政法大学）、周铭（中国人民大学）、周年

（社科院）、周批改（湘潭大学）、周乾（合肥工业大学）、周青（广西社会科学院）、周琼（中央民族大学）、周秋光（湖南师范大学）、周全（中国社会科学院）、周全（中央音乐学院）、周全林（江西财经大学）、周群（中国社会科学院）、周荣华（江苏省经济体制改革研究会）、周蓉（西北师范大学）、周榕（陕西师范大学）、周睿（西南大学）、周少青（中国社会科学院）、周绍东（武汉大学）、周绍朋［中共中央党校（国家行政学院）］、周慎（武汉交通职业学院）、周生杰（苏州大学）、周士新（上海国际问题研究院）、周仕德（汕头大学）、周曙东（南京农业大学）、周树辉（中共湖南省委党校）、周帅（辽宁大学）、周思辉（贵州师范大学）、周太东（国务院发展研究中心）、周铁民（沈阳师范大学）、周统权（东南大学）、周巍（西北工业大学）、周伟（西北政法大学）、周伟政（国防大学）、周伟洲（陕西师范大学）、周苇风（江苏师范大学）、周卫华（三峡大学）、周卫平（中国社会科学院）、周卫勇（山东师范大学）、周蔚华（中国人民大学）、周文华（北京联合大学）、周文杰（西北师范大学）、周文玖（北京师范大学）、周汶（浙大宁波理工学院）、周霞（湘潭大学）、周险峰（湖南科技大学）、周翔（华南师范大学）、周小川（常州大学）、周新苗（宁波大学）、周新民（华中科技大学）、周鑫（北京科技大学）、周星（北京师范大学）、周星（日本神奈川大学）、周兴陆（北京大学）、周序（北京师范大学）、周学峰（北京航空航天大学）、周学荣（湖北大学）、周训芳（中南林业科技大学）、周亚平（兰州大学）、周亚雄（杭州电子科技大学）、周衍安（江苏建筑职业技术学院）、周艳（天津大学）、周耀宏（许昌学院）、周耀林（武汉大学）、周业付（九江学院）、周依群（北京印刷学院）、周毅（苏州大学）、周永（扬州大学）、周勇进（中国社会科学院）、周友军（北京航空航天大学）、周余姣（天津师范大学）、周宇豪（上海大学）、周育民（上海师范大学）、周愈博（财政部）、周月书（南京农业大学）、周云龙（福建师范大学）、周耘（武汉音乐学院）、周泽红（上海交通大学）、周泽将（安徽大学）、周长银（北京第二外国语学院）、周震（宁夏大学）、周志方（中南大学）、周志雄（首都体育学院）、周致宏（辽宁大学）、周舟宇（广东省科学院）、周祝平（中国人民大学）、周祝伟（浙江省社会科学院）、周著（西安工业大学）、周子玉（长沙理工大学）、周宗凯（四川美术学院）、周祖文（中国社会科学院）、朱安博（北京信息科技大学）、朱蓓［中国地质大学（武汉）］、朱碧波（云南师范大学）、朱昌荣（中国社会科学院）、朱晨静（河北科技大学）、朱慈蕴（清华大学）、朱翠萍（云南财经大学）、朱大旗（中国人民大学）、朱德东（重庆工商大学）、朱德宏（安徽师范大学）、朱迪（中国社会科学院）、朱东芹（华侨大学）、朱冬亮（厦门大学）、朱冬元［中国地质大学（武汉）］、朱国祥（贵州民族大学)、朱海（遵义师范学院）、朱贺（浙江工商大学）、朱红根（南京财经大学）、朱竑（广州大学）、朱洪军（华南师范大学）、朱鸿军（中国社会科学院）、朱浒（华东师范大学）、朱浒（中国人民大学）、朱骅（上海海洋大学）、朱慧明（湖南大学）、朱建刚（苏州大学）、朱建平（厦门大学）、朱健（湘潭大学）、朱健平（湖南大学）、朱杰进（复旦大学）、朱菁（厦门大学）、朱敬（广西师范大学）、朱靖江（中央民族大学）、朱静然（河北科技大学）、朱镜人（安徽新华学院）、朱军（南京财经大学）、朱军（南京审计大学）、朱军（云南大学）、朱珂（河南师范大学）、朱立明（唐山师范学院）、朱丽娟（河南财经政法大学）、朱丽君（山西大学）、朱利江（中国政法大学）、朱美香（常州大学）、朱苗苗（同济大学）、朱敏（华东师范大学）、朱明健（武汉理工大学）、朱鹏（暨南大学）、朱鹏（南京理工大学）、朱清河（上海大学）、朱庆华（南京大学）、朱述斌（江西农业大学）、朱双一（厦门大学）、朱松峰（中南财经政法大学）、朱涛（重庆大学）、朱为模［美国伊利诺伊大学（University of Illinois at Urbana-Champaign）］、朱文鸿（中国井冈山干部学院）、朱文辉（东北师范大学）、朱希良（陕西新华出版传媒集团公司）、朱希伟（浙江大学）、朱喜安（中南财经政法大学）、朱小超（海南省教育厅）、朱小玉（中国财政科学研究院）、朱晓丹（大连海洋大学）、朱晓峰（南京工业大学）、朱晓峰（中央财经大学）、朱晓军（浙江传媒学院）、朱晓明（中国藏学研究中心）、朱晓勤（厦门大学）、朱晓青（中国社会科学院）、朱肖川（重庆第二师范学院）、朱谢群（深圳大学）、朱新福（苏州大学）、朱旭（湖北大学）、朱旭（西安交通大学）、朱雪忠（同济大学）、朱雅玲（陕西师范大学）、朱亚成（西藏民族大学）、朱炎生（厦门大学）、朱英（华中师范大学）、朱英明（南京理工大学）、朱盈盈（成都大学）、朱颖原（太原理工大学）、朱映占（云南大学）、朱永彪（兰州大学）、朱永红（河北政法职业学院）、朱永坤（深圳职业技术学院）、朱永明（郑州大学）、朱宇（上海大学）、朱玉林（中南林业科技大学）、朱玉麒（北京大学）、朱远来（伊犁师范大学）、朱泽钢（兰州财经大学）、朱长宁（金陵科技学院）、朱振明（云南省社会科学院）、朱正才（上海交通大学）、朱正业（安徽大学）、朱志燕（上海社会科学院）、朱祖林（安徽开放大学）、竺彩华（对外经济贸易大学）、祝爱武（南京师范大学）、祝奉明（中国政法大学）、祝高峰（桂林电子科技大学）、祝宏俊（南京大学）、祝捷（武汉大学）、祝磊（河海大学）、祝士明（天津大学）、祝帅（北京大学）、祝湘辉（云南大学）、祝彦［中共中央党校（国家行政学院）］、祝志杰（东北财经大学）、祝仲坤（北京大学）、祝梓翔（四川大学）、庄晨燕（中央民族大学）、庄德水（北京大学）、庄佳强（中南财经政法大学）、庄亚儿（中国人口与发展研究中心)、庄逸云（四川师范大学）、庄莹（青岛科技大学）、庄友刚（苏州大学）、庄振华（陕西师范大学）、卓今（湖南省社会科学院）、卓翔芝（淮北师范大学）、卓晓孟（华中师范大学）、禚明亮（中国社会科学院）、禚新伦（中国建筑设计研究院有限公司）、宗成康（国防大学）、宗守云（上海师范大学）、宗晓华（南京大学）、宗永平（伊犁师范大学）、宗钰（徐州医科大学）、邹海燕（常州大学）、邹红军（华中师范大学）、邹剑锋（浙江水利水电学院）、邹进文（中南财经政法大学）、邹立业（深圳大学）、邹丽娟（云南民族大学）、邹鹏（哈尔滨工业大学）、邹平学（深圳大学）、邹诗鹏（复旦大学）、邹涛（电子科技大学）、邹统钎（北京第二外国语学院）、邹威（深圳证券交易所）、邹威华（成都师范学院）、邹薇（武汉大学）、邹维（四川师范大学）、邹卫星（天津财经大学）、邹小华（南昌大学）、邹小站（中国社会科学院）、邹晓龙（吉林大学）、邹彦（上海音乐学院）、邹一峥（深圳大学）、邹宇春（中国社会科学院）、邹煜（中国传媒大学）、邹元江（武汉大学）、左凤荣［中共中央党校（国家行政学院）］、左衡（中国电影艺术研究中心）、左鹏（中央社会主义学院）、左双文（华南师范大学）、左停（中国农业大学）、左希迎（中国人民大学）、左晓慧（安徽财经大学）、左学金（南通大学）和左玉河（中国社会科学院）。

致 谢

在本项目调研及实施过程中，我们得到中宣部、教育部、科技部、中共中央党校（国家行政学院）、中国人民解放军军事科学院及中国社会科学院的指导与支持，得到清华大学、北京大学、南京大学、复旦大学、浙江大学、武汉大学等一千余所高校的大力支持，得到北京社会科学院、上海社会科学院、山东社会科学院、青海社会科学院、西藏社会科学院等机构的大力支持，得到中共贵州省委党校（贵州行政学院）和中共福建省委党校（福建行政学院）等的大力支持，得到国防大学等部队院校的大力支持，得到中国知网及《新华文摘》、《中国社会科学文摘》、《社会科学文摘》、《高等学校文科学术文摘》、人大复印报刊资料、《中文社科期刊转摘信息》等的大力支持，在此表示感谢。

还有很多关心、支持、帮助我们的科研机构和专家学者未能一一列出，在此一并表示感谢。谨在此对以下期刊编辑部的支持表示感谢（按照期刊名称音序排列）。

序号	期刊名称	序号	期刊名称
1	阿拉伯世界研究	6	北华大学学报（社会科学版）
2	安徽史学	7	北京大学教育评论
3	北方论丛	8	北京大学学报（哲学社会科学版）
4	北方民族大学学报	9	北京第二外国语学院学报
5	北方文物	10	北京电影学院学报

续表

序号	期刊名称	序号	期刊名称
11	北京工商大学学报（社会科学版）	40	成人教育
12	北京行政学院学报	41	城市与环境研究
13	北京航空航天大学学报（社会科学版）	42	重庆大学学报（社会科学版）
14	北京交通大学学报（社会科学版）	43	重庆高教研究
15	北京警察学院学报	44	重庆工商大学学报（社会科学版）
16	北京理工大学学报（社会科学版）	45	重庆交通大学学报（社会科学版）
17	北京联合大学学报（人文社会科学版）	46	重庆理工大学学报（社会科学）
18	北京林业大学学报（社会科学版）	47	重庆社会科学
19	北京师范大学学报（社会科学版）	48	重庆文理学院学报（社会科学版）
20	比较教育学报	49	重庆邮电大学学报（社会科学版）
21	编辑之友	50	出版广角
22	财会通讯	51	出版科学
23	财会月刊	52	出版与印刷
24	财经法学	53	船山学刊
25	财经理论研究	54	创新
26	财经理论与实践	55	创意设计源
27	财经研究	56	辞书研究
28	财经智库	57	大学图书馆学报
29	财贸经济	58	当代财经
30	财贸研究	59	当代电影
31	财务研究	60	当代动画
32	财政科学	61	当代韩国
33	财政研究	62	当代教育论坛
34	产经评论	63	当代经济科学
35	产业经济研究	64	当代经济研究
36	常熟理工学院学报	65	当代美国评论
37	常州大学学报（社会科学版）	66	当代美术家
38	成都大学学报（社会科学版）	67	当代社会科学（英文）
39	成都体育学院学报		

续表

序号	期刊名称	序号	期刊名称
68	当代世界社会主义问题	96	东南学术
69	当代外国文学	97	东南亚研究
70	当代文坛	98	东南亚纵横
71	当代舞蹈艺术研究（中英文）（Contemporary Dance Research）	99	东吴学术
		100	杜甫研究学刊
72	当代语言学	101	俄罗斯东欧中亚研究
73	当代职业教育	102	俄罗斯文艺
74	当代中国价值观研究	103	俄罗斯学刊
75	当代中国人口与发展（英文）	104	发展研究
76	当代中国史研究	105	法律科学（西北政法大学学报）
77	档案管理	106	法律适用
78	档案学通讯	107	法商研究
79	党的生活（黑龙江）	108	法学家
80	党政研究	109	法学论坛
81	道德与文明	110	法学研究
82	德州学院学报	111	法语国家与地区研究（中法文）
83	地方治理研究	112	佛学研究
84	电视研究	113	福建师范大学学报（哲学社会科学版）
85	电影新作	114	福州大学学报（哲学社会科学版）
86	电影艺术	115	改革
87	电子科技大学学报（社会科学版）	116	改革与战略
88	东北大学学报（社会科学版）	117	甘肃社会科学
89	东北农业大学学报（社会科学版）	118	高等建筑教育
90	东北师大学报（哲学社会科学版）	119	高等职业教育探索
91	东北亚经济研究	120	高教发展与评估
92	东北亚论坛	121	高教学刊
93	东方法学	122	高校教育管理
94	东方论坛—青岛大学学报（社会科学版）	123	工信财经科技
95	东疆学刊	124	工业工程设计

续表

序号	期刊名称	序号	期刊名称
125	公共艺术	154	国外社会科学
126	公共治理研究	155	国外文学
127	故宫博物院院刊	156	哈尔滨工业大学学报（社会科学版）
128	管理科学学报	157	哈尔滨师范大学社会科学学报
129	管理学刊	158	海南大学学报（人文社会科学版）
130	管子学刊	159	汉语学报
131	广东财经大学学报	160	行政法学研究
132	广东社会科学	161	行政论坛
133	广西大学学报（哲学社会科学版）	162	河北大学学报（哲学社会科学版）
134	广西社会主义学院学报	163	河北工业大学学报（社会科学版）
135	广州大学学报（社会科学版）	164	河北经贸大学学报
136	广州体育学院学报	165	河北科技大学学报（社会科学版）
137	贵州社会科学	166	河北青年管理干部学院学报
138	贵州省党校学报	167	河北师范大学学报（教育科学版）
139	国际安全研究	168	河北体育学院学报
140	国际比较文学（中英文）	169	河北学刊
141	国际传播	170	河海大学学报（哲学社会科学版）
142	国际法研究	171	河南财经政法大学学报
143	国际观察	172	河南大学学报（社会科学版）
144	国际汉学	173	黑龙江高教研究
145	国际经济合作	174	黑龙江教师发展学院学报
146	国际论坛	175	衡阳师范学院学报
147	国际税收	176	宏观质量研究
148	国际思想评论	177	湖北大学学报（哲学社会科学版）
149	国际研究参考	178	湖北行政学院学报
150	国际中文教育（中英文）	179	湖北美术学院学报
151	国家检察官学院学报	180	湖北民族大学学报（哲学社会科学版）
152	国家教育行政学院学报	181	湖北社会科学
153	国家图书馆学刊	182	湖南工业大学学报（社会科学版）

续表

序号	期刊名称	序号	期刊名称
183	湖南人文科技学院学报	212	江西财经大学学报
184	湖南师范大学教育科学学报	213	江西社会科学
185	湖南师范大学社会科学学报	214	教师发展研究
186	华东经济管理	215	教师教育学报
187	华东师大教育评论（英文）	216	教师教育研究
188	华东师范大学学报（教育科学版）	217	教学研究
189	华南理工大学学报（社会科学版）	218	教育经济评论
190	华南师范大学学报（社会科学版）	219	教育科学
191	华侨华人历史研究	220	教育评论
192	华中科技大学学报（社会科学版）	221	教育探索
193	华中农业大学学报（社会科学版）	222	教育学报
194	华中师范大学学报（人文社会科学版）	223	教育学术月刊
195	环境经济研究	224	教育与教学研究
196	环球法律评论	225	教育与经济
197	机关党建研究	226	教育与职业
198	吉林大学社会科学学报	227	金融教育研究
199	吉林师范大学学报（人文社会科学版）	228	金融理论探索
200	技术经济与管理研究	229	金融评论
201	暨南学报（哲学社会科学版）	230	近代史研究
202	价格理论与实践	231	晋阳学刊
203	价格月刊	232	经济经纬
204	建筑经济	233	经济论坛
205	江海学刊	234	经济评论
206	江汉考古	235	经济社会史评论
207	江汉学术	236	经济思想史学刊
208	江淮论坛	237	经济问题
209	江南论坛	238	经济研究参考
210	江苏大学学报（社会科学版）	239	经济与管理评论
211	江苏社会科学	240	经济与管理研究

续表

序号	期刊名称	序号	期刊名称
241	经济与社会发展	270	理论与改革
242	经济与政治研究（英文版）	271	理论与评论
243	经济纵横	272	理论月刊
244	经贸法律评论	273	历史教学问题
245	军事历史研究	274	历史评论
246	开发性金融研究	275	历史研究
247	开发研究	276	辽宁大学学报（哲学社会科学版）
248	开放教育研究	277	聊城大学学报（社会科学版）
249	开放时代	278	林业经济
250	考古学报	279	林业经济问题
251	科技管理研究	280	岭南学刊
252	科技进步与对策	281	领导科学
253	科技与出版	282	伦理学研究
254	科技智囊	283	逻辑学研究
255	科学·经济·社会	284	旅游导刊
256	科学发展	285	旅游学刊
257	科学学与科学技术管理	286	旅游研究
258	科学与管理	287	马克思主义研究
259	科学与无神论	288	马克思主义与现实
260	昆明理工大学学报（社会科学版）	289	毛泽东思想研究
261	昆明学院学报	290	毛泽东研究
262	兰州财经大学学报	291	美国研究
263	兰州大学学报（社会科学版）	292	美术
264	劳动经济研究	293	美术大观
265	老区建设	294	美术观察
266	理论建设	295	民间文化论坛
267	理论探索	296	民族翻译
268	理论探讨	297	民族高等教育研究
269	理论与当代	298	民族教育研究

续表

序号	期刊名称	序号	期刊名称
299	民族文学研究	328	农业考古
300	民族艺术研究	329	农业图书情报学报
301	闽台关系研究	330	农业现代化研究
302	南昌大学学报（人文社会科学版）	331	欧亚经济
303	南昌师范学院学报	332	欧亚人文研究（中俄文）
304	南海学刊	333	鄱阳湖学刊
305	南华大学学报（社会科学版）	334	齐鲁师范学院学报
306	南京财经大学学报	335	齐鲁学刊
307	南京工业大学学报（社会科学版）	336	企业经济
308	南京理工大学学报（社会科学版）	337	青岛科技大学学报（社会科学版）
309	南京农业大学学报（社会科学版）	338	青海社会科学
310	南开管理评论	339	青年探索
311	南开学报（哲学社会科学版）	340	青年研究
312	南宁师范大学学报（哲学社会科学版）	341	清华大学学报（哲学社会科学版）
313	南亚东南亚研究	342	清史研究
314	南亚研究季刊	343	情报科学
315	南洋问题研究	344	情报理论与实践
316	内蒙古财经大学学报	345	情报学报
317	内蒙古民族大学学报（社会科学版）	346	情报杂志
318	内蒙古社会科学	347	情报资料工作
319	宁波大学学报（教育科学版）	348	求实
320	宁波大学学报（人文科学版）	349	求是学刊
321	宁夏大学学报（人文社会科学版）	350	求索
322	宁夏党校学报	351	区域与全球发展
323	宁夏社会科学	352	全球传媒学刊
324	农村经济	353	全球教育展望
325	农业技术经济	354	全球能源互联网
326	农业经济问题	355	人民论坛
327	农业经济与管理	356	人民论坛·学术前沿

续表

序号	期刊名称	序号	期刊名称
357	人民音乐	386	韶关学院学报
358	人权法学	387	绍兴文理学院学报（人文社会科学）
359	人文杂志	388	社会
360	日本侵华南京大屠杀研究	389	社会保障评论
361	日本问题研究	390	社会保障研究
362	日本学刊	391	社会发展研究
363	日本研究	392	社会工作
364	三峡大学学报（人文社会科学版）	393	社会建设
365	厦门大学学报（哲学社会科学版）	394	社会科学
366	山东大学学报（哲学社会科学版）	395	社会科学辑刊
367	山东行政学院学报	396	社会科学研究
368	山东科技大学学报（社会科学版）	397	社会学评论
369	山东师范大学学报（社会科学版）	398	社会学研究
370	山东体育科技	399	社会政策研究
371	山东体育学院学报	400	社会主义研究
372	山西财经大学学报	401	深圳社会科学
373	山西高等学校社会科学学报	402	沈阳工业大学学报（社会科学版）
374	山西农业大学学报（社会科学版）	403	沈阳师范大学学报（社会科学版）
375	陕西理工大学学报（社会科学版）	404	沈阳体育学院学报
376	陕西学前师范学院学报	405	石家庄铁道大学学报（社会科学版）
377	商学研究	406	时代法学
378	商业会计	407	时代经贸
379	商业经济研究	408	史林
380	商业经济与管理	409	史学集刊
381	上海大学学报（社会科学版）	410	史学理论研究
382	上海经济研究	411	史志学刊
383	上海商学院学报	412	世界汉语教学
384	上海体育学院学报	413	世界经济与政治
385	上海政法学院学报（法治论丛）	414	世界历史

续表

序号	期刊名称	序号	期刊名称
415	世界林业研究	444	体力活动与健康
416	世界社会主义研究	445	体育科学
417	世界史研究（英文）	446	体育科学研究
418	世界文学	447	体育科研
419	世界政治经济学评论	448	体育学刊
420	世界宗教文化	449	体育学研究
421	首都经济贸易大学学报	450	体育研究与教育
422	首都师范大学学报（社会科学版）	451	体育与科学
423	首都体育学院学报	452	体育运动科学（英文）
424	数据与信息管理	453	天津大学学报（社会科学版）
425	数量经济技术经济研究	454	天津商业大学学报
426	数学教育学报	455	天津师范大学学报（基础教育版）
427	税收经济研究	456	天津体育学院学报
428	税务研究	457	天水师范学院学报
429	税务与经济	458	通化师范学院学报
430	思想战线	459	统计学报
431	四川轻化工大学学报（社会科学版）	460	统计研究
432	四川师范大学学报（社会科学版）	461	统计与决策
433	四川体育科学	462	统计与信息论坛
434	苏区研究	463	统一战线学研究
435	苏州大学学报（法学版）	464	图书情报知识
436	苏州大学学报（教育科学版）	465	图书与情报
437	苏州大学学报（哲学社会科学版）	466	外国文学
438	台湾历史研究	467	外国文学动态研究
439	台湾研究	468	外国文学研究
440	太原理工大学学报（社会科学版）	469	外国问题研究
441	泰山学院学报	470	外国语（上海外国语大学学报）
442	探索与争鸣	471	外语文研究
443	特区实践与理论	472	外国语言与文化

续表

序号	期刊名称	序号	期刊名称
473	外国语言与文化（英文）	502	西北工业大学学报（社会科学版）
474	外语电化教学	503	西北民族大学学报（哲学社会科学版）
475	外语教学	504	西北民族研究
476	外语教学与研究	505	西北农林科技大学学报（社会科学版）
477	外语教育研究前沿	506	西北师大学报（社会科学版）
478	外语学刊	507	西部论坛
479	未来传播	508	西部学刊
480	渭南师范学院学报	509	西藏研究
481	温州大学学报（社会科学版）	510	西昌学院学报（社会科学版）
482	文博	511	西华师范大学学报（哲学社会科学版）
483	文化软实力	512	西南大学学报（社会科学版）
484	文史	513	西南科技大学学报（哲学社会科学版）
485	文史哲	514	西南民族大学学报（人文社会科学版）
486	文物	515	西夏研究
487	文献与数据学报	516	西域研究
488	文艺理论研究	517	戏剧（中央戏剧学院学报）
489	文艺论坛	518	戏剧艺术
490	文艺研究	519	现代出版
491	武大国际法评论	520	现代传播（中国传媒大学学报）
492	武汉大学学报（哲学社会科学版）	521	现代大学教育
493	武汉交通职业学院学报	522	现代国际关系
494	武汉理工大学学报（社会科学版）	523	现代国际关系（英文版）
495	武汉体育学院学报	524	现代教育管理
496	武术研究	525	现代教育技术
497	物流研究	526	现代教育论丛
498	西安财经大学学报	527	现代经济探讨
499	西安交通大学学报（社会科学版）	528	现代远程教育研究
500	西安体育学院学报	529	现代远距离教育
501	西安外国语大学学报	530	湘潭大学学报（哲学社会科学版）

续表

序号	期刊名称	序号	期刊名称
531	心理与行为研究	560	艺术设计研究
532	新疆农垦经济	561	音乐研究
533	新疆社会科学	562	音乐艺术（上海音乐学院学报）
534	新世纪图书馆	563	语言文字应用
535	新文科教育研究	564	语言与符号学研究（英文版）
536	新闻界	565	豫章师范学院学报
537	新闻与传播研究	566	阅江学刊
538	新闻与写作	567	云梦学刊
539	信息资源管理学报（中英文）	568	云南大学学报（社会科学版）
540	信阳师范学院学报（哲学社会科学版）	569	运动与健康科学（英文）
541	学术交流	570	枣庄学院学报
542	学术界	571	长安大学学报（社会科学版）
543	学术论坛	572	长春大学学报
544	学术探索	573	长春师范大学学报
545	学术月刊	574	长江大学学报（社会科学版）
546	学习与实践	575	长江师范学院学报
547	学语文	576	长江学术
548	亚太安全与海洋研究	577	长沙理工大学学报（社会科学版）
549	亚洲音乐学	578	哲学动态
550	烟台大学学报（哲学社会科学版）	579	哲学分析
551	延安大学学报（社会科学版）	580	浙江大学学报（人文社会科学版）
552	研究生教育研究	581	征信
553	研究与发展管理	582	证券市场导报
554	盐城师范学院学报（人文社会科学版）	583	政工学刊
555	燕山大学学报（哲学社会科学版）	584	政治经济学研究
556	扬州大学学报（高教研究版）	585	政治学研究
557	扬州大学学报（人文社会科学版）	586	知识产权
558	医学教育研究与实践	587	职教发展研究
559	艺术传播研究	588	职教论坛

续表

序号	期刊名称	序号	期刊名称
589	职教通讯	617	中国领导科学
590	治理现代化研究	618	中国流通经济
591	智库理论与实践	619	中国美术
592	中共党史研究	620	中国农村观察
593	中共福建省委党校（福建行政学院）学报	621	中国农村经济
		622	中国农史
594	中共杭州市委党校学报	623	中国农业大学学报（社会科学版）
595	中共青岛市委党校青岛行政学院学报	624	中国农业教育
596	中共石家庄市委党校学报	625	中国人口科学
597	中共中央党校（国家行政学院）学报	626	中国人力资源开发
598	中国比较文学	627	中国人事科学
599	中国边疆史地研究	628	中国商论
600	中国博物馆	629	中国社会科学院大学学报
601	中国财政与经济研究（英文）	630	中国社会学学刊
602	中国藏学	631	中国特色社会主义研究
603	中国出版	632	中国体育科技
604	中国当代文学研究	633	中国图书馆学报
605	中国地方志	634	中国物价
606	中国地质大学学报（社会科学版）	635	中国音乐学
607	中国法律评论	636	中国远程教育
608	中国非物质文化遗产	637	中国韵文学刊
609	中国国土资源经济	638	中国证券期货
610	中国行政管理	639	中国政法大学学报
611	中国集体经济	640	中国职业技术教育
612	中国考试	641	中华女子学院学报
613	中国科学院院刊	642	中南财经政法大学学报
614	中国矿业大学学报（社会科学版）	643	中南大学学报（社会科学版）
615	中国劳动关系学院学报	644	中南林业科技大学学报（社会科学版）
616	中国林业经济	645	中南民族大学学报（人文社会科学版）

续表

序号	期刊名称	序号	期刊名称
646	中外法学	651	装饰
647	中央民族大学学报（哲学社会科学版）	652	自然辩证法通讯
648	中原文化研究	653	宗教学研究
649	中州学刊	654	"一带一路"税收（英文）
650	终身教育研究		

后　　记

中国社会科学评价研究院第三轮 AMI 期刊评价工作自 2021 年 7 月正式启动，历经期刊遴选与分类、评价指标修订与完善、学科专家委组建与换届、评价数据采集与计算、学科专家评议与审定、评价结果公示与公布等环节，于 2023 年 3 月完成全部工作。

本报告编制过程中得到了各方的大力支持和帮助。感谢中宣部出版局、全国哲学社会科学工作办公室和中国社会科学院科研局、人事局的指导和帮助，感谢中国人文社会科学期刊评价专家委员会专家提出的宝贵意见和建议，感谢各期刊编辑部和广大学者的支持和鼓励，感谢中国社会科学评价研究院领导和各部门同事的鼎力支持！

荆林波是本轮评价的总负责人，主创人员由包括苏金燕、耿海英、余倩、王雅静、高畅和奚祺海等。荆林波、苏金燕负责本报告框架设计，并参与各章节讨论，各章节执笔人分别是：前言（荆林波），第一篇（苏金燕），第二篇（高畅），第三篇（耿海英），第四篇（苏金燕、耿海英、余倩、王雅静、高畅），第五篇（耿海英），第六篇（余倩），第七、八篇（荆林波、苏金燕、耿海英、余倩、王雅静、高畅、奚祺海）。

荆林波带领期刊评价团队设计、修订并完善了本报告中的所有指标体系，各评价指标的设计、修订、采集、整理等工作分工如下：学术影响力等指标（苏金燕），荣誉状况等指标（耿海英），信息化建设等指标（余倩），特色化等指标（高畅），全体指标数据的汇总、整理、统计

（苏金燕）。

  本报告是集体智慧的结晶，它凝聚了各方的心血和努力。我们期待这份报告能够为相关研究和实践提供参考，也期待得到更多的指导和帮助。再次向所有为这份报告付出努力的个人和团队表示感谢！